浙江省哲学社会科学重点研究基地一般课题“明清以来浙江海洋渔业发展与政策变迁研究”(12JDHY01YB)最终成果

明清以来浙江海洋渔业发展与政策变迁研究

白 斌 著

海洋出版社

2015年·北京

图书在版编目(CIP)数据

明清以来浙江海洋渔业发展与政策变迁研究/白斌著. —北京: 海洋出版社, 2015.1

ISBN 978-7-5027-9080-6

Ⅰ. ①明… Ⅱ. ①白… Ⅲ. ①海洋渔业-渔业政策-研究-浙江省-明清时代 Ⅳ. ①F326.475.5

中国版本图书馆 CIP 数据核字(2015)第 022870 号

责任编辑:钱晓彬
责任印制:赵麟苏
海洋出版社　**出版发行**
http://www.oceanpress.com.cn
北京市海淀区大慧寺路 8 号　邮编:100081
北京华正印刷有限公司印刷　新华书店发行所经销
2015 年 1 月第 1 版　2015 年 1 月北京第 1 次印刷
开本:787mm×1092mm　1/16　印张:17.75
字数:345 千字　定价: 78.00 元
发行部:62132549　邮购部:68038093　总编室:62114335

序 一

放在案头的白斌先生《明清以来浙江海洋渔业发展与政策变迁研究》的文稿已近一月。这是他在上海师范大学攻读博士学位时期，由我负责"指导"撰写的博士学位论文，现在经过修改、完善，准备付印。他要我写一篇序言，我感到有些茫然。学生出书，请老师写序，当感荣幸；但于海洋史，纯然外行，何以下笔？所以茫然。

"青出于蓝而胜于蓝"，这是师生相交常求的境界，列门墙、开学派随之而来，为学界为瞩目。大师有此宏规巨制，学生搬砖添瓦，精雕细凿，日积月累，代代相承，在学术界、思想史遂独树一帜，令人景仰。我没有这样的大志，也没有这样的远见卓识。所以，研究生入学之后，我对于选题的态度是，研究生应该独立经历发现问题、研究问题、解决问题的完整研究过程，这样才能形成独立的研究能力。因此，总是要求研究生自己选择课题，导师只就学术研究的基本规范和要求，对研究生的研究过程进行一些辅导，提些建议或问疑质难。如果研究生的课题不在导师熟悉的领域范围，也不强求"入我范围"。只要研究路径规范大体正确，选题可依各自兴趣擅长，青不必出于蓝，"万紫千红"也是一番气象。白斌著作的内容，就是在我"范围"之外的一个选题。也是因为学生们的"万紫千红"，不断地拓宽了我的历史视野，让我不断地走向"茫然"的未知世界。"老师"只是一个名义，"学生"才是我的本然。

黄河、长江，是孕育中华文明的摇篮；中华文明，是东亚地区的"两河文明"。但是，中国大陆，有着漫长的海岸线，海岸线之外，是浩瀚无垠的黄海、东海、南海，通向太平洋、印度洋。黄河、长江与大海大洋的"水乳交融",延伸出另一个奇异的"海洋中国"。远古时代贝币的使用,虽然早已是华夏族渔业与农业物资交换的媒介,但是,蓝色的大海,依然是在黑土地、黄土地上辛勤耕作人们的神秘仙境。渔盐之利、仙境探求,推动着人们不断地走向深蓝。元代开海运,是中国沿海纳入国家治理体系的一个重要标志,而到明清时代,终于促成了"海洋中国"的蓬勃兴起,不在专制王朝的"体制"之内,却是中国全景的一个组成部分。郑和下西洋,是中国人海上生产、生存和交流能力长期积累的一个明证。明代中叶,闽粤海商已经在环中国海建立起了庞大的渔业、商业"帝国",与内陆封闭的农业社会频起冲突。明代所谓"倭患"的平定,到清代郑氏台湾政权的最后归降,勾勒出了我们所知道、所不知道的这个神秘的"海上中国"的兴亡历史。在中国浩繁的史籍中,我们缺少一部海上中国史。

中华文明没有像江河一样奔流入海,而是将大海收归江河之中,这是农耕文明的一次历史性胜利,却是"逆流而行"的历史性错误。所以,在接踵而来的以海洋为国基的西方殖民者坚船利炮面前,一败涂地。曾经有过的历史性胜利,迫使中华民族付出在海上一连串失败和香港岛、台湾岛被割让的惨痛代价,从当今"第一岛链"的困扰以及钓鱼岛、南海诸岛的主权之争,我们依稀可以听到当年"海洋中国"在沉沦中悲愤呐喊的回声。

白斌的论著,放在这个历史框架内,描述的恰恰是"内陆中国"在取得"历史性胜利"之后不断"收编""海洋中国"的一段辛秘。白斌出生、成长在西北,宁波大学的求学经历,让他对海洋产生了浓厚的兴趣,浙江的"海洋社会"也就成了他孜孜以求的学问。鸦片战争时期,英国海军以舟山为基地,垂涎着中国大陆;以舟山为中心的浙江"海洋社会"的近世变迁,也是我们观察明清两代海洋政策的一个很好视角。在专制王朝和民国政府蝇营狗苟治服海洋社会的一系列政策中,我们可以清晰地看到海洋社会的衰落和挣扎,面对日本"开拓万里之波涛"的无奈和退让。"收编"的成功背后,继续着西风东来以后历史性的惨败。如何继承维护“海洋中国”的历史遗产，借鉴明清两代海洋治理的成功与失败的教训，值得掩卷长思。这段曾经被边缘、被忽略、被遗忘的历史，从来没有像今天这样，如此清晰、沉重地融入当今中国历史学的视野，关乎中国未来的命运。

周育民

2014年11月于海上绿茵苑

序　二

海洋渔业是海洋和海洋经济的一个重要课题，涉及海洋捕捞、船舶航海、内外商贸和渔业政策、渔业组织等诸多问题。自古以来，主要面向大陆的中国，对于海洋问题，尤其是海洋渔业，缺乏应有的关注，以至造成资料记载积累的缺失，相关研究或零散片段，或深度不足，不少仍处于空白状态，这就大大增加了今天学界研究的难度。

白斌博士自本科毕业以来，长期关注从事海交史和海洋经济文化的研究，而今又在博士论文的基础上著成出版《明清以来浙江海洋渔业发展与政策变迁研究》一书。众所周知，浙江是中国的海洋大省，江浙地区从宋代开始就已执全国经济文化发展之牛耳，而从明代前中期新航路开辟后世界又进入大航海和经济文化加速发展的新时代，江浙地区也随之成为我国西学东渐和商品经济发展的最重要区域，再加上浙江又有全国著名的舟山渔场，集聚了这众多的时空要素，无疑使此项研究具有很高的立意。

为解决资料零散缺失和之前的不足，作者长期甘坐板凳，潜心发掘整理古今中外各类资料，借鉴参考前人和当今学界的各种成果，博采众长，从而在扎实的史料基础上，提出众多新的见解，填补了之前留下的空白，达到该领域研究的前沿水平。

比如，运用新制度经济学的相关理论，提出“浙江海洋渔业政策的生成受地理、环境、政治、经济、文化与传统的影响，是不同社会群体相互博弈的结果。浙江海洋渔业政策的生成及其在一定范围内的执行会导致外生与内生因素的变化。这一变化在达到一定临界点就会推动渔业政策的演进，但在此之前政策保持一种稳定性与自我适应性。”

作者将浙江海洋渔业政策作为全书研究的重心，首先提出500余年间政策生成演进的具体路径，指出“明朝中期以前，海洋渔业政策是内化在海洋政策之中，作为海禁政策的一部分被地方政府所执行。这一时期之后，单独的海洋渔业法规开始出现。而政府则一反历朝对海洋渔民及渔业经济发展放任的态度，开始加强对海洋渔业社会的管制”，“干预政策日见细化并逐步完善”。19世纪尤其是从清末新政以后，开始“大力引进西方先进的政策经验”，“海洋渔业政策多集中于对海洋秩序的控制与稳定”，从而开启向现代的转型。“总体而言，整个明清的海洋渔业政策从明朝初期开始密集出台，经过一段时间的沉寂，在1518年后连续出现，直至明朝灭亡。清朝初建，其渔业政策的出台就远远超过明朝初年。经过1698年的短暂调整后，在1698—1788年这90年间，政府出台的渔业政策远远超过明清任何一个时期。1788—1838年这50年间政策出台的频率再次达到仅次于1728年的高峰，自此之后，政府海洋渔业制度出台的数量与明初相同。整个政策频率的走向呈现倒‘U’字形。”

在此基础上，作者又分析论证了了推动浙江海洋渔业政策生成发展的诸多复杂因素，如地理环境、社会经济背景、文化传统、倭寇侵扰与海防压力、海洋渔业经济自身与腹地经济的变迁发展等；明清交替后则进一步变得更加多元化，如沿海贸易的繁荣与人口增长、沿海人口向海洋渔业领域转移的加快、过度捕捞的逐渐产生等；鸦片战争后又产生许多新的因素，如西方列强的入侵、海防的废弛、日本等国的渔侵、海盗的猖獗、沿海工业的现代化、西方政策经验的引进等等。如果说自明至清前中期，“浙江海洋渔业政策的生成首先来自于其内生因素”，这些“内生因素孕育了浙江海洋渔业政策的最初形态”，那么19世纪后，外生因素的影响日渐明显。正是这两种因素的“相互影响导致政策变化过程中的政策漂移与政策创新，最终形成了新的海洋渔业政策”。作者认为：“在传统社会中，决定海洋渔业政策演进方向的根本因素是海洋渔业经济自身的发展，而由于海防压力的波动所造成的政策转向只是在特殊时期的特定政策行为，一旦这一外部因素消失后，海洋政策仍旧会回到原有的演进轨道上去。”

此外，作者还进一步论证了海洋渔业政策、海洋渔业组织与海洋秩序三者之间的内在联系。其一，海洋渔业政策对海洋渔业经济、海洋渔业组织发展和海洋秩序稳定具有不可忽视的正面作用。比如，“在浙江海洋渔业组织历次嬗变中，政府的规范和引导起到了很重要的作用”，浙江渔业行帮组织就是“浙江海洋渔业宽松政策引导下的产物，随着浙江海洋渔业政策的变迁，行帮组织形态也随之发生变化，与此同时其团体作业的生产方式也有相应的改变”。其二，海洋渔业组织对于国家维护海洋秩序的重要性也是“不言而喻的”。在鸦片战争后“相当长一段时间内，保护浙江海洋渔业及维护海洋秩序的任务主要由民间渔业组织所承担”，“海军、政府与民间组织构筑了‘三位一体’的护渔体系，以求更好地维护海洋秩序。”例如，从1904年组建之初起，“江浙渔业公司的轮船就担负巡海护渔的重任”。以这种“官方支持下的民间经济组织为海洋护渔的组织与实施者，而国家海上力量则充当后备力量”，由此形成“现代护渔体系的雏形”。

凡此种种，不一而足。

当然，作为一项颇具难度的研究，缺憾也是在所难免的。如能加强“浙江海洋渔业发展”部分的论述，或可更契合题旨。而在论证海洋渔业政策生成发展的诸多因素时，多提供一些实证数据，当可避免某些概念和逻辑推理的空泛，使论证更具说服力。

作为海洋和海交史研究的新生力量，期待白斌博士有更多新的成果面世。

王慕民

2014年12月22日于在水一方寓所

目　次

第一章　绪　论

一、问题的提出

中国是一个濒海大陆国家，在其漫漫五千年文明发展史中，游牧文化、农耕文化和海洋文化三者既独立发展，又交相呼应，三大文化的开拓者分别是牧民、农民和渔民。中国海洋渔业从沿海地区的原始人大规模采拾贝类开始，距今已有六七千年。在这漫长的历史岁月中，渔业生产始终是海洋开发的最重要内容，是沿海人民赖以维生的重要经济活动。浙江作为沿海省份，有着悠久的海洋渔业历史，据浙江余姚河姆渡遗址考古发现，“在距今7 000多年以前，当地沿海居民已能制造并驾驭性能良好的独木舟，到较深的近海水域中进行海洋捕捞活动”①。在浙江海洋渔业发展的同时，海洋渔业管理也逐渐被政府所重视。直到今天海洋渔业管理仍然是浙江省及地方政府面临的一项重要课题。

中国对海洋渔业的重视最早是从春秋战国时期的齐国开始，其后随着经济重心的南移，海洋渔业在东南沿海各省逐渐成熟。中国海岸线之长、渔业资源差异之大、沿海区域经济区别之显，警示着从事整体政策史研究的学者不能以偏概全。仅以东南浙、闽、粤三省而言，其经济结构的差异决定政府在对三省海洋渔业管理方面有着不同的侧重点。浙江省的海洋渔业管理萌芽于唐宋时期，明清时期逐渐制度化。由于浙江地处中国经济最发达的长江中下游经济区，其海洋渔业发展模式明显不同于福建和广东，由此带来的就是政策差异和经济差别。浙江海洋渔业政策的生成及其演变有何特点？与其他省份的区别何在？这是笔者提出的第一个问题。

现有浙江海洋渔业研究成果，多是从一个很短的时间段着手，研究浙江政策变化及海洋渔业政策对渔业经济发展的影响，却无法解释浙江海洋

---

① 徐鸿儒主编：《中国海洋学史》，济南：山东教育出版社，2005年版，第35页。

渔业政策生成与演进路径的内在规律。在制度经济学的研究中，经济学家非常重视研究制度（或政策）对经济本身发展的影响及制度（或政策）本身的生成与变迁。现有制度经济学研究主要侧重于经济发展在制度（或政策）产生中的作用及制度演进中主客体的博弈关系。经济的发展需要良好的政策环境，但是政策的产生是建立在一定地理、政治、经济结构的基础之上，也是各方政治经济势力相互博弈的结果。浙江海洋渔业政策是如何生成和演进的？影响政策生成与演进的因素有哪些？这些因素在浙江海洋渔业政策发展过程中扮演什么样的角色？这是笔者提出的第二个问题。

2009年10月12日，随着美国印第安纳大学伯明顿分校政治学教授埃莉诺·奥斯特罗姆（Elinor Ostrom）和美国加州大学伯克利分校经济学教授奥利弗·威廉姆森（Oliver Williamson）获得诺贝尔经济学奖，制度经济学已经是第三次折桂诺贝尔奖。这再次验证了制度分析对于经济发展的重要性。奥斯特罗姆最大的贡献就是开发了自主组织和治理公共事务的创新制度理论，为面临“公地选择悲剧”的人们开辟了新的途径。海洋渔业资源作为很难界定产权的公共资源，在制度上如何设计和保证资源的有效利用一直是制度经济学研究的热点，这对浙江海洋渔业政策的变化与渔业经济社会发展关系的深入探讨可以提供有益的借鉴。在浙江海洋渔业经济发展过程中，浙江海洋渔业政策在不同时期对其产生的影响有哪些？其政策经验对当代国家与地方政府有哪些借鉴价值？这是笔者提出的第三个问题。

将以上三个问题结合，以明清以来浙江海洋渔业政策生成与演变为主轴，借鉴新制度经济学中的制度生成与演化理论，对浙江海洋渔业政策演变历史进行动态研究，以探寻浙江海洋渔业政策生成、演变的规律，为当代政府渔业经济决策提供历史借鉴。

二、史料与研究成果

涉及浙江海洋渔业政策及经济发展的史料分布特别零散，其中古代部分史料多散见于官方整理的《明实录》《清实录》、明清档案、地方志及笔记小说当中。明代佚名作者的《渔书》是为数不多的海洋渔业文献，其中辑录了各种水产品及不同区域使用的渔船渔具。到近代，相关史料的分布除官方档案和地方志书外还有定期出版的报刊杂志，如民国时期的《政府公报》《申报》《宁波民国日报》《水产月刊》等。另外，这一时期外国游人在浙江的见闻也可作为参考。

19 世纪末，随着中国工业化的开启，知识界对海洋渔业的重视程度也慢慢提高，而西方科学研究方法的引入，促使部分学者开始运用现代学术调查和分析方法来探讨浙江海洋渔业的现状。朱正元于 1899 年调查出版的《浙江沿海图说》① 系统地列举了浙江沿海港口商渔船只的数量分布，同时还以西方非常科学的表格形式整理出各沿海岛屿渔民的分布及岛屿经济形态。该书是研究晚清浙江海洋渔业经济的重要文献资料。其后，在晚清状元张謇的资助下，沈同芳于 1906 年编写的《中国渔业历史》② 勾勒了中国渔业史发展的完整轮廓，其在渔业“学术史上的草创之功则是值得肯定的”③。值得注意的是，该书中有相当一部分内容涉及近代浙江海洋渔业，特别是渔业经济与管理转型时期的史实，是另一部研究晚清浙江海洋渔业政策的重要参考文献。到民国时期，曾留学日本并在实业部任职的李士豪于 1936 年、1937 年先后出版了《中国海洋渔业现状及其建设》与《中国渔业史》④ 两部书。对于民国时期浙江乃至中国海洋渔业现代化过程中所面临的问题与政策困境，该书中都有详细的涉及。至此后，1954 年张宝树在台湾出版《中国渔业》一书开始分省讨论沿海渔业经济发展状况，其涉及浙江的部分主要是海洋渔业资源的分布与生产状况⑤。就大陆区域而言，直到 20 世纪 80 年代，学术界才继续关注这一领域。1983 年，张震东和杨金森共同编著《中国海洋渔业简史》⑥ ——新中国成立以来关于中国海洋渔业史的首部著作。在书中作者已经注意到不同区域渔业政策的不同，并按照省份将其分开论述，其对浙江渔业生产力、渔业政策和渔业组织已经展开系统研究，尤其是对清代浙江渔业组织的研究至今仍值得借鉴。1993

① ［清］朱正元：《浙江沿海图说》，上海聚珍版印，光绪己亥年（1899 年）版。

② ［清］沈同芳撰：《中国渔业历史》，载《万物炊累室类稿：甲编二种乙编二种外编一种》（铅印本），上海：中国图书公司，1911 年版。

③ 欧阳宗书：《海上人家——海洋渔业经济与渔民社会》，南昌：江西高校出版社，1998 年版，第 1 页。

④ 李士豪：《中国海洋渔业现状及其建设》，上海：商务印书馆，1936 年版。李士豪、屈若搴著：《中国渔业史》，上海：商务印书馆，1937 年版，我们现在看到的是上海书店 1984 年的影印本。

⑤ 张宝树：《中国渔业》，台北：中华文化出版事业委员会，1954 年版。

⑥ 张震东，杨金森：《中国海洋渔业简史》，北京：海洋出版社，1983 年版。

年，从子明、李挺主编的《中国渔业史》① 从原始渔业、传统渔业以及现代渔业三个方面对中国渔业进行了系统的论述。1995 年日本学者中村治兵卫所著《中国渔业史研究》② 主要是对从唐朝到明朝这段时期中国渔业经济、渔业税收和渔业管理的论述。1998 年，欧阳宗书著《海上人家——海洋渔业经济与渔民社会》一书，把中国海洋渔业史研究推向了一个新的高度，填补了中国海洋渔业断代史研究的空白，对明清中国海洋渔业进行了更加细微的研究③。其对明清中国海洋渔业政策尤其是有关船只的政策作了非常细致的分类。但美中不足的是，由于作者研究侧重点的不同，在长时段的渔业史研究中没有展开对渔业政策动态变化的论述。2004 年，尹玲玲的《明清长江中下游渔业经济研究》一书对整个长江中下游淡水渔业和海洋渔业的资源、市场和管理作了整体的分析，其中有关渔政法规的研究成果值得借鉴④。

除以上文献、著作外，专题研究浙江海洋渔业政策发展的论文与著作涉及金融、行会及制度规范等领域。伍员先生在《解放前浙江海洋渔业金融》一文中，对晚清民国时期浙江海洋渔业的生产过程、生产资本和金融状况进行了系统研究，指出 1930 年以前浙江海洋渔业金融体系主要包括鱼行、典当、钱庄和高利贷，金融资本在分享渔业经济利润的同时也支持了海洋渔业自身的发展。这篇文章是笔者目前检索到的论文里唯一一篇史学领域研究海洋渔业生产与销售过程中金融问题的文章⑤。丁留宝在仔细研读并分析 1927—1937 年上海渔业档案的基础上，指出民国时期上海已经成为江浙海洋渔业产品最重要的销售市场，因此在对明清以来，尤其是晚清之后浙江海洋渔业经济发展及政策变迁的研究中，必须考虑到上海作为浙江海产品销售市场和销售份额的重要性以及上海地区海洋渔业金融与政策

---

① 丛子明、李挺：《中国渔业史》，北京：中国科学技术出版社，1993 年版。

② ［日］中村治兵卫：《中國漁業史の研究》，日本刀水书房，1995 年版。

③ 欧阳宗书：《海上人家——海洋渔业经济与渔民社会》，南昌：江西高校出版社，1998 年版。

④ 尹玲玲：《明清长江中下游渔业经济研究》，济南：齐鲁书社，2004 年版。

⑤ 伍员：《解放前浙江海洋渔业金融》，浙江金融，1984 年第 6 期，第 29 – 30 页；伍员：《解放前浙江海洋渔业金融（续上期）》，浙江金融，1984 年第 7 期，第 29 – 31 页。

变革对浙江海洋渔业发展的影响[①]。基于此，本书在讨论近代浙江海洋渔业政策问题时，将时刻关注上海区域相关政策建设的变化及影响。就浙江海洋渔业行会问题，黄晓岩以浙江玉环渔会为例，在整理渔会档案的基础上对民国时期，特别是1946—1949年战后玉环渔会组织的恢复与变化及其对当地海洋渔业经济发展的推动做了深入探讨，该文是研究中国海洋渔业组织的第一篇学术论文[②]。对于渔业公所的地位，王文洪以民国时期浙江东沙渔港渔业公所状况为例，认为“公所的建立对组织和推动各地渔民到远离自己据点的渔场去生产、寄泊，调解渔场上出现的纠纷，并在交易过程中维护自身的经济利益等方面，起了一定的作用”[③]。另外，最新涉及浙江海洋渔业史研究的专著为美国哈佛大学博士、现执教于乔治城大学的Micah S. Muscolino 在2009年由哈佛大学出版社出版的《Fishing War and Environmental Change in Late Imperial and Modern China》[④]。该书是在其硕博论文基础上修改，历时6年时间完成的。其间作者本人曾在舟山、上海从事为期一年的实地调查，挖掘了当地的第一手资料。该书从环境史的角度探讨舟山群岛海域海洋渔业的发展，着重于20世纪上半叶舟山海洋渔业与当地环境之间的关系，检视生态环境与人类政治、经济及社会等方面互动的复杂性。其具体内容以晚清民国时期舟山海域中日渔业纠纷、江浙渔业纠纷为例，探讨人类如何掌控舟山海域的渔业资源以及资源分配过程中所产生的制度规范与协调机制。其他涉及浙江海洋渔业的论文多为介绍性的文章。例如：1984年赵以忠对舟山渔业发展史的讨论[⑤]；1997年吴树敬对古代浙江温州海洋渔业发展状况的简述[⑥]。另外，随着20世纪80年代地方志书的编撰，浙江沿海各新编地方志中对当地海洋渔业发展多有

---

① 丁留宝：《统制·民生·现代化：上海鱼市场研究（1927—1937）》，上海师范大学博士学位论文，2010年。

② 黄晓岩：《民国时期浙江沿海渔会组织研究——以玉环渔会为例》，浙江大学硕士学位论文，2009年。

③ 王文洪：《东沙历史上的渔业公所》，中国海洋报，2008年1月15日第4版。

④ Micah S. Muscolino, Fishing Wars and Environmental Change in Late Imperial and Modern China, Cambridge, MA: Harvard University Asia Center, 2009.

⑤ 赵以忠：《舟山渔业发展史初探》，中国社会经济史研究，1984年第2期，第104－114页。

⑥ 吴树敬：《温州古代海洋捕捞史略》，农业考古，1997年第1期，第167－169页。

涉及。一些条件成熟的区域编撰或出版了专门的渔业志，如《舟山渔志》[①]《镇海县渔业志》[②]《苍南县海洋与渔业志》[③]。

就海洋渔业政策研究方法而言，朱德坤和郑平胜利用1978—1982年浙江海洋水产研究所水文调查资料，分析浙江近海水温与海洋渔业生产的关系。结论指出："浙江近海水温层化的长、消过程，对鲐、鲹、带鱼汛的汛期进展及鱼发、生产均有较密切的定性关系。"[④] 由此可知气候环境的变化对海洋资源种群与数量的影响是非常直接的。陆杰华等[⑤⑥]在修正系统模拟分析框架的基础上，利用系统动力学的方法，选择投资规模、技术进步等变量进行了系统仿真模拟分析，研究表明，"在渔业资源限定条件下，投资规模对渔业生产的影响是有限的；而技术进步的影响则是十分显著的；同时，劳动力资源短缺也将会显现出来"。随后，他们在建立构建人口、消费与海洋渔业资源相关关系的理论框架基础上，动态分析了舟山人口增长和消费模式是如何影响其海洋渔业资源的。其研究表明："影响海洋渔业资源变化的动因不仅包括人口增长和消费模式的变化，还要考虑到经济增长模式、市场价格、政策引导以及当地居民行为等因素。"对于资源变化与政策之间的关系，Micah S. Muscolino 将环境科学理论与方法运用到对舟山渔业资源分配的研究中，指出在资源紧缺状况下，其变化与人类活动之间的互动关系及其对政策变革的影响。[⑦] 而对于资源紧缺所导致的渔业纠纷，Robert Pomeroy 等人运用统计学调查问卷的方式分析东南亚各国渔业纠纷，指出渔业共同管理是降低渔业纠纷的有效途径[⑧]。在政府管理层面，丁留宝引入统制经济理论分析国民政府加强渔业干预的内在冲

---

① 《舟山渔志》编写组：《舟山渔志》，北京：海洋出版社，1989年版。

② 宁波市镇海区水产局、宁波市北仑区水产局：《镇海县渔业志》，内部发行，1992年版。

③ 苍南县海洋与渔业局等：《苍南县海洋与渔业志》，北京：海洋出版社，2007年版。

④ 朱德坤，郑平胜：《浙江近海水温的层化现象及与渔业生产的关系》，海洋科学，1984年第3期，第15页。

⑤ 陆杰华、王广州、李建新等：《人口、消费、技术模式变化对我国海洋渔业生产影响的实证研究——以浙江舟山渔场为例》，《人口与经济》，2003年第3期，第1页。

⑥ 陆杰华、王广州、李建新等：《人口增长和消费模式对海洋渔业资源影响的实证分析——以舟山为例》，《人口学刊》，2004年第5期，第3页。

⑦ Micah S. Muscolino, Fishing Wars and Environmental Change in Late Imperial and Modern China, Cambridge, MA: Harvard University Asia Center, 2009.

⑧ Robert Pomeroy, John Parks, Richard Pollnac, Fish wars: Conflict and collaboration in fisheries management in Southeast Asia. Marine Policy, 2007, 31: 645 - 656.

动，指出中国政府加强对海洋渔业的管控有着深刻的历史与理论依据。[①]在海洋渔业政策执行过程中，Gianluca，Ferraro 博士引入政策执行过程理论，以中国海洋渔业政策的执行效果为例，指出中央及地方政府的权力分配及利益冲突所造成的政策失效或消极执行是非常明显的[②]。除此之外，家庭教育对于海洋渔业现代化与政策演进也有不可忽视的影响。John Rogers 和 Lars – Göran Tedebrand 运用家庭社会学与教育学的理论对近代瑞典海洋渔民家庭的研究表明渔民教育水平与其收入和经济水平有正相关关系，而母亲的文化程度决定其子女教育水平的高低[③]。

以上学者的研究成果为我们勾勒出浙江海洋渔业发展与政策变迁的基本框架与重要的研究方法。在涉及海洋渔业政策变迁的因素中，除了海洋渔业经济发展本身外，还要考虑海洋气候变化、沿海人口压力及渔业科学技术进步，而这些都是本书所要着重讨论的内容。总体而言，从现有的研究成果和对象分布看，有关浙江海洋渔业历史的研究还有很多待商榷的问题和拓宽的空间。

1. *海洋渔业政策的全面研究*

就目前而言，大陆学者对中国海洋渔业政策研究最深入的莫过于欧阳宗书，其对海洋渔业制度的划分虽非常详细但并不全面，渔业政策的设计并不仅仅是防范，更有利用的一面。何锋在《中国的海洋——明朝海上力量建设考察》一文中就指出，明朝政府对于民间海上力量存在保护利用和防范两方面的政策[④]，而这点也被历史文献记载所证实。在明代抗倭和清代沿海反侵略斗争中，渔民群体的两面性必然需要相适应的政策去规范。因此明清沿海战时的渔兵和渔船征发法令也应该纳入渔业政策考虑的范围内。另外，对于海洋渔业政策的变化不能仅仅考虑到政府海防及经济发展的需求，还要考虑到政策自身变革的必然因素，如长时段的地理环境变迁与东南沿海经济腹地的持续增长的人口压力。这些因素在以往关于海洋渔

① 丁留宝：《统制·民生·现代化：上海鱼市场研究（1927—1937）》，上海师范大学博士学位论文，2010 年。

② Gianluca，Ferraro. Domestic Implementation of International Regimes in Developing Countries：The Case of Marine Fisheries in China，Belgium，Catholic University of Leuven，2010.

③ John Rogers and Lars – Göran Tedebrand. Living by the Sea：Farming and Fishing in Sweden from the Late Eighteenth to the Early Twentieth Century，Journal of Family History，1993，18（4）：369 – 393.

④ 何锋：《中国的海洋——明朝海上力量建设考察》，厦门大学博士学位论文，2007 年。

业政策的研究中并没有深入讨论。这使得我们在对海洋渔业政策发展的研究经常内嵌到海防与海禁研究的框架下。殊不知，明清政府对海洋贸易与海洋渔业是持不同态度的。而政府对海洋渔业的管理是对人、船、界三方面的综合管理。人指渔民，船指渔船，界是生产时间和空间。要对渔业政策及变化作准确的考察，就必须对渔业政策本身做全面的梳理。只有如此才能准确把握海洋渔业政策变迁与渔业经济发展之间的互动关系。

2. 浙江海洋渔业的全面研究

从区域经济史的研究论文看，浙江海洋渔业研究仍处于起步阶段。与山东、福建、广东海洋渔业研究相比，浙江海洋渔业经济、渔业政策、渔业群体等研究几乎都是空白，仅有的几篇文章主要是研究渔业文化和渔业团体。而代表浙江海洋渔业研究最前沿的成果并不是由中国学者完成的，这应该让我们有紧迫感。总体而言，目前浙江海洋渔业与政策历史的研究并未深入到海洋渔业研究领域的核心，该领域的主体内容仍是尚未开垦的一片沃土。这一态势与当代浙江海洋渔业经济研究形成极大反差。大量涉及浙江海洋渔业政策的研究多集中在改革开放以后这一时期，这使得我们现在所讨论的大量渔业政策缺乏历史沉淀及对区域政策文化传统的考量，其在执行过程中的政策偏差是在所难免的。要解决这一问题，就必须从长时段浙江海洋渔业政策沿革出发去探寻政策生成与变迁的内在动力及外部影响因素，在此基础上提出的政策建议才更具有可操作性。在浙江省“十二五”规划已经将海洋经济发展作为浙江省经济发展重要方面的今天，对浙江海洋渔业政策的长时段研究就显得更为迫切。

三、研究思路

本书是对明清以来浙江省海洋渔业政策生成、变革及其与浙江海洋渔业发展之间互动关系问题的研究，并以此探寻在浙江这一具有代表性的区域，其海洋渔业政策演进的内在路径及可供当代借鉴的历史经验。

1. 概念界定

本书中的主要概念有“明清以来”、“浙江”、“渔业”、“政策”，在此需对其做详细的解释与说明：

明清以来：是本文在阐述明朝、清朝及民国时期的简写，其时间界限为从公元1368年朱元璋建立明朝到1949年中华人民共和国成立。其间年号共有28个。其中明朝从公元1368年到1644年，年号16个，清朝从1559年到1912年，年号12个，其重叠时间以明朝年号为准。对明清时期时间的表述以年号为准，并在其后括号中注明公元纪年。中华民国从1911年到1949年，分别有北京政府（1911—1927年）和南京政府（1927—1949年）两个时期，其时间表述以公元纪年为准。明清两代是中国封建王朝最后两个朝代，这一时期即是浙江传统海洋渔业政策由萌芽到成熟的时期，也是海洋渔业现代化的发轫时期。而自清末新政到1949年为浙江海洋渔业现代化的尝试，传统海洋渔业政策的变革与西方现代海洋渔业法规及思想的引入与本土化都在这一时期展开。而1949年之后，由于国家基本经济形态的变革，海洋渔业现代化进入到另一个时期，因此本书将研究下限定在1949年。另外，尽管本书研究的是明清以来浙江海洋渔业政策，但研究时间会贯穿整个古代与近代时期。

浙江：地处中国东南沿海长江三角洲南翼，东临大海，南接福建，西与江西、安徽相连，北与上海、江苏接壤。自明朝开始，其边界趋于稳定。这也是本书选择明代浙江作为研究起点的重要原因。自明清至民国，浙江包含浙西杭州、湖州、嘉兴3府，浙东宁波、绍兴、台州、金华、衢州、严州、温州、处州8府，各府属县在明清两朝略有变化。在本书中，浙江不仅仅包含浙江陆地11府，还包括浙江沿海面积500平方米以上3 061多个岛屿及其领海。自明朝嘉靖年间开始，浙江就以巡抚浙江为地方最高长官，后改名为浙江巡抚直至清末。民国时期，浙江先后成立军政府、省政府，督军、省长为地方最高长官。之所以选择浙江作为本书的研究区域，除其区域的稳定外，其独特的地理位置（地处中国沿海中部，冬季0℃线分界点，紧临长江水运及拥有中国最丰富渔业资源的舟山海域）、发达的经济水平（自明代浙江就为中国经济最发达的省份之一，并紧靠上海）、较高的人口压力（自清代，浙江的人口密度处于全国前列）、海防的重点省份等因素叠加在一起，使得我们以该区域为研究对象，可以更加全面地去理解和分析海洋渔业政策走向的特征及内外部影响因素。当然，在具体的研究当中，其周边省份也会根据其与浙江海洋渔业发展的关联程度而加以关注。

渔业：其对应英文是Fishery，又称水产业，是以栖息、繁殖在海洋和内陆水域中的水产经济动植物为开发对象，进行合理采捕、人工养殖和增殖以及加工利用的综合性生产事业，是国民经济的一个组成部分。随着海洋和淡水渔业资源开发规模的日益扩大，水产品已成为人类动物型蛋白质食物的重要来源之一。此外，渔业还为化工、医药等工业提供原料，为畜牧业提供饲料。①

海洋渔业：渔业生产的组成部分，分为海水增养殖业和海洋捕捞业两部分。海洋捕捞业按作业海域又有沿岸渔业、近海渔业和远洋渔业之分。现代海洋渔业，包括渔产品的保藏、加工、运销和贸易等的完整体系。②本书对于海洋渔业的研究着重点在浙江渔民及江苏、福建来浙从事的近海捕捞、远洋捕捞及浙江水产品的加工与销售。

政策：其对应英文是 Policy，即政府的决策乃至行为，是政府凭借其所掌握的包括权力在内的各种资源，为了实现一定的目标而对社会经济的某些方面或环节所采取的一系列措施或行动③。而海洋渔业政策是政府为了实现一定的社会、经济及环境发展目标，对海洋渔业发展过程中的重要方面及环节所采取的一系列措施和行动的总称。就浙江海洋渔业政策研究而言，其研究对象包含浙江海洋渔业政策及中央海洋渔业政策中影响浙江的部分。由于浙江海洋渔业经济发展的变动，明代至清代前期福建海洋渔业政策及发展将纳入到本书的考察范围，而清代中后期至民国，上海海洋渔业政策和发展也要纳入本书的研究范围。浙江海洋渔业政策的主体是从中央到浙江地方的各级政府部门，其客体是在浙江从事海洋渔业生产的个人与团体。

制度：与“政策”概念相近的另一个在本书中涉及的概念就是“制度”，其对应英文是 Institution，一般指要求大家共同遵守的办事规程或行动准则，也指在一定历史条件下形成的法令、礼俗等规范或一定的规格。著名制度经济学家诺思（Douglass C. North）认为“制度是一个社会的博弈规则，或者更规范地说，它们是一些人为设计的、型塑人们互动关系的约束”④。他将制度分为三种类型，即正式规则、非正式规则和这些规则的

---

① 辞海编辑委员会：《辞海》，上海：上海辞书出版社，1999 年版，第 4567 页。

② 辞海编辑委员会：《辞海》，上海：上海辞书出版社，1999 年版，第 2652 页。

③ 孙琛：《渔业政策学》，咸阳：西北农林科技大学出版社，2011 年版，第 1 页。

④ ［美］诺思著，杭行译：《制度、制度变迁与经济绩效》，上海：上海人民出版社，2008 年版，第 3 页。

执行机制。其中正式制度就是指经过长期实践而形成惯例的国家政策，而非正式制度包括价值信念、伦理规范、道德观念、风俗习惯及意识形态等因素。在本书中，政策指的是在一个特定时期由中央政府或省级政府制定的法令及规范，而制度则是在较长时间都不会发生变化的政策。前者侧重具体的条例与执行细则，后者着重长时期的政策原则。政策与制度的这一关联性使得我们在对浙江海洋渔业政策的考察中可以借鉴新制度经济学的原理和方法论。

2. 理论与研究框架

研究明清以来浙江海洋渔业政策问题，如果单纯以渔业政策本身为考察对象来就事论事是不够的，除此之外还必须将其置身于明清浙江社会发展的历史背景中，从政治、经济、社会、军事、外交等多维角度出发，分析政策是如何产生、发展，又是怎样影响经济与社会发展的方方面面；如何调整自身与经济发展、国家海疆安全之间的矛盾；如何应对中央与地方及不同利益主体之间的冲突。要解决这些问题，最根本的一点就是要搞清楚政策演变的路径及其与经济发展之间的关系问题。一定的行业政策是建立在这个行业发展的基础之上。对海洋渔业政策演变的分析要建立在海洋渔业政策自身演变路径的基础上，充分把握国家政治、经济、外交发展对渔业政策变迁的影响及其反作用，最终在比较中勾勒出浙江海洋渔业政策演变的特点。按照这个思路，笔者将在具体问题研究中运用新制度经济学相关理论从事问题的研究。作为制度的一部分，对政策的研究仍可借鉴新制度经济学相关理论。在对浙江海洋政策问题的研究中，笔者将引入“制度生成与演化”理论及“演化与主观博弈”理论。

大多数新制度主义的倡导者认同制度即行为规则。本项目将中央及地方政府的决策纳入到新制度经济学研究的范畴。作为正式制度的一部分，政策仍旧受到传统、伦理、道德、理念等影响。制度（政策）源于人们的理性选择，是在协调行为冲突过程中产生和演化的。[①][②] 借鉴这一理论，我们可以认为，浙江海洋渔业政策的生成受地理、环境、政治、经济、文化

---

① Schotter, A. 1981. The Economic Theory of Social Institutions, New York: Cambridge University Press.

② Bowles, S. 2004. Microeconomics: Behavior, Institutions and Evolution, Princeton University Press.

与传统的影响，是不同社会群体相互博弈的结果。浙江海洋渔业政策的生成及其在一定范围内的执行会导致外生与内生因素（即影响政策变化的内外部因素）的变化。这一变化到达一定临界点就会推动渔业政策的演进，但在此之前政策保持一种稳定性与自我适应性。

在制度（政策）生成之后，制度演进包含两种不同性质的演进：一为制度漂移，即制度演进只表现为在原有博弈的多重均衡中从一个均衡漂移到另一个均衡；二为制度创新，即制度从现有均衡变化到一个新的均衡上。以演化博弈考察制度漂移，则每个人依制度采取行动是其最优反应，那么自我实施的制度要产生变化似乎就必须依赖于外生的变化①。演化博弈框架下，惯例制度的变迁根植于几种外生变化。首先，某个外部因素的推动可以导致制度变迁；其次，制度变迁可能先在局部产生，再扩散到全局；第三，惯例结构本身的结构变化也可导致变迁。以主观博弈理论考察制度创新，其转型通常划分为两个阶段：一是相对短而混乱的危机阶段，其中急速的环境变化引发超过临界规模的参与人认知危机，各种异性策略以一定规模进行实验；另一个是某些策略在演化过程中逐渐上升至主导地位，最终和制度稳定阶段汇合在一起②。

就本书的研究而言，浙江海洋渔业政策的生成首先来自于其内生因素，这些因素包括政策生成的地理环境因素、社会经济背景以及文化传统。内生因素孕育了浙江海洋渔业政策的最初形态，而这一形态在浙江海洋渔业经济及社会发展过程中发生相应变化。在政策变化过程中，外生因素也是我们所不能忽视的，因为在浙江海洋渔业现代化过程中，政府对外来政策的引入是非常明显的。内生因素与外生因素的相互影响导致政策变化过程中的政策漂移与政策创新，最终形成了新的海洋渔业政策。而新的海洋渔业政策形成之后，又必将在海洋渔业经济发展的带动下进行新一轮的政策变革。因此，结合相关经济理论及研究内容，本书的理论框架如图 1-1 所示。

本书共分为七章，第一章为绪论；第二章为浙江海洋渔业的宏观讨论，其目的在于构建地理环境、经济发展与渔业政策变迁的逻辑关系；第

① Greif, A. 2006. Institutions and the Path to the Modern Economy: Lessons from Medieval Trade, U. K.: Cambridge University Press.

② Aoki, M. 2001. Towards a Comparative Institutional Analysis, MIT Press.

三、四、五章讨论浙江海洋渔业政策的发展路径及外部因素对政策走向的影响，其中第三、四章讨论浙江传统海洋渔业政策的生成、演进及其影响因素，第五章为海洋渔业现代化背景下渔业政策漂移与创新；第六章则说明海洋渔业政策变革对海洋渔业组织发展及海洋秩序稳定的影响；第七章为全书结论。

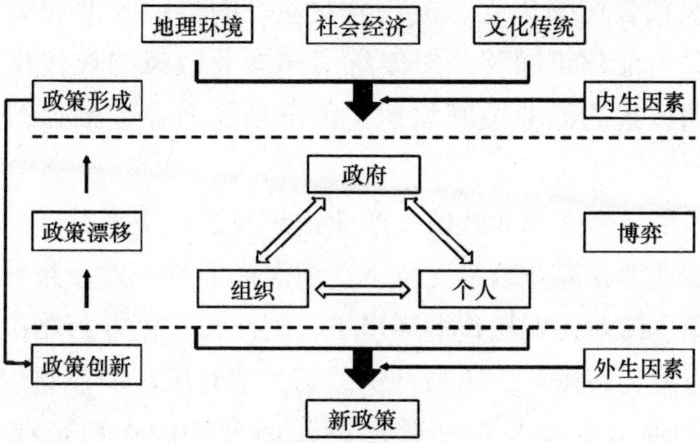

图 1 - 1 理论框架

第二章是浙江海洋渔业的背景介绍和宏观讨论，着重讨论区域地理环境、经济发展状况与浙江海洋渔业政策变迁的承接关系。第一节将讨论浙江区域地理环境与经济发展的关联，并对其形成的区域海洋渔业经济模式与特征进行讨论。第二节对浙江海洋渔业政策框架进行整体把握与梳理，然后运用数理统计的方法对浙江海洋渔业政策的演变路径加以归纳。

第三章是明朝及清朝初期浙江海洋渔业政策生成与演进状况分析，着重讨论地理因素与国家海防压力对政策生成与演进的影响。第一节首先讨论的是明代海洋政策的出台及其整体的走势，然后在此框架内梳理出本时期内浙江海洋渔业政策独立演进的路径。第二节先分析影响浙江海洋渔业政策独立演进的因素，然后对明清鼎革这一特殊政治时期的渔业政策变革进行讨论。

第四章是清初全面开放海禁后浙江海洋渔业政策走势与变化分析，着重讨论人口压力和区域经济发展对海洋渔业政策走向的影响。第一节分三部分对这一时期的渔民、渔船及渔业区域政策进行分类描述，把握其演进路径及变化点。第二节对渔业政策与渔业经济发展的互动关系进行讨论。

渔业政策变革推动海洋渔业经济与社会的发展，而海洋渔业经济环境的混乱则反作用于海洋渔业政策的走向。

第五章是浙江海洋渔业政策现代化变革状况讨论与分析，着重于在内外部综合因素压力下，浙江海洋渔业政策的现代化尝试。第一节对外部政策创新，即西方渔业政策的本土化尝试进行分析。这一时期中央与浙江地方政府推动现代公司的创立、机轮渔业生产的推广及渔业技术人才的培养。第二节对内部政策漂移，即传统海洋渔业政策的现代化变迁进行分析。这一时期传统的渔业民间组织、鱼市场及渔业金融组织都开始发生变化。

第六章是浙江海洋渔业政策、渔业组织及近代海洋秩序三者关系的讨论，重点把握在宽松渔业政策支持下，海洋渔业组织对于维护海洋秩序的重要作用。第一节对在宽松政策环境下，浙江海洋渔业行帮组织及渔业公所的生成及发展历程进行描述与讨论。第二节对浙江渔业组织体系在晚清民国时期维护渔业安全与海洋秩序过程中发挥的作用及存在问题进行分析。

第七章结论是对以上全书观点的总体把握，通过对浙江海洋渔业政策长达500余年生成与演进路径的分析，概括出浙江海洋渔业政策演进的基本特征及其推动因素，同时强调这些内外部因素至今仍继续影响着浙江海洋渔业发展与政策变迁。

第二章 地理、经济与政策变迁

自古以来，渔业都属于农业生产的范畴，按照区域划分，渔业可分为内陆渔业与海洋渔业。内陆渔业捕捞作为中国传统种植业的补充，与山林狩猎、草原畜牧业一样，在远古时期就已经存在，并且在中国这样一个农业社会得到充分发展。而具有海洋属性的海洋渔业捕捞则在其发展过程中充满曲折。在航海技术还未充分发达的汉唐时期，中国海洋渔业的活动范围仅限于海滨及近海海域，加之这一时期沿海人口及经济规模远未达到影响社会稳定的阶段，国家对于海洋渔业基本持放任自流的态度。而随着中国经济重心向南迁移，江南经济发展与社会稳定对于国家政权的重要性日益重要。与之相对应的是沿海人口的增加，使得海产品的需求得到进一步扩大，这些都刺激了海洋渔业的快速发展。随着宋代航海技术的革新与人类对海洋认知的持续深入，大量船只开始向遥远的海洋进军，这一时期远洋贸易与远洋渔业的发展即是明证。宋代海洋经济的辉煌带来了中国古代经济发展的巅峰，但这并未改变其被北方游牧民族灭国的命运。进入大航海时代，中国的传统在明朝得以复苏，而历史惯性使得整个国家的注意力一直在北部边疆。对海洋渔业乃至整个海洋经济的发展，政府持有一种非常矛盾的心态。同时，国家对于海洋渔业发展的干预在这一时期开始孕育并持续深入。我们的讨论就从这里开始。

作为中国最富庶的沿海省份之一，浙江省的地理版图历经变化之后，在明代固定下来，并一直维持至今。其独具特色的地理环境，孕育了明显有别于其他中国沿海省份的渔业经济运行模式。正因为如此，浙江海洋渔业政策明显有别于中国其他沿海区域。本章所要解决的问题就是这一具有明显浙江特色的海洋渔业经济模式及其政策生成与演变路径。

第一节 地理环境与浙江海洋渔业经济模式

占全球总面积70%以上的海洋孕育生命并提供进化的完美环境，在漫长历史的自然选择中，人类走到了食物链的最顶端，并以统治者的姿态攫取陆地与海洋的资源。地理环境的差异性不仅使得人类认知与利用海洋资源有明显的地域特征，而且具体到从海洋获取资源的过程中所形成的经济形态即使在同一个文化共同体的民族国家也有明显的差别。这一差别并不是一朝一夕所形成的，而是随着人类开发海洋的进程增加了人为因素而不断累积而成。这些人为因素既包括传统的文化因素，也不排除一些特殊事件所产生的倾向性。不过，所有的这一切都是建立在近千年自然地理环境缓慢变化的基础之上。环境地理的差异决定了海洋渔业经济发展模式的区域差异及其特征，而后天形成的人文地理则是人类在利用与改造自然过程中所逐渐形成的。环境差异所影响的不仅仅是海洋生物种群的区域分布，同时也引导海洋渔业生产模式的地区适应性。

一、浙江海洋地理特征与渔业经济

海洋地理环境是一个很大的命题，这里我们主要讨论的是涉及海洋渔业经济发展的渔业环境。所谓渔业环境，主要包括沿海渔民捕鱼区域的自然环境与人文环境。作为中国东海之滨的主要省份，浙江海洋渔业活动区域主要集中在中国渔业资源最丰富的舟山渔场。而舟山渔场的区位恰恰在中国海岸线的中间线附近，同时也紧靠中国气候变化的0℃线附近。值得注意的是，舟山渔场所紧靠的江南区域自宋代以后即为中国最发达的经济区域，而良好的水运条件使得舟山渔场的海产品内达川鄂及京津，外销日本、韩国。

1. 海洋地理、气候与水文特征

浙江省海岸线长逾6 000千米，北至乍浦，南到镇下，海岸线曲折，渔场广阔且位于寒暖流交汇处，适宜鱼类繁殖，其渔业资源位居中国沿海各省之首。浙江省面积500平方米以上大小岛屿3 061个，占全国岛屿数量的41.52%。浙江省主要岛屿有舟山群岛，它由700多个岛屿组成，北起花鸟岛，南到六横岛，总面积1 258平方千米，最东端为嵊山岛，是东海北部离大陆最远的一座岛屿。最大的舟山岛，面积523平方千米。此外

还有韭山列岛、南田岛、渔山列岛、东矶列岛、一江山岛、台州列岛、玉环岛、洞头岛、北麂山列岛、南麂山列岛、官山岛、北关岛、七星岛等。浙江的岛屿海岸线长4 232.3千米，占全国岛屿海岸线总长度的30.23%。且这些岛屿周围水深大部分不超过50米，其渔场属于典型的浅海沿岸渔场。岛屿的聚集不仅有利于各种水生动植物的生长，同时也便利渔民的海洋活动。大量捕捞的水产品可以在岛屿上进行初步加工以便利长途运输，而在海洋灾害来临时，星罗棋盘的岛屿更便利渔民就近避灾。

浙江沿海地区，地处中纬度地带，属亚热带季风气候区。南部有向中亚热带过渡之痕迹，东部具海洋性季风气候之特征。夏冬季长，春秋季短，四季分明，“夏热而不酷，冬寒而不烈”。① 而孤悬浙江外海的舟山群岛，受西太平洋与欧亚大陆的影响，其季风现象同样显著。四季分明，冬暖夏凉，年温适中，光照充足。雨量中等，较浙江大陆偏少。舟山群岛全年多大风，春季多海雾，夏秋多热带气旋（包括热带风暴、强热带风暴和台风），属亚热带南缘海洋性季风气候。② 海洋季风气候，为浙江海洋生物的生长提供了极佳的水温条件，增强了近海大陆架区域浮游生物的光合作用。就鱼类的繁殖而言，浙江温带海域，兼采热、寒带海域之长处，不仅为成鱼提供了优越的繁殖条件，也为培养下一代稚鱼营造了极为理想的海域生长环境。③

近岸低盐水系与外海高盐水系交汇混合，构成舟山海域水文主要特征。海洋水团呈现江浙沿岸水、黄东海混合水、东海高盐水三支不同水体共同制约特征。江浙沿岸冷水团，终年低盐分布，范围随季节变化。冬半年，自长江口岸向南伸展；夏半年，出现径流交汇涡潭，形成以长江口为中心向东北伸展的低盐水舌，前锋可越东经124°线。黄东海混合水团，次高盐水，由进入海域北部的高盐水与黄海水团交汇混合产生。冬季，随降温和对流混合加强发展为强盛期，分布范围至最大；夏季，因增温和降盐加剧，分布范围缩小。外海高盐水团，分东海暖水和黑潮次表层水。前者由黑潮表层水进入陆架混合而成，冬季对流混合强，水体垂直均匀，夏季

① 实业部国际贸易局：《中国实业志（浙江省）》，上海：华丰印刷铸字所，1933年版，第30页。

② 舟山市地方志编纂委员会：《舟山市志》，杭州：浙江人民出版社，1992年版，第94页。

③ 浙江省政协文史资料委员会：《浙江文史集萃（第3辑）》（经济卷上册），杭州：浙江人民出版社，1996年版，第72页。

上层东及东南向退缩，下层偏北向爬升，可至长江口外，高温高盐，温度盐度季节变化显著。后者居前者下位，冬半年对流与上层水混合，夏半年分离出现，低温高盐。沿岸冷水团与东海暖水团相遇，常形成较强锋面，并在锋面处形成良好的渔场。[①] 其原因在于，寒暖流的交汇使海水受到扰动，将下层营养盐类带到表层，使浮游生物繁衍更为迅速，进而为鱼类的生长与繁殖提供丰富的饵料，利于鱼类的繁衍生息，从而形成良好渔场。

值得注意的是，在长时段的研究当中，海洋气候的变化对海洋渔业经济发展的影响是非常显著的。韩昭庆利用方志资料，对明清时期长江中下游区域的气候变化做了系统分析，他认为这一时期冬季异常气候变化过程分为三个暖时段，即1440—1489年，1520—1619年和1720—1789年；三个冷时段即1490—1519年，1620—1719年和1790—1899年。[②] 这一成果为我们考察明清渔业资源的动态变化提供了科学依据。作为位于寒暖锋线交汇处的浙江舟山渔场，其渔业发展所受气候的影响是非常明显的。朱德坤和郑平胜以1978—1982年浙江海洋水产研究所秋、冬汛嵊山、大陈渔场水温调查资料为主要依据，分析了浙江舟山海域水温变化对渔汛的影响，指出水温与渔汛的相关性是：水温层次持续时间长，汛内水温高，旺汛期后延；水温层次消衰期提前，汛内水温偏低，渔场转旺期偏早。[③]

2. 鱼类、渔汛与渔场

早在河姆渡时期，浙江的先民就开始大规模地采捕鱼类以供食用。据考古发现，河姆渡文化遗址中的水生动物有海龟、中华鳖、鲸、鲟、真鲨、鲤鱼、鲫鱼等[④]。到三国时期，文献记载中，浙江临海的海洋捕捞动物有鹿鱼、土鱼、鲮鱼、比目鱼、鲤鱼、牛鱼、石首鱼、槌额鱼、黄灵鱼、印鱼、寄度鱼、邵鱼、陶鱼、石斑鱼、乌贼以及蚶、蛎、蛤蜊等90多种[⑤]。

---

① 舟山市地方志编纂委员会：《舟山市志》，杭州：浙江人民出版社，1992年版，第85－86页。

② 韩昭庆：《明清时期（1440—1899年）长江中下游地区冬季异常冷暖气候研究》，中国历史地理论丛，2003年第2辑，第49页。

③ 朱德坤，郑平胜：《浙江近海水温的层化现象及与渔业生产的关系》，海洋科学，1984年第3期，第14页。

④ 张如安，刘恒武，唐燮军：《宁波通史·六朝卷》，宁波：宁波出版社，2009年版，第21页。

⑤ ［三国］沈莹撰，张崇根辑校：《临海水土异物志辑校》，北京：农业出版社，1988年版，第7－33页。

随着浙江沿海居民对于海洋水生资源利用的进一步提高，宋代浙江地方志已经将海洋动植物进行分类统计，如鲨鱼有白蒲鲨、黄头鲨、白眼鲨、白荡鲨、青顿鲨、乌鲨、斑鲨、牛皮鲨、狗鲨、鹿文鲨、鲼鲨、魟鲨、燕尾鲨、虎鲨、犁到鲨、香鲨、熨斗鲨、髻鲨、剑鲨、刺鲨 20 种，螺有香螺、刺螺、辣螺、拳螺、剑螺、丁螺、斑螺、鹦鹉螺、蛇蜗小螺、海蛳 10 种。[①] 元代，仅浙江舟山地区就出产大黄鱼、小黄鱼、带鱼、墨斗鱼、鳓鱼、鲳鱼、马鲛鱼等共计有 57 种海产品[②]。明清时期，浙江已开发利用的渔业资源之丰富，从两浙沿海地方志书及其时新出的渔书中可直接获知。如《弘治温州府志》载有鲨鱼（有孱鲨、鱼筒鲨、犁头鲨等 15 种）、鲛鱼、魟鱼（有鲛魟、锦魟、黄魟等 8 种）、黄驹（有河豚等 7 种）、鳗鱼、吴鲚、鲈鱼等 114 种海产品。[③] 清代海洋渔业水族被分为"鳞之类""甲之类"和"介之类"，其中"鳞之类"有鲤鱼、鲫鱼、鳜鱼、鲇鱼等 29 种，"甲之类"有龟、鳖、蚌、蛤等 17 种，[④] "介之类"有鲎、蝤蛑、白蟹、蟛蜞等 11 种。[⑤] 当代慈溪地方志将海洋水生经济动物划分为腔肠动物、多毛类、软体动物、甲壳动物和鱼类 5 种，其中鱼类、甲壳动物和软体动物占了海洋水生动物的 97%[⑥]。可见浙江到清朝中期，时人对海洋生物的分类与现在已基本一致。

在浙江众多渔业种群中，有著名的四大海洋鱼类，即大黄鱼、小黄鱼、带鱼和墨鱼，其年产量均较为突出，尤以带鱼最具代表性。此外，还有鳓鱼、鲳鱼、鳗鱼、白姑鱼、鲷鱼、鲐鱼、鲨鱼、海蜇、梭子蟹等。各种鱼类各有其比较明显的分布范围和出现季节。渔汛分为春汛、夏汛和冬汛。从明代开始，浙江沿海渔民凭借着祖辈留下的捕鱼经验，发现了浙江海洋鱼类的渔汛期。通过对鱼类生长和游动规律的掌握，沿海渔民可以有

---

① [宋] 胡榘，罗濬纂修：《[宝庆] 四明志》卷 4《郡志卷第四·叙产》，《续修四库全书》(第 705 册)，上海：上海古籍出版社，2002 年版，第 63－66 页。

② [元] 冯福京修，郭荐纂：《大德昌国州图志》卷 4《叙物产·海族》，宋元方志丛刊，北京：中华书局，1990 年版，第 6089 页。

③ [明] 王瓒，蔡芳编纂，胡珠生校注：《弘治温州府志》卷 7《土产·海族》，温州文献丛书，上海：上海社会科学院出版社，2006 年版，第 120－124 页。

④ [清] 嵇曾筠等纂修：《浙江通志》卷 101《物产一》，上海：商务印书馆，1934 年版，第 1809 页。

⑤ [清] 嵇曾筠等纂修：《浙江通志》卷 102《物产二》，上海：商务印书馆，1934 年版，第 1831 页。

⑥ 慈溪市地方志编纂委员会：《慈溪县志》，杭州：浙江人民出版社，1992 年版，第 140 页。

针对性地安排渔场和捕鱼时间。如明代文献记载，每年四、五月份，浙江宁台温近海渔民纷纷下海，前往江苏金山、太仓一带捕捞黄鱼。① 到清代，每到八、九月份宁波、台州沿海带鱼汛期，福建莆田、福清县善于捕钓的渔民纷纷结船下海，动辄数百艘前往，直到次年正月返航②。清末，浙江沿海居民对渔汛期的时间和海域有了更加准确的认知，针对不同的渔汛及渔业资源，他们驾驶装载不同渔业捕捞工具前往捕鱼。③

从表2－1可知，浙江的气候环境使得其沿海海域一年四季都有渔汛发生。不过，我们要注意的是，浙江沿海的渔汛位置并不是稳定不变的，其发生受冷暖空气的影响是非常明显的。以舟山渔场的带鱼汛为例，其渔汛一般从立冬开始，到第二年的雨水，渔汛期为三个月。秋冬季北方冷空气的南下会导致海洋上出现外海暖水减弱和沿岸冷水扩展的情况，使原来在江苏沿岸的带鱼纷纷南下，聚集在浙江近海，构成冬季浙江沿海的带鱼汛。这时候如果南下冷空气过强，不仅会影响出海渔船作业，更会导致海水温度下降，促使鱼群继续南下，这样会大大缩短渔汛周期。对于气候变化和渔业生产的关系，浙江舟山有很多渔谚可以反映出来，如："立夏连日东南风，乌贼（墨鱼）匆匆入山中。""寒伏温浮，日伏夜浮，清伏混浮。"

表2－1　浙江省主要鱼类、渔汛和渔场

名　称	渔　汛	渔　场
大黄鱼	春分至小满	衢港及黄大洋鱼山，羊山一带，台州洋及石浦附近
小黄鱼	冬季至清明	冬季至春季初，渔场在桃花、六横及浪岗的南方，大都集中在沈家门，至清明相近，以嵊山附近为根据地
乌贼（墨鱼）	四月初至五月底	北自马鞍群岛，南至桃花岛附近海，以中山卫列岛、青滨、庙子湖一带为最盛
带鱼	九月上旬至十一月中旬	定海、长涂
鳓鱼	清明至大暑	岱山附近

资料来源：据相关历史文献整理。

① ［明］陆容撰：《菽园杂记》卷13，元明史料笔记丛刊，北京：中华书局，1985年版，第156页。

② ［清］计六奇撰，魏得良点校：《明季北略》卷5，崇祯二年己巳，"张延登请申海禁"条，北京：中华书局，1984年版，第103－104页。

③ ［清］沈同芳撰：《中国渔业历史》，载《万物炊累室类稿：甲编二种乙编二种外编一种》（铅印本），上海：中国图书公司，1911年版，第37－39页。

3. 人口、区位与交通

北宋以降，北方频繁的战乱使得大量人口向中国南部迁移。到元朝，江浙区域的人口密度已远超其他行省，达到每平方千米91.23人。明洪武二十六年（1393年），浙江人口密度上升到每平方千米114.38人，仅次于南直隶。到弘治四年（1491年）与万历六年（1578年），尽管浙江人口密度每平方千米下降到57.87人与56.20人，但浙江的人口密度在这两个时期已超过南直隶跃居第一位。清初，浙江的人口密度仍位居全国各省份第一位。乾隆年间，这一数字被江苏省赶超。到咸丰元年（1851年），浙江人口密度为每平方千米309.74人，而同期江苏省为448.32人。① 从以上数字可以看到，尽管经历了明初靖难之役、明中期"嘉靖大倭寇"动乱、清初战乱及清末太平天国运动，浙江沿海的人口数量在波动中仍保持持续增长的态势。而这一人口基数构成了浙江海洋渔业消费的潜在人群。而就渔业消费的绝对人群，分布在浙江沿海岛屿上的居民也随着浙江人口规模的扩张呈增长趋势。浙江沿海最早有人居住的岛屿是舟山岛。宋代，随着浙江海洋渔业和盐业经济的发展，其他岛屿也渐渐有了定居者②。元末明初，浙江宁、台、温沿海大岛，城市规模已经形成，大量人口聚集于此，"其中都鄙城与城市半，或十之三，咸大姓聚居"③。明清时期，尽管由于政治原因，大批岛民被强迫迁往内地，但沿海人口压力使得违禁在岛上居住的居民有增无减。这些岛民除在海岛上种植山芋等耐旱作物为生外，其余大部分时间都需要出海捕鱼以维持生计。这一群体既是海洋渔业的生产群体，也是最大的消费群体。根据晚清朱正元的统计，浙江沿海岛屿居民有约五万户④。以宣统年间浙江每户4.25人的平均数来计算⑤，浙江沿海岛屿人口有21.25万之多。这一数字在民国时期仍呈上升趋势。

与人口增长同步的是，明清以来浙江乃至江南区域海外贸易的繁荣与

---

① 梁方仲：《中国历代户口、田地、田赋统计》，北京：中华书局，2008年版，第255、281、374页。

② ［元］脱脱等撰：《宋史》卷305《杨亿》，载："鄞滨海，恶少贩鱼盐者，群居洲岛"，北京：中华书局，1977年版，第10085页。

③ ［明］王士性：《广志绎》卷4《江南诸省》，北京：中华书局，1986年版，第73页。

④ ［清］朱正元辑：《浙江沿海图说》附海岛表，上海：上海聚珍版印，光绪己亥年（1899年）版。

⑤ 梁方仲：《中国历代户口、田地、田赋统计》，北京：中华书局，2008年版，第369页。

市镇经济的发展，使得浙江沿海地区的商品经济日益发达。而由宁波、绍兴、杭州、嘉兴、苏州、松江、常州、镇江、江宁、太仓这10府1州组成的江南地区，从宋元时代起就是中国经济最发达的地区。入明以后，特别是从明中期开始，该地区的农业、手工业出现强劲的商品化趋势，商品经济加速发展，大批工商业市镇相继形成。随着社会分工的不断扩大，蚕桑、丝绸、棉花、棉布、陶瓷、铁器、书籍等商品的数量迅速增加，市场容量日益扩大。众多的人口基数、繁荣的经济规模使得江南区域对于海产品有非常强劲的消费能力。而江南区域崇尚奢侈的消费理念，更助长了这一趋势。根据明末王士性的论述，浙江沿海区域根据其经济形态与民俗风情的不同，可分为杭嘉、宁绍和温台三部分①。杭嘉地区在明清时期的浙江省属于经济非常发达的地区，其当地居民多富商大户，家僮众多，其嘉兴的乍浦港在清代一度成为浙江省的重要对外贸易港口，商业贸易的发达使得这一区域的海产品消费能力非常强，正因为如此，其从事渔业生产的人群很少。宁绍科举盛行，文化繁荣，多从事外贸活动。但由于其靠近渔业资源丰富的舟山渔场，每年渔汛期仍有大量沿海居民下海捕鱼，其渔业人口存在半渔半农的现象。而温台区域，由于其地处山海之间，大量人口从事围猎捕鱼，这一群体是浙江从事渔业生产的主体。整体而言，除渔民自身消费外，更多的水产品是在宁波、杭州这样的大城市出售。随着上海的崛起，清末民国时期浙江出产的海产品有相当大一部分销往上海。

由于地理原因，古代浙江沿海至内地的陆路运输远没有水运发达。星罗棋盘的湖泊和河流，成为浙江乃至江南地区经济发展的运输线。其中最为主要的有两条。一条是连接宁波港与杭州的浙东运河。该运河的修筑，彻底解决了当时北方货物经京杭大运河至杭州后的出海问题，而同时，浙东区域的海产品经浙东运河抵达杭州，再通过京杭大运河可直达京津区域。明代日本朝贡使团，即通过这条线路从宁波启程前往北京朝贡②。另一条即是沟通中国沿海与内地的长江水运。在上海尚未崛起之前，浙东区域的海产品经杭州运往南京，再经南京溯长江到达武汉、重庆等地。上海崛起后，浙东海产品直接海运上海然后转口。随着1840年上海的开埠及近

① ［明］王士性：《广志绎》卷4《江南诸省》，北京：中华书局，1981年版，第67页。

② ［日］木宫泰彦著，胡锡年译：《日中文化交流史》，北京：商务印书馆，1980年版，第565页。

代交通技术的引进，大量浙东海产品由定期班轮或铁路经上海转运全国，或通过铁路及公路系统转运内地各省份。明清时期，浙江乃至江南区域的海产品主要由宁波港转销海外，而到近代，随着上海的崛起，这一功能逐渐被上海港所取代。

二、浙江海洋渔业经济发展与特征分析

作为从属于农业经济与海洋经济范畴的海洋渔业，同时兼具农业经济与海洋经济的特征。渔业资源的相对稳定性，使得渔民可以长年从事同一性的生产活动，这是渔业生产得以维持的前提。当过度捕捞引发渔业资源短缺时，渔业生产的危机便会凸显出来。海洋资源的公共性，使得渔业生产具有先来先得的特征，这在一定程度上刺激渔民主动改进渔业生产技术。而相对农产品而言，海洋水产品的消费有时效性，使得海产品的销售区域多在交通便利的沿海、沿江市镇。海洋生产的风险性，使得从事渔业生产的群体相较农民而言更具有集体协作的意识。这些海洋渔业经济发展的普遍特征，在具体到某一特定区域，其表现形式是有很大差别的。

1. 资源公共性与生产技术革新

渔业资源的多样性及种群生活的不同深度，使得渔民在从事海洋渔业生产过程中要根据不同区域和鱼的品种使用不同的生产工具与作业方式。总体而言，浙江海洋渔业生产工具分为渔船和渔具，而渔船根据航行的远近又可分为远洋渔船与近海渔船。

渔船的出现是渔民从滩涂向海洋进军的开始和标志，据此而言，浙江河姆渡遗址出土的木桨揭示了该区域在开发海洋领域有非常悠久的历史。明清文献中记载，浙江海洋渔船形制比较有代表性的是台州太平县的苍船和温州壳哨船。苍船吃水在六七尺①，相当于现在吃水 2 米，按照一般船只长: 宽: 深 =7: 1: 0. 6 的比例关系，苍船的长度超过 30 米，宽度为 4 米左右，这在当时已经属于大船的行列。因此，在明嘉靖年间抗击倭寇的时

① ［明］戚继光：《纪效新书》卷 18《治水兵篇 · 海沧说》，《中国兵书集成》编委会编：《中国兵书集成》（第 18 册），北京：解放军出版社，1995 年版，第 683 页。

候，该船由于载员多（可载员35人），从而成为浙江海防的辅助力量。[①]与之相较的是形制较小的壳哨船，只可载员3人，1人执布帆，1人执桨，1人执鸟嘴铳[②]。到清代末期，浙江沿海渔船一般“长四五十尺至八九十尺，宽七八尺至十四五尺，深三四尺至七八尺，板厚二三寸左右”，即长15～30米，宽2～5米，深1～3米[③]。可见就船只的形制而言，浙江海洋渔船在明清时期基本没有太大的变革。就船只数量而言，明末浙江沿海渔船数以万计[④]。清雍正年间，这一数字精确到1 493艘[⑤]。到清末，根据朱正元的《浙江沿海图说》统计，浙江沿海仅渔船就有1万艘左右，如果考虑到从事短期捕鱼的商船，这一数字仍会增加[⑥]。根据20世纪30年代国民政府实业部所做的调查，浙江省渔船数目约为12 000艘[⑦]。可见，尽管渔船的形制未发生大的变化，但浙江海域渔船的数量在经历沿海战乱后仍出现较大规模的增长，这意味着浙江沿海海产品的潜在捕捞量一直呈上升趋势。

到清代末期，浙江沿海的渔船，有溜网船、张网船、摇网船、大箭船、对鱼船、小对鱼船、舢板船、拖网船、摘网船、网椿船、猛网船、插网船、紧网船、滚钓船、穿洋船、水仙船、七团舢板船、八团舢板船等不同船型，但船只结构大致相同，只是由于加装不同的捕鱼工具而显得略有不同而已。民国时期浙江比较常见的渔船有对船、钓船、网船、大箭船、墨鱼船、冰鲜船。其不同种类船只数量的变化见表2－2。

---

① ［明］宋仪望：《海防善后事宜疏》，［明］陈子龙辑：《皇明经世文编》卷362《宋督抚奏疏》，北京：中华书局，1985年版，第3902页。

② ［清］顾炎武撰：《天下郡国利病书》第6册《苏松》，《续修四库全书》（第595册），上海：上海古籍出版社，2002年版，第760页。

③ ［清］沈同芳撰：《中国渔业历史》，《万物炊累室类稿：甲编二种乙编二种外编一种》（铅印本），上海：中国图书公司，1911年版，第28页。

④ ［清］顾炎武撰：《天下郡国利病书》卷6《苏松》，《续修四库全书》（第595册），上海：上海古籍出版社，2002年版，第757页。

⑤ 中国第一历史档案馆：《雍正朝汉文朱批奏折汇编》（第2册），《闽浙总督满条奏遵旨逐条查覆金铎所陈海疆事宜折》（雍正二年闰四月十三日），南京：江苏古籍出版社，1989年版，第932页。

⑥ ［清］朱正元辑：《浙江沿海图说》附海岛表，上海：上海聚珍版印，光绪己亥年（1899年）版。

⑦ 邓腾裕：《中外渔场概况》，《水产月刊》，第4卷，第7期，第15页。

表 2－2　浙江主要渔船分类统计

渔　船	晚清数量（只）	民国数量（只）
对船	2 280 对	3 885 对
大箭船	1 270	891
墨鱼船	1 660	2 610
冰鲜船	110	1 000
溜网船	610	1 575
张网船	450	2 054
钓船	520	1 637

资料来源：据相关历史文献整理。

从表 2－2 可以看到，晚清民国时期，浙江渔船除大箭船外，其余船只数量均有不同程度的增加。其中增加幅度最大的是从事水产品运输的冰鲜船，这要归功于工业化制冰技术的运用与推广，使得渔业生产领域可以大规模地利用冰块来保证水产品的远距离运输。其余增加幅度较大的是钓船与张网船。钓船即采用钓钩的方式捕捞鱼类，一般每船备钓线 50 篮，每篮配钓 80 枚。捕鱼前先停稳渔船，然后在鱼钩插上鱼饵，然后依次放出。每 3 篮用一个小碇扣牢总线抛入海底以固定连接钓钩的短线。张网船所用张网又可分为打桩（樯）张网、抛碇张网和船张网三种，浙江沿海使用的主要是前两种。打桩张网需要先停靠海岛，在近海定向打桩，迎流放网。而抛碇张网可直接在海上进行捕捞作业①。不过，需要注意的是，这些捕捞工具除了数量与形制上的增加外，渔业的捕捞方式仍沿用传统的凭借渔民个人经验及运气从事生产作业。科学技术在海洋渔业捕捞与加工过程中的运用是微乎其微的，这种模式一直延续到民国时期。随着晚清时期日本对中国沿海的大规模侵渔，在江浙渔业公司的带动下，浙江渔民才开始逐步引入蒸汽机轮从事海洋渔业生产。前文指出，渔业资源的公共性会刺激海洋渔业生产技术的内在性革新，但浙江海洋渔业生产方式并没有体现这一立论。究其原因，则需要从浙江渔业地理环境中寻找。明清以来浙江海洋渔业资源的丰富程度直到清代中期仍能满足浙江沿海渔民的需要，即使不

① ［清］沈同芳撰：《中国渔业历史》，《万物炊累室类稿：甲编二种乙编二种外编一种》（铅印本），上海：中国图书公司，1911 年版，第 26－28 页。

革新生产技术，也可以捕捞到足够的渔产品。清中后期，随着从事海洋渔业生产人群的增加，渔业资源的紧缺现象开始凸显，并一直持续到民国时期。这一紧缺现象，加上日本的大规模侵渔对中国海洋渔业经济的冲击，才倒逼浙江渔业生产领域的现代化变革。而在现代工业尚未建立之前，提高渔业生产效率最有效的办法就是船只的大型化及远洋捕捞作业。但是浙江渔船的制造面临昂贵的造船成本，因为大量造船木材需从福建转运①。因此，浙江无法像福建、广东那样制造适合远洋捕捞的渔船，这就迫使渔业生产更加侧重于提高已捕水产品的附加值，大量海洋渔业人口从事渔产品的加工。

2. 消费实效性与加工运输改良

与其他农产品所不同的是，海洋水产品在未经过加工之前，是很难进行长时间保存的。因此，渔民对于捕捞上来的渔产品，如果离海岸很近即可随捕随卖，而对于在远离陆地海域所捕获的渔产品则需要先加工保鲜，然后运输到海港及内地贩卖。古代中国传统的保鲜技术主要是用盐腌制，防止其在运输过程中腐烂。其具体方式是将盐以一定的比例涂抹于海产品的周围，然后在海岛上将其晒干脱水。

保鲜技术的好坏直接影响到销售市场的远近，保鲜时间越长，销售市场越远，渔产品的价格就会越高，渔民的收入也会相应增加。浙江舟山院门就是非常重要的海盐产地，加上海盐保鲜技术非常简单且实用，一般渔民很容易获得原料及保鲜方法。但这种保鲜方式有两点不足：一是保鲜后的口感不佳；二是捕捞成本上升。用盐腌制的海产品虽然可以保存很久，但是其营养价值及口感却会因此下降，对于沿海消费市场而言，这种保鲜后的渔产品并不很受欢迎，更多的为渔民自身食用。另外，自古以来国家实行盐铁专卖，浙江海盐的价格也由官府控制，海盐成本的高低直接与渔民收入成反比。因此，这种方式很难对渔产品销售起到太大的推动作用。

除了腌制外，随着渔业生产的扩大，更多的渔民选择冰冻的办法来保鲜。浙江的地理位置使得其在冬天可以将天然冰保存下来以便全年使用，其渔民对于天然冰的使用在宋元时期就已存在。到清代，浙江镇海沿海从

① 史致驯，陈重威编：《定海厅志》卷20，清光绪十一年（1885年）刻本，第24页。

事渔业生产的居民冬天将天然冰存放在自家冰窖中，以备第二年捕鱼使用①。除此之外，明清浙江已出现专门制作和储存天然冰的冰厂，而它们主要就是为海洋渔业保鲜兴办的。② 沿海渔民使用天然冰来保鲜的方式古已有之，但其在海洋渔业生产中大规模的应用，当在清嘉庆二年（1797年）宁波镇海新碶头帮成立永靖公所之后③。该公所拥有冰鲜船60余只，已经在当时浙江的海洋渔业生产中占有一席之地了。光绪六年（1880年），英国人将机器制冰技术引入上海，此后机器制冰在江浙推广。受益于此，浙江的冰鲜产业开始大规模扩张。到1936年，浙江舟山海域所拥有的冰鲜船超过1 000艘，占整个渔船数量的近1/10。就整个浙江而言，冰鲜业集中在浙江舟山海域并不是偶然的，在当时，除了靠近渔业产地之外，更重要的因素是其紧邻渔业消费市场，再加上宁波、上海商业繁荣，拥有强大的经济实力，可以提供冰鲜业所需要的庞大资金。当然最为主要的是冰鲜后的海鲜，其口感远胜盐腌制的海鲜，在市场上的受欢迎程度远远超过腌制海鲜，仅此就完全可以弥补冰鲜业的庞大成本和运输损耗。而到民国时期，随着罐头制品的出现，大批海产品被加工成为罐头以延长其保质期。

冰鲜渔业的发展，使得浙江沿海水产品的远距离运输成为可能。浙江沿海渔产品的销售有两种途径：一种是渔民与渔行签订协议，由渔行提供资金进行捕捞，其所获渔产品全部按照渔行规定的价格转卖给渔行，另一种就是在渔民自己拥有渔船的情况下，将捕获的海产品卖给前来收购海产品的商人。这些商人是浙江海洋渔业销售的主要渠道。每年渔汛期间，不仅沿海渔民纷纷出动，嗅到利润的商人也纷纷而来，在渔民上岸区域收购海鲜。这些沿海区域既包括常年开放的港口，也包括只有在渔汛期才会繁荣的渔港。前者如宁波港这种常年开放的商渔港口，后者如仅在渔汛期才出现的键跳渔港④。明清时期，由于商渔船制区别不大，港口的功能也未有明显的区分，一般有商船的港口都是可以停泊渔船的。而有商船的港口一般都是比较接近较大的城市，有众多的消费市场。因此在非渔汛期，渔

① 乾隆《镇海县志》，载［清］俞樾纂：《镇海县志》卷3《风俗》，中国方志丛书，台北：成文出版社有限公司，1974年版，第152页。

② 丛子明、李挺主编：《中国渔业史》，北京：中国科学技术出版社，1993年版，第67页。

③ 陈训正，马瀛等：《定海县志》册三《鱼盐志第五·渔业》，台北：成文出版社有限公司，1970年版，第270页。

④ 三门县志编纂委员会：《三门县志》，杭州：浙江人民出版社，1992年版，第300页。

民捕获的海产品一般会运到规定的商业港口去销售，而在渔汛期则集中在专门的渔港销售。浙江沿海港口主要集中在沿海各府县周围，渔港主要有舟山沈家门港、爵溪所渔港、石浦港及坎门港。从渔业运销角度考虑，港口发展对海洋渔业销售点的区域分布也有很大的影响。一般商业繁荣的沿海地区都是临港而居，其集中的人群与消费能力同时也吸引着渔业销售市场向其靠拢。晚清上海港的崛起就是一个明显的例子，随着经济的发展，以前运销宁波港的渔船纷纷将渔产品卖往上海。

浙江沿海渔商在收购渔产品之后，除了在本埠直接销售外，更多的是长途运输到其他区域，以获取更高利润①。随着渔行的出现和专业分工的深入，浙江海鲜不仅由沿海运销到本省内地，而且还远销苏南。在渔业保鲜技术不断提高的情况下，浙江海产品甚至远销中国内地及海外②。这里要指出的是，在浙江沿海渔产品销售海外的同时，大量国外的渔产品也进入中国市场。如乾隆六十年（1795 年）浙江乍浦港各商店都充斥着海参、鱼翅、海带等日本海产品即是其冲击中国市场的一个极小的缩影。③ 而到晚清民国时期，日本、欧洲大量海产品在中国沿海口岸销售已非常普遍。

3. 生产风险性与渔业群体演进

相对陆地农业而言，海洋渔业生产的风险性是相当大的。面临自然灾害的侵袭，农民顶多是颗粒无收，而海洋渔民则要面临葬身鱼腹的生命危险。古代在潮间带捕捞的渔民可以以家庭为单位独自完成海产品的捕捞、加工与销售，但随着船只大型化及捕鱼区域向深海扩张，促使海洋渔业生产领域出现专业化的分工，单个渔民已很难完成整个海洋渔业生产过程。早在明代末期，浙江沿海单个渔船内部就出现渔师（负责找鱼）、柁师（负责操船）、长年（船主）与船工（船上伙计）的分工④。到康熙年间，这种雇佣方式逐渐成熟，被称为“长元制”，即由占生产资料（船网）和

① 李洣修，陈汉章纂：《象山县志》卷 13《实业考·渔业》，中国方志丛书，台北：成文出版社有限公司，1974 年版，第 1610－1613 页。

② 徐蔚葳：《近代浙江通商口岸经济社会概况》，杭州：浙江人民出版社，2002 年版，第 202 页。

③ ［日］岩崎俊章：《东航纪闻》卷 2，载［日］谷川健一编：《日本庶民生活史料集成》第 5 卷，京都：三一书房，1968 年版，第 337、578 页。

④ ［明］王士性：《广志绎》卷 4《江南诸省》，北京：中华书局，1981 年版，第 75－76 页。

资金较多的渔东雇佣渔工生产[①]。到清末，这种方式已经有了很大改进，小的渔船在出海捕鱼前就规定不同人的股份，以提高劳动生产效率。一般船老大在渔船中拥有双股，伙计、小伙计各有一股，伙工半股[②]。

与南海海域渔船相比，浙江沿海的渔船船制明显偏小。一艘渔船，其载员不超过20人，总吨位在15~30吨之间，[③] 这就预示其无法装载多种渔业生产设备，一艘渔船基本上只能装载捕捞特定鱼类的工具，至此，渔船差别开始出现。而当冰鲜技术在海洋渔业生产领域大规模使用后，更是出现了专门从事水产品运输的冰鲜船。因此，渔汛充足的时候，就需要专门船只来进行海上加工，渔业内部分工就此出现，而这一分工则需要大量船只之间的合作[④]。海洋渔业生产的风险性及专业性使得海洋渔业群体组织的出现成为必然。这里主要分析一下在没有政府干预下自然形成的渔帮与渔业公所。

从清初浙江存在大量渔帮的事实来看，再结合浙江海洋渔业经济的发展状况，浙江渔帮的产生应该大致在明嘉靖朝后期（1552—1566年）至崇祯朝（1610—1644年）之间。明末渔民之间已有上下等级之分[⑤]。渔帮出现后，等级制度更加分明。渔帮的头目称为“总柱”，总柱下面还有各散柱。[⑥] 在渔帮内部，总柱和散柱不用参与渔业生产，而且还有薪水和夫马开销，其费用由帮中渔民按期缴纳。[⑦] 渔帮虽按地域区分，但其活动界限超过地域限定，如台州各帮渔船不仅到宁波镇海、舟山等地捕鱼，有时还远赴崇明。随着渔帮规模扩大，其内部出现渔产品捕捞、加工和销售的分工，这在宁波沈家门渔帮中表现最为明显。其中，岱山帮和沈家门帮拥有自己的陆上加工场地和渔栈，使其在渔业产业中占据领头羊的地位，而沈

① 定海县志编纂委员会：《定海县志》，杭州：浙江人民出版社，1994年版，第188页。

② ［清］黄沅：《黄沅日记》，桑兵主编：《清代稿钞本》（第一辑），广州：广东人民出版社，2009年版，第208页。

③ 张震东，杨金森：《中国海洋渔业简史》，北京：海洋出版社，1983年版，第112页。［清］昆冈等修、刘启端等纂：《钦定大清会典事例》卷120《吏部·处分例·海防》，《续修四库全书》（第800册），上海：上海古籍出版社，2002年版，第125页。

④ 白斌：《清代浙江海洋渔业行帮组织研究》，《宁波大学学报》（人文科学版），2011年，第6期，第81页。

⑤ ［明］王士性：《广志绎》卷四《江南诸省》，北京：中华书局，1981年版，第75-76页。

⑥ ［清］沈同芳撰：《中国渔业历史》，载《万物炊累室类稿：甲编二种乙编二种外编一种》（铅印本），上海：中国图书公司，1911年版，第39页。

⑦ 李士豪，屈若搴：《中国渔业史》，上海：商务印书馆，1937年版，第35页。

家门港的渔业中心地位与沈家门渔帮的生产特点是紧密相连的[①]。

就现有文献来看，浙江乃至全国最早的渔业公所诞生于清雍正二年（1724年），当时宁波镇海、定海各帮在鄞县双街成立了南箭公所。渔业公所和渔帮有着非常密切的联系。从某种意义上说，渔业公所是渔帮的高级组织，或者是其联合体，是渔业竞争日趋激烈的结果。如果说定海沈家门是渔业销售中心，那么岱山就是渔产品最主要的陆上加工点，因为晚清宁波三个渔业加工厂家公所都在岱山。渔业捕捞、生产、销售的区域分布可见一斑。围绕这两个区域中心的是朐山、珠山、尽山、高亭、象山等渔业销售集散地。不过，渔业公所的影响力，不仅与其数量有关，还与区域经济发展相联系。相比定海而言，清代宁波镇海、奉化等县的经济更为发达，为渔业公所的扩张提供了很好的经济平台。当定海渔业公所在晚清如雨后春笋蓬勃发芽时，镇、奉等县渔业公所则朝利润更高的流通方向转移。

不管是渔帮的柱首，还是渔业公所的董事，都是由当地有名望的士绅担任。如维丰南公所下属渔帮的总柱陈巨纲就是拥有五品衔的生员，[②] 奉化渔汛公所董事皆为当地有文化的读书人（应朝光是鄞县举人，邬冠春是宁海生员、沈一桂是奉化廪生）[③]。这一现象的出现与渔民大多是文盲有很大关系。在与政府打交道的时候，渔民群体只能依赖当地士绅出面与政府交涉。浙江渔帮主要是协调本帮渔船的捕鱼工作，并出面调解与其他渔帮渔民的矛盾[④]。而渔业公所主要是协调渔民组织与政府之间的关系，并维护渔业生产安全与善后事宜。晚清民国时期浙江大多数护渔行动都是由渔业公所发起组织的[⑤]。由隶属于体制内的士绅担任柱首、董事，可以将渔民诉求转达给政府，也便于政府对渔业组织的控制。因此，地方政府对公所董事多持支持态度[⑥]。不过，值得注意的是，作为沟通政府与渔民组织

---

① 白斌：《清代浙江海洋渔业行帮组织研究》，《宁波大学学报》（人文科学版），2011年，第6期，第79页。

② 《勒石永遵》碑，见宁波市镇海区水产局、宁波市北仑区水产局编：《镇海县渔业志》，内部发行，1992年版，第104页。

③ 《渔业公所举定董事（宁波）》，《申报》，光绪三十三年（1907）丁未四月初七日，第12版。

④ 《渔人斗案》，《申报》，光绪十年（1885）甲申十一月二十八日，第3版。

⑤ 《捕鱼防盗》，《申报》，光绪四年（1878）戊寅四月初六日，第2版。

⑥ 《月湖打鱼歌》，《申报》，光绪二十三年（1897）丁酉三月十九日，第2版；《勒石永遵》碑，见宁波市镇海区水产局、宁波市北仑区水产局编：《镇海县渔业志》，内部发行，1992年版，第104页。

的桥梁，董事更多地是依靠个人威望，而不是按行会规定行事。一旦董事的威望下降，公所内部渔民便不会听其命令①。到渔业现代化时期，由于公所承担各种渔业税费的征收职能，政府官员、地方恶霸纷纷争夺公所的管理权，以便从中牟利，渔业公所的负面影响逐渐凸显。不过在其运转初期，海洋渔帮到渔业公所的转变，有效协调了渔业生产内外事宜，其强劲的整体实力，更有利于渔业经济向上游产业扩张。清末民初，大量浙江海洋渔业人口由渔业生产向渔业加工、水产品运输行业的转移即是明证。

第二节　浙江海洋渔业政策的内容与演变路径

中国渔业政策及渔业经济早在春秋战国时期就已经产生，当时出现了管理渔业的官员。尽管唐代山东、浙江等较为发达的海洋渔业经济使得其出产的水产品每年都要作为贡品运往京师，但由于中国大陆农业经济的主体模式，涉及海洋渔业政策的出台却要到唐代以后。作为盐铁专卖的一部分，海盐的管理在很早以前就出现。对沿海渔民的管理亦和内地居民一样，以保甲制度的形式纳入国家人口管理体系当中。一直以来，海洋渔业政策都是作为附属内容隐含在盐铁政策、户籍政策、海防政策之中。就海洋渔业界而言，独立海洋渔业政策出现的时间当在明代中期，政府针对出海捕鱼船只从政策上进行规范。沈同芳就认为这一政策为“渔业干涉政界之始，亦为维系海界之始”②。而真正出现管理海洋渔业的专职部门要到1900年之后。与此相比较，英国早在15世纪就出现了专门管理海洋渔业的机构，以推动渔业经济的发展。明清时期是中国传统海洋渔业政策发轫与完善的时期，这一惯性持续到清末被中国与西方国家的海上军事冲突打破。清末内外困局迫使政府进行自上而下的改革，海洋渔业现代化也至此开始。1904年江浙渔业公司的设立，标志着中国引进外来海洋渔业政策以推动渔业经济现代化尝试的开始。至此，直到今天，政府希图以有效政策实施来推动海洋渔业经济发展的惯性仍在持续。浙江海洋渔业政策在变化

① 《渔民聚众之强横（宁波）》，《申报》，宣统元年（1909）己酉五月十四日，第2张第4版。

② ［清］沈同芳撰：《中国渔业历史》，载《万物炊累室类稿：甲编二种乙编二种外编一种》（铅印本），上海：中国图书公司，1911年版，第3页。

过程中，既受到环境、经济与政治因素的影响，又有其自身的演进路径。要对长达500多年的浙江海洋渔业政策进行分析，就必须遵循海洋渔业政策自身的演进路径切入，探寻合理的时间划分依据，以便更加深入地理解海洋渔业政策本身以及政策实施过程中的问题与困境。

一、明清以来浙江海洋渔业政策内容框架

在对中国渔业政策的论述中，张震东和杨金森将其分为渔业政策、渔业捐税和渔盐政策三种，而其中的渔业政策又分为渔官、罟棚制度、渔团组织和渔业公司①。欧阳宗书在此基础上将海洋政策分为渔船管理、渔村户籍管理和海岛渔政管理政策，其中对渔船管理政策又作了进一步的细分②。海洋渔业管理政策，即政府针对海洋经济活动所出台的政策，涉及生产者、生产工具与生产对象。基于此，海洋渔业政策实施内容包含针对渔民、渔船及渔业区域的规范与法令，其政策分类划为渔民政策、渔船政策、渔业区域政策将更符合逻辑。随着海洋渔业经济的发展，渔民政策对象将从沿海大陆渔民扩展到海岛居民、渔业团体、渔民教育；渔船政策对象将从船制本身扩展到船只搭载物规范、动力渔船捕捞及相应公司体制的规范。渔业区域政策对象将从渔业捕捞范围、海洋渔业秩序稳定到政府对渔业生产活动的干预。另外，政策讨论的内容不仅包括中央及地方政府涉及浙江海洋渔业的法令与规制，还需关注到浙江各渔业团体所制定的相应规范。

1. 渔民政策

中国古代对平民的管理政策源于春秋战国时期卫鞅在秦国实行的什伍制度，明清以来所施行的保甲制度即从此继承而来。就浙江海洋区域渔民组成而言，既包括终年专职捕捞水产品的渔民，也包括仅在特定时间内加入到捕捞行列的沿海居民。前者大多散居沿海各岛屿，少部分以船为家，漂泊海上；后者既有居住在沿海的居民，也有受雇从事渔业捕捞的内地居民。从区域分布来看，浙江从事渔业生产的渔民既有本省渔

① 张震东，杨金森：《中国海洋渔业简史》，北京：海洋出版社，1983年版。

② 欧阳宗书：《海上人家——海洋渔业经济与渔民社会》，南昌：江西高校出版社，1998年版。

民，也有江苏、福建从事跨区域捕捞作业的渔民。海洋渔民政策在初期的普适性使得我们可以忽略区域差别而将渔民分为专职渔民和沿海居民两部分来看待。

对于终年从事海洋捕捞的渔民，明初对全国各地水域专门从事渔业生产的渔民进行定籍，成立专门的渔户户籍。渔户户籍与军户、匠户等户籍一样，属于世袭性质[①]。对沿海居民而言，明清政府实施的保甲制度在各区域都是一样的，即十户为一甲，设甲长一名，十甲为一保，设保长一名等内容[②]。而随着清政府对沿海岛屿开发禁令的逐渐放开，浙江海岛保甲政策最先在雍正年间浙江总督李卫开发玉环岛的过程中实施[③]。到乾隆十二年（1747年），户部针对玉环岛上的保甲政策作出专门规定，要求将岛上渔户和农户分开，不准杂居在一起[④]。由此可见，在沿海大陆居民中执行的渔、农户分籍政策在海岛上继续实施。而这一政策，直到今天在沿海农村中还仍然存在。对于终年在海上漂泊、以船为家的浙江沿海渔民，其针对性保甲政策的实施要到清代中期。乾隆二十二年（1757年），清廷更定保甲法，将沿海渔业保甲政策条目首次单列出来[⑤]。乾隆五十五年（1790年），乾隆皇帝以上谕的形式，进一步申明了国家对岛屿居民的保甲政策，并督促地方政府全力落实[⑥]。至迟到乾隆五十八年（1793年），浙

---

① 尹玲玲：《浅论明代的渔业税制》，《中国农史》，2004年第2期。

② ［清］昆冈等修，刘启端等纂：《钦定大清会典事例》卷158《户部·户口·保甲》，《续修四库全书》（第800册），上海：上海古籍出版社，2002年版，第557页。赵尔巽等撰：《清史稿》卷120《食货一》，北京：中华书局，1976年版，第3481页。

③ 《清实录·世宗实录》卷67，雍正六年戊申三月甲戌条，北京：中华书局，1986年版，第1026－1027页。

④ ［清］昆冈等修，刘启端等纂：《钦定大清会典事例》卷158《户部·户口·保甲》，《续修四库全书》（第800册），上海：上海古籍出版社，2002年版，第557页。

⑤ ［清］清高宗敕撰：《皇朝文献通考》卷19《户口一》，上海：商务印书馆，1936年版，第5030页。赵尔巽等撰：《清史稿》卷120《食货一》，北京：中华书局，1976年版，第3482页。［清］徐栋辑：《保甲书》卷1《定则·户部则例》，《续修四库全书》（第859册），上海：上海古籍出版社，2002年版，第64页。

⑥ 《清实录·高宗实录》卷1363，乾隆五十五年庚戌九月甲辰条，北京：中华书局，1986年版，第292－293页。赵尔巽等撰：《清史稿》卷120《食货一》，北京：中华书局，1976年版，第3483页。［清］昆冈等修，刘启端等纂：《钦定大清会典事例》卷158《户部·户口·流寓异地》，《续修四库全书》（第800册），上海：上海古籍出版社，2002年版，第567页。刘锦藻撰：《皇朝续文献通考》卷25《户口考一·户口丁中赋役》，《续修四库全书》（第816册），上海：上海古籍出版社，2002年版，第1页。

江岛屿保甲已经推广开来①。到道光三年（1823 年），随着政府海岛开发禁令的全部解除，保甲政策覆盖到整个浙江沿海岛屿②。综上所述，我们可以看到，浙江海洋渔民保甲政策覆盖的范围随着渔民活动区域的扩大呈现出由滨海地区向沿海岛屿扩张的趋势。

从政策演进角度看，渔民保甲政策是海洋渔业政策的根基，因为国家对于渔船、渔业区域的规范都是在此基础上实施的。直到今天，从渔业保甲政策衍生出来的渔民户籍仍是海洋渔业政策实施的重要依据。站在政府的角度，该政策的实施主要是为了保证政府对于沿海区域的控制力及确保海洋区域的稳定。除此之外，涉及渔民的政策还有面临外部威胁的军事动员政策。

随着海洋的开发和渔民活动范围的扩大，政府在享受海洋利益的同时，必须面对来自海洋敌对势力的挑战。在近代国家观念形成之前，面对海上敌对势力入侵，沿海渔民会有不同的选择。因此，在国家面临海上威胁的时候，政府加强对渔民管制的同时，也尽可能地将其纳入到海防体系之中，而类似的政令在明洪武年间就曾多次出现③。另外，浙江沿海渔民在历次海战中皆有参与。据文献记载，崇祯八年（1635 年），福建海寇刘香侵扰浙江沿海，台州府太平县生员陈懋儒就曾招募渔兵 300 人，参与到政府围剿海寇的行动中④。晚清中英鸦片战争，钦差大臣江苏巡抚裕谦就曾命令沿海渔民伏击英军船只⑤。而在中法战争期间的海战中，中法双方

① 《清实录·高宗实录》卷 1431，乾隆五十八年癸丑六月辛卯条，北京：中华书局，1986 年版，第 140 页。

② 《清实录·宣宗实录》卷 61，道光三年癸未十一月壬辰条，北京：中华书局，1986 年版，第 1081 页。在这里要说明的是，虽然道光二年（1822 年），朝廷取消对浙江最后一座未开发岛屿南田岛的开发禁令，但是南田岛上的南田山直到光绪元年（1874 年）十月己卯经浙江巡抚杨昌浚奏准后才取消禁令彻底开放。见《清实录·德宗实录》卷 20，光绪元年乙亥十月己卯条，北京：中华书局，1986 年版，第 312 页。

③ 《明实录·太祖实录》卷 70，洪武四年十二月丙戌条。另见［清］张廷玉等撰：《明史》卷 91《海防》，北京：中华书局，1974 年版，第 2243 页；［明］郑晓撰、李致忠点校：《今言》卷 3，第二百三十九条，北京：中华书局，1984 年版，第 137 页；《明实录·太祖实录》卷 143，洪武十五年闰二月癸亥条载："命：'南雄侯赵庸，籍广州蜑户万人为水军，时蜑人附海岛无定居，或为寇盗，故籍而用之"，台北："中央研究院"历史语言研究所，1961 年版，第 1300 页。

④ 周宪文主编：《郑氏史料初编》卷 2《海寇刘香残稿二》，台湾文献丛刊（第 157 种），台北：大通书局，1999 年版，第 161－163 页。

⑤ 《清实录·宣宗实录》卷 350，道光二十一年辛丑闰三月乙卯条，北京：中华书局，1986 年版，第 322 页。

皆有利用浙江沿海渔民参与军事行动的记载[①]。综观明清两朝海防史，在每一次海上威胁出现的时候，浙江沿海渔民作为后备军编入海防力量成为定式。不过对渔民参与战争的作用亦不能高估，明嘉靖朝兵部尚书张时彻就认为战时渔民所起到的作用很小[②]。晚清陈次亮提出要发挥渔民的作用，就要将其纳入政府常态化的军事管理制度中[③]。基于此，中日甲午战争后，清廷命令沿海府厅州县及各防营在沿海设立渔团，在动员渔民保卫海疆的同时，也防止被敌人利用[④]。光绪二十二年（1896 年），随着浙江渔团的开办，渔民被纳入政府常态化的渔团管理中。进入民国，现代渔业与警察机构设立后，渔团即被撤销。这一时期，其涉及渔民的政策主要是如何通过职业教育模式与合作社提高渔民的劳动技能，推动传统渔民向现代转变。

总体而言，国家对浙江沿海渔民的管制政策延续性非常稳定，并未出现大的政策波动，而对于渔民政策的分析，要着重从横向比较中讨论其政策生成过程。

2. 渔船政策

作为海洋渔民生产的主要工具，政府涉及渔业生产工具的规制到明代抗倭时期才出现。时任福建兵备副使的宋仪望在剿灭倭寇后，获朝廷许可将浙江渔船列入海防的辅助力量，并对浙江温州、台州、宁波等地渔船的大小和载重做了规范[⑤]。到清初开放海禁后，政府对渔船的管理政策变得愈发细致，其内容涉及渔船的制造、渔船的大小和颜色、渔船装载物、渔船捕捞与执照等内容。

---

① 《石浦军情》，《申报》，光绪十一年（1885）乙酉正月初六日，第 2 版；《甬友言战》，《申报》，光绪十一年（1885）乙酉正月二十四日，第 1 版；《甬东纪要》，《申报》，光绪十一年（1885）乙酉二月初五日，第 2 版。

② ［明］张时彻：《招宝山重建宁波府知府凤峰沈公祠碑》，载［明］陈子龙辑：《皇明经世文编》卷 243《芝园全集》，北京：中华书局，1985 年版，第 2542 页。

③ ［清］陈次亮：《渔团》，［清］求是斋校辑：《皇朝经世文编五集·时务分类文编》卷 30《杂事》，载沈云龙主编：《近代中国史料丛刊三编》（第二十八辑），台北：文海出版社，1987 年版，第 55 页。

④ 《清实录·德宗实录》卷 361，光绪二十一年乙未二月癸丑条，北京：中华书局，1986 年版，第 711 页。

⑤ ［明］宋仪望：《海防善后事宜疏》，［明］陈子龙辑：《皇明经世文编》卷 362《宋督抚奏疏》，北京：中华书局，1985 年版，第 3902 页；［清］张廷玉等撰：《明史》卷 227《宋仪望》，北京：中华书局，1974 年版，第 5953 – 5954 页；《明实录·世宗实录》卷 547，嘉靖四十四年六月丙戌条，台北："中央研究院"历史语言研究所，1961 年版，第 8836 页。

康熙四十二年（1703 年），吏部和兵部规定沿海渔民在建造渔船之前，必须先上报政府，经审核确认后，在地方邻里的担保下建造，最后由政府验收发给执照①。至迟到雍正二年（1724 年），这一规定在闽浙沿海地区已得到确切实施②。渔民造船的顺序是：①报州县申请造船；②邻里画押保结；③造船；④报县验明船制；⑤州县发给船照。在船只制造过程中，决定船只大小和远洋能力的是梁头和船桅数量。清代初期，政府规定出海捕鱼船只用单桅，梁头不能超过一丈，船员不能超过 20 人。不过，清代关于渔船大小规定的内容，主要针对的是出海渔船，内港容纳五六人的捕鱼小船，不在此规定内③。雍正五年（1727 年），国家取消对渔船规制的限定后，浙江省府主要着力于查出未经地方保甲，私自制造的渔船④。值得注意的是，中央政府放开渔船规制后，浙江省的渔船建造尺寸到清末基本没有超过清初的规定。就地方政府而言，渔船大小是其征收船税的主要依据。明万历年间，温州沿海渔船出海捕鱼，都需要按照船只大小交税后，政府才给予执照许其下海捕鱼⑤。乾隆元年（1736 年），政府免除了单桅及以下船只的船税⑥，而对超过此限制的双桅及以上大型船只，则按尺寸的增加收税⑦。进入民国后，大量动力渔船的出现，使得其通关船税主要是按照吨位和水产品的种类来征收，而 3.5% 的协定关税使得大量外国海产品得以在中国倾销。

对于打算出海捕鱼的船只，首先要按照政府的规定在本地由保甲长担

---

① ［清］昆冈等修，刘启端等纂：《钦定大清会典事例》卷 120《吏部·处分例·海防》，《续修四库全书》（第 800 册），上海：上海古籍出版社，2002 年版，第 125 页。［清］昆冈等修、刘启端等纂：《钦定大清会典事例》卷 629《兵部·绿营处分例·海禁一》，《续修四库全书》（第 807 册），上海：上海古籍出版社，2002 年版，第 753 页。

② 中国第一历史档案馆编：《雍正朝汉文朱批奏折汇编》（第 2 册），《闽浙总督满条奏遵旨逐条查覆金铎所陈海疆事宜折》（雍正二年闰四月十三日），南京：江苏古籍出版社，1989 年版，第 935 页。

③ ［清］昆冈等修，刘启端等纂：《钦定大清会典事例》卷 120《吏部·处分例·海防》，《续修四库全书》（第 800 册），上海：上海古籍出版社，2002 年版，第 125 页。

④ ［清］昆冈等修，刘启端等纂：《钦定大清会典事例》卷 120《吏部·处分例·海防》，《续修四库全书》（第 800 册），上海：上海古籍出版社，2002 年版，第 133 页。

⑤ 乾隆《温州府志》卷 15《物产》，载俞光编：《温州古代经济史料汇编》，温州文献丛书，上海：上海社会科学院出版社，2004 年版，第 244 页。

⑥ ［清］昆冈等修，刘启端等纂：《钦定大清会典事例》卷 239《户部·关税·禁令一》，《续修四库全书》（第 801 册），上海：上海古籍出版社，2002 年版，第 822 页。

⑦ ［清］昆冈等修，刘启端等纂：《钦定大清会典事例》卷 235《户部·关税·浙海关》，《续修四库全书》（第 801 册），上海：上海古籍出版社，2002 年版，第 775 页。

保之后才能出洋。出海前，渔船则要按照规定编号涂色，并不得搭载违禁物品。雍正元年（1723年），兵部规定，凡是出海的商渔船只，从船头到鹿耳梁头及主桅杆上半截都需按照要求刷上不同颜色的油漆，其中浙江用白油漆饰，绿色钩字。同时，要在船头两披，刊刻某省某州县某字某号字样①。而对于违禁品的限定，明清两朝的限定是非常严格的。明代出海渔船不得携带贵金属兵器及走私货物出海，前者是出于海洋安全的考虑，后者是国家控制海上贸易的体现。清代的限定更为严格，其违禁品增加了钉铁、米谷等日常用品。而渔船出海的人数不能超过20人，人均每天携米不超过二升。从这些规定大多出自兵部和刑部，我们可以推测出，这些法令的出台与海上安全有着密切关系。进入近代，这些禁令开始逐渐取消。

此外，出海渔船还要申请渔船执照。清代之前，渔船出海是不需要向政府申请的，而到康熙二十三年（1684年），渔船下海需要先通报地方官员，经所在保甲担保后获取专门的渔船执照才能出海捕鱼②。渔船执照的内容包括船主、船员的年貌、籍贯以及出海时间等信息。渔船执照，是渔民从事海上捕鱼作业的凭证，从其记载内容看，同时也是沿岸官弁和水师巡查的重要依据。任何无照船只或人照不符的船只，都将受到惩处。清代浙江渔民执照的领取一般是由船户所在渔帮或渔业公所统一从各县衙领取，然后发放到船户个人手中。与之相对应的是渔民的渔照费也由渔帮或渔业公所统一征收，然后上缴县府。在此过程中，渔帮或公所头面人物往往借此向渔民索要额外费用③。晚清江浙渔业公司成立后，其下属渔船只要出具公司渔照，既能获得公司护洋船只的保护。而同时，渔船在申领执照的时候，除了执照费，还需上缴护洋费用。这两种税费曾一度是地方渔业组织正常运行的主要来源。其后直至民国，负责执照发放的政府机关不断更换，但是渔民对于执照的领取依然需要通过地方的渔业组织。

从整个渔船政策的演进来看，清初对于渔船的限定法规集中出现在康熙年间，而到雍正、乾隆年间，政府对渔船的规范则趋于松动。除前文所提到

① ［清］昆冈等修，刘启端等纂：《钦定大清会典事例》卷629《兵部·绿营处分例·海禁一》，《续修四库全书》（第807册），上海：上海古籍出版社，2002年版，第755页。

② ［清］昆冈等修，刘启端等纂：《钦定大清会典事例》卷776《刑部·兵律关津·私出外境及违禁下海二》，《续修四库全书》（第809册），上海：上海古籍出版社，2002年版，第525页。

③ 《甬东琐缀》，《申报》，光绪十八年（1892）壬辰九月二十二日，第2版。

的解除对渔船形制的限定外，乾隆二十五年（1760年）兵部允许商船领取渔照捕鱼，同时渔船也可以搭载货物从事贸易运输活动[①]。就商船更换渔照的过程来看，与渔船申请执照的过程是一致的。在商渔船只制式相同，渔船可以从事商船贸易的情况下，政府允许商船从事渔业活动就在情理之中了。

3. 渔业区域政策

自古以来，除海上军事行动的临时管制外，渔业生产活动本身不会受到政府的干扰，而政府的关注点主要在渔业的税收。元代经常性的海上军事活动，使得这一时期对海洋渔船的临时管制趋于频繁。但对海洋渔业生产本身的常态化管制则是在明代之后。

在改朝换代的明清初期，政府都曾下令将沿海岛屿居民内迁，以加强政府对沿海居民的管控。与此相配套，这两个时期的政府都曾下令，禁止渔船出海捕鱼[②]。从政策实施的时间上来看，明代渔禁法令从颁布的洪武十七年（1384年）算起，到弘治十一年（1498年）政府才取消近海捕鱼禁令，而远洋捕鱼禁令的取消则要到嘉靖四年（1525年），历时长达141年。相比明代，清初渔禁时间则要短很多，从顺治十二年（1655年）到康熙二十三年（1684年），历时39年。期间，浙江渔禁有过一段松动期[③]。尽管清初渔禁实施时间较明初更短，但执行及惩罚力度远超明代。除此之外，政府在清剿海盗与海上冲突期间对渔船的出海时间进行限定。如明崇祯二年（1629年），浙江巡抚张延登上奏朝廷，要求捕鱼船只白天出海，天黑之前必须回港。[④] 清嘉庆五年（1799年），浙江巡抚阮元要求沿海渔船必须当天返回[⑤]。而对于出海船只，明万历二年（1574年），巡抚浙江

---

① ［清］昆冈等修，刘启端等纂：《钦定大清会典事例》卷630《兵部·绿营处分例·海禁二》，《续修四库全书》（第807册），上海：上海古籍出版社，2002年版，第763－764页。

② 《明实录·太祖实录》卷159，洪武十七年春正月壬戌条，台北："中央研究院"历史语言研究所，1961年版，第2460页。《清实录·世祖实录》卷92，顺治十二年乙未六月壬申条，北京：中华书局，1986年版，第724页。［清］蒋良骐撰：《东华录》卷7，《续修四库全书》（第368册），上海：上海古籍出版社，2002年版，第328页。

③ ［清］于万川修，俞樾纂：《［光绪］镇海县志》卷12《海防》，《续修四库全书》（第707册），上海：上海古籍出版社，2002年版，第226页。

④ ［清］计六奇撰，魏得良点校：《明季北略》卷5，崇祯二年己巳，"张延登请申海禁"条，北京：中华书局，1984年版，第103－104页。

⑤ ［清］李恒纂：《国朝耆献类征初编》卷39补录《宰辅三十九·阮元》，载周骏富辑：《清代传记丛刊》，台北：明文书局，1985年版，第347页。

都御使方弘静建议朝廷将浙江沿海渔民按船只编立甲首，该方案经兵部审议通过后在浙江实施①。这一政策到清代演变为“连艅互结”，即指渔船出洋必取十船连艅互结，一船为匪，其余九船连坐②。从某种意义上说，这是陆地村落普遍实行的“株连九族”法律制度在中国沿海渔村的一种仿效或者说是一种炮制③。

另外，在明中后期，江浙水师的海上巡防都会考虑到沿海的渔汛作业，其海上防卫的效果，不仅关系到渔业作业的安全，也关系到海上防卫自身④。清初开海之后，来自外界的海防压力消失，水师对渔业的海上管理，主要集中在维持正常的海上渔业秩序，防止海上渔船劫案的发生。因此，沿海水师的出巡时间基本和渔汛重合，其目的就是保证正常的海洋秩序⑤。尽管如此，基于各种因素，从嘉庆年间爆发的海盗问题一直到民国时期都未消除。到晚清时期，为了保证渔汛期的正常捕鱼作业，每年地方官员与各渔业公所都要组织力量，对出海作业的渔船提供保护⑥。在沿海水师无法保证正常出海活动船只安全的情况下，对于渔船出海作业的保护，逐渐由渔帮、渔业公所或渔团出面雇佣兵船（或武装商船）来执行⑦。进入民国后，动荡的政局使得从中央到地方的渔业政策及护渔机制不断发生变化。1915 年，民国政府成立水上警察厅，以维持水上治安⑧。第二年，浙江渔团局的职能被浙江水上警察厅取代。但水上警察厅在最初几次围剿海盗行动中，都大败而归。因此，1918 年 5 月，渔商丁兆彭等，联合宁

① 《明实录·神宗实录》卷 21，万历二年正月乙酉条，台北：“中央研究院”历史语言研究所，1961 年版，第 558－560 页。［清］顾炎武撰：《天下郡国利病书》第二十二册《浙江下》，《续修四库全书》（第 597 册），上海：上海古籍出版社，2002 年版，第 49 页。

② 中国第一历史档案馆：《雍正朝汉文朱批奏折汇编》（第 2 册），《闽浙总督满条奏遵旨逐条查覆金铎所陈海疆事宜折》（雍正二年闰四月十三日），南京：江苏古籍出版社，1989 年版，第 935 页。

③ 欧阳宗书：《明清海洋渔业及其重要地位》，《古今农业》，1998 年第 4 期。

④ ［清］顾炎武撰：《天下郡国利病书》第二十一册《浙江上》，《续修四库全书》（第 597 册），上海：上海古籍出版社，2002 年版，第 1－2 页。

⑤ 《清实录·高宗实录》卷 247，乾隆十年乙丑八月己巳条，北京：中华书局，1986 年版，第 189－190 页。

⑥ 《关道巡洋》，《申报》，光绪十八年（1892）壬辰五月十一日，第 2 版。

⑦ 李士豪，屈若搴：《中国渔业史》，上海：商务印书馆，1984 年版，第 34－36 页。

⑧ 《水上警察厅官制》，《东方杂志》第 12 卷，1915 年，第 5 期，第 7－8 页。

波、台州、温州渔民组织浙海渔业团，令各渔船自备警察服饰及自卫武器[①]。1919 年 4 月，浙海东沙渔汛开始，十余万渔民与商家云集，为保证渔区安全，浙江水上警察厅增调二、三区巡逻船只[②]。1921 年，为加强对浙江海盗的清剿力度，海军部在浙江定海沈家门成立了青海局[③]。至此，浙江形成军、警、团三位一体的护渔体系，共同维护海洋渔业安全。这一体系一直维持到抗日战争的爆发。

随着晚清政府现代化改革的开启，政府意图通过对渔业生产本身的干预来推动海洋渔业发展的方针贯穿整个 20 世纪。1904 年江浙渔业公司的开办开启了中国海洋渔业现代化的进程。其后政府通过各种政策形式开始影响渔业生产，内容涉及渔业生产、流通与销售。1914 年 4 月，农商部公布施行《公海渔业奖励条例》，鼓励渔船从事远洋渔业捕捞。1917 年 11 月，农商部公布《渔业技术传习所章程》，开始在各地推广新式渔业技术，并开展对各地渔业的调查。1929 年，国民政府公布《渔业法》与《渔会法》，将对海洋渔业的管理以法律的形式明确到实业部，全国性统一的渔业管理部门开始运转。随着渔业管理上层建筑的完善，国家对渔业现代化的推动和干预日渐增强。在实业部的推动下，政府开始调查各地区渔业生产状况，为渔业政策的制定提供依据。1933 年，时任实业部长的陈公博为加快渔业改进力度，与上海市政府合作筹备鱼市场。1936 年，实业部联合上海各银行组织渔业银团，提倡渔民组织合作社，办理渔业贷放款项，建造新式渔轮租赁与渔民。

明清以来政府涉及渔业区域的政策经历了管制、保护、干预的发展过程，期间政府的意图和职能也经历了从放任到主动推动海洋渔业生产的变化。这一变化，紧随中国近代的现代化历程，加快了浙江乃至中国海洋渔业由传统向现代的转变。近代中国海洋渔业改革尝试的经验直到 21 世纪的今天仍有借鉴价值。

二、浙江海洋渔业政策演变路径分析

所谓“路径”，即事物以时间为衡量坐标，在空间留下的轨迹。对路

---

① 《渔民请组渔业团》，《申报》，1918 年 5 月 9 日，第 2 张第 7 版。

② 《宁波：保护渔汛之布置》，《申报》，1919 年 4 月 9 日，第 2 张第 7 版。

③ 《海局存撤之问题》，《时事公报》，1922 年 6 月 4 日。

径的考察首先要把握事物所在的空间，其次就是建立合理的时间坐标轴。在浙江海洋渔业政策实施空间一定的情况下，我们对于路径的分析要着重于其发展的时空轨迹，这就需要我们在对浙江海洋渔业政策内容有一个宏观的了解之后，按照时间顺序对其演变路径做进一步分析。对浙江海洋渔业政策自身的分析，尤其是涉及海洋渔业政策演进因素及政策实施对海洋渔业经济、社会发展影响的进一步讨论，必须将政策分析放在一个具体的历史背景之下，这就需要对海洋渔业政策的演进从时间上按照一定的逻辑进行更加细致的划分。

这里我们在细致把握海洋渔业政策出台的时间与内容的基础上，将涉及浙江海洋渔业政策的法令按照其涉及的内容分成渔民政策、渔船政策和渔业区域政策三部分分类，然后以时间顺序排列，以便寻找相对科学的路径划分。其具体时间分析方法为，以明朝建立的1368年为起点，以10年为一个节点，直至1908年。然后统计每个节点中海洋渔业政策出台法令的内容，相同法令涉及不同的内容将重复计算。同一年份不同部门出台相同政策也将重复计算。例如，康熙二十三年允许渔船下海捕鱼的法令，涉及渔民、渔船、渔业区域政策三个方面，所以其法令将被重复统计三次。1908年之后浙江海洋渔业的现代化开始启动，其政策出台的内容和数量远远超过前代，因此这一时期将作为一个独立分期在其后章节中进行分析。

1. 渔民政策演进路径分析

浙江海洋渔民政策包括保甲政策、渔兵政策及海岛开发政策三部分。以下是各部分内容政策出台的时间节点。

保甲政策：万历二年（1574年）、顺治十一年（1654年）、康熙四十六年（1707年）、雍正五年（1727年）、雍正五年（1727年）、雍正六年（1728年）、乾隆十二年（1747年）、乾隆二十二年（1757年）、乾隆三十七年（1772年）、乾隆四十一年（1776年）、乾隆五十年（1785年）、乾隆五十五年（1790年）、乾隆五十八年（1793年）、嘉庆五年（1799年）、嘉庆十一年（1805年）、光绪二十二年（1896年）。

渔兵政策：洪武四年（1371年）、洪武十五年（1382年）、永乐六年（1408年）、嘉靖三十四年（1555年）、崇祯八年（1635年）、顺治十一年（1654年）、乾隆五十五年（1790年）、道光二十年（1840年）、光绪十年（1884年）、光绪二十年（1896年）。

海岛开发政策：洪武十七年（1384 年）、万历元年（1572 年）、万历二十年（1592 年）、顺治八年（1651 年）、顺治十三年（1656 年）、顺治十八年（1661 年）、康熙十一年（1672 年）、康熙二十三年（1684 年）、康熙三十四年（1695 年）、康熙五十六年（1717 年）、雍正五年（1727 年）、雍正六年（1728 年）、乾隆五十二年（1787 年）、乾隆五十五年（1790 年）、乾隆五十九年（1794 年）、乾隆六十年（1795 年）、嘉庆六年（1801 年）、道光二年（1822 年）、道光三年（1823 年）。

以以上时间节点为基础数据，从洪武二年（1368 年）到光绪三十四年（1908 年）这 540 年，我们以 10 年为一个分期，做成统计图（见图 2－1）。

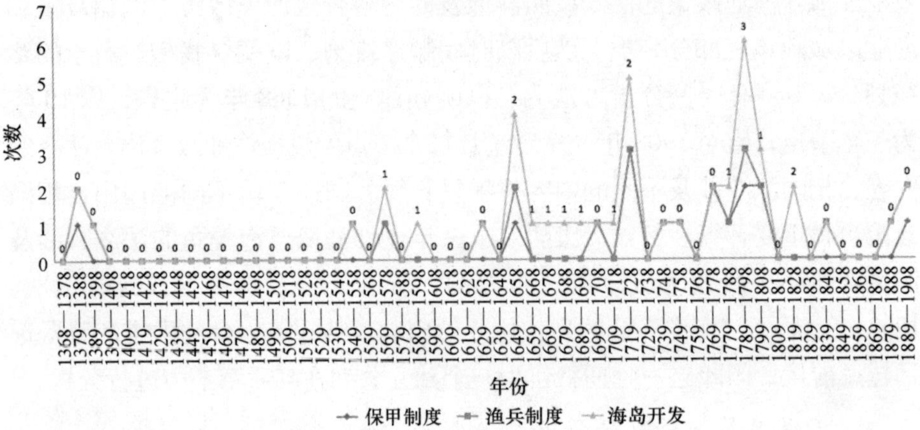

图 2－1　浙江海洋渔民政策演进路径

从图 2－1 中我们可以看到较为明显的六个时期。1368—1408 年这 40 年间，政府出台针对渔民的政策主要集中在渔兵制度和海岛开发两个方面。1539—1608 年这 70 年间，政府开始注意到保甲制度的重要性，海岛开发的相关政策也逐渐增多。1628—1738 年这 110 年间，其出台的有关海岛开发的政策明显高于其他时间段，这表示政府对渔民的管理主要体现在对其活动区域的管理上，同时这一时期的前 40 年（1628—1668 年）政府对渔民在海防中的作用逐渐重视，其后主要是沿海保甲制度的强化。1738—1858 年这 120 年间，政府对渔民的管理主要体现在海岛开发和保甲制度，这从另一方面说明了政府对渔民活动限制的逐渐放开。1878—1908 年这 30 年间，政府出台的有关渔民的政策规定很少，而且主要集中在渔兵政策上。总体来看，渔兵政策的分布集中在朝代更迭和海防形势严峻的时期，这体现出了渔兵政策的作用。保甲制度从明代中后期出现，其密集政策的出台则是在第三、四个时期，这个时期恰好与政府从禁止到开放渔业捕捞的时间段重合，反映了政府对沿海稳定的忧虑。海岛开发政策从明末期开始，一直持续到清末期，再加上明末出台的保甲政策，可以看到政策具有明显的继承关系。

2. 渔船政策演进路径分析

浙江海洋渔船政策包括船只制造政策、出入口政策、违禁品政策及渔船执照政策四部分。以下是各部分内容政策出台的时间节点。

船只制造政策：嘉靖四十七年（1566 年）、康熙二十三年（1684 年）、康熙四十二年（1703 年）、康熙四十六年（1707 年）、雍正二年（1724 年）、雍正五年（1727 年）、乾隆二十二年（1757 年）、乾隆三十年（1765 年）、道光五年（1825 年）。

出入口政策：洪武三十年（1397 年）、嘉靖三十二年（1553 年）、顺治十二年（1655 年）、顺治十三年（1656 年）、顺治十八年（1661 年）、康熙二年（1663 年）、康熙四年（1665 年）、康熙十一年（1672 年）、康熙十一年（1672 年）、康熙二十二年（1683 年）、康熙二十三年（1684 年）、康熙二十三年（1684 年）、康熙四十二年（1703 年）、康熙四十二年（1703 年）、康熙五十年（1711 年）、康熙五十三年（1714 年）、康熙五十三年（1714 年）、康熙五十三年（1714 年）、康熙五十七年（1718 年）、康熙五十七年（1718 年）、康熙五十七年（1718 年）、雍正五年（1727 年）、雍正五年（1727 年）、雍正五年（1727 年）、雍正五年（1727 年）、雍正五年（1727 年）、雍正九年（1731 年）、雍正九年（1731 年）、雍正十一年（1733 年）、乾隆元年（1736 年）、乾隆二年（1737 年）、乾隆二年（1737 年）、乾隆三年（1738 年）、乾隆三年（1738 年）、乾隆五年（1740 年）、乾隆十四年（1749 年）、乾隆二十五年（1760 年）、乾隆二十五年（1760 年）、乾隆二十五年（1760 年）、乾隆二十五年（1760 年）、乾隆二十五年（1760 年）、乾隆三十年（1765 年）、乾隆三十年（1765 年）、乾隆三十三年（1768 年）、乾隆六十年（1795 年）、乾隆六十年（1795 年）、乾隆六十年（1795 年）、嘉庆二年（1796 年）、嘉庆十二年（1806 年）、嘉庆十四年（1809 年）、道光三年（1823 年）、道光七年

(1827 年)、光绪二十二年 (1896 年)。

违禁品政策：洪武二十三年（1390 年）、洪武三十年（1397 年）、嘉靖二十九年（1550 年）、顺治十二年（1655 年）、康熙二十三年（1684 年）、康熙四十二年（1703 年）、康熙四十二年（1703 年）、康熙四十七年（1708 年）、康熙五十六年（1717 年）、雍正五年（1727 年）、雍正六年（1728 年）、雍正七年（1729 年）、乾隆二年（1737 年）、乾隆五年（1740 年）、乾隆五年（1740 年）、乾隆十三年（1748 年）、乾隆十三年（1748 年）、乾隆十四年（1749 年）、乾隆二十二年（1757 年）、嘉庆四年（1799 年）、嘉庆十四年（1809 年）、道光七年（1827 年）。

渔船执照政策：顺治十二年（1655 年）、康熙二十三年（1684 年）、康熙四十二年（1703 年）、康熙五十年（1711 年）、乾隆二十五年（1760 年）、乾隆三十二年（1767 年）、乾隆五十七年（1792 年）、乾隆六十年（1795 年）、嘉庆六年（1801 年）、道光五年（1825 年）、光绪二十二年（1896 年）。

以以上时间点为基础数据，从洪武二年（1368 年）到光绪三十四年（1908 年）这 540 年，我们以 10 年为一个分期，做成统计图（见图 2 - 2）。

从图 2 - 2 中我们可以看到，政府对渔船管理政策的出台集中在 1648—1838 年这近 200 年间。这个阶段又可以分成三个时期。1648—1698 年这 50 年，政府从对违禁品的管理开始，增加了船照政策、出入口查验政策，并对船只的大小加以限定。1698—1778 年这 80 年间，政府对违禁品的查验政策规定更加详尽，对船只的管理政策也集中在这一时期，而船照政策在这一时期开始其较大范围的变革。1788—1838 年这 50 年间，出入口政策仍在细化当中，对船只制造和违禁品的规定则有所减少，而船照政策仍处于不断的调整时期。这一时期之后，政府基本没有出台新的关于渔船制造、违禁品及船照方面政策，政府对渔船的管制逐渐放开。在这里值得注意的是 1548—1578 年这 30 年，政府开始同时运用三方面的政策对渔船进行管理，浙江海洋渔业政策的独立发轫就是从这个时期开始的。

3. 渔业区域政策演进路径分析

浙江海洋渔业区域政策包括渔禁政策和捕鱼区域政策两部分。以下是各部分内容政策出台的时间节点。

渔禁政策：洪武十七年（1384 年）、宣德十年（1435 年）、嘉靖四年

(1525 年)、崇祯二年（1629 年)、顺治十二年（1655 年)、顺治十三年(1656 年)、顺治十八年（1661 年)、康熙八年（1669 年)、康熙二十三年(1684 年)、康熙四十二年（1703 年)、康熙四十七年（1708 年)、康熙五十六年（1717 年)、乾隆五十四年（1789 年)、嘉庆五年（1799 年)。

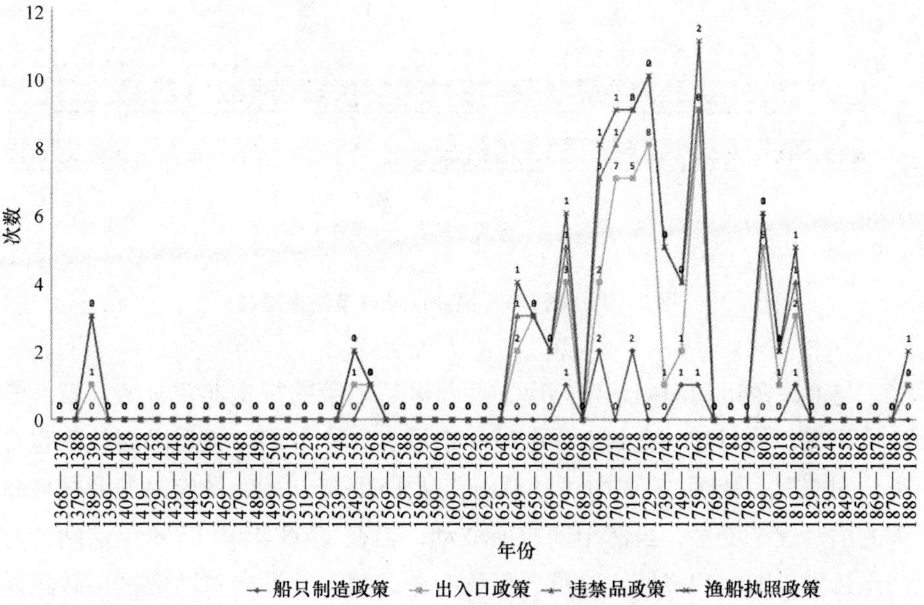

图 2－2　浙江海洋渔船政策演进路径

捕鱼区域政策：天顺二年（1458 年)、嘉靖三十二年（1553 年)、万历二年（1574 年)、崇祯二年（1629 年)、顺治十一年（1654 年)、康熙四十二年（1703 年)、康熙四十二年（1703 年)、康熙四十六年（1707 年)、雍正元年（1723 年)、雍正元年（1723 年)、雍正五年（1727 年)、乾隆九年（1744 年)、乾隆十九年（1754 年)、乾隆二十五年（1760 年)、乾隆三十五年（1770 年)、乾隆五十九年（1794 年)、嘉庆六年（1801 年)、嘉庆六年（1801 年)、道光五年（1825 年)、光绪二十二年（1896 年)。

以以上时间点为基础数据，从洪武二年（1368 年）到光绪三十四年(1908 年）这 540 年，我们以 10 年为一个分期，做成统计图（见图 2－3)。

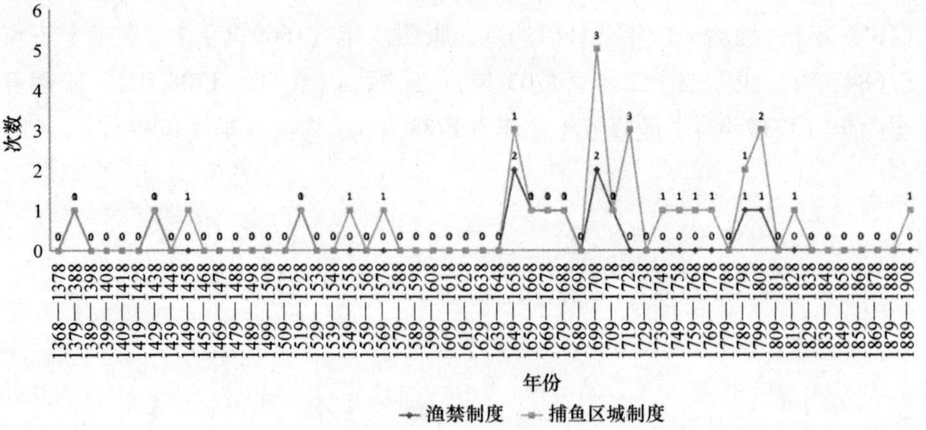

图 2－3　浙江海洋渔业区域政策演进路径

与渔民政策和渔船政策相比，渔业区域政策的规定非常分散。就渔禁政策而言，从明初一直到清朝中叶一直没有完全取消。捕鱼区域政策也是类似的情况。从图 2－3 中可以看出，从 1628 年开始，政府对渔业区域政策的出台逐渐增多，虽然中间有所波动，但在 1708 年和 1798 年这两个时间点达到了图标的峰值，这可表明政府在这两个时期内对渔业区域政策及整体海洋渔业政策都有的重大调整。

4. 明清浙江海洋渔业政策演进路径分析

在对三个类别、九个部分的浙江海洋渔业政策分析完之后，我们需要将这些数据纳入一个图表当中，以期发现整个浙江海洋渔业政策的演化路径（见图 2－4）。总体而言，整个明清的海洋渔业政策从明朝初期开始密集出台，经过一段时间的沉寂，在 1518 年后连续出现，直至明朝灭亡。清朝初建，其渔业政策的出台就远远超过明朝初年。经过 1698 年的短暂调整后，1698—1788 年这 90 年间，政府出台的渔业政策远远超过明清任何一个时期，表明这一时期政府对海洋渔业的重视也远超其他时期。1788—1838 年这 50 年间政策出台的频率再次达到仅次于 1728 年的高峰，至此之后，政府海洋渔业制度出台的数量与明初相同。整个政策频率的走向呈现倒“U”字形。同样两个王朝，清朝对海洋渔业的重视为何会超过明朝？这是我们通过图表产生的疑问。渔民政策、渔船政策和渔业区域政策贯穿明清两朝，在其中任何一个政策调整的过程中，其他政策也会做出相应的变化，这体现出政策之间的密切联系。同时，渔业政策的演化具有其自身的连续性，但对其连续性进行学术考虑则需要碎片化的切割，为此我们将明清渔业政策分为六个时期，并以每个时期波峰所在年份为中心来分析渔业政策是如何产生及影响渔业政策走向的因素都有哪些。这六个时期分别是 1378—1468 年、1518—1608 年、1628—1698 年、1698—1788 年、1788—1858 年、1878—1908 年，其每个时期的波峰分别是 1388 年、1558 年、1658 年、1728 年、1798 年、1898 年。在其后章节里，第三章着重对前三个时期进行分析，第四章则主要涉及 1698—1788 年、1788—1858 年这两个时期，第六个时期将与民国浙江海洋渔业政策现代化的尝试放在一起进行讨论。

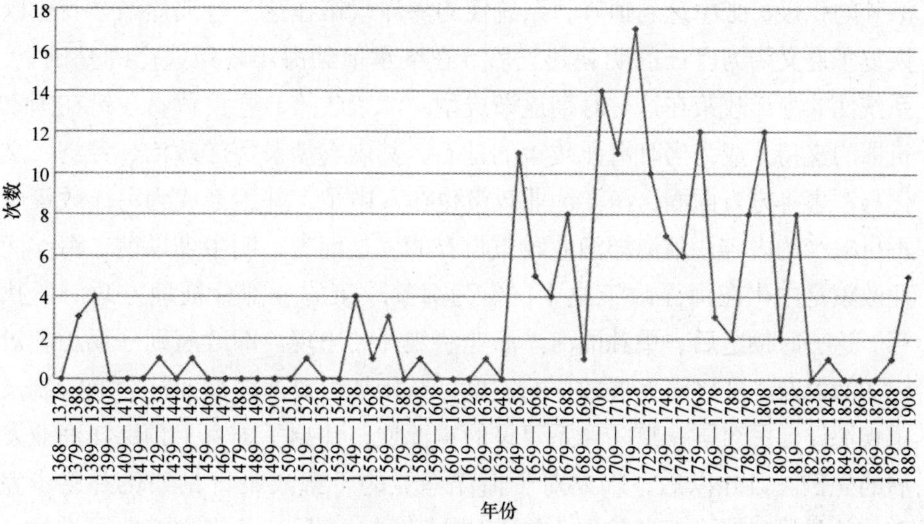

图 2－4　浙江海洋渔业政策演进路径

第三章 放任与重视：海洋渔业政策的独立演进

中国涉及海盐的管理政策在春秋战国时期就已经出现，到汉代纳入到盐铁专卖的国家统制政策中。中国海外贸易的发展在汉代成型，经过唐代的发展到宋代达到顶峰，国家对海洋贸易的税收政策也随之跟进。尽管中国拥有漫长的海岸线，但对海洋利益的关注却直至宋代方始，在元初期向海外的积极扩张中达到顶峰，系统性的海洋政策在这一时期逐渐孕育。以恢复华夏文明为己任的明朝建立后，在继承前朝海洋政策遗产的基础上，系统性的海洋政策在这一时期逐渐成型。海禁政策、朝贡贸易政策在国家机器的支持下成为当时海洋政策的基石，其内容涉及海洋政治、经济、文化与军事等方方面面。海洋渔业政策也在其中孕育并逐渐成为海洋政策中不可缺少的内容。就海洋渔业政策自身的发展而言，明中期以前，海洋渔业政策是内化在海洋政策之中，作为海禁政策的一部分被地方政府所执行。这一时期之后，单独的海洋渔业法规开始出现。而政府则一反历朝对海洋渔民及渔业经济发展放任的态度，开始加强对海洋渔业社会的管制及重视海洋渔民对国家海防体系建设的重要性，开启了国家干预海洋渔业发展的先例。自此以后，国家对于海洋渔业的干预政策日见细化并逐步完善，从最早只对渔船群体作业的干预上升到对渔民、渔船、渔业区域的全面管制，并一直持续到今天。从整个海洋历史的发展过程来看，为什么从明朝这个时期，国家开始出台专门涉及海洋渔业的政策法令？哪些原因促使了这一转变的出现？国家开始对海洋渔业的管制对当时的海洋渔业经济乃至整个海洋经济发展产生了什么影响？这是本章所要着力解决的问题。

第一节 明代海洋政策与海洋渔业政策

明代海洋政策是在继承前朝政策实践基础上，结合本朝政策目标而形成的。明代海洋政策实施的目的是为了恢复由于蒙元政权而被中断的华夏文明，并让周边国家承认其政权的合法性，特别是后者，对成功篡夺国家政权后的明成祖朱棣来说更为重要。正是基于这些考虑，国家海洋政策逐渐形成并贯穿整个明代海洋发展历史当中。明代海洋政策从最初只是为了防止倭患的军事政策逐渐扩展到政治、经济与外交领域，而海洋渔业政策就在其中孕育。“嘉靖大倭寇”事件之后，大量涉及海洋渔业政策的法令开始从海洋政策的大框架中独立出来，并开始形成自己的发展路径。清代及其后关于渔民、渔船及渔业区域的政策法令都能在这一时期找到源头。

一、明代海洋政策的出台及演进

元朝作为中国封建王朝历史上唯一没有北部边患的王朝，其对海洋的关注超过中国任何一个时期。元朝在其 100 多年对海洋利益追求过程中的政策实践及其影响均被明朝所继承。元朝临时性的海禁与海防体系建设思想均被作为国家海防政策而严格实施，而元中后期东南沿海的倭患及中日敌对状态也一直持续到明末都未有改观。明作为首个同时面临北部边疆与东南海疆防卫压力的朝代，它的海禁政策与朝贡贸易政策作为海洋政策的两大基石在明朝前期被严格执行并明显受到东南沿海经济发展与北部边防压力变化的影响。

1. 元朝海洋政策遗产的继承

从中华文明诞生的那一刻起，中国注定是一个以农耕文化为主，海洋文化和游牧文化为辅的格局。中国古代大多数时期，政府对东南海洋的关注远低于西北戈壁。从蒙古族入主中原并建立元朝后，这种状态逐渐发生变化。作为中国封建历史上唯一一个没有北部边患的王朝，元朝的皇帝开始关注其海洋利益。至元十一年（1274 年）三月、至元十八年（1281 年）正月，元朝先后发动旨在征服日本的战争，最后以失败告终。[①] 元世祖的海上扩张行动，对明朝政府海洋政策走向的影响是非常深远的。

首先，元朝对日本本土的两次征伐使得中日的官方友好关系至此中断，不仅如此，元明两朝中国政府始终面临着日本“倭寇”对东南沿海的骚扰。武宗至大元年（1308 年），日本商船焚掠浙江宁波，当地官兵无法

① ［明］宋濂等撰：《元史》卷 208《日本》，北京：中华书局，1976 年版，第 4628 页。

抵御。为此江浙行省上奏朝廷，要求将宁波、台州沿海“万户府新附军往陆路镇守，以蕲县、宿州两万户府陆路汉军移就沿海屯镇。”至大二年（1309年）七月，枢密院经过商议后认为，浙江沿海现在的防卫格局系元世祖时期，大将“伯颜、阿术等相地之势，制事之宜，然后安置军马”，不可轻动。而元世祖忽必烈在世时就认为“以水路之兵习陆路之伎，驱步骑之士而从风水之役，难成易败，于事何补”。因此，最后朝廷决定从“水路沿海万户府新附军三分取一，与陆路蕲县万户府汉军相参镇守。”①元世祖这一以水路之兵治水路的观念不仅影响着元朝的海上防卫政策，其后朱元璋对沿海倭寇的防卫，亦采取类似的办法。不过到了明朝，政府第一次开始同时面对南倭北虏两条防卫战线，这使其国防压力超过以往任何一个王朝。这是一个没有历史经验可以借鉴的新课题，明政府需要充分运用政治智慧去解决。

其次，至元二十九年（1292年）二月乙亥，元军远征爪哇。六月癸未，元世祖为此“暂禁两浙、广东、福建商贾航海者，俟舟师已发后，从其便”②，其目的是为了海上军事行动的保密。这是有史料记载中，中央政府首次对沿海居民海洋活动的干预。不过，这次法令是出于军事行动上的考虑，持续的时间很短，只有两年。至元三十一年（1294年），元成宗下诏地方部门不准扣押海上船只，听其自由贸易③。此后元朝政府还颁布过三次海禁法令，但实行的时间都没有超过五年④。综上所述，我们可以认为元朝实行的这些海禁法令仅是配合军事、外交行动的临时性措施，还未形成正式的政策性规定。但这种政府对海洋社会的干预方式却被后世所效仿。与海禁法令相伴随的是元朝对出海船只搭载违禁品处分法令的出台，

---

① ［明］宋濂等撰：《元史》卷99《镇戍》，北京：中华书局，1976年版，第2548页。

② ［明］宋濂等撰：《元史》卷17《世祖十四》，北京：中华书局，1976年版，第359、363页。

③ ［明］宋濂等撰：《元史》卷94《市舶》，北京：中华书局，1976年版，第2402页。

④ 第二次海禁于大德七年（1303）以“禁商下海”取消市舶机构开始，到武宗至大元年（1308年）“复立泉府院，整治市舶司事”结束，前后总共5年；第三次海禁自武宗至大四年（1311年）取消市舶提举司、“禁下番船只”开始，至仁宗延祐元年（1314年）“诏开下番市舶之禁”、复立市舶提举司结束，前后总共3年；第四次海禁从延祐七年（1320年）“罢市舶司，禁贾人下番”开始，到英宗至治二年（1322）二月，“复置市舶提举司于泉州、庆元、广东、三路”，前后总共两年。［明］宋濂等撰：《元史》卷91《市舶提举司》、卷94《市舶》，北京：中华书局，1976年版，第2315、2403页。

“诸市舶，金银铜钱、铁货、男女人口、丝绵段匹、销金绫罗、米粮、军器等，不得私贩下海，违者舶商、船主、纲首、事头、火长各杖一百七，船物没官，有首告者，以没官物内一半充赏，廉访司常加纠察”①。如至元二十九年（1292年）正月元世祖下令“禁商贾私以金银航海”②。至元三十年（1290年）颁布的《市舶则法二十三条》，则扩大了出口商品的禁限种类③。海禁法令及相关违禁品的规定，成为元朝政府留给朱元璋的海洋管理遗产。

元朝与周边海上国家的交恶使得明朝在建国之初就面临严峻的海防压力，元政府针对性的海防策略、海禁及对海洋贸易管制等政策被明初海洋政策所吸收。

2. 明代海洋政策的出台与具体内容

吴元年（1367年），朱元璋采用浙江行省平章李文忠的建议，开始在浙江嘉兴、海盐、海宁等地设兵戍守④。洪武三年（1370年）七月壬辰，明太祖朱元璋下令在东南沿海修筑城池，整饬要塞，加强海防⑤。洪武四年（1371年）朱元璋命令吴王左相靖海侯吴祯征发沿海居民为兵，并申言海禁政策的出台，可看作是对元朝海洋政策的直接继承，但在此时还是临时性的规范，没有形成系统性政策。其后政府又加强了东南沿海的海防力量，但都没达到预期的效果。为此，朱元璋在洪武十七年（1384年）请出了曾经平定方国珍的信国公汤和，期望这位老帅能扭转东南海防的被动局面。⑥ 作为一个非常熟悉东南沿海形势的将军，汤和深知问题的复杂性，因此接到圣旨后，他要求派方鸣谦与他一同巡视浙江、福建，获得准许。方鸣谦是方国珍的次子，他对浙江的海防所面临的倭寇问题非常了解，他

---

① ［明］宋濂等撰：《元史》卷104《食货》，北京：中华书局，1976年版，第3650页。

② ［明］宋濂等撰：《元史》卷17《世祖十四》，北京：中华书局，1976年版，第357页。

③ 《大元圣政国朝典章》卷22《户部卷八·课程·市舶·市舶则法二十三条》，《四库全书存目丛书·史部》（第263册），济南：齐鲁书社，1997年版，第538－541页。

④ ［清］张廷玉等：《明史》卷91《日本》，北京：中华书局，1974，第2243页。《明实录·太祖实录》卷23，吴元年夏四月丁卯条，台北：“中央研究院”历史语言研究所，1961年版，第336页。

⑤ 《明实录·太祖实录》卷54，洪武三年七月壬辰条，台北：“中央研究院”历史语言研究所，1961年版，第1061页。

⑥ 《明实录·太祖实录》卷159，洪武十七年春正月壬戌条，台北：“中央研究院”历史语言研究所，1961年版，第2460页。

认为："倭海上来，则海上御之耳。请量地远近，置卫所，陆聚步兵，水具战舰，则倭不得入，入亦不得傅岸。近海民四丁籍一以为军，戍守之，可无烦客兵也。"他的这一建议，与元世祖忽必烈"水路之兵治水路"的思想大同小异。在获得皇帝的首肯后，汤和在浙江沿海设立卫所59个，并在"浙东民四丁以上者，户取一丁戍之，凡得五万八千七百余人"①。从此，政府将包括渔民在内的沿海居民纳入到国家海防体系当中。元代临时性的海防策略在这一时期成为国家海防的基本政策之一。这一变化的直接原因是国家海防形势的严峻升级，以往的临时性措施已经无法应付，这正是海洋政策产生和变迁的必要条件。

由于修建沿海卫所工程的浩大，要"尽发州县钱及籍罪人赀给役，役夫往往过望，而民不能无扰，浙人颇苦之"②。随着浙江沿海卫所的建立，这一政策在东南沿海推广。三年后江夏侯周德兴"抽福建福、兴、漳、泉四府三丁之一，为沿海戍兵，得万五千人。移置卫所于要害处，筑城十六"③。这种籍沿海居民为兵的做法，对于海防建设无疑有积极意义。何锋认为，"籍民为兵的做法很大程度上是带有强迫性质的，虽然这些人并不愿意成为戍守卫所的士兵，但是在充满暴力和严格纪律的军队里，他们将很快被训练成适应恶劣军旅生活的合格士兵"④。但我们也不可忽视其负面影响。洪武二十七年（1394年）五月甲午，指挥方谦就上奏朝廷，指出这种"籍民为兵"的做法，使"土人为军，反为乡里之害"，要求沿海卫所军队相互调换。最终朝廷将浙江沿海卫所的守军与福建相互调换⑤，这可算是军队中的一种回避制度。

明初朱元璋注重防守的海洋政策，除加强海防外，还将元朝临时性的海禁法令作为政策性规范加以实施。明朝最早的海禁法令是在洪武四年（1371年）颁布的，与元朝不同的是，朱元璋实施的海禁政策更加系统，

① ［清］张廷玉等：《明史》卷126《汤和》，北京：中华书局，1974年版，第3751页。

② ［清］张廷玉等：《明史》卷126《汤和》，北京：中华书局，1974年版，第3754页。

③ ［清］张廷玉等：《明史》卷91《日本》，北京：中华书局，1974年版，第2243－2249页。

④ 何锋：《中国的海洋——明朝海上力量建设考察》，厦门大学博士学位论文，2007年，第14页。

⑤ 《明实录·太祖实录》卷233，洪武二十七年五月甲午条，台北："中央研究院"历史语言研究所，1961年版，第3404－3405页。

将元朝临时性禁令和违禁品法令结合起来，同时又加上了海岛居民内迁法令。朱元璋的海禁法令包括禁止船只下海和海岛居民内迁两部分内容，前者是对元朝的继承，而后者则是对反明势力盘踞海岛与朝廷对抗的针对措施。明初对海岛居民内迁的实施是比较彻底的，而海禁政策则多有变化。

朱元璋“片板不许下海”的海禁政策，与宋元以来国家海洋政策背道而驰，不符合经济发展的要求。诚然在政策出台初期，由于沿海经济在战乱中的消退，其负面影响还未显露，当经济恢复并发展后，政策与经济之间的不协调便出现了。洪武二十五年（1392 年）秋七月己酉，两浙运司报告朝廷：“商人赴温州各场支盐者，必经涉海洋。然着令军民不得乘船出海，故所司一概禁之，商人给盐不便。”朱元璋不得不下旨要求沿海官兵区别对待，[①] 使原有船只不许下海的禁令出现松动。可以想象，以此为借口出海的船只会越来越多。面对这种情况，针对船只搭载物的违禁品政策就出台了。其后，政府以朝贡贸易的形式垄断了所有的海外贸易，未经政府批准的商船，皆不允许下海经商。

无论从政治上还是经济上考虑，海外贸易对政权的稳固仍有重要的意义。因此，明初政府在禁绝私人海上贸易的同时，将海上贸易的控制权纳入国家的直接管制之下，即所有海上贸易都必须经过朝廷同意，并在各港口市舶司的主持与监督下进行。基于这一思路，明初全国只设浙江宁波、福建泉州和广东广州三个沿海港口为对外贸易港口，其中宁波专通与日本的海外贸易，其贸易以日本政府单方朝贡的形式展开，因此被称为中日朝贡贸易。又因为勘合底簿为双方官方贸易的凭据，因此这一贸易形式也被称为勘合贸易。朝贡贸易体制经过洪武年间的反复在永乐元年（1403 年）最终得以确立并持续到明中期[②]。

永乐年间朝贡贸易体制的最终确立源于当时中日政治形势的变化。日本方面，室町幕府将军足利义满统一日本，其因财力不足，急于通过与中国的贸易来扩大财政收入。而中国方面，明成祖篡位成功后，也想通过建立华夷朝贡体系来显现其政权的正统性，同时面对东南沿海的倭寇问题，

① 《明实录·太祖实录》卷 219，洪武二十五年秋七月己酉条，台北：“中央研究院”历史语言研究所，1961 年版，第 3218 页。

② 《明太宗实录》卷 22，永乐元年八月丁巳条，台北：“中央研究院”历史语言研究所，1961 年版，第 409－410 页。

中国也需要日本政府的配合。因此，当永乐元年（1403年）九月日本贡使坚中圭密一行300余人到达宁波之后，朱棣不仅不追究其私载兵器的罪名，还准其在中国按照市价出售①。永乐二年（1404年）四月，明成祖派遣特使赵居任率答谢使团携带国书和礼品随日本使团一起，分乘5艘海船，从宁波起航，前往日本，告知足利义满有关明政府对于朝贡贸易的安排事宜。按照明朝的规定，允许日本10年一贡，使团不能超过200人，船不超过2艘，这就是日本方面所称的“永乐条约”或“永乐事例”。永乐年间，日本共派出朝贡船队6批，船只38艘，明朝派遣使者7批，平均2年一批，这说明当时实际的朝贡贸易并没有遵守10年一贡及人数与船只数量的限制规定②。这一方面源于朝贡贸易的规定是明政府单方面做出的，并未与日本政府达成一致；另一方面明成祖的上国心态使得明政府并未刻意抑制日本的朝贡贸易活动。

综观明初海洋政策的出台和执行，国家已将元代涉及海洋的相关法令继承下来，并根据当时的海防形势发展而加以变通。随着政权的逐渐稳固与沿海社会经济发展，明代海洋政策也随之发生变化。

3. 明代海洋政策的演变

永乐后期日本政局的变化使得中日朝贡贸易一度中断，直到宣德八年（1433年）在日本新任幕府将军足利义教的推动下继续展开。与上一阶段相比，中方仍重申10年一贡的限制，但使团与船只的数量则分别扩大到300人和3艘，这也就是一些学者所称的“宣德条约”或“宣德事例”。从随后的统计数据来看，自宣德八年（1433年）至嘉靖二十七年（1548年）这115年间，日本共向中国派出朝贡船队10次，平均11年一次，基本遵循了这一约定，但明廷从此未向日本派遣使团。与永乐年间相比，宣德年间之后的朝贡贸易已经有衰落迹象，其弊端逐渐显现出来。朝贡贸易的衰落与海上贸易的高额利润形成极大反差，在政府主导的贸易行为日渐衰落时，私人海上贸易的崛起就成为必然。

中国朝贡贸易体制的严厉管制与官方贸易活动的式微，使得中日海上

---

① 《明太宗实录》卷23，永乐元年九月己亥条，台北：“中央研究院”历史语言研究所，1961年版，第426页。

② ［日］木宫泰彦著，胡锡年译：《日中文化交流史》，北京：商务印书馆，1980年版，第522页。

贸易的利润逐渐攀升。曾两度入明的日本人楠叶西忍就说过，中国丝绸收购的价格为每斤二百五十文，带回日本的销售价格为五贯文，获利达二十倍[①]。中日贸易的高额利润使得一大批中日沿海商人无视中国政府的禁令，纷纷从事海上走私贸易活动。嘉靖二年（1523年）“宁波争贡”事件发生后，明政府以为祸起于市舶，于是对朝贡贸易的限制更为严厉，历时100余年的贸易体制已经名存实亡，行将退出历史舞台。原本对官方贸易体制不满的中国商人以走私的形式控制了中国商品的输出。同时因为官方贸易渠道阻塞而无缘与中国贸易的日本商人，也开始加入到正在兴起的走私贸易中来。

嘉靖年间，随着贸易活动的扩大，私人会更多地依赖于寻租和暴力活动。[②] 再加上此时走私贸易的畸形发展[③]，给明廷海防带来了极大的不安全因素。这些因素导致更加严厉的海禁。与国初的《大明律》相比，这一时期实施的《嘉靖问刑条例》显然是重典[④]。在单项案例审判中，由于人为因素的影响，司法部门对违禁下海囚犯处罚的严厉程度往往会高过律法的规定[⑤]。政府的海禁政策，进一步刺激了私人对暴力的投资。为对抗官军禁缉和海盗劫掠，浙海私商结成团伙，配置武器，形成了寄托于私人暴力的“类国家组织”集团。随着相对弱小的集团被消灭、兼并，暴力集团的数量减少，力量壮大，逐渐能与国家抗衡，冲突最终扩展到暴力集团与国家之间。[⑥] 明中期厉行海禁的双屿之役所带来的不仅仅是宁波国际走私贸易港地位的消亡，更引发了极其严重的后果。双屿之役导致了以浙东舟山群岛为中心的私人贸易更加无序、畸形地发展，进一步激化了江南商品经济发展同明政府海禁政策之间的尖锐矛盾，从而成为诱发“嘉靖大倭寇”

① 王晓秋，大庭修：《中日文化交流大系》（历史卷），杭州：浙江人民出版社，1996年版，第182页。

② 郭艳茹：《明代海外贸易管制中的寻租、暴力冲突与国家权力流失：一个产权经济学的视角》，《世界经济》，2008年第2期，第84－94页。

③ ［明］何乔远：《名山藏》卷105《王亨记一·东南夷·日本》，《续修四库全书（第427册）》，上海：上海古籍出版社，2002年版，第602页。

④ 怀效锋：《嘉靖专制政治与法制》，长沙：湖南教育出版社，1989年版，第137－138页。

⑤ 《明世宗实录》卷166，嘉靖十三年八月癸丑条，台北：“中央研究院”历史语言研究所，1961年版，第3653－3654页。

⑥ 郭艳茹：《明代海外贸易管制中的寻租、暴力冲突与国家权力流失：一个产权经济学的视角》，《世界经济》，2008年第2期，第84－94页。

的重要动因。历时 10 余年的“嘉靖大倭寇”（1552—1564 年）所造成的切肤之痛在中国朝野引发了一场前所未有的筹海之争。在朝堂激辩中，国家的海洋政策逐渐发生变化。

早在倭寇大规模暴乱开始的嘉靖三十二年（1553 年）四月，时任巡视浙江都御史的王忬上奏朝廷，要求厉行海禁法令的同时，允许违禁海商改过自新，这一建议获得明廷准许。[①] 但其后浙江海防形势并未好转，反呈恶化趋势。嘉靖三十三年（1554 年）五月，兵科都给事中王国祯就对王忬招降海商首领的做法提出异议[②]。六月，漕运侍郎郑晓也上奏朝廷，指出重新恢复市舶司并不能解决倭寇问题[③]。同年十二月，兵部尚书聂豹进一步提出要严格交通之禁，获得明世宗的支持[④]。但其后，随着明朝北部边防压力的增大，嘉靖三十四年（1555 年）二月，工部右侍郎赵文华奏请开放市舶，招抚通番海商。同时，昆山致仕侍郎朱隆禧也请求朝廷重开互市之禁，以应对时局的变化。但这些建议遭到聂豹等人的反对[⑤]。五月，在南京湖广道御史屠仲律的建议下，朝廷再次重申严格海禁的法令。[⑥] 可是，经过一年的围剿，浙江沿海倭寇越剿越多。因此，嘉靖三十五年（1556 年）五月，在大学士严嵩的支持下，明世宗任命倾向开禁的工部尚书赵文华总领浙江海防[⑦]。在赵文华的支持下，时任浙直总督的胡宗宪，招抚毛海峰等人，以寇制寇，终于使得浙江海防形势好转。[⑧] 在此形势下，赵文

---

① 《明世宗实录》卷 397，嘉靖三十二年四月丙子条，台北：“中央研究院”历史语言研究所，1961 年版，第 6973－6974 页。

② 《明世宗实录》卷 410，嘉靖三十三年五月乙丑条，台北：“中央研究院”历史语言研究所，1961 年版，第 7154－7155 页。

③ 《明世宗实录》卷 411，嘉靖三十三年六月庚辰条，台北：“中央研究院”历史语言研究所，1961 年版，第 7160－7162 页。

④ 《明世宗实录》卷 417，嘉靖三十三年十二月丁亥条，台北：“中央研究院”历史语言研究所，1961 年版，第 7243－7246 页。

⑤ 《明世宗实录》卷 419，嘉靖三十四年二月庚辰条，台北：“中央研究院”历史语言研究所，1961 年版，第 7269－7273 页。

⑥ 《明世宗实录》卷 422，嘉靖三十四年五月壬寅条，台北：“中央研究院”历史语言研究所，1961 年版，第 7310－7317 页。

⑦ 《明世宗实录》卷 435，嘉靖三十五年五月甲子条，台北：“中央研究院”历史语言研究所，1961 年版，第 7492－7493 页。

⑧ 《明世宗实录》卷 437，嘉靖三十五年七月戊午条，台北：“中央研究院”历史语言研究所，1961 年版，第 7511－7512 页。

华同年十二月放松海禁的请求获得明世宗的认可[①]。但胡宗宪招降王直等人的行为遭到主张厉行海禁官员的不满，嘉靖三十七年（1558年）十月，南京御史李瑚、巡按浙江御史王本固、南京给事刘尧诲等纷纷弹劾胡宗宪[②]。面对朝廷官员的分歧，为了解有关倭寇的正确信息以及倭乱产生的真正原因，以便明廷从根本上解决倭寇问题，朝廷遂派遣兵部署郎中唐顺之前往浙江、直隶地区视察军情[③]。其后，尽管由于胡宗宪迫于压力诱杀王直导致浙江海寇的反弹，但在已升任淮扬巡抚唐顺之的支持下，明廷并未再次严厉海禁，反而重新考虑恢复浙江市舶司的可能性[④]。随着东南海疆的再次安定，重开市舶贸易的呼声再次出现。嘉靖四十四年（1565年）九月，浙江巡抚都御史刘畿上疏反对重开市舶司，这一请求得到户部的支持[⑤]。自此以后，中国与日本的直接贸易随之彻底断绝。

嘉靖四十六年（1567年），当明世宗去世，其子朱载垕即位，改元隆庆，诏令全国革旧布新之际，福建巡抚涂泽民即奏请在漳州月港开放海禁。此举迅速得到明廷批准，这一革新史称“隆庆开海”（又称“隆庆开关”）。此后，民间私人的海外贸易获得了合法的地位，地处偏僻的月港遂被辟为私人贸易港。不过政府在允许民间私人贸易远及东西二洋的时候，日本仍处于禁止之列。至此之后，明初出台的严厉海禁政策向有限海禁政策发生转变，在政府管制下，私人海上贸易获得合法身份。

在海洋政策的演进过程中，朝贡贸易政策从永乐年间的确立，在经历了宣德时期的调整，最终在嘉靖中期逐渐消亡。而作为海洋政策的另一个重要内容，海禁政策随着私人海上贸易的发展和冲击而被迫进行重大调整，全面禁止私人海上贸易到有限开放海洋贸易的方式填补了朝贡贸易崩溃后中国对外贸易的空白。这一政策变化，不仅有利于中国东南海洋经济

---

① 《明世宗实录》卷442，嘉靖三十五年十二月癸卯条，台北：“中央研究院”历史语言研究所，1961年版，第7563－7565页。

② 《明世宗实录》卷465，嘉靖三十七年十月辛亥条，台北：“中央研究院”历史语言研究所，1961年版，第7845－7848页。

③ 《明世宗实录》卷465，嘉靖三十七年十月己未条，台北：“中央研究院”历史语言研究所，1961年版，第7850页。

④ 《明世宗实录》卷480，嘉靖三十九年正月丙子条，台北：“中央研究院”历史语言研究所，1961年版，第8017－8020页。

⑤ 《明世宗实录》卷550，嘉靖四十四年九月丙申条，台北：“中央研究院”历史语言研究所，1961年版，第8853页。

的发展，也推动了浙江海洋渔业政策的独立演进。

二、浙江海洋渔业政策的孕育与独立演进

在海洋政策的框架下，浙江海洋渔业政策逐渐孕育，并在明代中后期开始独立演进。早期浙江海洋渔业政策主要涉及的是对于渔民和渔业区域的管制，这些措施基本都蕴含在明初海防与海禁法令内容当中，其后逐渐出现针对海洋渔业的单独审判案例和地方法规。嘉靖年间，地方政府出台了涉及浙江海洋渔船的法令，至此，浙江海洋渔业政策框架开始成形。经历明清之际的海洋政策的剧烈变革后，浙江海洋渔业政策趋于完善。

1. 海洋政策框架下的海洋渔业政策

明初政府为应对海洋挑战所出台的海防与海禁政策就涉及海洋渔业中对于渔民和渔业区域的规范。早在洪武四年（1371 年）十二月丙戌，明太祖朱元璋命令吴王左相靖海侯吴祯“籍方国珍所部温、台、庆元三府军士及兰秀山无田粮之民尝充船户者，凡十一万一千七百三十人，隶各卫为军”①。这一记载是明政府将沿海渔民编入军队的最早记载。此后，洪武十五年（1382）闰二月癸亥，朱元璋又派遣南雄侯赵庸“招抚沿海渔丁、岛人、盐徒、蜑户，籍为水军”②，“盖自淮浙至闽广几万人尽籍为兵，分十千户所”③。永乐六年（1408 年）十二月戊戌，明成祖朱棣派遣丰城侯李彬等“缘海捕倭，复招岛人、蜑户、贾竖、渔丁为兵，防备益严”④。在政府的海防建设中，渔民以及沿海居民成为不可或缺的重要组成部分。

就现有考古发现，早在远古时期浙江舟山群岛已有人类活动的足迹。

---

① 《明实录·太祖实录》卷 70，洪武四年十二月丙戌条，台北：“中央研究院”历史语言研究所，1961 年版，第 1300 页。另见［清］张廷玉等撰：《明史》卷 91《海防》，北京：中华书局，1974 年版，第 2243 页。

② ［明］郑晓撰，李致忠点校：《今言》卷 3，第二百三十九条，北京：中华书局，1984 年版，第 137 页；《明实录·太祖实录》卷 143，洪武十五年闰二月癸亥条载：“命：‘南雄侯赵庸，籍广州蜑户万人为水军，时蜑人附海岛无定居，或为寇盗，故籍而用之”，台北：“中央研究院”历史语言研究所，1961 年版，第 1300 页。

③ ［明］陈仁锡编：《皇明世法录》卷 75《海防·日本·本朝备倭通贡考》，台北：台湾学生书局，1986 年版，第 2009 页。

④ ［清］张廷玉等撰：《明史》卷 91《海防》，北京：中华书局，1974 年版，第 2244 页。另见《明实录·太宗实录》卷 86，永乐六年十二月戊戌条，台北：“中央研究院”历史语言研究所，1961 年版，第 1146 页。

不过其大规模开发是从唐宋时期开始的。元末明初，浙江宁、台、温沿海大岛，“其中都鄙城与城市半，或十之三，咸大姓聚居”①。明朝建立，由于海防形势的严峻，政府将沿海岛屿居民大举内迁。洪武十七年（1384年），明太祖命信国公汤和巡视浙江沿海城池。汤和以舟山县民孤悬海外，防守不宜，遂迁至内地，归象山县管理②。对于当时迁徙的情况，明代王士性在《广志绎》一书中记载道：“国初汤信国奉敕行海，俱引楼，徙其民市居之，约午前迁者为民，午后迁者为军。至今石栏础，锥磨犹存，野鸡、野犬自飞走者，咸当时家畜所遗种也，是谓禁田。如宁之金堂、大榭；温、台之玉环，大者千顷，少者亦有五六百。南田、蛟山峻诸则又次之。”③ 玉环岛居民也在洪武十八年（1385 年）被迁入内地④。自此以后，就政府法令而言，浙江沿海居民是不允许在近海岛屿定居的。而浙江沿海岛屿的开发在这一时期主要以民间违禁海上贸易人员为主。

另外，明初政府是不允许沿海渔民在未经允许的情况下出海捕鱼的。洪武四年（1371 年）十二月，朝廷宣布“禁濒海民不得私出海”⑤，其中就包含沿海捕鱼的渔民。其后这一禁令更加具体和严格，洪武十七年（1384 年）正月壬戌，朱元璋下令“禁民入海捕鱼”⑥。但这一政策在浙江省并未得到有效的执行。如当时任杭州右卫指挥的陈祥同卫令史魏克铭商量，借口支给文引，把附近海面的渔船挡住，勒取钞贯之后，才允许往来⑦。到明英宗时期浙江沿海“豪顽之徒”私自造船出海捕鱼的逐渐增多。为此，行在户部在宣德十年（1435 年）七月己丑上疏，要求皇帝“敕浙

---

① ［明］：王士性：《广志绎》卷 4《江南诸省》，北京：中华书局，1986 年版，第 73 页。

② ［明］胡宗宪：《舟山论》，［明］何汝宾辑：《舟山志》卷 1《兵防》，台北：成文出版社有限公司，1983 年版，第 81 页。

③ ［明］：王士性：《广志绎》卷 4《江南诸省》，北京：中华书局，1986 年版，第 73 页。

④ ［清］杜冠英主修，吕鸿焘总纂：《玉环厅志》卷 1《舆地志上 · 沿革》，清光绪十四年刻本，第 5 页。另一说玉环岛居民在洪武二年（1367）内迁。见［清］顾祖禹撰：《读史方舆纪要》卷 94《浙江六 · 温州府》，《续修四库全书》（第 609 册），上海：上海古籍出版社，2002 年版，第 621 页。

⑤ 《明实录 · 太祖实录》卷 70，洪武四年十二月丙戌条，北京：中华书局，1986 年版，第 1300 页。

⑥ 《明实录 · 太祖实录》卷 159，洪武十七年春正月壬戌条，北京：中华书局，1986 年版，第 2460 页。

⑦ ［明］朱元璋撰：《大诰武臣》生事害民第 28，《续修四库全书》（第 862 册），上海：上海古籍出版社，2002 年版，第 362 – 363 页。

江三司，谕沿海卫所，严为禁约，敢有私捕及故容者，悉治其罪”①。此后，朝廷处分了一批违反渔禁政策的浙江地方官员（见表3-1）。

表3-1　明朝浙江官员违反渔禁政策所受处分

时　间	犯禁人员	事　由	结　果
正统五年（1440年）	（永嘉）沙园千户所	假捕倭给行粮，出海取鱼以为利	禁军毋出海
正统十一年（1446年）	巡海都指挥同知王瑛	纳贿，纵所部出海捕鱼，不俟委官以代	下巡按御史究问
景泰三年（1452年）	总督备倭都指挥佥事王谦	受滨海军民赂，纵之下海捕鱼	宥之
弘治十六年（1503年）	宁波府知府伍符	境内灾伤，听民出海捕鱼，随舟大小入粟，以备赈济	罚俸一月

资料出处：《明英宗实录》卷65，正统五年三月壬戌条，台北：“中央研究院”历史语言研究所，1961年版，第1255页；《明英宗实录》卷145，正统十一年九月辛卯条，台北：“中央研究院”历史语言研究所，1961年版，第2863页；《明英宗实录》卷208，景泰二年九月甲寅条，台北：“中央研究院”历史语言研究所，1961年版，第4476页；《明英宗实录》卷215，景泰三年夏四月癸未条，台北：“中央研究院”历史语言研究所，1961年版，第4629页；《明孝宗实录》卷206，弘治十六年十二月戊戌条，台北：“中央研究院”历史语言研究所，1961年版，第3824页。

从处分结果来看，这一时期的渔禁已经有很大松动，有关渔禁的法令逐渐淡化。同时，值得注意的是，自唐代始，浙江就有向朝廷进贡海产品的义务，因此明代初期并不是所有渔船都被禁止下海的，至少负责捕捞贡品的渔船是可以出海捕鱼的。不过政府严格海洋渔业禁令的措施对这类船只捕鱼活动的影响也是有的，至少该类船只是不允许跨界捕鱼的，这从天顺二年（1458年）七月甲寅备倭中军都督府都督佥事翁绍宗上奏朝廷的报告中就可以看到。他在报告中指出，近年以来，地方政府“不许渔船越境出海，又令官军擒拏”，导致嘉兴乍浦河泊所岁进黄鱼今年无法按期上供。② 也许是受此影响，弘治十一年（1498年）政府取消了有关近海捕鱼

① 《明实录·英宗实录》卷7，宣德十年秋七月己丑条，北京：中华书局，1986年版，第141页。

② 《明实录·英宗实录》卷293，天顺二年秋七月甲寅条，台北：“中央研究院”历史语言研究所，1961年版，第6268页。

的禁令，“小民撑使单桅小船于海边近处捕取鱼虾、采打柴木者，巡捕官旗军兵不许扰害”①。其后，到嘉靖四年（1525 年）八月甲辰，嘉靖皇帝下旨，针对沿海捕鱼的双桅大船，地方官员“毋得概毁”②，这实际上就等于政府默认了渔船可以去深海捕鱼。至此，关于海洋渔业的禁令被全部取消，而同时有关海洋贸易的禁令却被强化。海洋渔业政策与海禁政策的演进轨迹开始分离。

从涉及海洋渔业的海洋政策内容看，相比明初，弘治年间涉及海洋渔业政策的内容已发生重大转折，凡是政府批准的合法船只，可以在海上捕鱼。而当政府允许沿海渔船出海捕鱼的时候，就面临出海渔船的管理问题。弘治年间政府逐渐放开渔船出海捕鱼后，沿海营汛的任务就是防止非法渔船出海捕鱼及搭载违禁品。所谓违禁品，即政府不允许渔船出入海口搭载的物品。这些物品不仅包括货物，还包括多带的生活用品和人员。早在洪武二十三年（1390 年）十月乙酉，明太祖朱元璋在申严交通外番之禁中就指出，中国出产的金银、铜钱、缎疋、兵器等物，在前代就不允许作为商品与海外国家进行交易。“今两广、浙江、福建愚民无知，往往交通外番，私易货物，故严禁之。沿海军民官司纵令私相交易者，悉治以罪。”③ 此为明朝首次对船只出海物品搭载物的限制。洪武三十年（1397 年）正式颁布的《大明律》中规定：“凡将马牛、军需、铁货、铜钱、段匹、绸绢、丝绵私出外境货卖及下海者，杖一百。挑担驮载之人，减一等。货物船车，并入官。于内以十分为率，三分付告人充赏。若将人口、军器出境及下海者绞。因而走漏事情者斩。其拘该官司及守把之人，通同夹带，或知而故纵者，与犯人同罪；失觉察者，减三等，罪止杖一百。军兵又减一等。”④明初对于船只搭载违禁品的限制不仅包括商船，也包括其后政府许可的出海渔船。不过从其后的政策执行看，其实施效果并不

① ［明］刘惟谦等撰：《大明律》卷 15《兵律三 · 关津》，私出外境及违禁下海条，《续修四库全书》（第 862 册），上海：上海古籍出版社，2002 年版，第 525 页。

② 《明实录 · 世宗实录》卷 54，嘉靖四年八月甲辰条，台北：“中央研究院”历史语言研究所，1961 年版，第 1332 – 1333 页。

③ 《明太祖实录》卷 205，洪武二十三年十月乙酉条，台北：“中央研究院”历史语言研究所，1961 年版，第 3067 页。

④ ［明］刘惟谦等撰：《大明律》卷 15《兵律三 · 关津》，私出外境及违禁下海条，《续修四库全书》（第 862 册），上海：上海古籍出版社，2002 年版，第 523 页。

明显。

2. 海洋渔业政策的独立演进

嘉靖初年政府对远洋渔业的解禁使得浙江海洋渔业得到迅速发展，而海防形势的变化使得政府对海洋渔业逐渐重视起来，大量渔业法规与地方条例陆续出台。其内容不仅涉及渔民本身，还涉及渔船与渔业区域的政策。浙江乃至整个中国的海洋渔业法规的框架在这一时期开始酝酿并初步成型。

明前中期对于海洋渔船出海禁令的取消意味着大量渔船可以在政府许可之后驾船出海，而如何对这些出海渔船进行管理就是政府首先要面对的。渔船出海禁令的取消首先意味着渔民与渔船活动区域的扩展。大量海洋居民在渔业经济发展的情况下，开始向沿海岛屿移民。嘉靖倭患之后，明政府对其海防政策进行反思，随后海禁政策逐渐废弛，舟山“居民业海者复稍稍聚”，明政府在舟山岛上“仿古制亦设卫镇抚”①，舟山群岛的渔业和盐业经济开始逐渐恢复和发展。不过这种海岛开发是局部的，浙江还有很多沿海岛屿因为种种原因禁止开发。如浙江玉环岛在万历元年（1572年）、万历二十年（1592年）两次议开，后又禁止②。而宁、台交界的南田岛直到清末才准予开发。

明嘉靖中叶，日本海寇席卷东南沿海，其对沿海的破坏，使浙江沿海众多渔民参与到反抗斗争中。这种主动参与的渔民，其战斗力不亚于正规军队。作为地方政府的首脑，一些总督和巡抚都认识到渔民在海防体系中的重要价值。如嘉靖三十四年（1555年）八月壬辰，督察军情侍郎赵文华上奏朝廷，要求将“宁、绍、台、温、苏、松捕鱼船，及下捌山、捕福仓等船，约束分布，相兼战守。”获得朝廷首肯③。嘉靖三十五年（1556年），日本海寇大举侵扰浙江宁波，“时观海卫渔民吴宗二十四等，有船10

---

① ［清］查继佐：《东山国语·舟山前语》，台湾文献丛刊（第63种），台北：大通书局，1999年版，第23页。

② ［清］杜冠英主修，吕鸿焘总纂：《玉环厅志》卷1《舆地志上·沿革》载：“万历元年议开玉环山，委同知王一麟诣勘丈量田地召种征租以佐饷用，随行禁止。二十二年，推官刘文卿查盘台州议发军屯取租以供兵防，随奉严禁。”清光绪十四年（1888年）刻本，第7页。

③ 《明实录·世宗实录》卷425，嘉靖三十四年八月壬辰条，台北：“中央研究院”历史语言研究所，1961年版，第7362－7363页。

余艘”，临山、观海两卫把总张四维发牌，令其出入海岛，刺探敌情①。而“渔兵”一词也在这一时期福建渔兵参与抗倭活动的记载中出现②。浙江渔船参与海上防卫在明代文献中多有涉及，其中比较重要就是顾炎武在《天下郡国利病书》中对于壳哨船以及戚继光在《纪效新书》中对于浙江捕鱼苍船的记载（船式见图3-1、图3-2）。所谓壳哨船，是由温州捕鱼船只中形制最小的网梭船改造而成。由于其“鱼船于诸船中，制至小，行至简，工至约，而具用为至重”，所以用这种渔船担任海上舰队中的警戒船。其船上一般载有三人，“一人执布帆，一人执桨，一人执鸟嘴铳”。由于壳哨船良好的机动性与航速，其“布帆轻提，无垫没之虞，易进易退，随波上下，敌船瞭望所不及，是以近年赖之取胜，擒贼者多其力焉”。③ 而苍船也是一种形制较小的渔船，台州太平县地方多用其捕鱼。因该船在“海洋中遇贼战胜，遂以著名”。苍船水位线以上只有五尺，即使加上船上的棚架，一般也不会超过五尺。海寇所用船只其形制与此差不多，“既势均不能冲犁”。如果用苍船直接迎战海寇船只，当“两艘相联，以短兵斗力，我兵决非长策，多见误事”。因此对于苍船的使用多在海寇船只驶入中国沿海港湾，而水师大船无法到浅水区围剿的时候，苍船在这种时候就可发挥其作用。由于苍船的吃水较浅，仅有六七尺，与海盗船只相仿，因此“其捞取首级，水潮中可以摇驰而快便，三色之中，又此为利”。④ 在浙江海盗屡剿不绝的晚明时期，关于海洋渔民参与海上防御的活动屡有文献记载。崇祯八年（1635年），福建海寇刘香侵扰浙江沿海，台州府太平县生员陈懋儒捐资选募海上渔兵三百人，参与到政府围剿海寇的行动中。初次参战即击沉海盗船只一艘，俘获一艘，“打贼落水不及割级者三、四十人，擒获活贼八名、妇女二口，斩获贼级六颗，夺获刀枪、铳炮、旗帜共三十

---

① 慈溪市地方志编纂委员会：《慈溪县志》，杭州：浙江人民出版社，1992年版，第303页。

② ［明］董应举撰：《崇相集选录》，周宪文主编：《台湾文献史料丛刊》（第八辑），北京：人民日报出版社，2009年版，第81页。

③ ［清］顾炎武撰：《天下郡国利病书》第六册《苏松》，《续修四库全书》（第595册），上海：上海古籍出版社，2002年版，第760页。［清］张廷玉等撰：《明史》卷92《车船》载：“渔船至小，每舟三人，一执布帆，一执桨，一执鸟嘴铳。随波上下，可掩贼不备。网梭船，定海、临海、象山俱有之，形如梭。竹桅布帆，仅容二三人，遇风涛辄舁入山麓，可哨探”，北京：中华书局，1974年版，第2269页。

④ ［明］戚继光：《纪效新书》卷18《治水兵篇·海沧说》，《中国兵书集成》编委会编：《中国兵书集成》（第18册），北京：解放军出版社，1995年版，第683页。

九件”。对于渔兵的战斗力，时任台州知府傅梅就称赞道：“海上渔人中有才力雄杰可用者甚多，雅非官兵所及。”①

图 3－1　明代浙江渔船

来源：［明］郑若曾：《筹海图编》卷 13《经略三·兵船》，《中国兵书集成》编委会编：《中国兵书集成》（第 15－16 册），北京：解放军出版社，1995 年版，第 1221 页。

明中后期涉及浙江海洋渔船的政策主要是渔船出海许可法令与渔船形制法令。嘉靖三十二年（1553 年）八月壬寅，南直隶给事中王国桢上疏“御倭方略”，要求朝廷宽法禁，“除通番大船，及贩易接济应禁外，其捕鱼、樵采无碍海防者，编立字号，验放出入。”获得朝廷许可②。从该政策的出台我们可以看到，首先政府开始对海洋渔业生产活动进行干预。准确而言，即政府由以前对于海洋渔业发展的放任、许可向管理方向发展。其

① 周宪文主编：《郑氏史料初编》卷 2《海寇刘香残稿二》，台湾文献丛刊（第 157 种），台北：大通书局，1999 年版，第 161－163 页。

② 《明实录·世宗实录》卷 401，嘉靖三十二年八月壬寅条，台北：“中央研究院”历史语言研究所，1961 年版，第 7031－7034 页。

图 3-2　明代浙江苍船

来源：[明] 郑若曾：《筹海图编》卷 13《经略三・兵船》，《中国兵书集成》编委会编：《中国兵书集成》（第 15-16 册），北京：解放军出版社，1995 年版，第 1215 页。

次，值得关注的是，政府对海洋渔船和海洋贸易船只采取区别对待的方式，即在允许渔船下海捕鱼的同时，严禁通贩大船的下海。第三点，就是对于出海渔船必须编排号码才能出海，这种政策行为其实就是其后政府发放船照的前身，只不过这一时期还没有这一意识而已。之所以如此，应该和这一时期近海渔业发展状况有关。对船只的排号检验意味着渔船出入口岸查验政策的出现，其内容主要是看出海渔船是否获得政府的许可，其后这一政策逐步细化。如崇祯二年（1629 年）四月十八日，浙江巡抚张延登上奏朝廷，要求将浙江渔船分“近海县分有司，按船编号”，获得朝廷准许。[①] 除此之外，涉及海洋渔船的政策还包括对浙江渔船形制的限制。“嘉靖大倭寇”事件之后，时任福建兵备副使的宋仪望在剿灭倭寇后，上疏朝廷《海防善后事宜疏》，要求将浙江渔船列入海防的辅助力量，所以对浙江温州、台州、宁波等地的渔船进行整改，他认为捕黄鱼的沙船梁头可高达一丈四尺，装载三十五人[②]。这一建议获得朝廷的准许[③]。从图 3－2 中，我们可以看到当时浙江捕鱼苍船属于双桅船式。相比之下，广东福建的船制规定要严格得多：“采捕之船定以平底单桅，别以记号，违者毁之，照例问拟；则船有定式，而接济无所施矣。”[④]

在出海渔船必须编号的政策实施之后，政府对于在海上船只的规范也开始出现。万历二年（1574 年）正月乙酉，巡抚浙江都御使方弘静在《条陈海防六事》一折中就向朝廷申请将南自温台宁绍，北至乍浦、苏州等地的出海渔船编立甲首，这样不仅可以使政府准确掌握海上渔船的状况，同时也防止出海捕鱼船只与海盗相勾结。其后，方弘静的方案经兵部审议通过后在浙江实施。[⑤] 关于渔船编排保甲法令实施的具体情况，崇祯年间曾担任慈溪知县的汪伟[⑥]在《固守城图议》一文中就作了具体说明。凡是出海渔船按数字编号，一只为一号，十号为一甲。“以粉围其外，墨书其内，字大如斗。勿论货船、渔船、渡船、网船、报船，但本县军民家所有者，俱一例顺编。其出入一目了然，无号者不得混行。”对于违禁载

① ［清］计六奇撰，魏得良点校：《明季北略》卷 5，崇祯二年己巳，“张延登请申海禁”条，北京：中华书局，1984 年版，第 103－104 页。

② ［明］宋仪望：《海防善后事宜疏》，［明］陈子龙辑：《皇明经世文编》卷 362《宋督抚奏疏》，北京：中华书局，1985 年版，第 3902 页。

③ ［清］张廷玉等撰：《明史》卷 227《宋仪望》，北京：中华书局，1974 年版，第 5953－5954 页。从《明史》记载可知宋仪望的这份奏折在其担任福建兵备副使期间。由《明实录·世宗实录》卷 547，嘉靖四十四年六月丙戌条可知，当时宋仪望还在霸州兵备佥事任上，而隆庆二年，宋仪望已改四川兵备佥事。因此其担任福建兵备副使的时间当在 1565—1567 年之间。台北：“中央研究院”历史语言研究所，1961 年版，第 8836 页。

④ ［明］胡宗宪：《广福人通番当禁论》，［明］陈子龙辑：《皇明经世文编》卷 367《胡少保海防论》，北京：中华书局，1985 年版，第 2823 页。

⑤ 《明实录·神宗实录》卷 21，万历二年正月乙酉条，台北：“中央研究院”历史语言研究所，1961 年版，第 558－560 页。

⑥ 汪伟，字叔度，休宁人，寄籍上元。崇祯元年进士。十一年，由慈溪知县行取。见［清］张廷玉等撰：《明史》卷 266《汪伟》，北京：中华书局，1974 年版，第 6860 页。

米酒下海的渔船，该渔船所在甲长即拏报官。“如本甲不举，他甲举之，或为人告发，则一号十船皆官卖，以半充赏，其半充解。其犯事之人以通盗论死，枭示海上。其现役里长，扶同不举者，止减一等论，即势豪不得贷焉。”① 从政策的具体执行情况而言，基本是陆地保甲政策的翻版，不过其具体实施由以户口为基本单位的居民变为以船只为基本单位的渔民。

渔船本身的作业特点及政府对出海渔船实施的保甲政策，使明代中后期的渔业生产呈现出集体化特点，这一特征在每年的渔汛期更为明显。在渔船作业过程中，为抢夺渔业资源，渔船之间的械斗时有发生，“故海中常防劫夺。海渔船必自募久惯出海之人，以格斗则勇敢，以器械则锋利，以风涛则伙习，其时通当春天之时，其处则又倭犯苏松必经之处。”② 而在海禁松弛之时，渔船便与海盗相勾结，威胁沿海地区。曾担任南京中军都督府佥事的浙江鄞县人③万表（1498—1556 年）认为：“向来海上渔船出近洋打鱼樵柴，无敢过海通番，近因海禁渐弛，勾引番船，纷然往来海上，各认所主，承揽货物装载，或五十艘，或百余艘，成群合党，分泊各港。又各用三板草撇脚船，不可胜计，在于沿海，兼行劫掠，乱斯生矣。”④ 为了保证渔船出海作业的安全，同时也为防止其“交通内外”，政府会派水师在汛期监督渔船的海上活动。明朝嘉靖年间，江浙交界处的大羊山、淡水洋，“乃倭奴入寇必经之道，黄鱼出时，乃春汛倭至不先不后之期”。因此，“每年四月出洋时，各郡渔船大小以万计，人力则整肃，器械则犀利。唐公顺之捧敕视师，纳军门。每府鱼船若干，辅以兵船若干，相须而行，协力而战”⑤。

在明中后期，江浙水师的海上巡防都会考虑到沿海的渔汛作业，其海上防卫的效果，不仅关系到渔业作业的安全，也关系到海上防御体系本

① ［清］杨泰亨等：《慈溪县志》卷十三《经政二·海防》，《中国方志丛书·华中地方（第213号）》，台北：成文出版社有限公司，1975 年版，第 312 页。

② ［清］顾炎武撰：《天下郡国利病书》第六册《苏松》，《续修四库全书》（第595 册），上海：上海古籍出版社，2002 年版，第 757 页。

③ 另一说万表为安徽定远人。关于万表的籍贯，可参见龚延明、祖慧著：《鄞县进士录》，杭州：浙江古籍出版社，2010 年版，第 567－568 页。

④ ［清］顾炎武撰：《天下郡国利病书》第二十二册《浙江下》，《续修四库全书》（第 597 册），上海：上海古籍出版社，2002 年版，第 43 页。

⑤ ［清］顾炎武撰：《天下郡国利病书》第六册《苏松》，《续修四库全书》（第595 册），上海：上海古籍出版社，2002 年版，第 759 页。

身。如果水师不能有效保护渔船安全，当海上入侵者控制出海渔船后，其对政府海上防卫安全的冲击是致命的。明末清初时期的顾炎武在其著作《天下郡国利病书》中即以浙江沿海为例对保护渔业的重要性做了细致的分析。“浦海中有山，至下八山为极远，此外则茫洋无山矣”，每当海寇入侵浙江，必须先到“八山之尽陈钱壁下山”获取淡水后，等待季风变化，然后流窜浙江沿海劫掠。以前大多数时期的巡海兵船，畏惧大海中的风浪危险，常常只停留在八山内港，不敢外出巡查。这就使得每年黄鱼汛生发之时，“各府渔舡，俱聚八山相近内洋下网，遂致倭贼抄掠人船，引劫各处”。为此，隆庆三年（1569 年），军门谷公中卢设立游哨兵船，委任把总一员，“直哨壁下等洋，遇贼即剿，然后内港无虞”。对于这一应对方式，顾炎武指出，如果八山没有巡逻的流动兵船，一旦倭寇掳掠“渔樵人船，扬帆止鳖子门，再驱土人驾使入江，为害不小。虽有绍、嘉二区防范兵船，然遇雾雨黑夜，咫尺难辨，海洋辽阔，深有可虞。”① 茫茫大海上，在严厉的海禁法令下能提供情报和补给的船只就只有出海捕鱼的船只了。而政府要有效保证海洋安全，就首先要保证渔民出海捕鱼的安全。

第二节　浙江海洋渔业政策独立演进因素分析

浙江海洋渔业政策从生成到独立演进的过程，是各种内外部因素共同作用的结果。明初的海防压力与海禁政策使得这一时期的海洋渔业政策无法独立发展，而当这些外部因素消失后，浙江海洋渔业政策的独立演进就成为必然，而讨论这一变化的原因就是本节所要关注的问题。海防压力与海洋渔业经济发展的惯性是渔业政策变革不可忽视的重要因素，在这两个因素中间哪一个更能决定渔业政策的走向，或者说决定渔业政策变革的首要因素是什么？对于这个问题我们需要借助特殊的案例来进行深入的分析。在政策变革过程中，明清鼎革的政治变动毫无疑问地打破了浙江海洋渔业政策演进的自然路径。因此，分析这一时期政策变革的走向及其影响因素，可以让我们更加深入地了解决定海洋渔业政策走向的根本原因。

---

① ［清］顾炎武撰：《天下郡国利病书》第二十一册《浙江上》，《续修四库全书》（第 597 册），上海：上海古籍出版社，2002 年版，第 1－2 页。

一、浙江海洋渔业政策独立演进因素分析

明代浙江海洋渔业政策的变化有两个比较明显的阶段，一个是从依附海防与海禁政策到独立演进的转变，另一个是在抗倭过程中浙江海洋渔业政策从放任到逐步重视的转变。分析这两个时期政策转变的条件与原因，可以让我们更加合理地去理解浙江海洋渔业政策早期演变的路径。

1. 明初海洋政策生成因素分析

元朝末年，方国珍、张士诚分踞温、台、宁、绍诸郡并濒海岛屿。至正二十七年（1367 年）十二月丁未，方国珍向朱元璋投降[①]，其余党逃踞近洋海岛，纠集日本海盗掠夺中国沿海[②]，使得沿岸郡县居民屡受其苦。据《明洪武年间倭寇入侵情况表》推算，洪武年间倭寇入侵有 44 次之多，平均每年约 1.42 次，其中洪武二年（1369 年）到洪武七年（1374 年），倭寇入侵就达 27 次，平均每年 5.4 次。洪武年间倭寇入侵沿海最为严重的地区分别为浙江（16 次）、山东（9 次）[③]。同时，在中国北方，明军攻占元大都只是标志元朝的终结，却不能表明新王朝在北部边防问题上就可以高枕无忧。早在徐达率北伐大军直指元都时，明太祖曾曰："元运衰矣，行自澌灭，不烦穷兵。出塞之后，固守封疆，防其侵轶可也。"徐达顿首受命[④]。元顺帝仓皇自大都出逃蒙古，明太祖虽屡屡调兵征伐，但是欲靖不能。从此，明代北部边防成为有明一代国防的重点，明初"重兵之镇，唯在北方"[⑤]。而明代初期的海禁与海防政策就是在这一形势下出台的。

面对南倭北虏的严峻边防形势，政府实行了南守北攻的国防策略。朱元璋对东南沿海实行的防守政策，是建立在客观现实的基础之上的。这一政策的出台，其实是中日关于海防利益的一次博弈。不过在这场博弈当中，明政府是处于被动局面的。我们把当时中日两国政府的策略分为进攻和防守，通过不同的策略选择，会有不同的收益结果（见表 3－2）。

① ［清］张廷玉等：《明史》卷 1《太祖一》，北京：中华书局，1974 年版，第 16 页。
② ［清］张廷玉等：《明史》卷 322《日本》，北京：中华书局，1974 年版，第 8341 页。
③ 范中义，仝晰纲著：《明代倭寇史略》，北京：中华书局，2004 年版，第 18 页。
④ ［清］张廷玉等：《明史》卷 125《徐达传》，北京：中华书局，1974 年版，第 3727 页。
⑤ ［明］余继登：《典故纪闻》卷 3，北京：中华书局，1981 年版，第 50 页。

表3－2　中日海防策略收益矩阵

		日本	
		进攻（A）	防守（D）
中国	进攻（A）	0，5	0，0
	防守（D）	5，5	10，0

对中国来讲，进攻日本是不现实的，元朝的前车之鉴，使明朝初期在海洋奉行和平政策，虽一再受到日本侵扰，但朱元璋仍然没有轻举妄动。就日本而言，这一时期正是足利尊氏和后醍醐天皇两个政权对立的“南北时代”（1336—1392年），大批武士在内战中破产，唯有通过劫掠中国为生。日本的分裂使其无法奉行和平政策。两个国家海洋政策的对比即显现出来。在这场海洋利益的博弈当中，中国和日本都有最优化的选择，那就是日本的进攻与中国的防守。因此，在处理东南海防问题时政府出台了一系列的防守政策。

可见，早期海禁与海防政策的出台，主要是针对当时严峻的海洋形势。不过值得我们关注的是，在明初的100多年时间里，这一政策基本得到了有效的实施。作为海禁政策最主要内容的禁止船只下海从事贸易活动，其替代品就是国家管制之下的朝贡贸易，这极大地缓和了当时浙江沿海区域对于海外贸易的需求。而海洋渔业活动的禁止却没有合适的释放渠道，除了替朝廷上贡的捕鱼活动外，其他出海从事海洋渔业生产的渔船都是禁止下海的。对于沿海渔民而言，这种情况是不可想象的。唯一可以解释的就是当时在东南沿海，大量的渔民已经被纳入到海防体系当中，作为军队的一部分驻扎在沿海各防御水寨。规模性的海洋捕鱼活动在这一时期其实是不存在的。但是，海洋渔业活动的禁止并不意味着海洋渔业产业的消失。除了违禁下海捕鱼现象的存在外，在浅水区（即距离海岸线20米范围内的潮间带）的海洋采集与捕鱼现象仍旧存在。从事海洋渔业生产群体（大部分已纳入到沿海军队的管辖下）的人为减少，使得海洋渔业经济活动的总量并不是很大。不过这也与当时的沿海经济发展相适应，经历战乱之后的江浙区域，海洋渔业消费市场在这一时期并不繁荣，这也从另一个方面限制了海洋渔业生产活动。

从明初依附性的海洋渔业政策来看，其产生的根本原因是这一时期海防冲突所造成的压力，同时战乱所造成的海洋渔业消费市场的萎缩是这一政策在很长时间得以执行的重要原因。而当这两个因素消失后，海洋渔业政策的变化也在理所当然之中。

永乐年间中日关系的正常化及朝贡贸易的开展，极大地缓和了紧张的中日关系以及海防压力，而日本这一时期国内的统一也促使了对华贸易的迫切要求。明朝前期的中日朝贡贸易，是以日方携带贸易产品前来中国“朝贡”的形式进行的。初期贸易船队由幕府直接经营，其后又加入其他地方势力，但勘合的保管和发放权仍在幕府手中。到后期，贸易则演变成大名垄断、商人承包经营的形式进行，勘合逐渐由大名掌握。日本贸易船队前期多从兵库出发，经过濑户内海，在博德暂停，或直接从博德出发，驶到肥前的五岛一带，等候春汛或秋汛，然后横渡中国东海，直驶宁波。如顺风，五天五夜便可到中国的普陀山；若不顺风，半个月也可抵达宁波①。尽管其后日本开通了新的“南海路”前往中国，但目的地都是宁波港。偶有在海上偏离航线在中国其他沿海登陆的日本船只，最终都在中国当地政府的帮助下，前往宁波进行报关交易。其携带的贸易产品，除部分由政府以市价收购外，其余则在浙江宁波市舶司的监管下，在宁波港或北京会同馆与中国商人交易。这种特殊的贸易方式使得中日双方在一定程度上实现了互通有无，并极大地推动了浙江海洋经济的发展。与永乐年间相比，宣德年间之后的朝贡贸易已经有衰落的迹象，其弊端逐渐显现出来。但私人海上贸易的兴起填补了这一空缺，民间走私贸易的发达，带来了沿海社会经济的极大繁荣。中日关系的正常化与海洋经济的发展，使得政府对海洋渔业的解禁成为必然。其突破口首先在政府特供的产品。

自唐朝开始，浙江地区每年要给朝廷上贡海鲜，这一岁贡在明朝仍然保留了下来，为了保证皇室供需，地方政府势必同意合法渔船下海捕鱼。当由地方政府来决定谁可以下海捕鱼的时候，权力的寻租就存在可能性。这时，沿海居民就会通过贿赂的方式获得下海捕鱼的合法凭证。而此时地方海禁督察官员在具体执行过程中会出现两个极端，要么仍旧严加限制，要么大开方便之门。对于前者，备倭中军都督府都督佥事翁绍宗由于“不

① ［明］李延恭等：《日本考》，北京：中华书局，1983 年版，第 68 页。

许渔船越境出海，又令官军擒拏，以致不得采捕”，导致岁贡无法完成，结果受到皇帝申斥并“罚俸一年”。[①]而大部分沿海巡查官员在渔禁问题上敷衍了事，胆大妄为者则借此收受贿赂。“沿海灶丁，假以采办，私造大船，违禁下海。始则取鱼，继则接济，甚则通番。”[②] 违禁下海捕鱼的主体不仅包括沿海平民，还有属于执法部门的沿海军户。与此同时，政府对于沿海渔民的态度也有所转变。弘治十一年（1498年）政府默认了渔船近海捕鱼的事实。嘉靖四年（1525年）八月甲辰颁布的有关查处闽浙私自下海双桅大船的海禁条例中，朝廷特别指明不包括渔船。[③] 至此，浙江海洋渔业活动的禁令被彻底取消。不过值得注意的是，在此之间，远海渔业生产已经达到一定规模，因为从该禁令中我们可以推断，当时已经出现了双桅渔船，而这一形制的渔船是可以从事远海渔业生产的。

从政府对海洋渔业生产的解禁来看，海防压力的弱化与消失是其外部因素。这一时期，在中日政府的合作下，很少有倭寇在中国沿海骚扰，而这一时期中国政局的稳定使得海盗活动也得到有效的抑制。与此同时，浙江沿海经济的恢复与发展，海产品消费市场也逐渐扩大，在不影响海防安全的前提下，沿海各地方政府对于违禁下海捕鱼的行为已经习以为常，更有甚者，则直接参与到海洋渔业经济活动当中。经济活动中需求与供给理论的现实，则自下而上地逐渐推动国家海洋渔业政策的转变。嘉靖初期对于私人海洋渔业的解禁远早于政府对私人海洋贸易活动的松动。对于这些出海捕鱼的船只，政府该如何管理？尤其是当这些渔船纷纷从事走私贸易活动时，政府该如何去应对？

2. 海洋渔业政策独立演进因素分析

明代中期政府对海洋渔业的解禁以及仍旧维持对私人海上贸易的打压态度对当时东南省份尤其是浙江海洋经济发展的影响是非常严重的。

作为朝贡贸易的补充，中日私人海上贸易也一直同时存在。日本贡舶

---

① 《明实录·英宗实录》卷293，天顺二年秋七月甲寅条，台北：“中央研究院”历史语言研究所，1961年版，第6268页。

② ［明］胡宗宪：《筹海图编》卷11《经略一·叙寇原》，《文渊阁四库全书》（第584册），台北：台湾商务印书馆，1983年版，第280页。

③ 《明实录·世宗实录》卷54，嘉靖四年八月甲辰条，台北：“中央研究院”历史语言研究所，1961年版，第1332－1333页。

在抵达宁波港之前，通常都会在舟山一带岛屿稍作停留，以便与中国私商进行交易。在贡舶进入宁波后，日本商人常常会在宁波与北京往返途中进行违规交易。这种不被官方认可的交易方式，使得日本商人经常会因为中国商人推迟偿付货款而无法按期归国，而且这种情况并非个案①。另外，就日本而言，其割据一方的封建领主和商人随着政治势力的扩张与商业资本的积累，逐渐频繁组织私人贸易商船队，独自前往浙江沿海进行贸易。他们有的在宁波外海直接同中国的走私商人进行秘密交易，有的打着贡舶的幌子进入宁波港从事商业交易。在政府主导朝贡贸易逐渐式微的情况下，中日海上走私贸易仍然选择宁波港作为交易港口，除了交易双方对宁波走私贸易的熟知外，更加关注的是宁波港所紧靠的经济腹地。作为宁波港进出口货物集散的直接腹地，即由宁波、绍兴、杭州、嘉兴、苏州、松江、常州、镇江、江宁、太仓这十府一州组成的江南地区，从宋元时代起就是中国经济最发达的地区。入明以后，特别是从明中期开始，该地区的农业、手工业出现强劲的商品化趋势，商品经济加速发展，大批工商业市镇相继形成。随着社会分工的不断扩大，蚕桑、丝绸、棉花、棉布、陶瓷、铁器、书籍等商品的数量迅速增加，市场容量日益扩大。江南地区商品经济的快速发展，为以宁波舟山群岛为中心的私人海上贸易的繁荣兴盛提供了强大的物质基础。就日本而言，其最受欢迎且需求最大的进口商品，大多都可以从与宁波相连的经济腹地购得。而日本销往中国的产品，在江南地区有着强大的消费市场。

嘉靖元年（1522 年）的“西草湾之战”导致葡萄牙力图打开与中国官方贸易渠道努力的失败。但由于对华贸易的高额利润，他们把注意力转向更北面的沿海省份福建和浙江②。而两省地方官员无论是出于经济利益还是社会稳定的原因，在初期都默许了这一活动的存在。嘉靖五年（1526 年），在闽人邓獠的引导下，葡萄牙海商来到宁波外海的双屿港从事走私贸易。以此为契机，中国海上走私贸易的重心开始向浙东沿海转移，双屿港随之在众多海商私泊锚地中脱颖而出，逐渐成为中国、日本、葡萄牙和

---

① ［明］朱纨：《甓余杂记》卷 2《章疏一·哨报夷船事》，《四库全书存目丛书（集部第 78 册）》，济南：齐鲁书社，1997 年版，第 35 页。

② ［英］C. R. 博克舍编著，何高济译：《十六世纪中国南部行记》序言，北京：中华书局，1990 年版，第 4 页。

南海诸国走私商人的共同居留地及东亚最重要的私人海上贸易基地[①]。嘉靖二十二年（1543年）八月，葡萄牙人在王直的引导下，直接与日本开展贸易。[②] 此后，葡萄牙人经过双屿港与日本商人的贸易活动日渐增多，每年葡萄牙商人都要从双屿港前往日本萨摩、大隅、丰后、日向、平户等港贸易。[③] 嘉靖二十六年（1547年），胡霖招引日本商人前来双屿港，其后林剪等亦从马来半岛的彭亨将70多艘商船领到双屿港。至此，以浙东双屿港为主要中转基地的中、日、欧三角贸易圈初步形成。欧洲的银币、葡萄酒，东南亚的胡椒、香料，中国的生丝、丝绸、瓷器，日本的银、铜，都在此处交汇流通，商品贸易的品种、数量增加，质量提升。这在浙江乃至中国贸易史上都是前所未有的。

国际贸易对浙江沿海商品的需求不仅极大地提高了浙江海产品消费市场的规模，还刺激大量渔民下海从事违禁商业贸易，因为在嘉靖初年的政策规定中，除了渔船外，其他私人商贸船只是不允许出海贸易的。既然嘉靖朝对渔船的管理仅仅是编号征税，那么当私人海上贸易被禁止的情况下，渔船完全有可能充当商船的角色，与外商进行贸易。为了高额利润，许多人不惜冒着被杀头的风险，违禁出海贸易，更不用说合法出海捕鱼的船只，再加上渔船的载重和大小在这一时期并未受到限制，出海渔船具有远洋运输能力。这一系列条件，使浙江出海捕鱼船的商船功能大大增加。当时浙江的私人海上贸易已达到相当大的规模。时任礼部尚书、宁波人张邦奇（1484—1544年）在欢送宁波市舶提举司陈克宽任满赴京考绩时，就说“每岁孟夏以后，大舶数百艘，乘风挂帆，蔽大洋而下，而温、台、汀、漳之处，海贾往往相追逐，出入蛟门”。[④] 因此在浙江沿海贸易鼎盛时期，渔船出洋往往搭载违禁商品，不仅为违禁下海商船和外商提供生活用品，有时候还直接参与外贸交易。嘉靖二十七年（1548年）朱纨担任浙江巡抚后，就发现了这些问题，为此他加大监管力度，统一管理渔船，征收

---

① 王慕民：《海禁抑商与嘉靖“倭乱”——明代浙江私人海外贸易的兴衰》，北京：海洋出版社，2011年版，第118－119页。

② ［日］北村勇泽：《中世近世日欧交涉史》（上册），东京：现代思潮社，1981年版，第26页。

③ 郑彭年：《日本西方文化摄取史》，杭州：杭州大学出版社，1996年版，第15页。

④ ［明］张邦奇：《西亭饯别诗序》，［明］陈子龙辑：《皇明经世文编》卷147《张文定甬川集》，北京：中华书局，1985年版，第1465页。

渔税，严格控制渔民下海。[1] 同时将二桅以上船只全部销毁或者纳入国家控制之下。作为浙江历史上的第一任巡抚，朱纨这些政策的出台，不仅表明地方政府旨在防范渔船违禁出海贸易，也是着手探索管理海洋渔业的开端。此后，浙江地方政府根据本省情况出台更多的渔业政策，条陈朝廷后加以实施，随着浙、闽、广巡抚的设置，东南三省海洋渔业政策的差异性初步显现出来。

朱纨死后，朝廷罢巡视大臣，中外摇手不敢言海禁。嘉靖三十年（1551 年）四月，浙江巡按御史董威、宿应参上书朝廷，请宽海禁。此时的兵部尚书赵锦也是余姚人，自然支持，世宗也同意。“自是，舶主、土豪益自喜，为奸日甚，官司莫敢禁。”[2] 至此，朱纨对浙江海洋渔船的管制法令亦随之失效。地方政府大员的失势导致海洋渔业政策的变化，是浙江海洋渔业政策演进的一个风向标。

综观整个嘉靖朝对于海洋政策的争执，大多数分歧都是对于海洋贸易开与禁的不同态度。自朱纨之后，历任浙江主政官员对于海洋贸易的态度决定了海禁政策的实施。尽管朱纨死后浙江的私人海上贸易已经合法化，但是浙江沿海海防形势并未得到根本扭转。自朱纨主政东南强化海洋秩序的同时，西北边防局势日趋糜烂。嘉靖二十九年（1550 年）的“庚戌之变”使得朝廷不得不将更多的精力放在北方。而与此同时，日本国内的分裂日趋严重。这一时期中国的海防形势几乎是明初的翻版。但政府对海洋贸易的态度却与明初不同，海禁政策在朝廷受到广泛质疑。在整个抗倭过程中，地方政府对于私人海洋贸易的态度导致海禁政策不断变化。从胡宗宪所编《筹海图编》中朝廷大臣的奏章建议中可看出，中央地方各级官员对于是否开放私人海上贸易争得面红耳赤，但对沿海渔业却鲜有讨论。那么是什么原因使得各级官员对海洋渔业的态度如此一致？

嘉靖三十年（1551 年）对海禁政策的松绑，使更多的渔民加入利润更高的海上走私行业，大量渔业人口向商业人口转换。当嘉靖三十一年

---

① ［明］朱纨：《甓余杂记》卷 8《公移二（福建浙江提督军务行）·军务事（嘉靖二十七年四月十四日）》，《四库全书存目丛书·集部》（第 78 册），济南：齐鲁书社，1997 年版，第 213 页。

② ［清］谷应泰：《明史纪事本末》卷 55《沿海倭乱》，北京：中华书局，1977 年版，第 847 页。

(1552 年) 四月海寇大举进犯东南沿海的时候，沿海渔民面临一个选择。私人海上贸易一直是国家明令禁止的，海寇的大举侵犯可以说是民间对这一政策的极端化应对。但是渔业不同，从嘉靖初期开始，政府已经全面放开渔禁，浙江沿海居民无论近海还是远洋捕鱼作业都是受到政府保护的。虽然与私人海商的交易使渔民能获得经济上的收入，但是当夹杂日本浪人的海商掠夺东南沿海财富和人口时，正常的渔业生产也被迫中断。宋仪望在上奏朝廷的《海防善后事宜疏》一折中，非常细致地分析了当时海防形势的变化及渔民对倭寇的态度。他指出，以往海寇劫掠只为谋取财物，但当倭寇侵犯沿海陆地之后，形势开始发生变化。“自倭寇内犯，前后截杀死伤，物故亦略相同。诇知彼中部落既乱，地多荒芜，顷年倭奴窃犯浙直，利在抢捕渔人。归至彼中，货取厚利，以供耕种。”从中我们可以看到，倭寇对于沿海的掠夺已经从财物开始向掠夺人口转变。这些被掳掠的人口中，大多是出海捕鱼的沿海居民。“夫捕鱼之人皆浙人也，身既在彼，心则无日不在父母妻子”。除了以抢劫为生的倭寇外，其中参与的中国人，相当一部分是被胁迫的，而沿海渔民在其中占了相当大的比例。[①] 因此，在“嘉靖大倭寇”的近十年里，东南沿海渔民站在了政府一边，这从大量沿海渔民主动参与搜集海上情报的活动中即可体现出来。站在政府的角度，面临海上侵犯，首先需要动员的就是对海洋环境非常熟悉的渔民。因此将渔民纳入海防体系成为东南沿海各省的相同选择，事实也证明由渔民组成的海上军事力量在抗击入侵当中的作用是不可忽视的。因此，政府出台了专门将渔民纳入军事体系中的渔兵法令，这些内容在戚继光的《纪效新书》中可以看到。基于这一基础，在抗击入侵期间，政府对渔民和海商的态度截然不同。

另一方面，随着社会稳定和人口增长，滨海之人对海鲜的需要越来越多。而浙江地处海洋贸易的核心区域，其经济发展状况以及海洋渔业禁令的全面解除，使得嘉靖年间海洋渔业经济呈爆炸式发展，这从嘉靖年间浙江海洋渔业税收的变化就可以看出。

与宋元时期相比，明朝浙江沿海府县上贡海味的种类大大增加。从上

① ［明］宋仪望：《海防善后事宜疏》，［明］陈子龙辑：《皇明经世文编》卷 362《宋督抚奏疏》，北京：中华书局，1985 年版，第 3900 页。

贡海产品种类看，浙江沿海渔民对海洋生物的捕捞不仅仅有鱼类和蟹类，还有大量的海生植物（见表3－3至表3－5），可见这一时期的海洋渔业已经由近海逐渐向远洋发展。“每遇捕黄鱼之月，巨艘数千”①。同时海产品保鲜方式增加了酱制。另一方面，嘉靖年间浙江海洋鱼课米（钞）的税额较明初有了非常高的增长（见表3－6），且其总数已经非常庞大（见表3－7、表3－8），从中可以看到这一时期海洋渔业生产规模已经非常惊人。仅浙江宁波一地，“定海、奉、象一带，贫民以海为生，荡小舟至陈钱、下八山取壳肉、紫菜者，不啻万计”。②

表3－3　明嘉靖年间（1522—1566年）宁波府沿海各县岁贡

府　县	岁　进
宁波府	泥螺、紫菜、鹿角菜、蚶子、酱蚶子、酱蝤蛑、鮸鱼、银鱼、鲳鱼、鲻鱼、跳鲻鱼、鲈鱼、鳗鱼、海鲫鱼、龙头鱼、墨鱼干
鄞　县	泥螺、紫菜、虾米、鹿角菜、墨鱼干
慈溪县	鮸鱼、鲻鱼、泥螺、虾米
奉化县	蚶子、螟干、鮸鱼、鳗鱼、海鲫鱼、跳鲻鱼*
定海县	虾米、泥螺、紫菜、龙头鱼、鮸鱼、鲻鱼、酱蝤蛑
象山县	虾米、泥螺、鮸鱼、鲻鱼、鲈鱼、海鲫鱼、龙头鱼

注：*《光绪奉化县志》有九项，其余三项为银鱼、鲈鱼、鲳鱼。见［清］李前泮修、张美翊纂：《光绪奉化县志》卷7《田赋》，中国方志丛书，台北：成文出版社有限公司，1975年版，第372页。

资料来源：［明］张时彻纂修：《嘉靖宁波府志》卷12《物产·贡赋》，嘉靖三十九年（1560年）刻本，第14页。

---

①［明］王忬：《计开》，［明］陈子龙辑：《皇明经世文编》卷283《王司马奏疏》，北京：中华书局，1985年版，第2997页。

②［明］唐枢：《倭寇论》，［明］陈子龙辑：《皇明经世文编》卷270《御倭杂着》，北京：中华书局，1985年版，第2857页。

表 3-4　明代台州府沿海各县岁贡

府　县	岁　进
太平县	石首鱼、鲻鱼、鳗鱼、鮸鱼、鲈鱼、黄鲭鱼、龙头鱼、海鲭鱼、银鱼、虾米、泥螺、水母线、螟干、白蟹、蚶
黄岩县	石首鱼、鲵鱼、鲻鱼、鲈鱼、螟干、白蟹、泥螺

资料来源：［明］海峰，叶良佩纂修：《嘉靖太平县志》卷3《食货志·贡赋》，天一阁藏明代方志选刊，上海：上海古籍书店，1963年版，第24-25页。［明］袁应祺撰：《万历黄岩县志》卷3《食货志·贡赋》，天一阁藏明代方志选刊，上海：上海古籍书店，1963年版，第6页。

表 3-5　明弘治年间（1488—1505年）温州府沿海各县岁贡

府　县	岁　进
温州府	石首鱼、龙头鱼、鳘鱼、鲈鱼、黄鲫鱼、鲻鱼、鳗鱼、虾米、蟀蛸、壳菜、石发菜、水母线*
永嘉县	石首鱼、水母线、虾米、鲻鱼、蟀蛸、壳菜、龟脚
瑞安县	石首鱼、鳘鱼、鲈鱼、虾米、鳗鱼、鲻鱼、水母线、黄鲫鱼
乐清县	水母线、石首鱼、鳘鱼、鲈鱼、鲻鱼、黄鲫鱼、石发菜、虾米、龟脚、蟀蛸**
平阳县	龙头鱼、石首鱼、虾米、鳗鱼、鳘鱼

注：*为嘉靖年间数据。见［明］张孚敬纂修：《嘉靖温州府志》卷3《贡赋》，天一阁藏明代方志选刊，上海：上海古籍书店，1964年版，第1页。

** 永乐年间（1403—1421年）乐清上供海鲜还要有鳗鱼和壳菜。见《永乐乐清县志》卷3《贡赋》，天一阁藏明代方志选刊，上海：上海古籍书店，1964年版，第12页。

资料来源：［明］王瓒、蔡芳编纂，胡珠生校注：《弘治温州府志》卷7《版籍·土贡》，温州文献丛书，上海：上海社会科学院出版社，2006年版，第129-130页。

表 3-6　明代台州府黄岩县鱼课

时　间	鱼课米	鱼课钞
永乐年间（1403—1421年）	税课局带办渔米八十三石五斗六升	河泊所岁课钞二百九十六锭六百文
嘉靖年间（1522—1566年）	鱼课米九十六石三斗六升三合四勺，钞六十六锭二贯三百五十文	河泊所该办米七十五石八斗四升，钞六百四锭五百七十五文

资料来源：［明］袁应祺撰：《万历黄岩县志》卷3《食货志·课程》，天一阁藏明代方志选刊，上海：上海古籍书店，1963年版，第12页。

表 3-7　明嘉靖年间（1522—1566 年）宁波府沿海各县鱼课

府县	数额
宁波府在城河泊所	额征无闰课钞三千二百四十锭三贯九百四十文，该银三十二两四钱七厘八毫八丝*。有闰课钞三千八百八十四锭七百四十七文，该银三十八两八钱四分一厘四毫九丝四忽。本府税课司带管该纳钞价岁于甬东隅咸鲜鱼铺户办解
鄞县河泊所	额征无闰课钞课钞一千一百七十一锭一贯六百一十文，该银一十一两七钱一分三厘三毫二丝，有闰课钞一千二百六十八锭四贯六百六十文，该银十二两六钱八分九厘三毫二丝。里甲内征派
慈溪县河泊所	额征无闰课钞七百七十八锭一贯三百四十文，该银七两七钱八分二厘六毫八丝。有闰课钞八百二十四锭一贯七十文，该银八两二钱四分四厘一毫四丝。鱼船户办解
慈溪县带管河泊所	额征无闰课钞九百三十三锭四贯九十文，该银九两三钱三分八厘一毫八丝。有闰课钞一千八十一锭一贯五百五十文，该银一十两八钱一分三厘一毫八丝。每年编巡栏一名役银包纳
奉化县河泊所	额征无闰课钞三百二锭三贯八百九十文，该银三两二分七厘七毫八丝。有闰课钞三百二十四锭二贯六百三十文，该银三两二钱四分五厘二毫六丝。鱼船户办解
奉化县带办税课局	黄鱼课钞四百二十八锭，折银四两二钱八分**
定海县带管河泊所	额征无闰课钞二百四十三锭四贯六百文，该银二两四钱三分九厘二毫。有闰课钞二百八十一锭一贯六百八十三文，该银二两八钱一分三厘三毫六丝。里甲丁田内征解

注：* 每锭折银一分①。

** ［明］张时彻纂修：《嘉靖宁波府志》卷 12《物产·杂办》，嘉靖三十九年（1560 年）刻本，第 23 页。

资料来源：［明］张时彻纂修：《嘉靖宁波府志》卷 12《物产·额征》，嘉靖三十九年（1560 年）刻本，第 34－37 页。

① ［明］张时彻纂修：《嘉靖宁波府志》卷 12《物产·杂办》，嘉靖三十九年（1560 年）刻本，第 23 页。

表 3－8　明嘉靖年间（1522—1566 年）温州府沿海各县鱼课

府　县	数　额*
温州府	鱼课米二千六百二十有一石九斗九升八合
永嘉县	河泊所鱼课米五百十有五石一斗五升八勺
瑞安县	河泊所鱼课米一千六十二石九斗七升
平阳县	河泊所鱼课米一千四十三石八斗七升
泰顺县	河泊所课程钞二千五百五十二锭一贯二百八十文，铜钱二万五千五百二十三文

注：*《嘉靖温州府志》中各县税课司课程钞没有单列鱼课项，所以无法统计。

资料来源：［明］张孚敬纂修：《嘉靖温州府志》卷 3《贡赋》，天一阁藏明代方志选刊，上海：上海古籍书店，1964 年版，第 2－5 页。

浙江海洋渔业发展规模的扩大，使得在面临倭寇侵扰非常严重的嘉靖朝十分为难。如果政府禁止沿海渔民捕鱼，只会使沿海居民生计无着，最终驱使更多的人入海为寇。而相比被掳掠的人群，这批因生计无着的渔民所带来的破坏力是不可想象的。相较日本倭寇，这批人群更加熟悉中国沿海的地理环境与海防分布。关于这点，凡是参与浙江沿海围剿海寇的官员基本都有一个清醒的认识。嘉靖三十一年（1552 年）开始担任巡视浙江都御史的王忬在《计开》一折中就指出正常的渔业生产活动对于滨海之民的重要性。“百八十年以来，海滨之民生齿蕃息，全靠渔樵为活”。人口压力对海洋渔业的依赖，使得即使是违禁的出海捕鱼行为也很难去禁止。“议者每欲绝之，而势有难行，情亦不忍也”①。仅以舟山岛的发展为例，曾担任浙直总督的胡宗宪就指出其岛民对于海洋渔业的依赖性。“若定海之舟山，又非普陀诸山之比，其地则故县治也。其中为里者四，为澳者八十三，五谷之饶，鱼盐之利，可以食数万众，不待取给于外。”② 浙江沿海渔业发展的这种情况使得政府在处理的过程中一直处于两难的局面。“温、台、宁波沿海居民，以捕鱼为生，禁之则虑他变，纵之则岁为倭寇虏

① ［明］王忬：《计开》，［明］陈子龙辑：《皇明经世文编》卷 283《王司马奏疏》，北京：中华书局，1985 年版，第 2997 页。

② ［明］胡宗宪：《舟山论》，［明］陈子龙辑：《皇明经世文编》卷 267《胡少保海防论》，北京：中华书局，1985 年版，第 2826 页。

掠。"① 从时人宋仪望的分析来看，政府所担心的并不是海洋渔民本身参与海上劫掠，而是担心其在海上活动的安全，毕竟在整个抗倭过程中，浙江海洋渔民的表现还是非常正面的。

通过大量中央到地方官员的亲身考察经验，各级政府对于是否向明初那样完全禁止海洋渔业发展已经达成共识，其涉及海洋渔业法令内容的区别仅仅在于是用什么样的方法来加强对出海渔船的管理，以便在不妨碍正常渔业生产的同时保证其海洋作业的安全，增强沿海防卫体系抵御倭寇的能力。嘉靖二十九年（1550 年）二月，浙江御史董威要求朝廷"宽海禁，以便渔樵，裕国课"②。其后随着战争时间的延续，需要更多的财政资金，因此在地方奏折中，纷纷提出征收沿海渔税的观点。嘉靖三十二年（1553 年）四月丙子，巡视浙福都御使王忬条上海防事。在奏折中，他认为时下海防的废弛除了地方官员的渎职外，另一个重要原因就是海防投入所需经费的不足。而要解决这一问题，可以仿效正德年间王守仁为平定宁王朱宸濠叛乱而征收南赣盐税以助助军饷之举，建议朝廷下令地方政府对于出海渔船"尽数查报，除小者不税外，其余酌量丈尺、编立字号，量议收税，民自乐从；既可稽考出入，亦得少助军饷"。这一具有可操作性的措施获得朝廷准许和支持③。而征收渔税，势必要出台相应的渔船管理政策，以前仅仅对渔船编号、勘察违禁品的法令则明显跟不上国家需要。因此，政府出台对渔船搭载违禁品的新措施便成为当务之急，对此胡宗宪根据自己在东南沿海围剿海寇的经验提出了两点办法：①按照出海船只的制式进行管理。因为出海进行贸易的船只只有"双桅尖底，始可通番"。因此将该种类型船只销毁，而对于"采捕之船定以平底单桅，别以记号"，就可有效防止出海捕鱼船只从事远洋贸易。②稽查船只搭载物。对于出海渔船，

① ［明］宋仪望：《海防善后事宜疏》，［明］陈子龙辑：《皇明经世文编》卷 362《宋督抚奏疏》，北京：中华书局，1985 年版，第 3901 页。

② ［明］涂山辑：《新刻明政统宗》卷 26，嘉靖二十九年二月，万历刻本，四库禁毁书丛刊，北京出版社，2000 年版，转引自李庆新：《明代海外贸易制度》，社会科学文献出版社，2007 年版，第 274 页。另一说为嘉靖三十年夏四月，"浙江巡按御史董威、宿应参前后请宽海禁。下兵部尚书赵锦覆议，从之。"见［清］谷应泰：《明史纪事本末（第三册）》卷 55《沿海倭乱》，北京：中华书局，1977 年版，第 846 页。

③ ［明］王忬：《计开》，［明］陈子龙辑：《皇明经世文编》卷 283《王司马奏疏》，北京：中华书局，1985 年版，第 2997 页。《明实录·世宗实录》卷 397，嘉靖三十二年四月丙子条，台北："中央研究院"历史语言研究所，1961 年版，第 6973－6974 页。

沿海官兵要严格盘查其除捕鱼所需的米与淡水之外，“有无违禁器物乎？其回也，鱼虾之外，有无贩载番货乎？有之，即照例问拟；则载有定限，而接济无所容矣”①。

胡宗宪提出的第一个方案，主要是根据福建和广东的情形。出于海防需要，就浙江而言，对其船式是没有太大的限定。这其中的主要原因就是除了当时出海贸易从事远洋贸易的船只主要以福建地区为主外，这一时期浙江沿海的捕鱼船只主要是从事近海捕捞，船只的制式直接限制其很少从事远洋贸易。而对于第二种方案在隆庆开海后也没有实施的必要性。正因为如此，万历二年（1574 年）正月乙酉，巡抚浙江都御使方弘静在“条陈海防六事”中向朝廷提出的管制渔船的办法也仅仅是将浙江沿海渔民按船只编立甲首而已②。就整个明朝而言，浙江的渔船管理政策仍然没有系统的规定。

持续十余年的“嘉靖大倭寇”给东南沿海社会带来无尽的灾难。如果说时人在这场人为的灾难面前有所获得的话，那就是政府顺应了时代的发展潮流，开放了私人海上贸易，虽然这一开放仍然是有限的。就海洋渔业政策建设而言，在此后的 100 多年间，虽然政府仍要面对日本“倭寇”和东南海寇的侵扰，但是各级政府乃至整个沿海社会对于海洋渔业的开放态度是不言而喻的。针对海洋渔业的单独法令与条例也在这些海防危机中发轫并逐渐成长。

二、明清鼎革时期浙江海洋渔业政策的演进

通过分析浙江海洋渔业政策从依附到独立演进的过程中我们可以发现，推动这一时期浙江海洋渔业政策生成与独立演进的因素只要有两个：中国海防压力的波动与海洋渔业发展。明初江浙沿海的倭患与海寇是政府出台包括渔业等方面的全方位海禁与海防政策主要动因，之所以这一时期海洋渔业基本能被有效禁止，一个非常重要的原因就是这一时期沿海居民对于海洋渔业的依赖度还不够高，换句话而言就是明代初期浙江海洋渔业

---

① ［明］胡宗宪：《广福人通番当禁论》，［明］陈子龙辑：《皇明经世文编》卷 267《胡少保海防论》，北京：中华书局，1985 年版，第 2823 页。

② 《明实录·神宗实录》卷 21，万历二年正月乙酉条，台北：“中央研究院”历史语言研究所，1961 年版，第 558－560 页。

经济总体规模仍旧比较小，即使禁止也不会影响区域社会的稳定。而当海洋渔业发展到一定程度，相当一部分沿海居民需要靠打鱼为生的时候，对海洋渔业的禁止法令就很难有效实施下去。而海洋渔业发展又与其所在区域腹地的经济发展和地理因素有密切联系。经济发展意味着更加庞大的海洋渔业消费市场，而地方人口的增加会迫使相当一部分人加入到海洋渔业生产环节，毕竟在当时的技术条件下，海洋渔业领域的进入门槛并不高。而经济的发达导致金融的繁荣，渔业生产所需要的资金是很容易从金融机构得到贷款的。在这些因素中，区域地理因素与腹地经济的繁荣是海洋渔业政策演变的根本原因，而海防压力的波动则导致海洋政策演进方向的变化，这从明清政治变革时期海洋渔业政策的短期转向就可以看出。

1. 晚明时期浙江海洋渔业发展与政策演进

“隆庆开海”后，民间私人的海外贸易获得了合法的地位，地处偏僻的月港遂被辟为私人贸易港，中国私人海上贸易的重心由浙江向福建、广东转移。由于月港地处闽南一隅，从山阻隔，港口腹地狭小，所能提供的外贸商品十分有限。与之相比，浙江及其江南经济腹地则有无与伦比的优势。在经历恢复与调整之后，浙江和江南地区的海商又重新开始参与海外贸易。他们利用地处海洋贸易产品原产地的资源与地理区位优势，除小部分违禁下海前往日本从事走私贸易外，大部分通过与福建海商的合作，并在当地官府的默许之下，偷梁换柱，买取“船引”，从宁波港出发，经月港前往吕宋等处就地贸易或转口前往日本。江南出产的商品多经这条线路销往福建、广东及东南亚国家与日本，其中日本是江南商品的主要外销地。据木宫泰彦统计，万历四十年（1612 年）7 月 25 日，明朝商船和从吕宋返航的日本商船共 26 艘，同时开进日本长崎港，载去中国湖州出产的白丝 20 余万斤①。而明代中后期，以浙江为主要产地的中国丝绸从宁波港出发，经月港或澳门中转吕宋运往美洲的总值每年达到 300 万甚至 400 万比绍②。在江南经济发展的强力支持下，通过中转贸易的方式，浙江的经济发展并未受太大的影响，而这对海洋渔业消费市场的稳定起到重要

① ［日］木宫泰彦著，胡锡年译：《日中文化交流史》，北京：商务印书馆，1980 年版，第 626 页。

② ［德］贡德·弗兰克著，刘北成译：《白银资本》，北京：中央编译出版社，2001 年版，第 154 页。

作用。

海防威胁的弱化及腹地经济的繁荣，使得万历年间之后，浙江海洋渔业持续发展，迎来了一个少有的稳定时期。明末清初谢泰定（1598—1667年）的《蛟川形胜赋》对舟山渔场汛期渔业开发规模作了生动的描述。每年四月渔汛期来临的时候，“黄花、石首绵若山排，声如雷吼”。大量渔船聚集在一起下网捕鱼，而大量富商大贾“十万腰缠，即在负贩经营，百千指屈，交欢贸易”。海洋渔业生产与水产品贸易也渐次带动了舟山本岛的发展与繁荣，“岛屿成市井之饶，报赛迎神，穷海有彼都之乐，优娼博戏。彩阁连阡，贝货杂陈，元黄夺目，箫鼓杂邪”。而海洋渔业的利润也相当高，一般只要出海三次不仅能偿还贷款，还有大量剩余，即所谓的“三水往还而千门足给”。到了秋天，渔民所捕获的海产品还有“金丝、鳗鲡、银带、条鱼”等。对于舟山海洋渔业的丰厚利润，谢泰定感叹道：“一钩而连自变量头，一饵而齐吞罛，千家切玉，万户拖银，或燔或炙或焞或烹，鱼无鳞而味更清，鳗类蛇而品较胜，货尽达乎舟车，利非止乎浙闽，则渔利之普遍，又岂得而穷尽者乎？”①

与明初相比，这一时期海洋渔业产业分工日益明显，在捕鱼船内部出现了渔民的分工，渔业联合作业开始出现，舟山形成了一些小的渔业销售市场。而这一切与整个浙江海洋经济的商品化是分不开的。根据王万盈教授的研究，明末浙江沿海地区的商品经济在海洋贸易的带动下日益繁荣，杭州等发达城市出现了手工工场形式的生产组织，同时农业的商品化进程大大加速，这就使越来越多的农业人口弃农经商，大量农村人口向城市转移②，结果导致当地农业劳动力甚至出现短缺现象。③ 如天启元年（1621年）成书的《涌幢小品》就记载了浙江杭嘉湖地区“近年农夫日贵，其直

---

① ［清］于万川修，俞樾纂：《［光绪］镇海县志》卷2《形胜》，《续修四库全书·史部·地理类》（第707册），上海：上海古籍出版社，2002年版，第26页。

② 关于明代浙江沿海人口的迁移，日本学者本田治以宁波为例，做了专门的考察。见［日］本田治：《明代寧波沿海部における开発と移往》，立命馆大学人文学会编：《立命館文学》，京都：京都印书馆，2008年，第169－205页。

③ 王万盈：《东南孔道——明清浙江海洋贸易研究》，北京：海洋出版社，2009年版，第136－160页。

增四之一，当由务农者少”的可虑现象①。商品经济的发展和农业人口的弃农经商大大缓解了明末浙江地区人地关系紧张的局面，或许这就是当时浙江本地少有大股海寇的原因。

不过在浙江海洋渔业经济繁荣的表象下也潜伏着危机，与之相邻的福建则没有在日益发达的海上贸易过程中促使当地农业的商品化。隆庆开关后，福建月港成为法定的对外贸易港口，但福建海寇并未因此绝迹。天启六年（1626年）春，福建遭遇天灾，沿海数十万人无以为生，饿死者甚多。“泉州饥民剽掳海上，出没无恒，而芝龙为之魁”②。天启七年（1627年）三月丁丑，浙江巡抚潘汝祯上奏朝廷，以防止海寇为名，勒令闽、浙“船只不许往来”③，福建商船前往浙江便成为违禁之举。在明末福建天灾人祸频繁出现的时候，这一举措并没有缓解海盗问题。为了生计，大量福建沿海渔民驾船赴浙捕鱼时从事走私贸易，而这些活动又刺激了浙江本地的海上走私贸易，浙江海域不再太平。崇祯二年（1629年）四月十八日浙江巡抚张延登上奏朝廷，表达了自己对福建海盗和渔民在浙江走私活动的担忧。④

在奏章中，张延登指出除海盗之外，对浙江沿海安全构成威胁的主要是浙江的杉木船和钓带鱼船，这两种船只在浙江从事走私贸易，地方官军因其势力庞大，尤其渔船跨省域捕捞具有一定的合法性，一般不会加以禁止。福建船只在浙江的走私贸易，刺激了浙江沿海消费，本地船只往往载生活用品与其交换获利，甚或也参加到走私贸易当中。究其根源，是政府沿用以往严禁贸易的观念来管理海洋造成的。与陆地贸易所不同，海洋商品贸易的跨区域性更加明显，尤其是东南沿海商品经济的发展，浙江不具有合法出海的港口，福建没有高附加值的对外贸易商品，如此一来，福建船只违禁去浙江采办贸易品成为必然的选择。在这种贸易没有得到官方准

① ［明］朱国祯著：《涌幢小品》卷2《农蚕》，明清笔记丛刊，北京：中华书局，1959年版，第43页。

② ［清］林绳武：《海滨大事记》，《台湾文献丛刊》（第213种），台北：台湾大通书局，1984年版，第9页。

③ 《明实录·熹宗实录》卷82，天启七年三月丁丑条，台北：“中央研究院”历史语言研究所，1961年版，第3987－3988页。

④ ［清］计六奇撰，魏得良点校：《明季北略》卷5，崇祯二年己巳，“张延登请申海禁”条，北京：中华书局，1984年版，第103－104页。

许的情况下，海上秩序就只能由势力强大的海盗去维持。因此，往来贸易船只必须缴纳一定的保护费。在这一形态下，海盗和私人海商的实力逐渐膨胀，而国家从海洋获得的利益和开放贸易的积极性日趋萎缩。这种恶性循环的结果就是海防形同虚设，海盗掠夺沿海的低廉成本，使得东南沿海再次出现类似嘉靖朝的动乱就只是时间问题。

就渔业政策建设而言，我们要考虑到的一个问题，就是政府能否允许渔船搭载贸易品，从当时海洋经济的发展和渔业跨区域捕捞的特点来看，一般福建渔船赴浙捕捞海鲜，在浙江沿海港口出售，回程时顺便购买生活用品（见图3－3），这属于政府认可的合法形式。但海洋渔业捕捞收益的随机性，结果并不是每条福建渔船在浙江都能满载而归。商船走私贸易的驱动，海岸盘查的松懈，再加上供养家庭的压力，渔船搭载货物成为福建渔民摆脱贫困的一个重要途径。在前往浙江捕鱼时，搭载浙江所需要的货物；当在浙江捕鱼后，福建渔船直接将海鲜在浙江出售，同时购买福建需要的外贸商品。这样渔民的收入就会成倍增加（见图3－3）。但在政府的眼中，海上走私贸易恰恰是引起海上动乱的根源。允许渔船跨区域捕鱼，但又禁止商船的跨区域贸易，违背了最基本的经济原则，其结果只是驱使更多渔船被当成商船去使用。明白了这一点，就可以推测出浙江巡抚张延登限定渔船出海时间措施的结局了。唯一值得欣慰的就是，在海疆不安的情况下，从明廷到地方并没有像明初那样实行“片板不许下海”的极端化

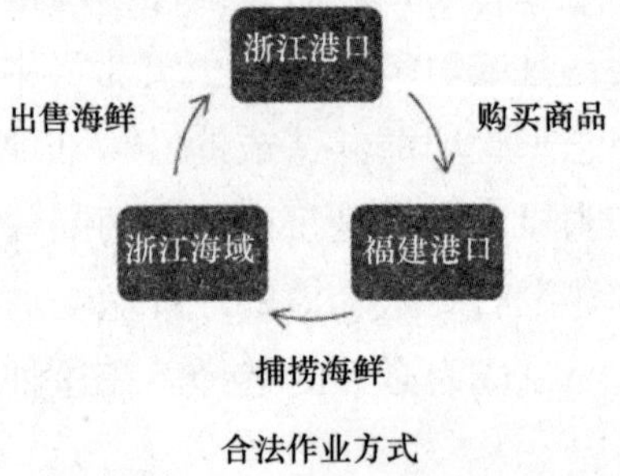

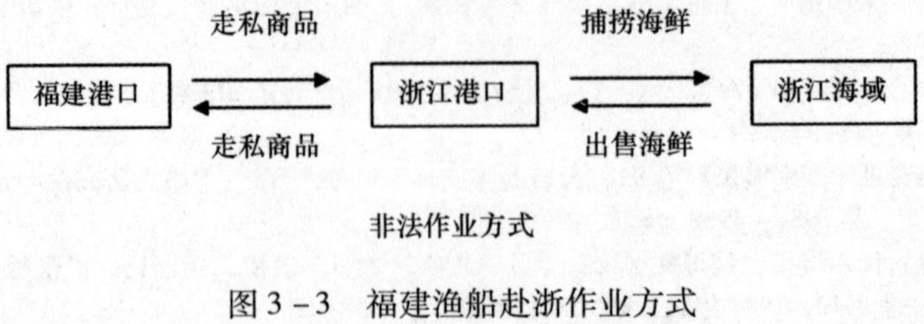

图3－3　福建渔船赴浙作业方式

政策，而是考虑到沿海居民的生计问题，这可谓是国家海洋渔业政策建设的一大进步。

2. 清初海禁与海洋渔业政策变化

明末，政府面临“东南海氛”、“西北之虏”和“中原之寇”三大患[①]。仅应付后两者，明王朝已经是疲于奔命，所以拿不出更多的精力来应付海寇。在地方政府束手无策的时候，福建形成了郑芝龙、李魁奇、杨禄、杨策、褚彩老、钟斌、刘香等海盗集团，其中以刘香集团对浙江的危害最大。崇祯五年（1632 年）八月，刘香率众近万，船 200 余艘，北犯浙江宁、台、温等地，浙江海洋渔业损失惨重。宁波“沿海一带，残毁甚惨，直入内地，攻犯昌国、石浦二城，总哨被戕，战舰荡为灰烬，海滨无复居民”[②]。温州内港“沿江南北尽被焚劫，罗浮、金岙罹祸尤惨”[③]。从此之后，在围剿不能的情况下，解决海盗问题最好的办法就是内部分化。早在崇祯元年（1628 年）七月，福建巡抚熊文灿就与泉州知府王猷将郑芝龙招安[④]。其后，在政府支持下，郑芝龙用了八年时间，消灭了东南沿海各个海盗集团。“海上自此啸聚之片帆绝影，商舶、鱼舟安行无恙矣”[⑤]。

作为东南最大的海上势力，郑芝龙集团重建了东南海洋秩序。相比政府对私人海上贸易的限制，郑芝龙的做法却符合当时贸易发展需要。政府无力改变这一局面，只有听而任之。但这一局面因明朝灭亡和满清入关而结束。在满汉国统之争的情况下，东南海洋的实际统治者——郑芝龙选择了降清，而他的儿子郑成功选择了抗清。不同的选择不仅导致郑氏家族的分裂，更导致中国陆地和海洋的割裂以及国家海洋政策的反复。

顺治二年（1643 年）闰六月癸卯，和硕豫亲王多铎令贝勒博洛、固山

---

① 周宪文主编：《郑氏史料初编》卷 2《海寇刘香残稿二》，台湾文献丛刊（第 157 种），台北：大通书局，1999 年版，第 154 页。

② 《崇祯长编》卷 65，崇祯五年十一月戊申条，台北：“中央研究院”历史语言研究所，1961 年版，第 3770－3772 页。

③ ［清］李琬修、齐召南等纂：《温州府志》卷 30《杂记·寇警》，台北：成文出版社有限公司，1983 年版，第 2679 页。

④ 关于郑芝龙海盗集团转化为国家海上力量原因可参见何锋：《中国的海洋——明朝海上力量建设考察》，厦门大学博士学位论文，2007 年，第 141－142 页。

⑤ 周宪文主编：《郑氏史料初编》卷 2《海寇刘香残稿一》，台湾文献丛刊（第 157 种），台北：大通书局，1999 年版，第 123 页。

额真拜尹图、阿山等，率军攻占杭州，潞王、淮王先后投降，“浙西湖州、嘉兴；浙东绍兴、宁波、严州等府，亦皆归顺”①。清军虽然占领了浙江，但是郑成功仍依托海岛进行抵抗，凭借郑氏家族对海上贸易的垄断，有足够经济实力坚持抗清。为了削弱郑氏的经济实力和对沿海地区的不断骚扰，清政府仿效明初的海洋政策，将浙江沿海岛屿居民全部内迁，并加强对沿海居民的管理。②

顺治十一年（1652年）二月己巳，礼科给事中季开生，以明将张名振进犯上海，上疏朝廷，条陈战守六要：“远侦探、扼要害、备器械、严海禁、杜接济、密讥［稽］察。”顺治帝令“下所司议”③。浙江方面，时任浙江巡抚秦世祯要求将出海渔船按保甲法编排的措施获得朝廷首肯。而到第二年，浙闽总督屯泰（又称佟岱）要求沿海“无许片帆入海”的建议获得朝廷准许。④ 此后清初近三十年的海禁政策在东南沿海推行。顺治十一年（1654年）、顺治十二年（1655年）到底发生了什么，让国家的海防政策如此逆转？这首先要从浙江的地方大员说起。

浙江地方的最高长官是浙江巡抚，虽然浙闽总督⑤的级别比浙江巡抚高，但事实上巡抚在地方事务上比总督更有发言权。整个清代闽浙总督的管理权限主要集中在福建，但在清初这一权限并不十分清楚。秦世祯和屯泰对浙江的海防应对方案出现明显分歧，与其官场履历和局势有密切关系。屯泰武将出身，顺治年间很少在南方任职，相比之下秦世祯对江南的民情更加了解（见表3-9）。因此，秦世祯提出的建议基本顺延了晚明时期禁商不禁渔的传统海洋渔业政策，而这一建议也被兵部所采纳。

---

① 《清实录·世祖实录》卷18，顺治二年乙酉闰六月癸卯条，北京：中华书局，1986年版，第163-164页。

② 不过要指出的是，这一次迁海并不彻底。

③ 赵尔巽等撰：《清史稿》卷244《季开生》，北京：中华书局，1976年版，第9623页。《清实录·世祖实录》卷81，顺治十一年甲午二月己巳条，北京：中华书局，1986年版，第635页。

④ 《清实录·世祖实录》卷92，顺治十二年乙未六月壬申条，北京：中华书局，1986年版，第724页。［清］蒋良骐撰：《东华录》卷7，《续修四库全书》（第368册），上海：上海古籍出版社，2002年版，第328页。

⑤ 有些文献中又称闽浙总督。

表3－9 浙闽总督屯泰、浙江巡抚秦世祯履历表

屯泰履历		秦世祯履历	
崇德三年（1638年）	吏部副理事官	顺治二年（1645年）	直隶文安知县
崇德七年（1642年）	正蓝旗汉军梅勒额真	顺治三年（1646年）	御史
崇德八年（1643年）	世职牛录章京	顺治四年（1647年）	巡按浙江
顺治二年（1645年）	摄湖广总督	顺治八年（1651年）	巡按江南
顺治三年（1646年）	兵部侍郎	顺治十年（1653年）	大理寺丞
顺治十一年（1654年）	浙闽总督	顺治十一年（1654年）	浙江巡抚

资料来源：《清史稿》卷240《列传第二十七》，北京：中华书局，1976年版，第9542－9544页。

秦世祯的建议之所以能被清廷所采纳，除了考虑到沿海居民生计之外，还有当时浙江的海防形势。自顺治八年（1651年）浙江沿海岛屿居民被迁入内地之后，浙江沿海威胁政府的敌对势力不复存在。随着清军向福建、广东方面的进攻，浙江面临的主要任务就是恢复被战争破坏的地方经济。顺治十年（1653年）六月丙午，清政府免除了浙江宁波府属县的赋税。[①] 军事上的节节胜利，是政府同意秦世祯建议的前提。海澄战役失败后，顺治十年（1653年）八月，清政府开始与郑成功议和。顺治十一年（1654年），南明定西侯张名振率舰队北上攻入长江，直达金山寺，威胁南京城，虽然最后因后援接济不及而退兵，但充分暴露了江浙海防的空虚。清军军事上的失败，成为浙江海防政策逆转的导火线。二月，季开生上疏要求海禁，皇帝命令群臣商议，但同时，仍未放弃与郑成功议和的机会。七月己丑，顺治帝再次督促郑成功向清政府归顺。[②] 顺治十二年（1655年）六月，作为浙江海防的直接负责人，闽浙总督屯泰提出了全面海禁的主张，但这一建议还未实施，就被郑成功的反攻所打断。十一月丁亥，在内应协助下，郑成功再次占领舟山，“宁波、定海震动”[③]。此后，郑成功

① 《清实录·世祖实录》卷76，顺治十年癸巳六月丙午条，北京：中华书局，1986年版，第598页。

② 《清实录·世祖实录》卷85，顺治十一年甲午秋七月己丑条，北京：中华书局，1986年版，第668页。

③ 《清实录·世祖实录》卷95，顺治十二年乙未十一月丁亥条，北京：中华书局，1986年版，第746页。

以此为据点，骚扰江浙沿海。为此，屯泰上奏指责秦世祯“战舰巨炮不速造，渔船采捕弗禁止”[①]，企图将舟山失守的责任推给秦世祯，结果导致自己丢官。在两位地方大员扯皮的时候，顺治十三年（1656 年）正月己亥，郑成功舰队“直泊台州，驻防副将马信，叛变献城”[②]。浙江海防的吃紧，加速了国家海禁政策的出台。为消灭浙江郑氏武装，顺治帝在任命固山额真伊尔德为宁海大将军，“统率将士，征剿舟山贼寇”[③]的同时，于六月癸巳，下达了全面海禁的命令，申饬沿海一带文武各官，严禁商民船只私自出海。同时严责地方文武官员加强防范，不许片帆入口。[④] 这一法令开启了清初近 30 年的海禁。

在清政府眼中，郑成功之所以能反攻浙江，是因为沿海居民的接济。这一人群，不仅包括从事海上贸易的商人，也包括沿海的渔民。与明嘉靖“倭乱”时期政府对沿海渔民的信任相比，由“异族”建立的清政府并没有获得沿海居民的拥戴，因此，这一时期包括禁止居民出海捕鱼的全面海禁法令的出现就成为必然。

从顺治十三年（1656 年）开始的海禁政策，随着海防形势此消彼长而发生变化。与之前小股侵扰不同的是，这一时期浙江海防的压力，来自厦门的郑氏集团。郑成功不仅拥有强大的海上武装，而且其作为南明重臣，在浙江沿海士绅中有相当强的号召力，容易获得当地人的支持，因此其对清王朝浙江海防所构成的威胁，远远超过之前。虽然伊尔德在顺治十三年（1656 年）九月丙午收复了舟山，[⑤] 并将岛民迁入内地，但仍无法有效防御郑成功舰队对浙江沿海的骚扰（见表 3 – 10）。

---

① ［清］李恒：《国朝耆献类征初编》卷 151《疆臣三 · 秦世祯》，载周骏富辑：《清代传记丛刊》，台北：明文书局，1985 年版，第 456 页。

② 《清实录 · 世祖实录》卷 97，顺治十三年丙申春正月己亥条，北京：中华书局，1986 年版，第 758 页。

③ 《清实录 · 世祖实录》卷 96，顺治十二年乙未十二月甲戌条，北京：中华书局，1986 年版，第 753 页。

④ 《清实录 · 世祖实录》卷 102，顺治十三年丙申六月癸巳条，北京：中华书局，1986 年版，第 789 页；［清］昆冈等修，刘启端等纂：《钦定大清会典事例》卷 776《刑部 · 兵律关津 · 私出外境及违禁下海二》，《续修四库全书 · 史部 · 政书类》（第 809 册），上海：上海古籍出版社，2002 年版，第 523 – 524 页。

⑤ 《清实录 · 世祖实录》卷 103，顺治十三年丙申九月丙午条，北京：中华书局，1986 年版，第 804 页。

表 3－10　1657—1660 年郑成功对江浙沿海的侵犯

时　间	地　点
顺治十四年（1657 年）八月丙申	郑成功犯台州
顺治十五年（1658 年）六月癸巳	郑成功犯温州，陷平阳、瑞安
顺治十六年（1659 年）三月戊申	郑成功犯浙江太平
顺治十六年（1659 年）六月壬子	郑成功陷镇江府
顺治十六年（1659 年）七月丙子	郑成功犯江宁
顺治十六年（1659 年）八月甲辰	郑成功复犯崇明

资料来源：赵尔巽等撰：《清史稿》卷 5《世祖二》，北京：中华书局，1976 年版，第 149、152、155－156 页。

一面是郑氏集团对沿海的不断进犯，一面是清廷的一筹莫展，黄梧的《灭贼五策》打破了这一僵局。

海澄公黄梧，福建平和人。初为郑成功总兵，镇守福建海澄。顺治十三年（1656 年），黄梧“斩成功将华栋等，以海澄降。大将军郑亲王世子济度以闻，封海澄公”①。在当时的清军中，黄梧是少有的对福建郑成功集团非常了解的将领之一。他不仅向当时的闽浙总督李率泰推荐了施琅，更在顺治十八年（1661 年），向清廷密奏《灭贼五策》，提出彻底消灭台湾郑氏集团的方针——“沿海迁界”。②

这五条中，与海禁有关的是第一、二两条，其中第二条关于将所有沿海船只“悉行烧毁，寸板不许下水”的建议在顺治十三年（1656 年）就已经开始实施，而第一条则向清政府准确指出了郑成功之所以久居金、厦弹丸之地而能与清廷对抗的原因是沿海“人民走险，粮饷、油、铁、桅船之物，靡不接济。若从山东、江、浙、闽、粤沿海居民尽徙入内地，设立边界，布置防守，则不攻自灭也”。该奏折上疏朝廷后，即获得通过。朝廷随即派遣兵部尚书苏纳海赴闽勘迁。在迁海的命令下达后，湖广道御史李之芳感叹道：“自古养兵，原以卫疆土，未闻弃疆土以避贼也。”遂上疏反对朝廷的迁海政策。③ 就当时情形而言，李之芳的奏折充分指出了迁海

① 赵尔巽等撰：《清史稿》卷 261《黄梧》，北京：中华书局，1976 年版，第 9879 页。
② ［清］江日升：《台湾外记》卷 5，福州：福建人民出版社，1983 年版，第 164－165 页。
③ ［清］江日升：《台湾外记》卷 5，福州：福建人民出版社，1983 年版，第 165－166 页。

对于沿海居民生计的打击，对迁海后果的分析是相当准确的。但清廷在无法消灭郑成功政权的情况下，只能采取禁海迁界的下策，李之芳的奏折也只能被束之高阁。作为清政府的无奈之举，当郑氏集团对沿海威胁降低的时候，迁海政策亦会随之松动。

康熙二年（1663 年），清军攻占金门、厦门，郑经率部退守澎湖和台湾。康熙三年（1664 年）八月，巴东大顺军最后一支武装被消灭，此后清廷可以全力加强海防。在军事胜利的背景下，山东巡抚周有德上疏朝廷，以山东青、登、莱等处沿海居民，“向赖捕鱼为生，因禁海多有失业”为由，要求朝廷“宽登、莱、青三府海禁，俾居民得捕鱼资生”①。康熙四年（1665 年）三月乙未其建议获得清廷的准许②。同年，刑部出台了防止山东居民借出海捕鱼，出海贸易的处罚条令③。至此，清廷严格的海禁政策开始松动。康熙五年（1666 年）正月丁未，福建总督李率泰上疏朝廷，认为郑氏集团“远窜台湾”之后，福建的海防压力大大减轻。而“数年以来，海禁甚严，迁移之民，尽失故业”。因此，这时候需要“略宽界限，俾获耕渔，稍苏残喘”④。同年三月，浙江巡抚蒋国柱上奏指出，严格的海禁使浙江“匠户、渔户逃亡，税课叠欠”，必须“蠲银一万五千八百余两、米二千二百余石以苏民困”⑤。海禁对浙江经济的打击可见一斑。有介于此，康熙八年（1669 年），清政府开始有计划地让迁海居民返回旧地，“命展界”⑥。浙江宁波沿海开始允许“百姓于近海采捕”⑦。第二年，浙江沿海展界开禁，但其人数远远少于迁海之前的人口。如台州三门，顺治

① 赵尔巽等撰：《清史稿》卷 256《周有德》，北京：中华书局，1976 年版，第 9798 页。

② 《清实录·圣祖实录》卷 14，康熙四年乙巳三月乙未条，北京：中华书局，1986 年版，第 218 页。

③ ［清］昆冈等修，刘启端等纂：《钦定大清会典事例》卷 776《刑部·兵律关津·私出外境及违禁下海二》，《续修四库全书》（第 809 册），上海：上海古籍出版社，2002 年版，第 524 页。

④ 《清实录·圣祖实录》卷 18，康熙五年丙午春正月丁未条，北京：中华书局，1986 年版，第 260 页。

⑤ ［清］李恒：《国朝耆献类征初编》卷 152《疆臣四·蒋国柱》，载周骏富辑：《清代传记丛刊》，台北：明文书局，1985 年版，第 552 页。

⑥ ［清］林绳武：《海滨大事记》，《台湾文献丛刊》（第 213 种），台北：大通书局，1984 年版，第 27 页。

⑦ ［清］于万川修，俞樾纂：《［光绪］镇海县志》卷 12《海防》，《续修四库全书·史部·地理类》（第 707 册），上海：上海古籍出版社，2002 年版，第 226 页。

十八年内迁沿海居民“计成丁 8 710 人，妇女 5 760 人”，展界回迁“成丁 2 413 人，妇女 1 350 人”[①]。而且这次展界是有限度的，沿海地方“犹未尽复一木寸板，仍严禁未许下海”[②]。

康熙九年（1670 年）浙江的展界，使清政府的海禁政策退回到顺治十三年（1656 年）的水平。虽然整个海禁政策还未取消，但就浙江海洋渔业而言，其经济的恢复已经开始，渔业生产在近海区域也渐次展开。当然，整个海禁的取消要到康熙二十二年（1683 年）台湾郑氏集团被消灭之后了。

回头再来审视这段时期，对明清鼎革时期海洋渔业政策演进而言，这是极不正常的。从明弘治年间政府允许沿海居民下海捕鱼开始到清末的大部分时间，大多数沿海渔民都没有站到政府的对立面。但在明清鼎革时期，由于传统文化的沉浸，沿海社会并没有承认满清政权在中国统治的合法性。在此情况下，包括渔民在内的沿海居民走到了清政府的对立面。与此相对应，政府下达了包括渔业在内的禁海令。但随着清政府在大陆统治的稳固和台湾郑氏集团影响力的降低，内迁的沿海居民对清政府的合法性认同逐渐提高，在此基础上，攸关沿海居民生计的海洋渔业最先得到开放。等到全面开海后，海洋渔业已开始从恢复转向发展了。从这一案例中，我们可以看到，在传统社会中，决定海洋渔业政策演进方向的根本因素是海洋渔业经济自身的发展，而由于海防压力的波动所造成的政策转向只是在特殊时期的特定政策行为，一旦当这一外部因素消失后，海洋政策仍旧会回到原有的演进轨道上去。因此，对海洋渔业政策变革的深究，要从影响海洋渔业经济发展的环境与腹地经济因素中去寻找。

---

① 三门县志编纂委员会：《三门县志》，杭州：浙江人民出版社，1992 年版，第 139 页。

② 李前泮修，张美翊纂：《奉化县志》卷 11《大事记》，中国方志丛书，台北：成文出版社有限公司，1975 年版，第 581 页。

第四章　管制与开放：海洋渔业政策的逐步务实

经历了明清交替的政治变动，浙江海洋渔业政策的演进又回到其原有的正常轨道。相比明初海洋渔业政策的变化，这一时期的朝廷已经注意到开放海洋渔业生产活动对于沿海居民生活的重要性。相较海上贸易而言，政府对于渔业经济活动的态度没有太大争议，这也是清初海洋渔业活动先于海上贸易开禁的重要原因。在整个清代，政府的海洋渔业政策趋于完善，对渔民、渔船和渔业区域的管制更加深入细致。值得注意的是，与明代相比较，这一时期海洋渔业政策的出台都是区域环境变化与腹地经济变迁相互作用的结果，海防压力在这一时期尽管也影响着政策的演进，但涉及海防的渔业政策基本是延续明代已有框架，而未有大的变动。影响经济活动的政策内容在这一时期发生了很大变化，除加强了对沿海及岛屿居民的管理外，国家开始逐渐开放沿海岛屿以供居民居住。而船只管理的细化不仅仅体现在对渔船制式的要求，还详细规定了对渔船出入口的查验及搭载物品的限制。对于在海上从事生产作业的渔船，水师的定期巡航与渔汛期监管成为常态。总体而言，清代浙江海洋渔业政策经历了从严格到逐渐放松的过程，而商渔船只的制式活动方式也逐渐趋同，这对包含渔业在内的海洋经济发展无疑是非常有利的。

在影响清代浙江海洋渔业政策的演进中除了渔业经济自身发展外，还有一个不可忽视的因素——这一时期中国沿海人口的高速增长。人口压力不仅迫使江浙闽地方官员加强垦荒力度，放松沿海渔民对海岛的迁徙禁令，同时使得商船可以从事捕鱼活动以及渔船从事沿海贸易，而起始于清代中期的海盗问题也与此因素息息相关。可以说在这一时期，沿海地理环境压力对海洋渔业政策的生成与演进的影响是非常深远的，而这一压力最终推动了浙江海洋渔业的现代化进程。

第一节　清代中期浙江海洋渔业政策的变革

康熙二十二年（1683年）政府关于是否马上开海的讨论中，地方军政大员反对开海的人不在少数，他们认为“台湾、金门、厦门等处，虽设官兵防守，但系新得之地，应俟一二年后，相其机宜，然后再开”。但康熙则认为“边疆大臣，当以国计民生为念。向虽严海禁，其私自贸易者，何尝断绝？凡议海上贸易不行者，皆总督巡抚，自图射利故也”[①]。康熙的这番决心，无疑是有利于开海决定的顺利实施。当开放海洋作为国家政策实施时，面对海洋上的一艘艘渔船，如何将这股力量纳入政府的有效控制范围内，将成为清政府面临的新课题。清政府对于浙江海洋渔业的管理是非常细微的，在继承明代海洋渔业政策实践的基础上，大量新的法令开始出台，并在其演进过程中不断变化。这些政策我们仍旧从涉及整个海洋渔业的渔民、渔船与渔业区域三个方面的政策来论述。

一、渔民政策

清代浙江海洋渔民政策基本继承了明代的体系，涉及海洋渔民的保甲不仅囊括了沿海专门捕鱼的渔民与岛屿居民，还涉及沿海居住的人群。而对于渔民在海防体系中的作用，政府已经不像明初那样直接纳入到军事管理体系下，而仅仅是加强沿海的保甲实施力度，以提高其防御能力。因此，清中期浙江涉及渔民的海洋渔业政策主要是延续了明代的保甲政策。在清统一中国的过程中，浙江海洋渔业活动一度被禁止。顺治八年（1651年）清军攻占浙江后就曾将宁波、温州、台州及沿海岛屿居民强制内迁。其后，清政府多次严格海禁，禁止渔船下海捕鱼，一直到康熙初年才逐渐松动。而政府对浙江海洋渔民的管理也在这一时期展开。

康熙二十三年（1684年）政府开放海禁，不仅私人海上贸易开始合法化，政府对沿海居民向岛屿迁徙的禁令也得以解除。到康熙三十四年（1695年）缪燧任浙江定海县（即现在舟山）知县时，就出现了对于沿海

① 《清实录·圣祖实录》卷116，康熙二十三年甲子秋七月乙亥条，北京：中华书局，1986年版，第205－206页。

涂税审判的案例，可见当时舟山岛上已有大量从事海洋渔业生产的居民。①康熙四十六年（1707 年）兵部规定出海渔船“将十船编为一甲，取具一船为匪，余船并坐，连环保结。若船主在籍，而船只出洋生事者，罪坐船主。”② 其后，随着沿海岛屿居民的逐渐增多，出于安全考虑，康熙五十六年（1717 年），浙江巡抚觉罗吉庆以闽海渔船赴浙洋剽掠为由，对浙江沿海岛忝居民开始推行保甲政策。③ 至此，沿海居民、渔民及岛民中的保甲政策已经全面实施。

雍正五年（1727 年），刑部规定：“船只出洋，十船编为一甲，取具连环保结，一船为非，余船并坐。”④ 同年，兵部也有相同的规定：“其采捕渔船，奸良更难分辨。照陆路保甲之例，以十船编为一甲，一船有犯盗窃者，令九船公首。若隐匿不报，事发将同甲九船一并治罪。至渔船停泊之处，百十成群，多寡不等。十船一甲之外，如有余船，即以奇零之数编为一甲。”⑤ 而在这一时期，政府开始有限度地开发浙江沿海岛屿，其中以当时的浙江总督李卫对浙江外海玉环岛的开发最为引人注目。雍正六年（1728 年），朝廷置温州府玉环厅，“析台州府太平县属楚门、老岸、南塘、北塘等地置”。⑥ 同年三月甲戌，浙江总督李卫上奏朝廷《经理玉环山事宜》，在奏折中详细禀报浙江台州玉环岛开发情况。⑦ 乾隆十七年（1752 年）二月癸卯，御史欧阳正焕上奏朝廷，请求召民开垦宁波府属之南田澳。⑧ 经军机大臣会同闽浙总督喀尔吉善等研究后，最终以“难保奸宄之

① 赵尔巽等撰：《清史稿》卷 476《循吏一》，北京：中华书局，1976 年版，第 12977 页。

② ［清］昆冈等修，刘启端等纂：《钦定大清会典事例》卷 629《兵部 · 绿营处分例 · 海禁一》，《续修四库全书（第 807 册） · 史部 · 政书类》，上海：上海古籍出版社，2002 年版，第 753 – 754 页。

③ 赵尔巽等撰：《清史稿》卷 343《觉罗吉庆》，北京：中华书局，1976 年版，第 11128 页。

④ ［清］昆冈等修，刘启端等纂：《钦定大清会典事例》卷 775《刑部 · 兵律关津 · 私出外境及违禁下海一》，《续修四库全书》（第 809 册），上海：上海古籍出版社，2002 年版，第 512 页。

⑤ ［清］昆冈等修，刘启端等纂：《钦定大清会典事例》卷 626《兵部 · 绿营处分例 · 保甲》，《续修四库全书》（第 807 册），上海：上海古籍出版社，2002 年版，第 720 页。

⑥ 叶建华：《浙江通史 · 清代卷（上）》，杭州：浙江人民出版社，2005 年版，第 31 – 32 页。

⑦ 《清实录 · 世宗实录》卷 67，雍正六年戊申三月甲戌条，北京：中华书局，1986 年版，第 1026 – 1027 页。

⑧ 《清实录 · 高宗实录》卷 408，乾隆十七年壬申二月癸卯条，北京：中华书局，1986 年版，第 357 页。

徒，必无出洋济匪之事”为由，否决了这一建议。① 可见，政府对海岛的开发仍心存疑虑。

在大清会典中，专门针对沿海渔民而出台的保甲法令是在乾隆二十二年（1757 年）。这一年朝廷更定了保甲法，将沿海渔业保甲作为一个单独条目列了出来，并规定：“渔船网户水次搭棚趁食之民，均归就近保甲管束。”②其后，政府出台有关沿海渔民及岛民保甲的条目逐渐增多。渔民保甲政策覆盖的范围随着渔民活动区域的扩大呈现出由滨海地区向沿海岛屿扩展的趋势。乾隆三十七年（1772 年），吏部上奏朝廷：“海滨地方城乡口岸，渔船会聚之所，均仿照保甲编立字号，于渔船出入，严加查察。道员按季亲巡，督率府厅逐一稽查，据实揭报。”对于不能严格执行的官员则“奉行例、降二级调用”。③ 乾隆四十一年（1776 年），闽浙总督部堂要求温州、台州、福州、福宁等府所辖各属县“申严私租船只之禁。并将此等民人，严饬地保查明，有家室者编入保甲，无家室者必须有人保结，方许在地生理，否则概行逐回”④。乾隆五十年（1785 年）户部奏准将浙江沿海地方“其附近炮台、塘汛搭盖寮房，久经居住民人，令文武员弁实力稽查，照内地民人之例就近编排保甲，分给门牌，开载户口年岁，设立牌头甲长澳保，俾资约束”⑤。乾隆五十二年（1787 年），户部再次重申对南田等岛屿的封禁令：“浙江象山县大小南田、樊屿、鹁鸽头、大佛头、大月屿、箬鱼头等处孤悬海外，直接大洋，外则支港繁多，内则岛澳丛杂，前明封禁至今，自应仍循旧章，永远封禁，如有妄生觊觎以开垦为辞混行

---

① 《清实录·高宗实录》卷 412，乾隆十七年壬申夏四月丙午条，北京：中华书局，1986 年版，第 357 页。

② ［清］清高宗敕撰：《皇朝文献通考》卷 19《户口一》，上海：商务印书馆，1936 年版，第 5030 页。赵尔巽等撰：《清史稿》卷 120《食货一》，北京：中华书局，1976 年版，第 3482 页。［清］徐栋辑：《保甲书》卷 1《定则·户部则例》，《续修四库全书》（第 859 册），上海：上海古籍出版社，2002 年版，第 64 页。

③ ［清］昆冈等修，刘启端等纂：《钦定大清会典事例》卷 120《吏部·处分例·海防》，《续修四库全书》（第 800 册），上海：上海古籍出版社，2002 年版，第 131 – 132 页。

④ 周宪文编：《福建省例》卷 23《船政例》，“商渔船只设立循环填注送核”，台湾文献丛刊（第 199 种），台北：大通书局，1999 年版，第 634 页。

⑤ ［清］徐栋辑：《保甲书》卷 1《定则·户部则例》，《续修四库全书》（第 859 册），上海：上海古籍出版社，2002 年版，第 65 页。

呈请者，从重治罪。”[①]乾隆五十五年（1790年）九月甲辰，乾隆颁发上谕，进一步放宽了全国沿海岛屿的开发限制，并申明了岛屿居民的保甲制度。“所有各省海岛，除例应封禁者，久已遵行外，其余均着仍旧居住，免其驱逐”[②]。“严饬沿海文武员弁，实力稽查，编列保甲。”[③]在此要求下，沿海各省督抚纷纷出台了本省沿海岛屿的保甲政策。乾隆五十八年（1793年）六月辛卯，浙江巡抚觉罗长麟对浙江大陈山沿海一带岛屿保甲政策执行情况做了详尽说明：“每一岛峙，设岙长一人。每居民十家，设甲长一人。每十甲，设总甲一人。先令各出保结，如该甲内，有通盗之人，据实禀报，容隐者治罪。”[④] 乾隆五十九年（1794年），户部对浙江沿海岛屿开发情况作了详细调查，其中国家封禁的岛屿是台州府“宁海县所辖之南田山等四处”[⑤]。次年三月庚辰，浙江巡抚觉罗吉庆上奏朝廷，浙江省“向有民人之蛇盘、深湾，及大小门山等各户内，陆续迁回内地”，其无人居住岛屿增加到414处[⑥]。而南田等四处岛屿的开发禁令仍得到有效执行。嘉庆六年（1801年），兵部再次申明：“各省海岛，除例应封禁者，不许民人渔户扎搭寮棚居住采捕外，其居住多年，不便驱逐之海岛村墟。及渔

① ［清］昆冈等修，刘启端等纂：《钦定大清会典事例》卷166《户部·田赋·开垦一》，《续修四库全书》（第800册），上海：上海古籍出版社，2002年版，第682页。刘锦藻撰：《皇朝续文献通考》卷1《田赋考一·田赋之制》，《续修四库全书》（第815册），上海：上海古籍出版社，2002年版，第429页。

② 《清实录·高宗实录》卷1363，乾隆五十五年庚戌九月甲辰条，北京：中华书局，1986年版，第292－293页。赵尔巽等撰：《清史稿》卷120《食货一》，北京：中华书局，1976年版，第3483页。［清］昆冈等修，刘启端等纂：《钦定大清会典事例》卷158《户部·户口·流寓异地》，《续修四库全书》（第800册），上海：上海古籍出版社，2002年版，第1003页。

③ 《清实录·高宗实录》卷1363，乾隆五十五年庚戌九月甲辰条，北京：中华书局，1986年版，第292－293页。赵尔巽等撰：《清史稿》卷120《食货一》，北京：中华书局，1976年版，第3483页。［清］昆冈等修，刘启端等纂：《钦定大清会典事例》卷158《户部·户口·流寓异地》，《续修四库全书》（第800册），上海：上海古籍出版社，2002年版，第567页。刘锦藻撰：《皇朝续文献通考》卷25《户口考一·户口丁中赋役》，《续修四库全书》（第816册），上海：上海古籍出版社，2002年版，第1页。

④ 《清实录·高宗实录》卷1431，乾隆五十八年癸丑六月辛卯条，北京：中华书局，1986年版，第140页。

⑤ ［清］昆冈等修，刘启端等纂：《钦定大清会典事例》卷158《户部·户口·流寓异地》，《续修四库全书》（第800册），上海：上海古籍出版社，2002年版，第568页。刘锦藻撰：《皇朝续文献通考》卷25《户口考一·户口丁中赋役》，《续修四库全书》（第816册），上海：上海古籍出版社，2002年版，第2页。

⑥ 《清实录·高宗实录》卷1475，乾隆六十年乙卯三月庚辰条，北京：中华书局，1986年版，第717页。

户出洋采捕，暂在海岛搭寮栖止者，责令沿海巡洋员弁，实力稽查，毋致句藏为匪。”①

嘉庆五年（1799年）五月，浙江巡抚阮元在浙江沿海村岸编行保甲：“村岸十丁立一甲、十甲立一总甲、一村立一总保、一山一岙立一岙长，给以费，使之互纠通贼者，获之有赏。”这一规定也包括沿海渔户。② 嘉庆十一年（1805年）九月，浙江巡抚清安泰上奏：“沿海村庄编查保甲，凡散处海岙之居民、铺户，一律编牌造册。其寄寓游民，即责成房主、铺户考察：如有行踪诡秘，立即禀究。”③ 光绪年间，浙江沿海岛屿，如岱山、洋山、勒鱼山、小乍浦山、马迹山、陈钱山等处居民，“有甘心为盗者，有胁逼为盗者”。为此，丁日昌在批复《苏松太应道等核议水师章程》时增加了在沿海岛屿编行保甲的内容。④

对于浙江最后四处岛屿的禁令，最终在道光二年（1822年）被闽浙总督庆保打破。五月己丑，他上奏朝廷，要求派遣官员对浙江南田岛的开发事宜进行详细考查，获得许可。⑤ 十二月辛酉，浙江巡抚帅承瀛上奏《委员覆查南田封禁地方》一折，称：“浙江宁波、台州二府联界之南田地方，自前明封禁，至今四百余年。无业游民，藉采捕为名，潜往私垦。现在十有八岙，计垦户二千四百有零，已垦田一万六千七百余亩。其始由豪强占踞，招人垦种，计亩收租，名曰老本，以致愈垦愈多。此等垦户，若概行驱逐，则实在无籍可归之贫民，必虞失所，恐致别滋事端。若任其占踞潜匿，或更从而影射招邀，则纷至沓来。匪徒溷迹其中，无从辨别。人数愈众，措置愈难。”面对这种情况，帅承瀛“饬拏著名老本苏赖一富等二十名，严行究办，并出示剀切晓谕。檄委宁波府，督同该委员等，前赴南

① ［清］昆冈等修，刘启端等纂：《钦定大清会典事例》卷630《兵部·绿营处分例·海禁二》，《续修四库全书》（第807册），第769页。

② ［清］李恒纂：《国朝耆献类征初编》卷39补录《宰辅三十九·阮元》，载周骏富辑：《清代传记丛刊》，台北：明文书局，1985年版，第347页。

③ ［清］李恒纂：《国朝耆献类征初编》卷192《疆臣四十四·清安泰》，载周骏富辑：《清代传记丛刊》，台北：明文书局，1985年版，第525页。

④ ［清］丁日昌：《批复苏松太应道等核议水师章程》，［清］盛康辑：《皇朝经世文续编》卷90《兵政16·海防》，光绪二十三年（1897）刻本，第5页。从丁日昌的履历来看，这份批示应该在他1868—1875年担任江苏巡抚期间。

⑤ 《清实录·宣宗实录》卷36，道光二年壬午五月己丑条，北京：中华书局，1986年版，第634页。

田，复行逐岙查勘该处户口地亩”[①]。这一处置办法获得朝廷首肯。道光三年（1823年）十一月壬辰，闽浙总督赵慎畛等上奏朝廷：“浙江省南田十有八岙，禁地全数肃清。”[②] 至此，浙江海岛开发禁令全部取消。[③]

从明清浙江沿海岛屿开发的过程来看，像舟山岛这样的大岛，由于其战略地位的重要，在不能有效防守的情况下，政府常用的方式就是将其人口迁入内地。一旦海防威胁降低，由于其适宜居住的地理环境，舟山岛成为沿海居民首选迁移岛屿。就其他岛屿而言，明清两朝政策的转变分别在嘉靖后期和雍正初年，前者是对外部海防压力的无奈选择，后者是对人口迁移现象的主动承认。仅此而言，清代的海岛开发政策比前朝更加符合实际，更具有可操作性。在这里值得注意的是，不管是沿海区域还是海岛岛民，都需要向朝廷缴纳岁贡、赋税和徭役，这些负担都是按照行政区划和丁口来征收的。清初，沿海各省河泊所“有专设所官者，有归并有司兼理者，其税课或征之渔户，或编入地丁”[④]。其中浙江省额定鱼课“银千三百六十五两七钱七分有奇，遇闰加银一百十有一两五钱五分有奇”[⑤]。

对于浙江沿海渔民保甲政策的内容，成书于道光二十八年（1848年）的《保甲书》以嘉兴平湖为例对其做了专门的总结叙述[⑥]。从中我们可以了解到清代职业渔民的保甲是以船只为单位的，其内容与沿海居民保甲政策基本相同。唯一不同的地方就是职业渔民拥有渔船和渔船执照。而有关渔船执照的问题，在有关渔船政策的讨论中会涉及。清代这种以渔船为单位的保甲制度一直延续到清末。光绪二十二年（1896年）由宁波丰南公所

---

① 《清实录·宣宗实录》卷47，道光二年壬午十二月辛酉条，北京：中华书局，1986年版，第833－834页；刘锦藻撰：《皇朝续文献通考》卷2《田赋考二·田赋之制》，《续修四库全书》（第815册），第438页。

② 《清实录·宣宗实录》卷61，道光三年癸未十一月壬辰条，北京：中华书局，1986年版，第1081页。

③ 在这里要说明的是，虽然道光二年（1822），朝廷取消南田岛开发禁令，但是南田岛上的南田山直到光绪元年（1874年）十月己卯经浙江巡抚杨昌浚奏准后才取消禁令彻底开放。见《清实录·德宗实录》卷20，光绪元年乙亥十月己卯条，北京：中华书局，1986年版，第312页。

④ ［清］伊桑阿等纂修：《［康熙朝］大清会典》卷35《户部十九·课程四·鱼课》，近代中国史料丛刊三编，台北：文海出版社有限公司，1992年版，第1701页。

⑤ ［清］昆冈等修，刘启端等纂：《钦定大清会典事例》卷245《户部·杂赋·鱼课》，《续修四库全书》（第801册），上海：上海古籍出版社，2002年版，第896页。

⑥ ［清］徐栋辑：《保甲书》卷2《成规上·越中从政录保甲事宜》，《续修四库全书》（第859册），上海：上海古籍出版社，2002年版，第91－92页。

董事刘孝思拟订并获准实施的浙江渔团章程中就有对船只的保甲政策进行安排①。

浙江沿海渔民保甲法令不管以船只为单位还是以户籍为单位，其目的都是为了维持沿海地方安定，遏制海盗活动。前者面向的是沿海陆地，后者面向的是海洋。如乾隆五十八年（1793 年）浙江巡抚觉罗长麟对浙江大陈山沿海一带岛屿实行的居民保甲法令就是为了防止海盗隐藏于平民之中，“如该甲内，有通盗之人，据实禀报，容隐者治罪”②。嘉庆十一年（1805 年）九月，浙江巡抚清安泰在沿海村庄编排保甲，“其寄寓游民，即责成房主、铺户考察，如有行踪诡秘，立即禀究”③。在保甲制度的约束下，“一船为非，余船并坐”④，“一船有犯盗窃者，令九船公首”⑤。政府通过这种连坐惩罚方式加强渔民、渔船之间的监督与牵制，减少海上盗案发生的几率。可以说沿海渔民保甲政策是一道安全网，其实施的有效程度对海洋安全有直接的影响。

二、渔船政策

明中后期，政府涉及船只的政策仅限于对其形制上的限制，而渔船所搭载的违禁品在这一时期几乎已成为一纸空文。当清代开海后，对于大量下海捕鱼船只，政府在渔船出海之前就出台了许多法令以便从政策上进行约束。这些法令从如何制造渔船及渔船的大小，到渔船出入的盘查以及对于船只下海捕鱼的船照许可，从各方面加强对渔船的管控。

1. 船只制造

清代朝廷开放海禁后，对船只的制造和大小规定日渐详细。康熙四十

① 李士豪，屈若搴：《中国渔业史》，上海：商务印书馆，1984 年版，第 34－36 页。

② 《清实录·高宗实录》卷 1431，乾隆五十八年癸丑六月辛卯条，北京：中华书局，1986 年版，第 140 页。

③ ［清］李恒纂：《国朝耆献类征初编》卷 192《疆臣四十四·清安泰》，载周骏富辑：《清代传记丛刊》，台北：明文书局，1985 年版，第 525 页。

④ ［清］昆冈等修，刘启端等纂：《钦定大清会典事例》卷 775《刑部·兵律关津·私出外境及违禁下海一》，《续修四库全书》（第 809 册），上海：上海古籍出版社，2002 年版，第 512 页。

⑤ ［清］昆冈等修，刘启端等纂：《钦定大清会典事例》卷 626《兵部·绿营处分例·保甲》，《续修四库全书》（第 807 册），上海：上海古籍出版社，2002 年版，第 720 页。

二年（1703 年），吏部和兵部规定沿海渔民在建造渔船之前，“先行具呈州县，该州县询供确实，取具澳甲、户族、里长、邻佑当堂画押保结，方许成造。造完，报县验明印烙字号姓名，然后给照。”[①]从雍正二年（1724年）闰四月十三日，闽浙总督觉罗满保上奏雍正皇帝的《闽浙总督满条奏遵旨逐条查覆金铎所陈海疆事宜折》一折中，可以看到这一规定在闽浙沿海地区得到确切实施。[②] 在其他时期，渔船制造前担保法令的内容与康熙四十二年的规定基本一致（见表 4－1）。渔民造船的顺序是：①报州县申请造船；②邻里画押保结；③造船；④报县验明船制；⑤州县发给船照。

表 4－1　清代沿海渔船制造担保法令

时　间	部门	内　容
康熙四十二年（1703 年）	吏部 兵部	先行具呈州县，该州县询供确实，取具澳甲、户族、里长、邻佑当堂画押保结，方许成造
雍正五年（1727 年）	刑部	造船时，呈报州县官。查取澳甲户族里长邻佑保结，方准成造
乾隆二十二年（1757 年）	户部	沿海等省商渔船只取具，澳甲族邻保结，报官准造
乾隆三十年（1765 年）	户部	沿海等省商渔船只，取具澳长族邻保结报官准造
道光五年（1825 年）	户部	沿海各岛渔船，务遵定例。于造船时申报，查取渔甲族邻保结

资料来源：据《钦定大清会典事例》整理。

在船只制造过程中，决定船只大小和远洋能力的是梁头和船桅数量。其具体数字在各个时期略有不同，一般来讲梁头不得超过一丈，船桅只能是单桅（见表 4－2）。

---

① ［清］昆冈等修，刘启端等纂：《钦定大清会典事例》卷 120《吏部·处分例·海防》，《续修四库全书》（第 800 册），上海：上海古籍出版社，2002 年版，第 125 页。［清］昆冈等修、刘启端等纂：《钦定大清会典事例》卷 629《兵部·绿营处分例·海禁一》，《续修四库全书》（第 807 册），上海：上海古籍出版社，2002 年版，第 753 页。

② 中国第一历史档案馆编：《雍正朝汉文朱批奏折汇编》（第 2 册），《闽浙总督满条奏遵旨逐条查覆金铎所陈海疆事宜折》（雍正二年闰四月十三日），南京：江苏古籍出版社，1989 年版，第 935 页。

表 4－2　清代浙江渔船规制

时　间	部门	内　容
康熙二十三年（1684 年）	刑部	听百姓以装载 500 石以下①船只，往海上贸易捕鱼
康熙四十二年（1703 年）	吏部	出洋海船，止许用单桅，梁头不得过一丈，舵水人等不得过 20 名
康熙四十六（1707 年）	兵部	福建省渔船桅、听其用双用单。各省渔船止许单桅
雍正二年（1724 年）		渔船梁头不得过一丈，水手不得过 20 人，桅之用单用双听其从便
雍正五年（1727 年）	刑部	商渔船只，不分单桅双桅。悉从民便

资料来源：据《钦定大清会典事例》整理。

如果说在全国范围“清代对渔船规制的限制要较明代为松”②，那么具体到地方而言，浙江省有关出海渔船的规制，清代初期的严格程度其实是超过明代后期的（见表 4－3）。不过在这里要注意的是，清代关于渔船船制的内容，主要针对的是出海渔船，“内港取鱼五六人之小船，不在此例。”③

表 4－3　明清浙江渔船规制比较

时　期	梁头尺寸	船桅数量	载　员
明嘉靖年间	一丈四尺	—	35 人
清康熙年间	一丈	单桅	20 人

资料来源：［明］宋仪望：《海防善后事宜疏》，［明］陈子龙辑：《皇明经世文编》卷 362《宋督抚奏疏》，北京：中华书局，1985 年版，第 3902 页；［清］昆冈等修，刘启端等纂：《钦定大清会典事例》卷 120《吏部·处分例·海防》，《续修四库全书》（第 800 册），上海：上海古籍出版社，2002 年版，第 125 页。

在政策执行方面，康熙二十三年（1684 年）政策刚刚出台的时候，其处罚力度是非常严厉的。“如有打造双桅五百石以上违式船只出海者，不论官兵民人，俱发边卫充军。该管文武官员，及地方甲长同谋打造者，徒

① 这里的“五百石以下”，按道光《厦门志》中的说法，就是梁头不过七八尺的船只。

② 李文睿：《试论中国古代海洋管理》，厦门大学博士学位论文，2007 年，第 67 页。

③ ［清］昆冈等修，刘启端等纂：《钦定大清会典事例》卷 120《吏部·处分例·海防》，《续修四库全书》（第 800 册），上海：上海古籍出版社，2002 年版，第 125 页。

三年。明知打造不行举首者，官革职，兵民杖一百。”① 其后，随着国家对出海渔船规制的逐步放宽到完全取消，政府对沿海渔船的管理由约束向登记转变。雍正五年（1727 年），国家取消对渔船规制的限定后，浙江省府主要着力于查出未经地方保甲，私自制造的渔船。“并严饬各地方官及守口员弁，遵照定例实力严禁沿海居民私造私渡。并于民厂造船处所，随时查察。如有澳甲人等，串通私造，偷越出口，即行拏究，守口员弁得贿纵放，照例参处。”②

值得注意的是，政府放开渔船规制后，浙江省的渔船建造尺寸基本没有超过康熙年间的规定。据沈同芳《中国渔业历史》一书载，晚清江浙渔船一般“长四五十尺至八九十尺，宽七八尺至十四五尺，深三四尺至七八尺，板厚二三寸左右”③。如果渔船最宽处之多有十四五尺的话，那么梁头肯定是要小于这一数字的。而同一时期广东密尾渔船“长六丈，广一丈五尺，载鱼十万觔，船上有三桅，中桅高四丈八尺，头桅三丈八尺，尾桅二丈二尺”④。

船只的大小不仅决定其捕捞能力，也是政府征收船税的依据。明嘉靖三十二年（1553 年）四月丙子，巡视浙福都御使王忬条上海防事，要求议税课以助军饷，“除小者不税外，其余酌量丈尺、编立字号，量议收税”，获得朝廷准许⑤。万历年间，温州沿海渔船出海捕鱼，都需要“量船大小，纳收税银，给与由帖，方许下海采捕”⑥。宁波渔税亦以“船大小为多

① ［清］昆冈等修，刘启端等纂：《钦定大清会典事例》卷 776《刑部 · 兵律关津 · 私出外境及违禁下海二》，《续修四库全书》（第 809 册），上海：上海古籍出版社，2002 年版，第 525 页。

② ［清］昆冈等修，刘启端等纂：《钦定大清会典事例》卷 120《吏部 · 处分例 · 海防》，《续修四库全书》（第 800 册），上海：上海古籍出版社，2002 年版，第 133 页。

③ ［清］沈同芳撰：《中国渔业历史》，《万物炊累室类稿：甲编二种乙编二种外编一种》（铅印本），上海：中国图书公司，1911 年版，第 28 页。

④ ［清］沈同芳撰：《中国渔业历史》，《万物炊累室类稿：甲编二种乙编二种外编一种》（铅印本），上海：中国图书公司，1911 年版，第 30 页。

⑤ ［明］王忬：《计开》，［明］陈子龙辑：《皇明经世文编》卷 283《王司马奏疏》，北京：中华书局，1985 年版，第 2997 页。《明实录 · 世宗实录》卷 397，嘉靖三十二年四月丙子条，台北：“中央研究院”历史语言研究所，1961 年版，第 6973 – 6974 页。

⑥ 乾隆《温州府志》卷 15《物产》，载俞光编：《温州古代经济史料汇编》，温州文献丛书，上海：上海社会科学院出版社，2004 年版，第 244 页。

寡”[①]。清初，政府仍旧按船只大小收税，康熙二十八年（1689年），皇帝以“小民不便”下令：“采捕鱼虾船及民间日用之物，并糊口贸易，悉免其收税。”[②] 雍正五年（1727年），朝廷取消对船只大小的限定之后，浙江海洋渔业得到快速恢复和发展，政府开始按照船只大小有区别地征税。乾隆元年（1736年），户部规定：“边海居民采捕鱼虾单桅船只，概免纳税。”[③] 而对于双桅及以上大型船只，“梁头四尺五尺，每寸征银一分。六尺以上，每寸递加二厘。至满丈，每寸征银二分二厘。丈一尺以上，每寸又递加二厘。至丈有五尺，每寸征银三分。丈六尺，每寸三分四厘。丈七尺、丈八尺，均每寸四分。”[④]

2. 出入口查验

出入口政策即是对渔船出海和回港的查验政策。明清渔船出入口政策主要是为了防止非法渔船及违禁品的出海和入港。这里着重讨论船只进出口岸的查验通关法令。早在洪武三十年（1397年）颁布的《大明律》就有对出海船只的查验政策，其内容主要是看出海渔船有没有获得国家准许。但在具体实施方面，其规定的细化则要到清代开海之后。

康熙二十三年（1684年），刑部要求沿海各口岸查验出海人员姓名及担保凭证，验明人数后，始准出海。[⑤] 因此，浙江沿海渔民想要出海捕鱼，就要按照政府的规定在本地由保甲长担保之后才能出洋，而渔船则要按照政府的规定编号涂色。总体而言，浙江沿海的出口查验制度包括三个方面：对渔民出海资格的查验，对船照和船身的查验及对渔船搭载物的查验。

---

① 《明实录·神宗实录》卷4，隆庆六年八月庚午条，台北：“中央研究院”历史语言研究所，1961年版，第165－166页。

② ［清］清高宗敕撰：《皇朝文献通考》卷26《征榷考》，上海：商务印书馆，1936年版，第5078－5079页。［清］昆冈等修，刘启端等纂：《钦定大清会典事例》卷239《户部·关税·禁令一》，《续修四库全书》（第801册），上海：上海古籍出版社，2002年版，第816页。

③ ［清］昆冈等修，刘启端等纂：《钦定大清会典事例》卷239《户部·关税·禁令一》，《续修四库全书》（第801册），上海：上海古籍出版社，2002年版，第822页。

④ ［清］昆冈等修，刘启端等纂：《钦定大清会典事例》卷235《户部·关税·浙海关》，《续修四库全书》（第801册），上海：上海古籍出版社，2002年版，第775页。

⑤ ［清］昆冈等修，刘启端等纂：《钦定大清会典事例》卷776《刑部·兵律关津·私出外境及违禁下海二》，《续修四库全书》（第809册），上海：上海古籍出版社，2002年版，第525页。

对渔民资格的查验集中在渔民是否有地方保甲的担保，不管是船只所有者还是被雇佣者都需要地方保甲开具保单。康熙五十七年（1718 年），政府规定："渔船水手责之澳甲同腙，各取保结，限定人数，出入盘查。"[①]而对渔船的查验则集中在船照和船身。康熙四十二年（1703 年），吏部规定：地方官员在船照内"详细注明船户、舵水、年貌、籍贯"等信息，方便口岸查验，防止渔船"越数多带，或诡名顶替"的事情发生。[②] 渔船初次出海时，"必于汛口挂号，将所有船照，呈送地方官，或营官验明，填注月日，盖印放行"[③]。其后，在乾隆二十五年（1760 年），刑部规定："沿海采捕出洋船只，务将本船作何生业贸易，于照内详细填注"[④]。乾隆三十年（1765 年），兵部对船照内容做了局部修改，"其渔船止将船主年貌、姓名、籍贯，及作何生业，开填给照"[⑤]。

渔船出海捕鱼，要按照省份涂上不同颜色（见表 4－4）。雍正元年（1723 年），兵部规定："出海商渔船，自船头起，至鹿耳梁头止，大桅上截一半，各照省分油饰。"其中浙江用白油漆饰，绿色钩字。同时，要在船头两披，刊刻某省某州县某字某号字样，沿海汛口及巡哨官弁。"凡遇商渔船，验系照依各本省油饰刊刻字号者，即系民船，当即放行。如无油饰刊刻字号，即系匪船，拘留究讯。"[⑥]此项法令在随后的管理实践中得到进一步完善和发展。雍正五年（1727 年），兵部要求渔船要刻上"某处船户，某人姓名"，以便海上查验。[⑦] 雍正九年（1731 年），兵部规定："商

① 《清实录·圣祖实录》卷 277，康熙五十七年戊戌二月甲申条，北京：中华书局，1986 年版，第 716 页。

② ［清］昆冈等修，刘启端等纂：《钦定大清会典事例》卷 120《吏部·处分例·海防》，《续修四库全书》（第 800 册），上海：上海古籍出版社，2002 年版，第 125 页。

③ ［清］昆冈等修，刘启端等纂：《钦定大清会典事例》卷 775《刑部·兵律关津·私出外境及违禁下海一》，《续修四库全书》（第 809 册），上海：上海古籍出版社，2002 年版，第 512 页。

④ ［清］昆冈等修，刘启端等纂：《钦定大清会典事例》卷 776《刑部·兵律关津·私出外境及违禁下海二》，《续修四库全书》（第 809 册），上海：上海古籍出版社，2002 年版，第 521 页。

⑤ ［清］昆冈等修，刘启端等纂：《钦定大清会典事例》卷 630《兵部·绿营处分例·海禁二》，《续修四库全书》（第 807 册），上海：上海古籍出版社，2002 年版，第 765 页。

⑥ ［清］昆冈等修，刘启端等纂：《钦定大清会典事例》卷 629《兵部·绿营处分例·海禁一》，《续修四库全书》（第 807 册），上海：上海古籍出版社，2002 年版，第 755 页。

⑦ ［清］昆冈等修，刘启端等纂：《钦定大清会典事例》卷 626《兵部·绿营处分例·保甲》，《续修四库全书》（第 807 册），上海：上海古籍出版社，2002 年版，第 720 页。

渔船篷上，大书州县船户姓名，每字各大径尺。蓝布篷用石灰细面，以桐油调书；篾篷白布篷用浓墨书，黑油分抹字上，不许模糊缩小。”① 乾隆年间（1735—1795年），“又经浙藩司详定，通行闽浙两省，船大者于两艕及头尾刊刻省分、县分、船户姓名、字号，船小者止于两艕刊刻省分、县分、船户姓名、字号”②。嘉庆二年（1797年）题定：“出海商渔船只自船头起至鹿耳梁头止并大桅上截一半，各照省份油饰船头，两舨刊刻某省、某州、某县、某号字样。……其篷上大书州县船户姓名，每字均径尺，蓝布篷用石灰细面以桐油调写，篾篷、白布篷用浓墨书写黑油分抹，字上不许模糊缩小，如遇剥落即行填写油饰。”③

表4-4 清代出海渔船油饰漆色

	江 南	浙 江	福 建	广 东
漆 饰	青 油	白 油	绿 油	红 油
钩 字	白 色	绿 色	红 色	青 色

资料来源：［清］昆冈等修，刘启端等纂：《钦定大清会典事例》卷629《兵部·绿营处分例·海禁一》，《续修四库全书》（第807册），第755页。

这些法令虽好，但如果没有得到沿海员弁和水师官兵的有效执行，其效果就会大打折扣。道光三年（1823年）十一月初三日，宁波府上奏闽浙总督部院有关渔船分省颜色的落实情况④。从奏折内容我们可知，对于政府法令，出海渔民是上有政策，下有对策。政府政策出台的效果，关键在于地方官员的执行。

与渔船出口查验政策相对应，渔船进口查验政策主要包括对渔民执照和渔船搭载物的查验。康熙五十三年（1714年），吏部规定：渔船进口

① ［清］昆冈等修，刘启端等纂：《钦定大清会典事例》卷629《兵部·绿营处分例·海禁一》，《续修四库全书》（第807册），上海：上海古籍出版社，2002年版，第758页。

② 周宪文主编：《福建省例》卷23《船政例》，“船只如式刊刻油饰书写”，台湾文献丛刊（第199种），台北：大通书局，1999年版，第616页。该内容出自乾隆三十七年六月初十日上报奏折《一件商渔之禁令日弛、洋面之匪船渐广、特严立限稽查、以靖海洋事》一文。由此可知，这一规定颁布的时间应早于这个时间。

③ ［清］严如熤：《洋防辑要》卷2《洋防经制上·稽查商渔船只桅篷》，台北：台湾学生书局，1985年版，第72页。

④ 周宪文主编：《福建省例》卷23《船政例》，“商渔船只书篷毋庸分改颜色”，台湾文献丛刊（第199种），台北：大通书局，1999年版，第699页。

“不许装载货物，违者严加治罪”①。只有当渔民人数、搭载物品与渔船执照相符时，才允许进入口岸。康熙五十七年（1718年），福建浙江总督觉罗满保申明进口渔船“不许装载货物、接渡人口”②。在查验违禁物品的同时，也要查验短缺物品。乾隆三年（1738年），兵部规定，“沿海樵采小船，每船许带食锅一口。所需斧斤，每人许带一把。在船人数不得过十名，均于照内注明，出入查验。不得越数多带，及进口时故意缺少”③。而对于在海上死亡的船员，乾隆六十年（1795年）刑部规定“其水手人等，或在洋患病，临时雇觅别船水手，准该船户于收口时出具保结，呈报该管官员。于新雇水手年貌之下，亦填注箕斗。仍验明同船之人，每名箕斗皆属相符，方准具保。若有病故淹毙，即令同船之人出具切实甘结。如有无故不回者，准令地邻出首。傥获破盗案内有同票之人，将出结之船户水手，及原出甘结又不禀首之地邻，一并分别治罪”④。

雍正五年（1727年）浙江船制放开后，渔船活动区域逐渐扩大。许多渔船在回港之前，在其他口岸停靠时，亦须查验。“总计经过省分，一省必挂一号。回籍时，仍于本籍印官处送照查验，违者治罪。”⑤乾隆二年（1737年）规定沿海樵采船只，“应照商渔船只之例，在中途守汛口址，挂号一次，不必定地限期。惟责令守口员弁，俟其进口时，查核风信时候次数，取具结状备案，捏饰者严究”⑥。

乾隆年间，政府开始允许渔船搭载少量货物。乾隆二十五年（1760年）兵部就规定渔船如果要带货物回港，就必须“赴置货之地方汛口验明给单，以便沿海游巡官兵及守口员弁查验。如单外另带多货，即移县查明

① ［清］昆冈等修，刘启端等纂：《钦定大清会典事例》卷120《吏部·处分例·海防》，《续修四库全书》（第800册），上海：上海古籍出版社，2002年版，第126页。

② 《清实录·圣祖实录》卷277，康熙五十七年戊戌二月甲申条，北京：中华书局，1986年版，第716页。

③ ［清］昆冈等修，刘启端等纂：《钦定大清会典事例》卷630《兵部·绿营处分例·海禁二》，《续修四库全书》（第807册），上海：上海古籍出版社，2002年版，第761页。

④ ［清］昆冈等修，刘启端等纂：《钦定大清会典事例》卷776《刑部·兵律关津·私出外境及违禁下海二》，《续修四库全书》（第809册），上海：上海古籍出版社，2002年版，第523页。

⑤ ［清］昆冈等修，刘启端等纂：《钦定大清会典事例》卷775《刑部·兵律关津·私出外境及违禁下海一》，《续修四库全书》（第809册），上海：上海古籍出版社，2002年版，第512页。

⑥ 《清实录·高宗实录》卷46，乾隆二年丁巳秋七月丙申条，第799页。

来历。”[①]这一规定的出台，实际上承认了渔船在出海捕鱼的同时，还可以通过远洋运输货物来赚钱。与此同时，政府对于渔船搭载的货物要征收一定的税款。浙海关规定：“采捕渔船，各口岸不同，视其大小纳渔税银，自二钱至四两四钱八分。免税例。凡鱼鲜类十有九条，四百斤以上者征税，四百斤以下者免税。烧柴、木炭、炭屑，千斤以上者征税，千斤以下者免征。蛎蝗等十有五条，无论多寡均免税。”[②]

3. 违禁品查验政策

违禁品，即政府不允许渔船出入海口搭载的物品，这些物品不仅包括货物，还包括多带的生活用品和人员。清顺治十二年（1655 年），兵部规定：“焰硝、硫磺、军器、樟板等物，违禁私载出洋接济奸匪者，照例治罪。”[③] 康熙二十三年（1684 年），清廷开海，允许渔船出海捕鱼，但兵部申明焰硝、硫磺、军器、樟板等物，出于海防安全考虑，是不允许渔船搭载出海的。[④] 此后，对于渔船搭载违禁品的品种日渐繁多（见表 4－5）。

表 4－5　清代渔船搭载违禁品种类

时　间	部　门	违禁品
康熙四十二年（1703 年）	吏部	焰硝、硫磺、钉铁、樟板
雍正五年（1727 年）	刑部	硝、硫磺、钉铁、樟板
雍正六年（1728 年）	兵部	枪炮器械
乾隆五年（1740 年）	刑部	铁斤
乾隆十三年（1748 年）	吏部	米谷、杂粮、麦豆
乾隆十四年（1749 年）	吏部	铜器、废铜
嘉庆四年（1799 年）	浙省	米石、硝磺、火药、铁斤、铁器

资料来源：据《钦定大清会典事例》及《清实录》整理。

---

① ［清］昆冈等修，刘启端等纂：《钦定大清会典事例》卷 630《兵部·绿营处分例·海禁二》，《续修四库全书》（第 807 册），上海：上海古籍出版社，2002 年版，第 763 页。

② ［清］昆冈等修，刘启端等纂：《钦定大清会典事例》卷 235《户部·关税·浙海关》，《续修四库全书》（第 801 册），上海：上海古籍出版社，2002 年版，第 775 页。

③ ［清］昆冈等修，刘启端等纂：《钦定大清会典事例》卷 629《兵部·绿营处分例·海禁一》，《续修四库全书》（第 807 册），上海：上海古籍出版社，2002 年版，第 753 页。

④ ［清］昆冈等修，刘启端等纂：《钦定大清会典事例》卷 629《兵部·绿营处分例·海禁一》，《续修四库全书》（第 807 册），上海：上海古籍出版社，2002 年版，第 753 页。

除此之外，政府对渔船能够搭载的物品在数量上加以限制。这些物品主要是渔船的人数和船上搭载的粮食。一般而言，渔船人数不得超过20人，每人每天粮食不得超过二升。值得注意的是，这些禁令都是由兵部颁布的，可见在政府眼中，渔船搭载限定品与海上安全有着密切的关系（见表4－6）。

表4－6　清代渔船搭载限定品种类

时　间	部　门	内　容
康熙四十二年（1703年）	兵部	舵水不得过20人
康熙四十七年（1708年）	兵部	食米不得过50石
康熙五十六年（1717年）	兵部	每人一日准带食米一升，并带余米一升
乾隆二年（1737年）	兵部	每人每日食米一升外，准带余米一升
嘉庆十四年（1809年）	兵部	每人每日带食米一升之外，并带余米一升

资料来源：据《钦定大清会典事例》及《清实录》整理。

与明朝相比，清代对于违禁品的处罚力度仍然是严厉的。如雍正七年（1729年），吏部规定：商渔船夹带违禁对象属情罪重大，不得赦免①。乾隆五年（1740年），刑部规定："商人收买铁斤。除近苗产铁处所，令呈明该地方官外。内地兴贩，悉从民便。若在沿海地方递运铁斤，交卖商渔船只。为首，照将军器出境下海律绞监候。为从，杖一百，流三千里。船户挑夫，减本犯罪二等。"② 而偷运米谷出洋，"潜出外洋，接济奸匪者，拟绞立决。"③不过这里要注意的是，政府对渔船搭载物的限定并不是固定不变的。就以渔船食米而言，某些特殊时段是可以超过兵部规定的限额。《福建省例》就记载了乾隆十二年（1747年）到乾隆二十三年（1758年）

① ［清］昆冈等修，刘启端等纂：《钦定大清会典事例》卷124《吏部·处分例·提解人犯》，《续修四库全书》（第800册），上海：上海古籍出版社，2002年版，第178－179页。

② ［清］昆冈等修，刘启端等纂：《钦定大清会典事例》卷776《刑部·兵律关津·私出外境及违禁下海二》，《续修四库全书》（第809册），上海：上海古籍出版社，2002年版，第519页。

③《清实录·高宗实录》卷324，乾隆十三年戊辰九月癸丑条，北京：中华书局，1986年版，第344页。

这11年间，政府放宽福建在浙捕鱼船只食米限定的一个案例①。从中我们知道，由于浙江宁绍地区旱灾，导致当地粮食短缺。福建赴浙捕鱼船只必须自带足够粮食，以免给当地造成负担。因此，福建巡抚规定，凡是赴浙采捕渔船每人每日准带余米三升，再行预带六升，这一临时规定远远超过兵部先前的政策。当然，既然是临时性的规定，则等到宁绍地区灾情缓解后，这一规定就被取消了。

另外，就渔船禁止搭载枪炮的规定，也曾一度由于海盗猖狂和水师围剿不力而出现过松动。如道光七年（1827年），吏部奏准："出海贸易船只，分别梁头丈尺，以定携带炮械多寡。如船户领换照票时，领配炮械者，验明梁头丈尺，专案通详，移令附近营分，监督制造。深凿某州县某号船只姓名，制造年月。工竣，由州县验给。即于照首盖用携带炮械戳记，及名目件数，沿途验放。其不愿请领炮械之商船，及向给渔照船只，并采捕小摇等船，遇有船户领照，将照根随详呈送核验注册。如有不能随时专案详报，或不将照根随详送验，即将该印官记过一次，并由道员饬提玩违经承责处，以示惩儆。"② 通过这些特例，我们看到中央和地方政府在执行渔业政策过程中，是能够结合实际情况灵活管理的。

另外，开海之后，沿海员弁按照渔船出入口查验法令规定检查出入渔船及携带物品，并按时汇报。乾隆三十三年（1768年）十月丙寅，闽浙总督崔应阶与大学士陈宏谋上奏朝廷《巡查海口船只各事宜》奏折，要求浙江沿海渔船执照一年一换，"应行查报出入口岸，大口五日，小口十日，由汛员汇送地方官注册备考"。而沿海查验官员，"择船只出入较多处所委守备以上一员按月轮替，其余小口，仍委千把防守，责成该处镇道稽查。"③ 对于渎职和勒索渔民的官员，政府也出台了相关的处罚条例。这些处罚条例主要是针对两种情况：①沿海官员渎职。对于不能有效执行进出口查验制度的官员，政府将根据其情节轻重分别给予处分。（其具体处罚见表4-7）②沿海官员扰民。这主要是针对滥用权力的官员。乾隆五年

① 周宪文主编：《福建省例》卷23《船政例》，"往浙捕鱼额带食米"，台湾文献丛刊（第199种），台北：大通书局，1999年版，第605-606页。

② ［清］昆冈等修，刘启端等纂：《钦定大清会典事例》卷120《吏部·处分例·海防》，《续修四库全书》（第800册），上海：上海古籍出版社，2002年版，第133页。

③ 《清实录·高宗实录》卷820，乾隆三十三年戊子冬十月丙寅条，北京：中华书局，1986年版，第1134页。

(1740 年)，吏部规定："沿海关汛，所有文武官弁，巡查挂号之处，严行饬禁，不许藉端需索，故意留难。如有此等情弊，即行查参。将守口官弁，照衙役犯赃例，分别议处。如守口官弁，藉端留难抑勒，苦累商民，别经发觉。将守口官弁，照藉端抑勒例，降二级调用。该督抚、提镇失于觉察，罚俸一年。"① 乾隆二十五年（1760 年），刑部亦下令沿海"兵役人等，不得藉端索诈措留，影射滋事。"②

表 4－7　清代浙江沿海官弁处分条例

时　间	部门	处　分
康熙二十三年（1684 年）	兵部	焰硝、硫磺、军器、樟板等物，违禁私载出洋接济奸匪者，照例治罪。该管汛口文武官弁，盘查不实者，革职。知情贿纵者，革职提问。兼辖官降四级调用，统辖官降二级留任，提督降一级留任
康熙四十二年（1703 年）	吏部	船户、舵水人等，如有越数多带，或诡名顶替者，汛口文武官员，盘查不实，亦降二级调用。内有夹带焰硝、硫黄、钉铁、樟板等物接济奸匪者，其取结之州县官、汛口盘查之文武官弁皆革职。如系卖放者，革职、杖一百、流二千里
康熙五十年（1711 年）	兵部	营官擅给执照者，降二级调用。倘借执照为匪，将擅给执照之营官革职
康熙五十三年（1714 年）	吏部	渔船出洋，不许装载米酒，进口亦不许装载货物，违者严加治罪。其守口各官不行盘查者，照失察奸船出入海口例，罚俸一年
雍正五年（1727 年）	刑部	若商渔船内夹带违禁硝磺、钉铁、樟板等物接济外洋者，船户以通贼论斩，舵工水手知情，同罪。不知情者，皆杖八十徒二年。原保结之人，皆杖一百徒三年。若船主在籍，而船只出洋有事，并责问船主。承察取结之该地方官，及汛口盘查之文武官，俱革职。卖放者，革职，流二千里
雍正五年（1727 年）	刑部	至渔船出洋，不许装载米酒。进口，不许装载货物，违者严加治罪。其守口之文武各官不行盘查，照奸船出入海口例，处分

① ［清］昆冈等修，刘启端等纂：《钦定大清会典事例》卷 120《吏部·处分例·海防》，《续修四库全书》（第 800 册），上海：上海古籍出版社，2002 年版，第 129 页。

② ［清］昆冈等修，刘启端等纂：《钦定大清会典事例》卷 776《刑部·兵律关津·私出外境及违禁下海二》，《续修四库全书》（第 809 册），上海：上海古籍出版社，2002 年版，第 521 页。

续表

时间	部门	处分
雍正九年（1731年）	兵部	商渔船桅拔，照省份漆饰及篷上书姓名，原为稽查奸匪，若官弁怠惰偷安不稽查者，革职。兼辖统辖官不揭报者，降二级调用。不行题参之总兵官，罚俸一年。提督，罚俸六月
雍正十一年（1733年）	兵部	往贩外洋商船，准用头巾插花，并添竖桅尖。其内洋商船及渔船，不许用头巾插花桅尖。如违例私用，守口官弁不行查报者，罚俸一年
乾隆元年（1736年）	兵部	渔船出口入口，守口官弁验明船照，准其出入。如盘查不实，及藉端勒索者，降二级调用。受贿者革职
乾隆十四年（1749年）	吏部	商民出洋货物，一应铜器废铜，皆严行禁止，不许携带各洋货卖。如将红铜、黄铜私贩各洋货卖，其关汛文武官弁，不行搜检查拏，知情故纵者，皆照出洋渔船夹带硝磺、钉铁等物，汛口之文武官弁革职例、革职。如系卖放者，照例革职治罪。若止于失察者，降一级调用
乾隆二十五年（1760年）	兵部	单外另带多货，即移县查明来历。傥沿海哨船及汛员盘查不实，或受贿徇纵，一经发觉，照例参处
乾隆三十年（1765年）	兵部	出口时，即责成守口员弁，将该渔船前往何处，并在船舵水年貌的实姓名籍贯，逐一查填入照，钤盖印信。并将所填人数，登注号簿，准其出口入口。如查填及盘查不实，降二级调用。并责成沿海关口委员，兼司查办。如失于查察，致匪船滥出滥入，降二级调用。受贿者革职，计赃论罪
乾隆六十年（1795年）	刑部	守口弁兵不实力稽查，私行卖放，一经发觉，审明该犯于何年月日，在何处口岸透漏出口，即将该弁兵治罪。不行觉查之上司，从重议处。如系自行查出者免议
嘉庆十二年（1806年）	兵部	商渔船只。如将米谷麦豆及一切应用对象，接济奸匪者，后经发觉，无论石数多寡，将失察之守口官弁，降三级调用。如不经由海口，从沿海偷运接济者，将守口官弁并巡海武职，均降二级留任
嘉庆十四年（1809年）	兵部	若有多带米谷以及麦豆杂粮，即系偷运。汛口员弁隐匿不报者、革职。贿纵者，革职提问。如并无隐匿贿纵情弊，止于失察者，按米谷多寡，分别议处。偷运米一百石以上，谷麦豆杂粮200石以上者，降一级留任。米100石以下，谷麦豆杂粮200石以下者，罚俸一年。米不及10石，谷麦豆杂粮不及20石者，罚俸六月

续表

时间	部门	处分
道光七年（1827年）	吏部	渔船出洋，装载牲酒，进口装载货物，守口各官不行盘查，罚俸一年

资料来源：据《钦定大清会典事例》整理。

不过要注意的是，光绪二十二年（1896年）浙江渔团局建立后，渔团局的董事也参与渔船出入口的查验工作。在渔船进出口岸时，“鄞、奉、镇、象、定各厅及石浦、乍浦、沈家门等，均由各局董事，督率司巡，切实查验”①。

4. 渔船执照

执照，即从事某一行业的凭证。一般人要开茶楼、买田产及赴外地经商，都需要相应的执照作为凭证。执照即是政府管理平民从事各种职业的凭证，也是在产生商业纠纷后县令依法判案的凭证。

明朝执照政策在沿海的使用，首先出现于官方主导下的朝贡贸易，其执照凭证成为“勘合”。隆庆元年（1567年）福建巡抚涂泽民上疏请求开放海禁，“准贩东、西二洋”，得到朝廷允准②，福建月港遂成为海上贸易的主要通道。“商民出海贸易，要到督饷馆登记，由督饷馆海防官颁发给船引，也就是出海贸易的执照，才能合法从事海外贸易。”③

在渔业领域使用执照则始于明末清初。顺治十二年（1655年），兵部规定：对于单桅小船，“准民人领给执照，于沿海近处捕鱼取薪，营汛官兵不许扰累”④。康熙二十三年（1684年）开海后，沿海渔民只需“豫行禀明该地方官，登记名姓，取具保结，给发印票”，即可出海捕鱼⑤。而同

① 李士豪，屈若搴：《中国渔业史》，上海：商务印书馆，1984年版，第34－36页。

② ［明］张燮着，谢方点校：《东西洋考》卷7《饷税考》，中外交通史籍丛刊，北京：中华书局，2000年版。

③ 万明：《中国融入世界的步履——明与清前期海外政策比较研究》，北京：社会科学文献出版社，2000年版，第247页。

④ ［清］昆冈等修，刘启端等纂：《钦定大清会典事例》卷629《兵部·绿营处分例·海禁一》，《续修四库全书》（第807册），上海：上海古籍出版社，2002年版，第753页。

⑤ ［清］昆冈等修，刘启端等纂：《钦定大清会典事例》卷776《刑部·兵律关津·私出外境及违禁下海二》，《续修四库全书》（第809册），上海：上海古籍出版社，2002年版，第525页。

时的商船则需要办理专门的商船执照。① 康熙四十二年（1703 年），吏部和兵部详细规定了渔民申请渔业执照的流程规定：“未造船时，先行具呈州县，该州县询供确实，取具澳甲、户族、里长、邻佑当堂画押保结，方许成造。造完，报县验明印烙字号姓名，然后给照。其照内仍将船户、舵水、年貌、籍贯开列，以便汛口地方官弁查验。”② 成书于道光二十八年的《保甲书》中画出了浙江嘉兴府平湖县的渔照样式，使我们能够直观了解当时渔照中的内容（见图 4－1）。

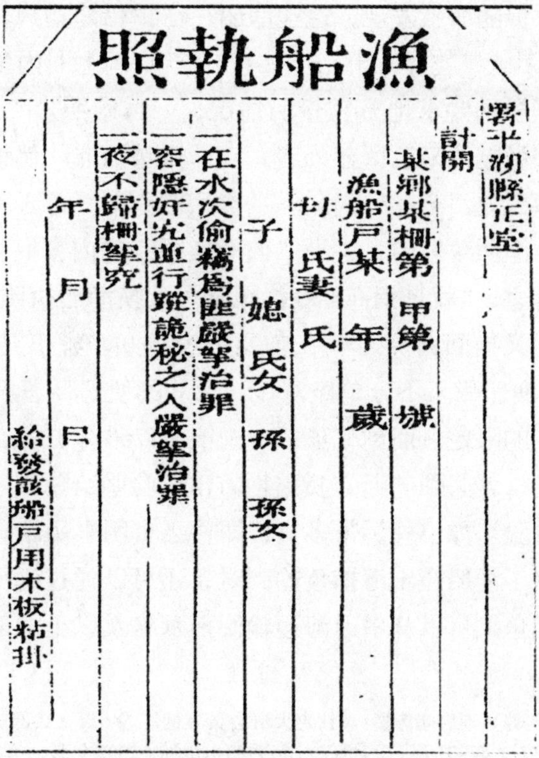
漁船執照
署平湖縣正堂
計開
某鄉某柵第　甲第　號
漁船戶某　年　歲
妣　氏妻　氏
子　媳　氏女　孫　孫女
一在水次偷竊爲匪嚴拏治罪
一容隱奸宄並行蹤詭秘之人嚴拏治罪
一夜不歸柵拏究
年　月　日
給發該船戶用木板粘掛

图 4－1　清代浙江嘉兴渔船执照

来源：［清］徐栋辑：《保甲书》卷 2《成规上·越中从政録保甲事宜》，《续修四库全书》（第 859 册），上海：上海古籍出版社，2002 年版，第 92 页。

---

① ［清］昆冈等修，刘启端等纂：《钦定大清会典事例》卷 629《兵部·绿营处分例·海禁一》，《续修四库全书》（第 807 册），上海：上海古籍出版社，2002 年版，第 753 页。

② ［清］昆冈等修，刘启端等纂：《钦定大清会典事例》卷 120《吏部·处分例·海防》、卷 629《兵部·绿营处分例·海禁一》，《续修四库全书》（第 800 册），上海：上海古籍出版社，2002 年版，第 125、753 页。

渔船执照，即是渔民从事海上捕鱼作业的凭证，从其记载内容看，同时也是沿岸官弁和水师巡查的重要依据。因此，对于擅自发给执照的官员，其所受到的处分是相当严厉的。康熙五十年（1711 年），兵部规定："商民渔船给发执照，系州县专责。如营官擅给执照者，降二级调用。傥借执照为匪，将擅给执照之营官革职。"① 不过在政策执行初期，渔船执照针对的主要是出境渔船。如浙江温、台等处近海渔船，"每遇渔期，在洋张网捕鱼，名曰守行"。这些人员，在本地捕鱼，并不出洋贸易，因此政府并没有给照。但随后就发现，这些渔船往往"借口遭风，飘往别处，以致为匪等事"。因此，乾隆三十二年（1767 年）闰七月丙午，闽浙总督苏昌、浙江巡抚熊学鹏要求地方官查明情况，一体给照。"如有无照船只，及人照不符，并私越往来逗留在外者，应即查拏治罪。倘该员弁，不实力查办，立即严参究处。"②

在乾隆朝的渔照政策中，关于"商渔换照"的内容很引人注意。所谓商渔换照，简言之，"就是指商船在渔汛期可改换渔船执照从事渔业采捕，渔汛期结束后，又换回商照。"③ 由前文内容可知。雍正五年（1727 年），刑部规定："商渔船只，不分单桅双桅，悉从民便。"④ 渔船和商船在船只方面已没有特别的限定。而到乾隆二十五年（1760 年）兵部就规定渔船如果要带货物回港，就必须"赴置货之地方汛口验明给单，以便沿海游巡官兵及守口员弁查验。如单外另带多货，即移县查明来历。"⑤这一规定的出台，实际上承认了渔船在出海捕鱼的同时，还可以通过远洋运输货物来赚钱，渔船在非捕鱼期可以从事近海运输。而双桅及以上渔船在理论上是可

① ［清］昆冈等修，刘启端等纂：《钦定大清会典事例》卷 629《兵部·绿营处分例·海禁一》，《续修四库全书》（第 807 册），上海：上海古籍出版社，2002 年版，第 754 页。

② 《清实录·高宗实录》卷 790，乾隆三十二年丁亥闰七月丙午条，北京：中华书局，1986 年版，第 702－703 页。［清］昆冈等修，刘启端等纂：《钦定大清会典事例》卷 776《刑部·兵律关津·私出外境及违禁下海二》，《续修四库全书》（第 809 册），上海：上海古籍出版社，2002 年版，第 521 页。

③ 欧阳宗书：《海上人家——海洋渔业经济与渔民社会》，南昌：江西高校出版社，1998 年版，第 180 页。

④ ［清］昆冈等修，刘启端等纂：《钦定大清会典事例》卷 775《刑部·兵律关津·私出外境及违禁下海一》，《续修四库全书》（第 809 册），上海：上海古籍出版社，2002 年版，第 512 页。

⑤ ［清］昆冈等修，刘启端等纂：《钦定大清会典事例》卷 630《兵部·绿营处分例·海禁二》，《续修四库全书》（第 807 册），上海：上海古籍出版社，2002 年版，第 763 页。

以从事远洋贸易的。了解了这些相关规定，我们再来看乾隆二十五年（1760年）兵部出台的商渔换照法令，就更清楚了。各省渔船赴县领取渔船执照及商船改换渔照时，需要先将“船主取具族邻澳甲保结”，然后令船主“慎雇驾船舵水，开具年貌籍贯，出具各舵水不敢为匪甘结，送县核明，开列入照，并取十船连环互结存案”①。

就商船更换渔照的过程来看，和渔船申请执照的过程是一致的。在商渔船只制式相同，渔船可以从事商船贸易的情况下，政府允许商船从事渔业活动就在情理之中了。渔照和商照的相互更换，有利于沿海居民行业的转换和收入的提高。就海洋渔业自身而言，“大型商船加入渔业生产的阵营，自然会有助于提高渔业的生产力水平，因而也就有助于驱动海洋渔业经济的发展。”②

在渔船执照政策实施的过程中，对于船照内人员的临时增减，乾隆五十七年（1792年）和乾隆六十年（1795年）刑部作了特别规定。对于进出口岸过程中船照遗失，或称存留于家中的情况，政府“除讯系盗匪假冒从严问拟外，如审明实无为匪情事，亦治以违例之罪，并将船只入官，以为照票不随本船者儆。”如果渔船水手在海上患病，临时雇用其他船只的水手帮忙，则需要在回港之后，出具保结，承报地方官员。在船照内“新雇水手年貌之下，亦注明箕斗，以防牵混。但须验明同船之人，每名箕斗皆属相符，方准具保。”③而碰到船中有病故淹死者，同船其他人需要出具书面担保文书。同船人中如有无故不回者，“准令地邻出首。傥获破盗案内有同票之人，将出结之船户水手，及原出甘结又不禀首之地邻，一并分别治罪。”④

渔照法令在嘉庆、道光年间仍旧继续执行。嘉庆六年（1801年），兵

---

① ［清］昆冈等修，刘启端等纂：《钦定大清会典事例》卷630《兵部·绿营处分例·海禁二》，《续修四库全书》（第807册），上海：上海古籍出版社，2002年版，第763－764页。

② 欧阳宗书：《海上人家——海洋渔业经济与渔民社会》，南昌：江西高校出版社，1998年版，第181页。

③ ［清］昆冈等修，刘启端等纂：《钦定大清会典事例》卷776《刑部·兵律关津·私出外境及违禁下海二》，《续修四库全书》（第809册），上海：上海古籍出版社，2002年版，第528页。

④ ［清］昆冈等修，刘启端等纂：《钦定大清会典事例》卷776《刑部·兵律关津·私出外境及违禁下海二》，《续修四库全书》（第809册），上海：上海古籍出版社，2002年版，第523页。

部规定："江南省小羊山地方。如有无照民人偷漏赴山者，守口官照无照民人出口例，一二名者，罚俸一年。三名以上，降一级留任。五名以上，降一级调用。十名以上，降三级调用。巡山员弁，亦照此例议处。"① 道光五年（1825年），户部在《巡防章程》规定："沿海各岛渔船，务遵定例。于造船时申报，查取渔甲族邻保结，印烙字号，给予执照。开明年貌籍贯，十船编为一甲，由汛口验照挂号，始准出入。"②

浙江渔民的船照一般是由船户所在渔帮或渔业公所统一领取，然后发放到船户手中。县府并不负责直接将船照发到渔民手中。与之相对应的是渔民的渔照费也由渔帮或渔业公所统一征收，然后上缴县府。在此过程中，渔帮或公所头面人物往往借此向渔民索要额外费用③。

光绪二十二年（1896年）浙江渔团成立后，渔船领照，"必令取具互结，以别良莠。如无互结，即由局董将该牌照扣押，取亲邻确实保结，方准给照出洋。"同时渔船需要向渔团局支付渔照费。"其大船核收大洋二元，中船一元五角，小船一元。如墨鱼船小对船等，再减收五角。"④这一时期浙江出海捕鱼船只，只要有渔团局或渔业公司出具的船照，即可收到渔团局或江浙渔业公司所雇用兵船的保护（见图4－2、图4－3）。从内容看，其渔照内容包括渔民户籍、船制、大小、船号等内容，同时还有船照的发证日期及有效期。渔船执照及公司旗一年一换，每届正月，由渔船所在渔帮柱首，开列船户编号清册，向公司领取船照和号旗⑤。与清代前期相比，这一时期渔船执照的颁发机构是亦官亦商的江浙渔业公司。

三、渔业区域政策

政府针对渔民和渔船所指定的种种管理政策，其目的是为了在渔船出

---

① ［清］昆冈等修，刘启端等纂：《钦定大清会典事例》卷630《兵部·绿营处分例·海禁二》，《续修四库全书》（第807册），上海：上海古籍出版社，2002年版，第769－770页。

② ［清］昆冈等修，刘启端等纂：《钦定大清会典事例》卷211《户部·海运·巡防护送》，《续修四库全书》（第801册），上海：上海古籍出版社，2002年版，第469页。

③ 《甬东琐缀》，《申报》，1892年11月11日。

④ 李士豪，屈若搴：《中国渔业史》，上海：商务印书馆，1984年版，第34－36页。

⑤ ［清］沈同芳撰：《中国渔业历史》，载《万物炊累室类稿：甲编二种乙编二种外编一种》（铅印本），上海：中国图书公司，1911年版，第16页。

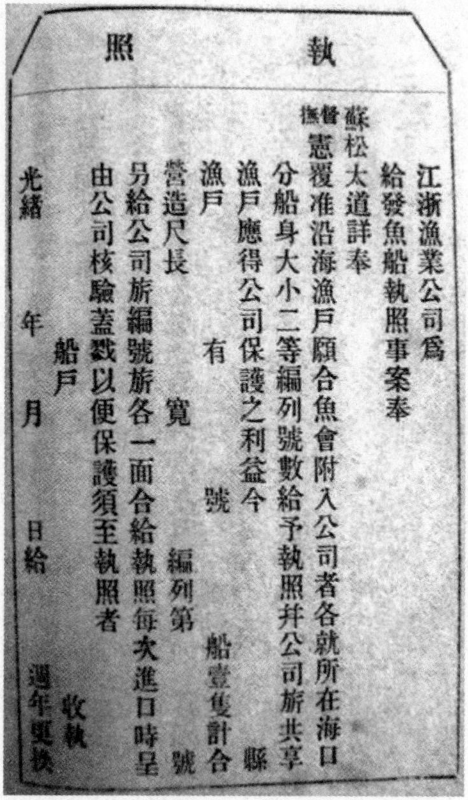
執照

江浙漁業公司爲
給發魚船執照事案奉
蘇松太道詳奉
督撫憲覆准沿海漁戶願合魚會附入公司者各就所在海口
分船身大小二等編列號數給予執照并公司旂共享
漁戶應得公司保護之利益今　縣
漁戶　有　號　船壹隻計合
營造尺長　寬　編列第　號
另給公司旂編號旂各一面合給執照每次進口時呈
由公司核驗蓋戳以便保護須至執照者
船戶　收執
光緒　年　月　日給　週年更換

图 4－2　江浙渔业公司渔船执照

来源：［清］沈同芳撰：《中国渔业历史》，载《万物炊累室类稿：甲编二种乙编二种外编一种》（铅印本），上海：中国图书公司，1911 年版，第 16 页。

海前就强化对渔业生产的监控作用。但是海洋渔业生产的特性决定渔业管理的重心不在大陆而是在海洋，因此，从这个意义上说，“在陆地上强化对渔船制造的管理其终极目标还是为有效地进行下海后的渔船管理作准备”①。政府对于出海渔船的管理主要是针对渔业生产的时间和地点。如果说陆上渔船的管理是由地方官和沿海员弁执行，那么对渔船海上管理则主要是依靠沿海水师进行监督。

---

① 欧阳宗书：《海上人家——海洋渔业经济与渔民社会》，南昌：江西高校出版社，1998 年，第 168 页。

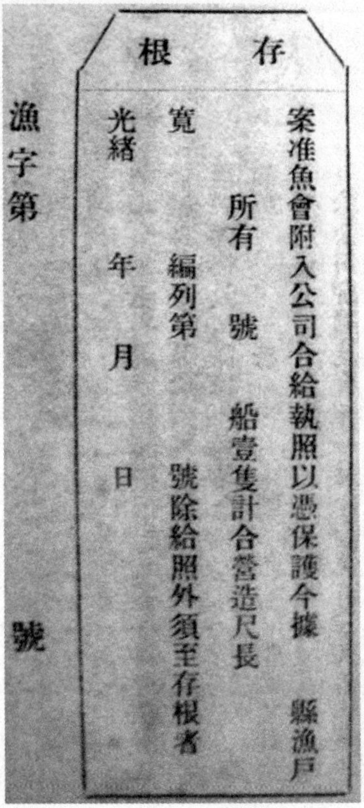
存根
案准魚會附入公司合給執照以憑保護今據　縣漁戶
所有　號　船壹隻計合營造尺長
寛　編列第　號除給照外須至存根者
光緒　年　月　日
漁字第　號

图4－3　江浙渔业公司渔船执照存根

来源：［清］沈同芳撰：《中国渔业历史》，载《万物炊累室类稿：甲编二种乙编二种外编一种》（铅印本），上海：中国图书公司，1911年版，第15页。

1. 渔禁法令

渔禁，即是对浙江沿海渔船出海捕鱼时间的限定。本文在此讨论的是国家出台的正式法令，而民间自发遵守的在一定时期内禁止渔船出海捕鱼，以保护渔业资源的习俗不是我们要讨论的对象。就国家正式颁布的政策而言，浙江沿海的渔禁既有长时期的制度性规定，也有临时性的法令。

明清时期长时段的渔禁法令分别出现在明初期和清初期。与明朝渔禁时间相比，清初的渔禁时间则要短很多。关于明清初期的渔禁包含在同时期的海禁政策中，这里着重分析短时段的海禁法令。

政府短时段的渔禁，主要是针对海防中的一些突发事件，对渔船出海捕鱼时间的限定，一般指的是渔船从母港出海捕鱼再到母港这个时间段。其规定在明清两朝均有出现。

明代由于长时段渔禁政策的存在，短时段渔禁政策主要出现在明朝后期。崇祯二年（1629 年）四月十八日，浙江巡抚张延登上奏朝廷，要求浙江沿海捕鱼船只白天出洋，天黑之前必须回港。①

清朝开海后，对沿海渔民的捕鱼时间并未出台规定。就浙江近海渔船而言，一般早出晚归。而要到远洋捕鱼的船只则要根据渔业捕捞情况，在海上航行好几天，因此其时间是不一定的。不过我们从相关渔业法令的解读中，还是能发现一些隐含的对渔民出海捕鱼时间的限制内容。康熙四十二年（1703 年），兵部规定渔船载员不得过 20 人②。康熙四十七年（1708 年），兵部规定出洋船只所带食米不得过 50 石。③ 康熙五十六年（1717 年），兵部规定出洋船只每人一日准带食米 1 升，并带余米 1 升④。如果这些政策在浙江沿海得到认真执行的话，那么运用简单的换算方法我们就能知道一艘渔船的远洋时间。在携带粮食总数一定的情况下，渔船搭载人员越少，则船只在海上停留的时间也就越长（见表 4－8）。

表 4－8　浙江渔船远洋时间与船员人数比

粮食总数（石）	船员（人）	出海时间（天）
50/30	20	62.5/37.5
50/30	15	83.3/50
50/30	10	125/75
50/30	5	250/150

注：1 石＝10 斗＝100 升。

从表 4－8 中我们可以看到，随着船员人数的减少，渔船在海中停留的

① ［清］计六奇撰，魏得良点校：《明季北略》卷 5，崇祯二年己巳，"张延登请申海禁"条，北京：中华书局，1984 年版，第 103－104 页。

② ［清］昆冈等修，刘启端等纂：《钦定大清会典事例》卷 629《兵部·绿营处分例·海禁一》，《续修四库全书》（第 807 册），上海：上海古籍出版社，2002 年版，第 753 页。

③ ［清］昆冈等修，刘启端等纂：《钦定大清会典事例》卷 629《兵部·绿营处分例·海禁一》，《续修四库全书》（第 807 册），上海：上海古籍出版社，2002 年版，第 754 页。

④ ［清］昆冈等修，刘启端等纂：《钦定大清会典事例》卷 629《兵部·绿营处分例·海禁一》，《续修四库全书》（第 807 册），上海：上海古籍出版社，2002 年版，第 754 页。

时间就越长。不过就渔业生产本身而言，在近代工业化未影响到渔业生产之前，远洋捕捞意味着更大的渔船和捕鱼工具，同时也意味着船上需要更多的渔民，因此用减少人员的办法来延长在海中停留的时间是不合算的。沿海渔民驾驶渔船去远洋捕捞，需要足够长的时间，也需要足够的人力。浙江近海有丰富渔业资源的渔场，就浙江本省渔民而言，一般都可在一个月之内到达。而在粮食限定在50石（相当于3吨）的时候，按照每人每天消耗2升粮食来算，一艘载有20人的渔船在海中最长可停留62.5天。不过这只是最理想的状态。就一艘载重15~30吨的渔船而言，如果考虑到渔业生产工具和渔船自身维修设备的载重，那么在船上放3吨的粮食几乎是不可能的。如果装载30石（约2吨），那么渔船在海上停留的时间为37.5天。如果碰到恶劣的天气，或者因为救援遇险船只，那实际在海上停留的时间不会超过一个月。从上述分析可知，虽然兵部对船只粮食装载数量的限制主要是为了防止渔船出洋贩卖，[①] 但也在客观上限定了渔船的出海时间。

就清代而言，浙江省出台成文的短期渔禁法令始于乾隆末年。乾隆五十四年、五十五年（1789年、1790年），由于海盗渐起，朝廷规定沿海"渔船止许朝出暮归，不容多带薪米"[②]。嘉庆五年（1799年）五月，浙江巡抚阮元要求浙江沿海渔船"晨出者暮必返，不返者有稽，远赴者鸣于长，船之偶者分正脚，私驾者毁其船。"[③]晚清东南海防形势严峻，在历次中外海战期间，浙江省都曾颁布对沿海渔船禁止出洋捕鱼的暂时性禁令[④]。

总体而言，不论是长时段还是短时期的海禁，其目的都是为了保证国家海防秩序的安定。当然，仅仅如此是不够的，在渔船出海这30几天时间里，仍然需要制度性的规范去约束。

---

① ［清］昆冈等修，刘启端等纂：《钦定大清会典事例》卷629《兵部·绿营处分例·海禁一》，《续修四库全书》（第807册），上海：上海古籍出版社，2002年版，第754页。

② 邵之棠辑：《皇朝经世文统编》卷27《内政部一·治术》，载沈云龙主编：《近代中国史料丛刊续编》（第七十二辑），台北：文海出版社，1980年版，第88页。

③ ［清］李恒纂：《国朝耆献类征初编》卷39补录《宰辅三十九·阮元》，载周骏富辑：《清代传记丛刊》，台北：明文书局，1985年版，第347页。

④ 如道光二十年（1840）中英鸦片战争期间，浙江省沿海港口封闭。道光二十一年（1841年）十一月丁丑，浙江巡抚刘韵珂上奏朝廷："海口封闭日久，商民失业，请照旧开港，并酌定稽查章程"，后道光皇帝下令："所有乍浦及温台等处商渔船只，均着准其照旧出入。"见《清实录·宣宗实录》卷362，道光二十一年辛丑十一月丁丑条，北京：中华书局，1986年版，第533－534页。

2. 捕鱼区域政策

在没有政府管制的情况下，浙江沿海渔民一般依渔汛确定其出海作业的地点，而捕鱼区域的变化随着渔汛的不同而发生变化。

渔民的捕鱼区域除了受渔业资源客观限制外，还有人为的主观因素。就目前所发现的资料所载，对浙江渔民捕鱼区域的限定法令最晚在明中期就已经出现。天顺二年（1458 年）七月甲寅，备倭中军都督府都督佥事翁绍宗报告朝廷，因近年以来，“不许渔船越境出海，又令官军擒拏”，嘉兴乍浦河泊所岁进黄鱼当年无法按期上供。① 而清代相关法令出台的时间可以确定为康熙四十二年（1703 年），吏部和兵部先后规定沿海捕鱼船只“取鱼不得越出本省境界”②。考虑到渔业资源的流动性，政府这一人为限制法令在执行过程中的难度是非常大的。尤其渔汛时期，各省渔民会集，区域禁令更是无从着手。为此，雍正元年（1723 年），兵部规定：“出海商渔船，自船头起至鹿耳梁头止，大桅上截一半，各照省分油饰”，以便巡洋水师检查。③ 雍正四年（1726 年）四月二十六日浙江定海总兵张溥在《奏报渔期福建江南船数目折》中对春季黄鱼汛期前来定海洋面捕鱼的闽船和江南船作了粗略的统计：“定海洋讯，自今正值渔期，有闽省渔船来浙捕鱼，又有江南沙船来浙收鱼，共计约有一千二百余只，自四月初旬起至六月方回。”④ 同年同月初四日福建总督高其倬也说：“查三四月间，福建泉漳一带及福兴等处渔船并潮州一带船只趁南风向浙江、山东一带北上之际，船只最多。”⑤ 而雍正五年（1727 年）刑部取消渔船大小的限定，

---

① 《明实录·英宗实录》卷 293，天顺二年秋七月甲寅条，台北：“中央研究院”历史语言研究所，1961 年版，第 6268 页。

② ［清］昆冈等修，刘启端等纂：《钦定大清会典事例》卷 120《吏部·处分例·海防》、卷 629《兵部·绿营处分例·海禁一》，《续修四库全书》（第 807 册），上海：上海古籍出版社，2002 年版，第 125 页、第 753 页。

③ ［清］昆冈等修，刘启端等纂：《钦定大清会典事例》卷 629《兵部·绿营处分例·海禁一》，《续修四库全书》（第 807 册），上海：上海古籍出版社，2002 年版，第 755 页。

④ 中国第一历史档案馆：《雍正朝汉文朱批奏折汇编》（第 7 册），《浙江定海总兵张溥奏报渔期福建江南船数目折》（雍正四年四月二十六日），南京：江苏古籍出版社，1989 年版，第 195 页。

⑤ 中国第一历史档案馆：《雍正朝汉文朱批奏折汇编》（第 9 册），《福建总督高其倬奏报委令副将统领兵船巡查洋盗情形折》（雍正四年四月初四日），南京：江苏古籍出版社，1989 年版，第 583 页。

此后新造渔船远距离渔业作业能力大大提高，这一政策就等于默认渔船可以越境捕鱼。

除了不许渔民越境捕鱼外，浙江一些岛屿附近海域是禁止渔船作业的。如乾隆九年（1744 年）二月戊寅，浙江巡抚常安在查勘宁波府定海沿海地方后上奏，“涉外洋之山，最易藏奸。虽膏腴沃衍之区，必须严行饬禁，毋许开垦、采捕、煎烧等类，以滋事端”，被朝廷批准。① 在这些岛屿中，江浙交界的小羊山及附近海域由于其地理的特殊性在某些时段也是禁止捕鱼作业的。嘉庆六年（1801 年）七月甲辰，两江总督费淳覆奏《御史黄照条奏防御海盗》一折，就提到“苏松洋面，例不许浙江人住山采捕。惟小羊山前后岙口六处，春汛捕鱼约三四百人，秋汛采蛰七八百人，皆有印照。而采捕人船，浙江居其七八，重洋往返，难保无济匪情事。前经咨会浙江，暂行禁止，俟洋面肃清，再复旧制。至上海闽广鸟船，责成会馆董事编查。”该建议上报朝廷后获准执行。②

当政府被迫承认渔船在海上可以自由捕鱼之后，其海上渔业作业秩序的维护便成为政府渔业管理的重心。除了通过在陆上和进出口岸实行一系列管理法令以最大限度消除隐患外，政府还通过渔船相互监督及水师监督的方式，以保证渔船作业秩序与海上渔业安全。

前文提到，政府对渔民的管理主要是按户籍进行保甲编排，而渔船管理也有类似的制度安排，渔船的保甲政策不仅适用于陆地，同时也适用于渔船的海上作业。在清代文献中，这种渔船海上作业管理的政策称为“连𦨭互结”。所谓“连𦨭互结”，即指“渔船出洋必取十船连𦨭互结，一船为匪，九船定行连坐”③。具体而言，就是“欲出洋者将十船编为一甲，取具一船为匪，余船并坐连环保结，并将船结字号于大小桅篷及船旁大书深刻，仍于照后多留余纸，俟出口时即责成守口员弁将该渔船前往何处并在船水手年貌的实姓名籍贯逐一查填入照，钤盖印戳并将所填人数照登号

① 《清实录·高宗实录》卷 211，乾隆九年甲子二月戊寅条，北京：中华书局，1986 年版，第 719 页。

② 《清实录·仁宗实录》卷 85，嘉庆六年辛酉秋七月甲辰条，北京：中华书局，1986 年版，第 125 - 126 页。

③ 中国第一历史档案馆：《雍正朝汉文朱批奏折汇编》（第 2 册），《闽浙总督满条奏遵旨逐条查覆金铎所陈海疆事宜折》（雍正二年闰四月十三日），南京：江苏古籍出版社，1989 年版，第 935 页。

簿，准其出口入口。”① 由此可见，“连艅互结”政策、渔船出入口政策和船照政策构成一个完整的由陆地到海洋的渔业监督体系。在这一体系中，“连艅互结”是其中重要的一个环节。

清康熙年间开海之后，浙江大量渔船出海作业，其海上作业的管理也逐渐细化。康熙四十六年（1707年），兵部规定：“欲出洋者，将十船编为一甲。取具一船为匪，余船并坐，连环保结。若船主在籍，而船只出洋生事者，罪坐船主。”② 乾隆二十五年（1760年），兵部奏准：“各省渔船赴县领照。……取十船连环互结存案，于春冬两汛出口之前，移知各汛口员弁，查验放行。如年貌籍贯不符，即行严拏究讯。傥一船为匪，余船连坐，余船能将为匪船户首捕到官者免罪。如船主及原保结之澳甲不早首报者，一并严处。其有将船给予伯叔弟兄子侄亲友代驾出海者，取代驾出海之人族邻甘结，船主赴地方官呈明立案。”③ 道光五年（1825年），户部在《巡防章程》再次申明了渔船出海保甲的法令。④

渔船出海作业的不稳定性和危险性，决定了大多数船只出于安全考虑是愿意结群出海捕鱼的，这种情况尤其出现在跨区域捕鱼的时候。结合渔业经济自身的发展特点，随着渔船作业复杂程度的加深，很多渔船作业，尤其是大小对船和拖网渔船作业需要两艘及以上渔船相互配合才能完成。再加上渔业生产分工的细化，在渔业生产的过程中出现了专门冷藏加工海鲜的冰鲜船，这一客观事实也决定了渔业作业的群体性。在这种群体作业过程中，逐渐出现了渔民自发的渔业组织渔帮和渔业公所。浙江海洋渔业中介组织的发达不仅是其海洋渔业经济迅速发展的表现，也是地方政府默许和支持的结果。

对于这种通过渔民之间相互监督，以达到管理渔民海上作业为目的的方式，欧阳宗书认为“从某种意义上说，这是陆地村落普遍实行的‘株连

---

① ［清］严如煜：《洋防辑要》卷2《洋防经制上·稽查商渔船只桅篷》，台北：台湾学生书局，1985年版，第70页。

② ［清］昆冈等修，刘启端等纂：《钦定大清会典事例》卷629《兵部·绿营处分例·海禁一》，《续修四库全书》（第807册），上海：上海古籍出版社，2002年版，第753－754页。

③ ［清］昆冈等修，刘启端等纂：《钦定大清会典事例》卷630《兵部·绿营处分例·海禁二》，《续修四库全书》（第807册），上海：上海古籍出版社，2002年版，第763－764页。

④ ［清］昆冈等修，刘启端等纂：《钦定大清会典事例》卷211《户部·海运·巡防护送》，《续修四库全书》（第801册），上海：上海古籍出版社，2002年版，第469页。

九族'法律制度在中国沿海渔村的一种仿效或者说是一种炮制"[①]。这种"连䑸互结"的政策，不仅有利于渔船出入口管理，更有利于海洋渔业作业的管理。

渔船本身的作业特点及政府对出海渔船实施的"连䑸互结"法令，使渔业生产呈现出集体化的特点，尤其是在每年的渔汛期。在渔船作业过程中，为抢夺渔业资源，渔船之间的械斗时有发生，"故海中常防劫夺。海渔船必自募久惯出海之人，以格斗则勇敢，以器械则锋利，以风涛则伙习，其时通当春天之时，其处则又倭犯苏松必经之处。"[②]清初开海之后，来自外界的海防压力消失，水师对渔业的海上管理，主要集中在维持正常的海上渔业秩序，防止海上渔船劫案的发生。从文献记载来看，康熙年间浙江海上渔船的劫案只是零星发生，但到乾隆年间，尤其是乾隆末期，浙江海上渔业劫案日渐频繁。产生这一问题的原因和性质与康熙初年台湾郑氏集团的骚扰截然不同。乾隆五十九年（1794 年）正月戊午，浙江巡抚觉罗吉庆在对当时频繁的发生的海盗抢劫事件仔细分析后，向朝廷指出"浙省海洋，界连福建，每当南风顺利，闽省渔船，多赴浙江采捕。鱼汛旺盛，则获利益，偶然乏食，辄肆抢劫。本地渔船，亦有被诱入伙者。然时聚时散，并无定所，与康熙年间洋盗依据海岛情形迥异。"[③]

为了保证渔业秩序，沿海水师将防范的重点由对外转到对内。雍正元年（1723 年），兵部规定："沿海汛口及巡哨官弁，凡遇商渔船，验系照依各本省油饰刊刻字号者，即系民船，当即放行；如无油饰刊刻字号，即系匪船，拘留究讯。"[④] 乾隆十九年（1754 年），吏部核准："各省商渔船

---

① 欧阳宗书：《海上人家——海洋渔业经济与渔民社会》，南昌：江西高校出版社，1998 年，第 1 页。

② ［清］顾炎武撰：《天下郡国利病书》第六册《苏松》，《续修四库全书》（第 595 册），上海：上海古籍出版社，2002 年版，第 757 页。

③ 《清实录·高宗实录》卷 1445，乾隆五十九年甲寅正月戊午条，北京：中华书局，1986 年版，第 283 页。另赵尔巽等撰：《清史稿》卷 343《觉罗吉庆》载："调浙江，闽海渔船赴浙洋剽掠，吉庆于岛岙编保甲，禁米出洋，严缉代卖盗赃"，北京：中华书局，1976 年版，第 11128 页。查《清实录·高宗实录》卷 1434，乾隆五十八年八月辛未条载"吉庆自简任山东巡抚以来，办理地方事件，尚能妥协，着调补浙江巡抚。"北京：中华书局，1986 年版，第 173 页。觉罗吉庆于乾隆五十八年八月辛未被任命为浙江巡抚，因此《清实录·高宗实录》卷 1445 与《清史稿》卷 343《觉罗吉庆》所描述是同一制度。

④ ［清］昆冈等修，刘启端等纂：《钦定大清会典事例》卷 629《兵部·绿营处分例·海禁一》，《续修四库全书》（第 807 册），上海：上海古籍出版社，2002 年版，第 755 页。

在洋，除实系抢夺并未劫盗者，仍照抢夺办理外，如有盗劫之案，混以抢夺具报，希图规避处分者，将捏报之文武各官，照讳盗为窃例革职。”① 乾隆三十五年（1770年），兵部奏准：“洋面失事，巡哨各官，有恐吓贿嘱，不行通报者，将武职专兼统辖各官，照讳盗例，议处。或商渔船只，实被强劫，捏报抢夺者，照讳盗为窃例，议处。属员讳匿已经告发，武职上司不查明揭报题参者，照徇庇例，降三级调用。”② 而营弁在巡视洋面后要定期向朝廷汇报，“巡历所属内外洋面各山岛岙，谆切严谕，分巡专协洋汛”。③

与明朝相类似，清代沿海水师的出巡时间基本和渔汛重合，其目的就是防止渔民在海上违法作乱。④

对于巡查不力的官员，嘉庆六年（1801年），兵部规定：“渔户出洋采捕，暂在海岛搭寮栖止者，责令沿海巡洋员弁，实力稽查，毋致句藏为匪。倘不严加稽查，致有句引洋盗潜匿者，将沿海巡洋各员降三级调用，提督总兵降一级留任。如沿海巡洋各员知情贿纵者，革职提问，提督总兵降一级调用。”⑤ 不过，嘉道年间的海盗问题不是限制渔民接济就可以解决掉的，晚清海盗活动不仅没有消减，而且愈加猖狂。

第二节　清代前中期海洋渔业政策演进因素分析

以乾隆五十五年（1790年）皇帝下发开放中国沿海岛屿禁令的诏书为分界点，清代浙江海洋渔业政策呈现两种不同的发展态势。前期政府海洋渔业政策趋于务实，政策的出发点是为了适应并推动海洋渔业经济的发展。这一时期海洋渔业政策对海洋渔业生产活动由最初的严格管制到逐渐放开，其

① ［清］昆冈等修，刘启端等纂：《钦定大清会典事例》卷120《吏部·处分例·海防》，《续修四库全书》（第800册），上海：上海古籍出版社，2002年版，第129－130页。

② ［清］昆冈等修，刘启端等纂：《钦定大清会典事例》卷631《兵部·绿营处分例·巡洋捕盗》，《续修四库全书》（第807册），上海：上海古籍出版社，2002年版，第777页。

③ 中国第一历史档案馆藏：浙江黄岩镇总兵弓斯发奏折，乾隆五十年三月二十八日，档号：04－01－03－0031－002。

④ 《清实录·高宗实录》卷247，乾隆十年乙丑八月己巳条，北京：中华书局，1986年版，第189－190页。

⑤ ［清］昆冈等修，刘启端等纂：《钦定大清会典事例》卷630《兵部·绿营处分例·海禁二》，《续修四库全书》（第807册），上海：上海古籍出版社，2002年版，第769页。

推动因素除了海洋安全压力的减少外，还要考虑到沿海贸易繁荣与人口增长。而后者产生的负面影响，使得自乾隆末期到清朝灭亡，政府对于海洋的关注转向如何清剿由于人口压力而日益严重的海盗问题，这一时期涉及浙江海洋渔业的政策法令也均与此有关。可以说整个清代浙江海洋渔业政策的演变经历了从适应并推动海洋渔业发展到保障海洋渔业生产正常运行的发展趋势。相比明代而言，这一时期推动海洋渔业政策演进的因素更加多样化。

一、渔业政策的务实与开放

康熙二十三年（1684年）国家开放海禁之后，浙江海洋渔业开始进入到一个全面发展时期。在开禁初期，政府出台的对船只出海编排保甲及出入违禁品的查验政策，基本上顺延了晚明时期的法令。在没有海上强敌侵扰之前，国家主要考虑的是如何对海洋渔业进行管理的问题。

1. 渔民生计与海防博弈

在康熙二十三年（1684年），值得我们关注的渔业政策变革是渔照法令和对渔船载重量的限定。这两者其实都属于渔业经济管理的一部分，前者是对渔民的管理，后者涉及渔业生产工具方面。在开海初期，为了保证渔业生产秩序而出台的渔照法令其实是从商船的船照政策借鉴而来的。至于所有渔船载重不得超过500石，看似是对渔船大小的限定，但对双桅渔船的放开，其实更有利于渔船的远洋作业和贸易，更何况这一时期对船只大小的限定也包括商船在内。开海初期，渔船和商船管理法令的雷同是这一时期渔业管理政策的一个明显特征，这表明清政府在一开始就表现出对海洋商贸的提防心态。相反，对于关系沿海居民生计的近海活动，政府则从税收上给予支持，沿海地区“采捕鱼虾船只及民间日用之物，并糊口贸易，俱免其收税”①。这一免税的额度并不是一个小数字。就闽海关而言，其“应免税银共六千四百九十四两有奇”②。要知道福建的双桅渔船大多是在浙江舟山海域从事渔业生产活动，并在归航途中从事贸易活动以补贴渔业生产的成本。

---

① 《清实录·圣祖实录》卷140，康熙二十八年己巳三月丁未条、康熙二十八年己巳夏四月戊辰条，北京：中华书局，1986年版，第536、537页。

② 《清实录·圣祖实录》卷146，康熙二十九年庚午六月庚午条，北京：中华书局，1986年版，第609页。

海洋威胁的消失，使沿海水师的功能，由防御外敌入侵，转为“备海盗”①。康熙年间的海盗，已经不是威胁清政权的异己分子，他们大多数是生活无着的平民。正如此，康熙年间实行的渔业政策基本是对渔业生产的鼓励，而对官员出于海防目的禁锢渔业发展的建议，基本都被皇帝否决。从康熙二十三年（1684 年）开始，海洋渔业政策的变化，基本上是政府内部关于渔民生计和海防安全两个目标之间博弈的结果。这种博弈集中体现在政府关于船制、捕鱼区域和违禁品制度相关内容出台的过程中。

康熙四十二年（1703 年），为了限制私人违禁出海贸易，打击海盗，福建浙江总督金世荣“奏定渔船不得用双桅，商船悉令改造，梁头不得过丈有八尺”②。同年，兵部和吏部也出台了类似的政策。到康熙四十六年（1707 年）三月戊寅，其继任福建浙江总督梁鼐就认为“飘洋者，非两桅船则不能行。且渔船人户，所倚为生者，非但捕鱼而已，亦仗此装载货物以贸易也。若准其立双桅，装载货物甚便”。经过大学士马齐等人遵旨询问后，朝廷基本认可了这一法令③。但以海防为已任的兵部，随即将这一制度限定在福建，其他省份出海渔船仍然只许用单桅。从单桅到双桅的转变，是出于渔民生计的考虑，而这一政策之所以仅限定在福建，却是出于海防角度的考虑。

另一个明显的例子就是关于捕鱼区域的限定。按照康熙四十二年（1703 年）兵部和吏部的规定，政府是不许渔船越界捕鱼的。这种违反生产特点，人为划分渔业区域的做法不仅不能有助于消除海盗，恰恰相反，由此导致的权力寻租，只会逼迫更多渔民为了生计铤而走险。康熙四十六

① 赵尔巽等撰：《清史稿》卷 138《海防》，北京：中华书局，1976 年版，第 4095 页。

② 赵尔巽等撰：《清史稿》卷 243《梁鼎》，北京：中华书局，1976 年版，第 9597 页。查阅《清实录 · 圣祖实录》可知，金世荣康熙四十一年十月担任福建浙江总督，康熙四十五年五月卸任。见《清实录 · 圣祖实录》卷 210，康熙四十一年壬午冬十月丙午条载，“以福建将军金世荣为浙江福建总督，仍管将军事”，北京：中华书局，1986 年版，第 131 页。《清实录 · 圣祖实录》卷 225，康熙四十五年丙戌五月己未条，“升福建浙江总督金世荣为兵部尚书”，北京：中华书局，1986 年版，第 262 页。另见赵尔巽等撰：《清史稿》卷 8《圣祖本纪三》，北京：中华书局，1976 年版，第 261、269 页。

③ 《清实录 · 圣祖实录》卷 229，康熙四十六年丁亥三月戊寅条，北京：中华书局，1986 年版，第 293 页。赵尔巽等撰：《清史稿》卷 243《梁鼎》，北京：中华书局，1976 年版，第 9597 页。[清] 清高宗敕撰：《皇朝文献通考》卷 33《市籴考二 · 市舶互市》，上海：商务印书馆，1936 年版，第 5157 页。

年（1707年）十月辛巳，梁鼎在审查“黄岩总兵官仇机与原任黄岩总兵官许国桂互讦”一案时就查出许国桂私设小票，收取渔船规礼银三百两，仇机收取渔船规礼银一千一百两。[①] 因此，当康熙五十一年（1712年）福建浙江总督范时崇条奏要求将“沿海捕鱼船只，只许用双桅，不准越省行走，交与该州县查明，令沿海提镇副协等营钤束”时，尽管当时吏部等衙门认可了这一建议，但最终得到的是康熙皇帝的申斥：“范时崇条奏之事，与地方民生无益。福建大洋内无贼盗，内地沿海一带，俱系小贼。文武各官，果实心尽力，抚绥缉获，自然无事。今若照所题，将捕鱼船户，并入水师营分辖，则启武弁兵丁克削之弊矣。且贼盗窃发，何地无之。若欲将贼盗尽除，亦断不能。凡事只应视有益于民者行之，不当迫之以法。”[②] 此后，渔船越界捕鱼的禁令成为一纸空文，但渔船跨海捕鱼给海防带来的威胁并未消除。康熙五十三年（1714年）三月甲辰，江苏巡抚张伯行提出的建议较为有效地解决了这一问题。[③]

与以往沿海地方大员纯粹限制渔业发展的建议相比，张伯行主张重点是在通过对商船、渔船的编排管理，这和我们现在对汽车按其不同功能上牌照有异曲同工之意。因此，当这一具有可操作性的建议上奏朝廷后，立即获得支持。康熙五十三年（1714年）朝廷覆准：“各省海洋商渔船只，分别书写字样；柁土、水手各给腰牌，刊明姓名、年貌、籍贯，如船无字号、人有可疑，即行严拏究治。”[④] 当然，这一分类管理方式的消极方面仍然是不可忽视的，那就是商船和渔船不能从事与其在政府备案中不同的经济活动。康熙五十三年（1714年），吏部针对渔船出海的生产活动出台相关规定：“渔船出洋，不许装载米酒，进口亦不许装载货物，违者严加治

---

① 《清实录·圣祖实录》卷231，康熙四十六年丁亥冬十月辛巳条，北京：中华书局，1986年版，第308页。

② 《清实录·圣祖实录》卷249，康熙五十一年壬辰二月丁巳条，北京：中华书局，1986年版，第467页。参考前几年的规定及清史稿内容，可知其记载有误，“沿海渔船，只许单桅，不许越省行走，交地方文武钤束”。见赵尔巽等撰：《清史稿》卷8《圣祖本纪三》，北京：中华书局，1976年版，第281页。

③ 《清实录·圣祖实录》卷258，康熙五十三年甲午三月甲辰条，北京：中华书局，1986年版，第550页。

④ ［清］胡建伟纂辑：《澎湖纪略》卷3《官师纪·职事》，台湾文献丛刊（第141种），台北：大通书局，1984年版，第59页。

罪。其守口各官不行盘查者，照失察奸船出入海口例，罚俸一年。”[①] 从此，商船与渔船的管理法令逐渐区别开来。

开海之后，浙江海上贸易持续发展，商品经济日益活跃。随着沿海人口的增加和从事农业生产人口的减少，浙江的农产品价格开始上扬。在出现自然灾害的年份，关系浙江居民生计的米价成为政府和人民关注的焦点。康熙四十七年（1708 年）正月庚午，都察院佥都御史劳之就上疏清廷，认为“江浙米价腾贵，皆由内地之米、为奸商贩往外洋所致”。因此，他要求“申严海禁，暂撤海关，一概不许商船往来，庶私贩绝而米价平”[②]，希望通过冻结大米交易的方式来打压米价的上涨。尽管康熙并没有采纳如此极端的建议，但仍然命令对于“奸商私贩，应令该督、抚、提、镇，于江南崇明、刘河，浙江乍浦、定海各海口，加兵巡察。除商人所带食米外，如违禁装载五十石以外贩卖者，将米入官。文武官弁有私放者，即行参处”[③]。康熙四十八年（1709 年）六月，湖广江西稻谷丰收，沿江贩米者甚多，但是江浙米价反而愈贵，对此，朝廷不仅要求地方严厉打击“广收米石，囤积图利”的富豪奸商，而且严禁“贩米私出外洋”。[④] 此后，随着米价的下跌，政府取消了这一禁令。但随着福建渔船在浙江沿海的剽掠，浙江巡抚觉罗吉庆在康熙五十六年（1717 年）再次下令禁止浙江沿海“米出洋，严缉代卖盗赃”[⑤]。为与此规定相适应，兵部在同年出台配套法令，对出海渔船搭载的粮食数量开始加以限定，凡是超过额定数量的皆以搭载违禁品问罪。

对海盗出现原因的准确认识，是这一时期政府海洋渔业政策出台的依据。康熙五十二年（1713 年）十月丙子，康熙帝在接见浙江提督吴郡时就指出：“浙江海中，渔船甚多。其船进海口时，防汛官兵，横索钱财，方

---

① ［清］昆冈等修，刘启端等纂：《钦定大清会典事例》卷 120《吏部·处分例·海防》，《续修四库全书》（第 800 册），上海：上海古籍出版社，2002 年版，第 126 页。

② 《清实录·圣祖实录》卷 232，康熙四十七年戊子春正月庚午条，北京：中华书局，1986 年版，第 318 页。

③ 《清实录·圣祖实录》卷 232，康熙四十七年戊子二月辛卯条，北京：中华书局，1986 年版，第 319 页。

④ 《清实录·圣祖实录》卷 238，康熙四十八年己丑六月己卯条，北京：中华书局，1986 年版，第 377 – 378 页。

⑤ 赵尔巽等撰：《清史稿》卷 343《觉罗吉庆》，北京：中华书局，1976 年版，第 11128 页。

令入口。中有不聊生之穷人，不得入海口，遂为海贼。观此，则海贼即内地渔人，乃官兵迫而驱之海中为贼者也。”① 从当时的情况来看，沿海居民之所以转变为海盗，并不是因为对清政府政权合法性的质疑，而是生计所迫。从规模上来言，这一时期的海盗活动还不足以严重威胁到沿海社会经济的恢复和发展。如果通过有效的方式提高渔民收入，政府再加强围剿海盗，那么沿海社会的安定是有保障的。正基于此，康熙皇帝反对任何可能影响沿海居民生计的禁海建议。这一鲜明的态度，使政府实施的海洋渔业政策仍然朝着促进渔业经济发展的方向演变。

2. 船制细化和岛屿开发

康熙五十一年（1712 年）二月壬午，皇帝下诏，曰：“承平日久，生齿日繁。嗣后滋生户口，勿庸更出丁钱，即以本年丁数为定额，着为令。”② 这一政策的颁布，使浙江原本就存在的人多地少的矛盾开始激化。

为解决这一问题，政府开始允许人们从事手工业、商业等可以吸纳人口的活动。雍正五年（1727 年）六月丁未，雍正废除了康熙五十六年颁布的南洋禁海令③。雍正七年（1729 年）五月，福建总督高其倬以“闽省产米，不敷食用”为由，要求朝廷准许福建与南洋贸易，获得批准。其后浙江总督李卫以浙江洋面接连福建，“恐奸商趋利，冒险前往”为由，要求朝廷准许浙江与南洋贸易，也获得朝廷批准。④ 与此同时，朝廷对渔船大小和捕鱼区域的限定也在这一时期开始放宽。

另一措施就是政府开始组织人力物力拓展土地，开发岛屿。从雍正年间开始，浙江地方政府沿海地方土地开发规模逐渐增大（见表 4 -9）。雍正六年（1728 年），浙江总督李卫奏请开垦玉环、舟山获得批准⑤。

---

① 《清实录·圣祖实录》卷 256，康熙五十二年癸巳冬十月丙子条，北京：中华书局，1986 年版，第 534 页。

② 赵尔巽等撰：《清史稿》卷 8《圣祖本纪三》，北京：中华书局，1976 年版，第 281 页。

③ 《清实录·世宗实录》卷 58，雍正五年丁未六月丁未条，北京：中华书局，1986 年版，第 892 -893 页。

④ 《清实录·世宗实录》卷 81，雍正七年己酉五月辛酉条，北京：中华书局，1986 年版，第 70 -71 页。

⑤ 《清实录·高宗实录》卷 412，乾隆十七年壬申夏四月丙午条，北京：中华书局，1986 年版，第 395 -396 页。

表 4－9　雍正年间浙江宁波土地开垦数量

时　间	属　县	田、地数量（顷）
雍正二年（1724 年）七月癸丑	象山等六县	1 100
雍正六年（1728 年）七月甲寅	象山等六县	24
雍正七年（1729 年）七月戊申	镇海等六县	86
雍正十一年（1733 年）七月丙戌	镇海等八县	81
雍正十三年（1735 年）七月己酉	余姚等七州县	153

资料来源：据《清实录》整理。

政府对海洋经济管制放松和区域开放的同时，也逐渐细化对出海渔民的管理。雍正二年（1724 年）四月十三日，闽浙总督觉罗满保在奏折中对这一时期的渔船管理作了详细说明："臣现于两省造船者必令各报实在姓名，地方官查果殷实良民，取具澳甲亲邻方许成造。其管船之出海舡工与租船之人俱责令船主保结，在船之水手、搭客责令出海舡工及租船之人保结，各取连环互保结状，一人有犯，将保结之人层层追究治罪。至从前已造各船俱于每年换照时查明的名，一体印具保结填给，则有身家之船不敢轻托匪人出洋，而诚实之出海舡工亦不敢滥招匪人驾驶矣。"① 这就是说，官府在审批造船手续时，之所以既要查验船主正身，又要澳甲和亲戚邻里出面画押担保，并对将来的船上水手、船工等的身份一一查明，就是想通过层层牵制的办法，起到在陆上监控海上的效果。但仅仅从陆地监控海洋的办法并不能解决根本问题。海上的问题最终还需要在海上去解决。为了管制海上的渔船，政府通过在渔船和商船上标注记号的方法与盗船区分开来。

与此同时，浙江海洋渔业行帮组织逐渐由渔帮向公所演变。雍正二年（1724 年），宁波镇海、定海各帮在鄞县双街成立了南箭公所。同年，镇海北乡帮也在鄞县双街成立了北箭公所②。渔业公所的成立不仅标志着浙江海洋渔业经过明清之际的战乱已经恢复回来，也标志着其渔业生产方式由单个向群体、由无序向有序的方向演变。如果考虑到这一时期国家海洋政

① 中国第一历史档案馆：《雍正朝汉文朱批奏折汇编》（第 2 册），《闽浙总督满条奏遵旨逐条查覆金铎所陈海疆事宜折》（雍正二年闰四月十三日），南京：江苏古籍出版社，1989 年版，第 935 页。

② 陈训正，马瀛等：《定海县志》册三《鱼盐志第五·渔业》，台北：成文出版社有限公司，1970 年版，第 269 页。

策的变化，我们有理由推断这一时期成立的渔业公所都是在地方政府的支持下建立的。在政府有限开放海洋的情况下，除了加强海上监控力量之外，通过渔业公所这一形式，利用中间组织去监督出海渔民，不失为一种补充手段。而根据晚清时期的文献，我们可以知道，渔业公所的头面人物基本都是地方上的举人，他们与官府有着千丝万缕的联系（关于渔业公所的内容将在第六章详细论述）。

通过出台从陆地到海洋、从内部到外部的一系列法令，浙江海洋渔业政策在雍正年间逐步成熟。而乾隆朝大部分时间是在具体执行方面进行小修小补。如果说乾隆朝渔业政策有所创新的话，那就是在乾隆二十五年（1760年）政府开始允许渔船从事商业运输，与此同时商渔换照法令也在这一时期颁布。要了解这一政策的变化，就必须把眼光从海洋转向陆地。

在浙江海洋渔业经济恢复并发展的同时，浙江内陆及沿海的手工业和商业也逐渐得到恢复和发展，俗称“鱼米之乡”的杭嘉湖地区由种植粮食作物开始向种植更有市场价值的经济作物转变，“杭、嘉、湖三府，树桑之地独多”①。但清代中叶由于气候的变化和人口激增导致粮食供应的相对短缺，使清政府在民生方面，特别是江浙人口聚集地区，面临着相当大的压力，这点从乾隆年间对大米出口的管制就可以看出。乾隆十三年（1748年）九月癸丑，浙江巡抚方观承奏称：“奸徒偷运米谷，潜出外洋，接济奸匪者，拟绞立决。至偷运杂粮麦豆，例无明文，请即照偷运米谷例办理。如审系止图渔利，并无接济奸匪情弊计石数分别科断，为从及知情不首之船户，减等问拟，船货入官。其文武失察故纵处分，均照米石例办理。”该办法随即获得朝廷批准。② 乾隆十六年（1751年），浙东地区发生严重旱灾，粮价昂贵，为了缓解灾情，朝廷暂时松弛海禁。同时在六月壬戌命令浙省各关口“着加恩免征米税，以示招徕，务俾商贩流通，米粮充裕”③。在平时，政府禁止浙江的大米出口，而在灾害的时候则通过减税的方式鼓励从外省进口粮食。政府对粮食的控制对海洋渔业的发展影响是非常大的。乾隆十四年（1749年）

---

① 《清实录·高宗实录》卷313，乾隆十三年戊辰四月癸未条，北京：中华书局，1986年版，第143页。

② 《清实录·高宗实录》卷324，乾隆十三年戊辰九月癸丑条，北京：中华书局，1986年版，第344页。

③ 《清实录·高宗实录》卷393，乾隆十六年辛未六月壬戌条，北京：中华书局，1986年版，第164－165页。

五月初八日，浙江巡抚方观承在《奏报海疆渔汛旺发渔民安靖事》的奏章中就指出海洋渔业生产与陆地粮食供应之间的关系。方观承认为，虽然在海洋渔业大丰收的情况下，给渔民带来的收益会超过农民，但渔民不可能每天都靠吃海鲜为生，他们也需要粮食。而在渔汛中没有收获的渔民则无法换回足够的粮食来维持生计。在这种情况下，政府必须给予救济，否则渔民很容易向盗匪转变。乾隆二十五年（1760年），浙江按察使李治运上奏朝廷《稽海船以清盗源疏》，就提出类似的观点。他认为沿海穷民为了生计“充当船户水手，各出微赀，伙同造驾，或越山樵采，或泊海收鲜”。小者割网偷鱼，大者劫财掠货。如“近日平湖县破获浙省洋界行舟被劫一案，盗犯钱再等二十名，俱系浙江买柴之船。黄岩镇标游击黄天球破获江省洋界搁浅被抢一案，盗犯林炳等数十名，俱系闽省捕鱼之船。”①

粮食供应的紧张及渔业生产的不确定性，会导致渔业生产成本的提高，其结果就是一部分渔民将会破产，而剩下的渔民则需要改进生产技术以保证渔业捕捞量。就政府而言，防止渔民破产最有效的办法就是同意渔民从事渔业生产以外的赚钱方式，与此同时鼓励渔业生产技术的提高。而允许渔民搭载货物及“商渔换照”法令就是在此形势下出台的。渔船可以附加商船的功能，渔民亦可以充当商人的角色，反之亦然。在浙江，由于船只的制式在这一时期并没有太大的限制，商船和渔船的功能是可以同时附加在同一条船只上的。这一情况在现在仍然存在②。“商船换照”法令影响最大的就是江浙沿海的沙船。沙船，又名“防沙平底船”，是航行于北方航线的著名船型之一③。在明代，沙船同时也兼有在渔汛期捕鱼的功能，上海崇明一带渔民捕鱼都是使用沙船的④。万历年间，每年夏季在淡水门捕捞黄鱼的“苏、松沙船数以百计”⑤。清代商渔船只功能打破后，江浙沿

① ［清］李治运：《稽海船以清盗源疏》，［清］贺长龄等编：《皇朝经世文编》卷85《兵政十六·海防下》，道光七年（1827年）刻本，第20页。

② 笔者就此问题询问过在联合国粮农组织（FAO）工作的叶益民教授，他指出在当代中国政府为了鼓励渔民赴非洲沿海远洋捕捞，不仅允许其搭载商品，而且对有些商品征收的关税也有所减免。

③ 韩庆：《中国近代航运发展史（晚清篇）》，大连：大连海事大学出版社，2012年版，第40页。

④ 辛元欧：《上海沙船》，上海：上海书店出版社，2004年版，第65页。

⑤ ［清］顾炎武撰：《天下郡国利病书》第六册《苏松》，《续修四库全书》（第595册），上海：上海古籍出版社，2002年版，第757页。

海的沙船也可以在渔汛期从事海洋渔业生产，与此同时浙江的渔船也可以在平时从事海洋运输。清代中期，浙江沙船业的兴起，“商渔换照”法令的出台也起到了不小的推动作用。

政府这些措施对于稳定渔业生产秩序的效果是显而易见的。有清一代，乾隆前中期浙江沿海鲜有海盗出没，不管是渔业生产还是商业运输很少受到海盗的骚扰。这从乾隆三十八年六月初三日江南苏松水师总兵陈奎《奏报督巡外洋稽查鱼汛及雨水收成情形事》一折中可以看出。“……初十日复行开驾巡至徐贡山一带，分头查搜各山岛岙，十一日过小羊山稽查。窃喜各山岛岙奸匪人船实皆畏法绝迹，并无违禁潜匿搭寮私张，而小羊山渔船网户人等亦各验有腰记安分乐业，宵小无惊。至巡洋守山各员，奴才于经历洋面之时逐加体察备悉，各营官兵船只分作东西两洋，东自徐贡山与马迹之扁礁等处，西自浙省界连之葫芦山长山等处，互相犄角梭织游巡，每十日更番会哨，颇见奉行实力，调度知方。而境内海疆幸邀宁谧，比因时交夏至，海中鱼头皆散，网捕事完。阅浙渔船均已陆续回籍，询知捕鱼生息获利者少，保本者多，较之上年仿佛相同”。① 从奏章中，我们不仅可以看到浙江海洋渔业海上秩序的安定，也可以感受到政府在这一时期对浙江沿海区域的管理与其他时期相比是非常有效果的。

二、人口压力与海洋威胁

乾隆中后期，人口的压力对浙江海洋渔业经济所造成的负面影响逐渐超过海洋渔业的承载度。大量沿海人口向海洋渔业领域的转移加快了浙江沿海岛屿的开发，同时也使得从事海洋渔业生产的人数急剧增加，而在渔业资源有限的情况下，海洋渔业的过度捕捞问题也逐渐产生。当渔民在海上无法捕捞到足够的海产品时，其向海盗的转化就有很高的可能性，特别是当沿海海防废弛的时候。

1. 人口压力与海岛解禁

乾隆末年，日益增加的人口在促进社会经济发展的同时，也引发了一系列社会矛盾与社会问题，中国社会首次明显感受到人口压力产生的各种

---

① 江南苏松水师总兵陈奎：《奏报督巡外洋稽查鱼汛及雨水收成情形事》（乾隆三十八年六月初三日），档号：04－01－03－0029－022，缩微号：04－01－03－001－2322 。

问题。相比较全国而言，浙江省的人口问题更加突出。以嘉庆二十五年（1820年）为例，浙江省杭、嘉、湖、宁、绍五府的人口密度“不仅在中国是最高的（唯有江苏的苏、松、常三府可与此相比），在世界人口发展史上也是极为罕见的”。[①] 从人口增长速度来看，沿海宁、绍、台、温四府要超过浙江省平均增速（见表4－10）。

表4－10　1776—1820年浙江人口密度

地区	面积（平方千米）	人口密度（人/平方千米）			
		乾隆四十一年（1776年）	嘉庆二十五年（1820年）	道光三十一年（1851年）	增长率*（%）
杭州府	7 318	366.5	436.9	494.4	19.2/13.2
嘉兴府	3 209	733.3	874.1	962.9	19.2/10.2
湖州府	6 194	347.6	414.6	469.3	19.3/13.2
绍兴府	9 544	446.9	565.0	666.6	26.4/18.0
宁波府	5 937	313.5	396.8	444.8	26.6/12.1
严州府	8 435	151.0	173.2	117.5	14.7/－32.2
处州府	18 360	46.9	58.5	68.2	24.7/16.6
衢州府	9 138	111.6	124.9	131.8	11.9/5.5
金华府	9 934	206.2	256.7	299.6	24.5/16.7
温州府	11 245	144.1	179.4	198.6	24.5/10.7
台州府	11 160	199.6	248.6	268.9	24.5/8.2
浙江合计	100 474	222.6	272.1	301.3	22.2/10.7

注：*前一个数据为嘉庆二十五年至乾隆四十一年的增长率，后一个数据为道光三十一年至嘉庆二十五年的增长率。

资料来源：吴建华：《明清江南人口社会史研究》，北京：群言出版社，2005年版，第93－94页。

在人多地少的情况下，除了向金、衢、处等山区垦荒外，更多的人口则向海上转移。乾隆初期，出于捕鱼、加工的需要，在渔汛时期，渔民往往在渔汛周边岛屿搭建建筑物，每当渔汛结束后便拆除回港。因为是渔业生产的需要，政府对此没有严格禁止，只是要求沿海水师严加管理，并定

① 叶建华：《清代通史·清代卷（上）》，杭州：浙江人民出版社，2005年，第112、115－116页。

期上报而已。如乾隆三十六年六月初二两江总督高晋在《奏为署苏松总兵刘鹏程率同官兵巡历外洋各山岛俱安靖事》一折中可以看出："……据该署镇刘鹏程禀，称于本年四月二十一日坐驾缯船前抵吴淞江口，至二十三日西风顺利，率同随巡中左右奇并川沙、吴淞各营官兵船只驶出汇头，前至小羊山。查得该山与浙省之大羊山相距不远，其山巅最高之处约有五里，周围三十余里，在山共有六岙。今春渔民及佣工艺业人等逐一点验，共有四百八名，俱系搭盖草棚一百六十余所居住。核其人照，俱各相符。询及渔期春夏之交，出渔甚旺，商渔俱各安业，并无滋事之徒。当即严饬厂头网户，各宜安分，不许滋事。并令守山弁兵不时前往各岛加谨稽察，不得稍有懈忽，二十四日风转西南，巡至马迹山。查此山绵长，百有余里，周围约五六百里，并无搭寮采捕渔民。惟近山洋面有往来小渔船只，查其人船照票，亦各相符。……"①

乾隆末年，随着浙江人口的继续膨胀和福建居民的迁入，浙江沿海岛屿的开发开始加快，地方政府也逐步跟进推行保甲法令。在这种情况下，政府最终默认了沿海居民可以迁往岛屿居住的既成事实。乾隆五十九年（1794 年），除了几个容易被盗匪利用的岛屿外，其他大部分岛屿已得到政府的许可，全面放开，允许沿海渔民开发居住。至乾隆末年，浙江沿海有 127 个岛屿有常住人口，加上渔汛期渔民临时使用的 27 个岛屿，占到浙江岛屿总数的 27.45%（见表 4-11）。②

表 4-11　乾隆五十九年（1794）浙江沿海岛屿开发情况统计

分　类	常住岛屿	渔汛居住岛屿	国家封禁岛屿	无人居住岛屿	岛屿总数
数量（个）	127	27	4	403	561
比例（%）	22.64	4.81	0.71	71.84	100

资料来源：［清］昆冈等修，刘启端等纂：《钦定大清会典事例》卷 158《户部·户口·流寓异地》，《续修四库全书》（第 800 册），上海：上海古籍出版社，2002 年版，第 568 页。

① 两江总督高晋：《奏为署苏松总兵刘鹏程率同官兵巡历外洋各山岛俱安靖事》（乾隆三十六年六月初二日），档号：04-01-01-0297-033，缩微号：04-01-01-040-2844（档案图 254）。

② ［清］昆冈等修，刘启端等纂：《钦定大清会典事例》卷 158《户部·户口·流寓异地》，《续修四库全书》（第 800 册），上海：上海古籍出版社，2002 年版，第 568 页。

而到清代末期，浙江沿海有人居住的岛屿数量和人口已达到一个惊人的数字。据朱正元的统计，19 世纪末，浙江沿海有人居住岛屿 190 余个，人数超过 10 万人，其中超过居住人口超过一千户的岛屿就有 11 个（见表 4－12）。

表 4－12　晚清浙江沿海岛屿居民数量统计表

区　域	岛　屿	民　　户	岛　屿	民　　户	合计
镇海附近	金塘山	六七千户	大平山	五百余户	七千五百余户
	游外山	暂居一户	黄蟒山	暂居一二户	
穿山附近	大榭山	七八百户	穿鼻山	八九十户	一千余户
	外神马	二三十户	里神马	二三十户	
	外　屿	百余户	长腰山	数户	
舟山西面	册子山	八九百户	外钓山	二十余户	一千三百余户
	中钓山	十余户	里钓山	二三百户	
	菰茨山	九十余户			
舟山南面	西蟹屿	数十户	大猫山	数百户	一万八千一百五十余户
	小猫山	三四户	盘屿	六七百户	
	小盘屿	六七十户	王家山	五六户	
	茨　山	二三十户	摘箬山	数十户	
	大五奎	十余户	小五奎	数户	
	大渠山	二三十户	小渠山	二十余户	
	嵩　山	二十余户	东蟹屿	七八十户	
	长　屿	二三百户	拗　山	三四百户	
	卢家屿	二百二三十户	西闪山	五六户	
	登步山	六百余户	大蚂蚁	三百户	
	桃花山	三千户	大屿山	八九十户	
	小屿山	六七十户	东白莲	五六十户	
	西白莲	四五十户	湖泥山	百户	
	金钵盂	十余户	虾岐山	千余户	
	走马塘	三四十户	马跳头	五六百户	
	对江山	四户	六横山	约万户	
	佛肚山	三四百户			

续表

区域	岛屿	民户	岛屿	民户	合计
舟山东面	朱家尖	数千户	四苏山	十余户	二千余户
	顺母涂	七百余户	糯米团	十余户	
	羊屿	二三户	白沙山	百余户	
	柴山	约百户	普陀山	僧数千人，无居民	
	葫芦山	八九十户	梁横山	百余户	
舟山北面	秀山	一千七百余户	长白山	数百户	一千八百余户
岱山附近	两头洞	数十户	大鱼山	三百余户	九百余户
	小鱼山	五六户	衢中山	数十户	
	大峧山	二百户	小峧山	六七十户	
	官山	二百户	葡门山	百余户	
长涂附近	樱连山	暂居一二户	西寨山	数十户	二百余户
	小西寨	暂居一二户	小板山	一二户	
	黄星山	数十户	庙子湖	百余户	
	青浜山	百余户	东福山	数十户	
衢山附近	小衢山	百余户	黄泽山	百余户	七百余户
	上海山	二三户	鼠浪湖	二百户	
	浪冈山	三四十户	大洋山	三百余户	
澉浦附近	羊头山	十余户			十余户
象山港内外	梅山	二千余户	缸爿山	五六户	二千余户
	悬山	数十户	白石山	五六户	
	中央山	一户			
爵溪附近	道人山	数十户	南韭山	四户，渔时较多	数十户
	官船澳	二三户，渔时较多	大木山	暂居一二户	
石浦附近	檀头山	二百户	大南田	数千户	二千四百余户
	对面山	二百余户	南辉山	六百户	
	大铜钱礁	十余户	中界山	一户	
	鱼塘山	三百余户	长坑山	三十余户	
	花岙	十六户	黄芝头	二三户	
	铜头山	暂居数户	大蚕山	暂居一二户	

续表

区域	岛屿	民户	岛屿	民户	合计
健跳附近	田湾山	四五十户，渔时多至千余户	蛇蟠山	七百余户	一千余户
	小蛇蟠	十余户	正屿	四十户	
	桃头山	五十户	开井山	十余户	
	东白节	二十余户	西白节	十余户	
	平岩	二十余户	大狗头	百余户	
	小狗头	四五十户			
海门附近	白沙山	二百余户	川焦山	四十余户	五百五十余户
	北江山	暂居数户	头门山	七八十户	
	田呑山	四五十户	大鹅冠	七八十户	
	锯门山	四五户	彰化湾	四五十户	
	南查山	暂居数户	北查山	暂居数户	
	南鱼山	二十余户	北鱼山	二十户	
松门附近	石塘山	千户	二蒜山	二户	
	三蒜山	二三十户	隔海山	百户	
	牛山	四户	吊幇山	二三户	
松门附近	沙镬山	二三十户	龙王堂	数十户	四千六百余户
	黄门山	八九十户	尖头山	七八十户	
	北江山	百余户	石头山	二三十户	
	道士冠	二十余户	黄蕉山	七百余户	
	白果山	二百二十余户	白沙山	十余户	
	琅玑山	七百余户	三山头	暂居七八户	
	上大陈	三百余户	下大陈	一千零四十户	
玉环附近	鸡冠山	六七百户	羊屿	百户	二千三百余户
	大鹿山	暂居一户	小鹿山	数户	
	前山	二户	披山	二三百户	
	南牌山	十余户	外黄门	二十余户	
	江岩山	十余户	毛埏山	三四百户	
	毛坦山	百余户	大横床	百余户	
	小横床	二十余户	大青山	数十户	
	小青山	数十户	苔山	一二百户	
	白滨山	三四百户	东门山	二三百户	
	西门山	二三百户			

续表

区域	岛屿	民户	岛屿	民户	合计
温州附近	黄大岙	千余户	鹿栖山	四百户	三千三百余户
	小门山	二百余户	北小门	数户	
	重山	三四户	状元岙	数百户	
	花冈山	十三户	霓屿	数百户	
	三盘山	数百户	洞头山	千户	
	半屏山	百余户	大瞿山	二三十户	
	小瞿山	二三户	北策山	渔时约二十户	
	南策山	二十户	北箕山	三十余户，渔时数百户	
	北龙山	五六十户	南龙山	十余户，渔时二百户	
	长带山	三四户	小长带	十余户	
	铜盘山	数十户	凤凰山	十余户	
	齿头山	十余户，渔时百余户	南箕山	二三百户，渔时四五百户	
	平屿	渔时多至千户，平时无			
总计	四万九千七百余户				

资料来源：据《浙江沿海图说》整理。

2. 海防废弛与海盗丛生

在政府放开沿海区域控制的同时，相应的海防体系建设却没有跟进，其中最明显的就是沿海官弁的人数并没有随之增加。就浙江沿海嘉兴、杭州、绍兴、宁波、台州、温州六府而言，共有官兵32 380人，船只66艘（见表4－13）。看似数字很庞大，但因为浙江沿海港汊纷歧、湾口众多，要完成进出口船只人员的稽查工作，势必导致驻防人员的分散。浙江沿海口址、台寨及汛地总计353处，平均下来每处驻兵不足百人。就船只而言，大部分都是载员12人的哨船，真正的战船数量并不多，而且为集中使用，很多沿海汛地是没有船只以备调遣的。就服役的战船而言，在“岛屿港汊水浅处所，稍欠轻捷”，这一缺陷在随后围剿海盗的过程中日益严重。乾隆五十九年（1794年）二月癸亥，浙江巡抚觉罗吉庆就指出福建海盗船多为船身较小的同安船，战船“雇觅需时，不能应手”①。

表4－13　清代浙江海防力量分布

府	镇、营	官	兵	船	口址	台寨	汛地
杭州	杭协城守营	副将统辖都司千把外委等官13名	857				
	钱塘水师营	都司佥书统辖千把外委等官11名	656	4		18	
嘉兴	嘉协城守营	副将统辖左右两营都守千把等官14名	1 450	3			
	乍浦水师营	参将统辖守备千把外委等官7名	500	10		2	
	乍浦满洲水师营	副都统统辖协领佐领防御骁骑校等官42名	2 000	22		1	
绍兴	绍协城守营	副将统辖两营都守千把外委等官31名	1 872		4	23	
宁波	总镇	提督统辖五营参游击守备千把等官40名	4 235	5	1	20	15
	定海镇	总兵官统辖标下三营游守千把外委等官44名	2 841	42		17	
	象山城守营	副将统辖都守千把外委等官25名	1 262	4		21	
	昌石水师营	都司佥书统辖千把外委等官5名	565	6		10	
	镇海水师营	参将统辖守备千把外委等官14名	1 155	8	1	12	15
台州	黄岩镇	总兵官统辖标下三营游击守备千把外委等官42名	2 575	25		6	
	台协城守营	副将统辖三营都守千把外委等官36名	2 073			20	
	宁海营	参将统辖两营守备千把外委等官20名	2 173	6		20	
	太平营	参将统辖守备千把等官6名	775	2	12	21	6
温州	温州镇	副将统辖标下三营游击守备千把外委等官42名	2 528	22	1	10	6
	平阳营	副将统辖都守千把外委等官25名	1 177				
	瑞安营	副将统辖两营都司佥书千把外委等官17名	932	9		4	
	乐清营	副将统辖都司佥书千把等官7名	890			17	7
	大荆营	游击统辖守备千把外委等官13名	671			9	8
	盘石营	都司统辖千把外委等官3名	297			10	4
	玉环营	参将统辖两营守备千把外委等官19名	896	16	25	7	
总计	4镇18营	476	32 380	660	44	248	61

［清］嵇曾筠纂修：《浙江通志》卷97《海防三》、卷98《海防四》，上海：商务印书馆，光绪二十五年（1899）刻本，第1733－1768页。

① 《清实录·高宗实录》卷1446，乾隆五十九年甲寅二月癸亥条，北京：中华书局，1986年版，第291页。

与此同时，水师员弁的饷银非常低微，兵丁水师的作战能力开始衰落，整体素质急剧下降。乾隆五十二年（1787年）十月乙巳，太平县外洋15名水师兵丁被“杀伤抛海，并劫去军器”，地方水师不去缉拿凶手，而是互相推诿[①]。乾隆五十四年（1789年）四月初二日，叶加玉等渔船三只，停泊在健跳关口海面。忽闻炮声大响，有盗船7只，从四面包围截杀。海盗各用刀斧器械上船，将渔船人等砍伤，并将船上人捆缚掷水，杀死多人。等到后来事主叶加玉等人赴营汛报案时，署健跳汛守备姜起荣，并不收办。[②]而此时防备海盗骚扰的海上巡视制度也日渐松弛。乾隆五十四年（1789年）六月己巳被革职的署总兵李定国，只因风势不顺，就被下级顶替带船出洋巡视[③]。

乾隆末年海防管理区域的扩大和海防力量的衰弱，再加上闽、广，甚至越南海盗的侵扰，使嘉庆朝浙江海防面临严峻的挑战。

乾隆五十一年（1786年）十一月二十八日，台湾林爽文发动大规模起义。随后淡水、诸罗等县相继失陷，台湾形势岌岌可危。次年三月，闽浙总督常青一面亲自驻扎台湾府城，指挥清军镇压，一面要求乾隆皇帝增兵入台。随着战事的吃紧，越来越多的浙兵被调入台湾。四月壬寅，闽浙总督李侍尧[④]调浙省兵丁四千名入台[⑤]。六月乙卯，增调浙江满兵一千五百名[⑥]。频繁的军事调动和兵员抽调，打乱了浙江沿海的海防部署，再加上清廷在闽台海域对海盗的打压，使福建海盗向防守空虚的浙江沿海转移。乾隆五十四年（1789年）七月，福建泉州海盗林飞、王五等百余人驾船六

---

① 《清实录·高宗实录》卷1290，乾隆五十二年丁未冬十月乙巳条，北京：中华书局，1986年版，第295－296页。

② 《清实录·高宗实录》卷1329，乾隆五十四年己酉五月癸未条，北京：中华书局，1986年版，第997－998页。

③ 《清实录·高宗实录》卷1332，乾隆五十四年己酉六月己巳条，北京：中华书局，1986年版，第1039页。

④ 乾隆五十二年（1787）三月底，闽浙总督常青与湖广总督李侍尧对调，李侍尧坐镇福州，常青则在台湾平定叛乱。

⑤ 《清实录·高宗实录》卷1278，乾隆五十二年丁未四月壬寅条，北京：中华书局，1986年版，第119页。

⑥ 《清实录·高宗实录》卷1283，乾隆五十二年丁未六月乙卯条，北京：中华书局，1986年版，第191页。

艘，闯入浙江健跳洋面大肆劫掠，并将追捕的定海营参将张殿魁打死。①这仅仅是浙江海盗大规模掳掠的开始。

乾隆五十九年（1794年）八月，福建漳泉等地连日暴雨，导致米价腾贵，而当时的闽浙总督伍拉纳未能采取有效行动以救济饥民，结果使其纷纷下海为盗。乾隆六十年（1795年）六月辛卯，一支由福建三十余艘船只组成的海盗集团闯入浙江石浦洋面，公开抢劫官船。② 此后，福建、广东，甚至越南海盗先后进入浙江海域。嘉庆年间的浙江海盗活动呈现出“浙江土盗、福建洋盗和越南夷盗三足鼎立的全盛时期”③。

浙江沿海严峻的海防局面，使这一阶段的渔业政策发生相应的变化。首先是大批渔民产生分化，要么加入海盗（不管是自愿还是被掳掠），要么编入水师和地方乡兵。与明代中期相比，这一时期相当一部分沿海渔民（尤其是福建渔民）迫于生计而加入到海盗的行列中。为了平定海盗，嘉庆四年（1799年），朝廷任命阮元出任浙江巡抚，全权负责剿灭浙江海盗。④ 在阮元的严格要求下，浙江沿海渔民保甲法令被进一步强化，渔船的出入及搭载物品受到严格的限制。与此同时，阮元督促地方打造新式战船以加强水师的战斗力。经过十年的努力，嘉庆十四年（1809年）八月，浙江水师全歼浙江最大的蔡牵海盗集团。蔡牵之死，标志着浙江海盗大帮时代的终结。其后，浙江洋面的海盗残余势力纷纷向清政府投诚。小打小闹的海上抢劫再次成为浙江海面的常态。而在政府围剿海盗过程中对渔船搭载物品的禁令进一步松弛，为了渔民海上作业安全，这一时期的出海渔船可以装备包括火炮在内的自卫武器。

浙江地方政府在围剿海盗的同时，也逐渐注意到地方人口膨胀所带来的压力。为此嘉庆一朝至道光初年，每一任浙江巡抚都非常重视开垦荒地，增加粮食种植面积，希望以此缓解人口增长与粮食紧缺的矛盾（见表

---

① 《清实录·高宗实录》卷1333，乾隆五十四年己酉六月戊寅条，北京：中华书局，1986年版，第1052－1053页；《清实录·高宗实录》卷1334，乾隆五十四年己酉秋七月乙酉条，北京：中华书局，1986年版，第1065－1066页；《清实录·高宗实录》卷1334，乾隆五十四年己酉秋七月戊子条，北京：中华书局，1986年版，第1069－1070页。

② 《清实录·高宗实录》卷1480，乾隆六十年乙卯六月辛卯条，北京：中华书局，1986年版，第776－777页。

③ 柳亚平：《清中叶浙江海盗问题研究》，山东大学硕士学位论文，2010年，第47页。

④ 赵尔巽等撰：《清史稿》卷364《阮元》，北京：中华书局，1976年版，第11421页。

4-14）。在加大陆地垦荒的同时，沿海岛屿的开发逐渐深入，浙江最后几个被封禁的南田岛及附近岛屿从道光二年（1822年）开始陆续开发。至此，浙江沿海区域已全面向沿海居民开放。大批居民的迁入，使许多海岛形成了以农业为主，渔业为辅的经济格局①。随着道光二十年（1840年）中英鸦片战争的爆发，在西方军事、经济的影响及压力下，浙江海洋渔业及其政策再次发生变化，开始其现代化历程。对于此问题，笔者将在第五章展开论述。

表4-14　嘉庆年间浙江垦荒表（1769—1820年）

时　间	垦荒数量
元年十月	定海、常山二县开垦荡田四顷
三年十一月	定海县开垦盐课涂场三十七顷六十亩
四年十二月	建德县开垦地七十亩
六年十一月	临海县开垦田六十四亩
七年九月	上虞县开垦水田二百七十三顷六十九亩
七年十一月	象山、临海二县开垦田二百五十八亩
七年十二月	富阳、临海、西安三县开垦山塘沙地六十四顷六十七亩
八年九月	仁和、海沙二场开垦荡地五顷十九亩
九年十一月	钱塘、富阳、安吉、镇海四县开垦沙、荡、田五顷四十七亩
十年三月	定海县开垦涂田二千二百一十五亩
十年九月	象山、永康二县开垦田一百二十七顷八十六亩
十年十月	慈溪、镇海、定海、瑞安四县开垦沙地荡涂十四顷五十六亩
十二年五月	仁和、穿长二场原坍复涨灶地三千七十亩
十二年五月	仁和、穿长、长亭、鲍郎、四场新涨灶地三顷七十亩
十二年十月	海宁、富阳、嵊、临海、黄岩、东阳六州县开垦田六十三顷五十八亩
十二年十一月	象山、临海、义乌、武义、汤溪、开化、青田、云和八县开垦田一百四十九顷七十二亩
十三年四月	仁和、穿长、玉泉、鸣鹤四场开垦沙荡滩田二千六百五十亩
十三年四月	大嵩场开垦涂田二百九十亩

① ［清］朱正元：《浙江省沿海图说》，光绪二十五年聚珍本，中国地方志丛书（华中），1974年版，第91-191页。

续表

时间	垦荒数量
十三年闰五月	仁和、鸣鹤二场开垦沙地一万一千八百三十亩
十三年闰五月	仁和场开垦沙地五千八百二十亩
十三年十一月	象山、临海二县开垦田二顷一百八十三亩
十四年四月	萧山县灶户丈余地四千四百三十七亩
十四年五月	海宁州开垦沙地一千六百二十六顷
十四年十一月	仁和、开化二县开垦沙地一百九十三顷九十九亩有奇，山地三亩
十四年十一月	开化县开垦田三顷六亩
十五年十一月	仁和、富阳、萧山、西安、四县开垦田二百十一顷九十亩
十七年七月	富阳、定海、临海、黄岩、浦江五县开垦沙涂田二十顷六十四
十七年九月	仁和、象山二县开垦沙地荡田一百九十二顷六十六亩
十七年十一月	钱塘、富阳、安吉、定海、黄岩、乐清、象山七县开垦田四十六顷一亩
十八年七月	长亭、玉泉、鸣鹤、海沙、四场新开涂田灶地一千七百三十九亩有奇
十八年十月	海宁、富阳、临海、黄岩、乐清五州县开垦田一百七十二顷三十九亩
十九年十一月	富阳、安吉、奉化、象山、新昌、定海、东阳六县开垦沙地二百八十顷三十二亩
二十年八月	仁和、石堰、穿长、长亭、鸣鹤、五场开垦地七千六百六十九亩
二十年十一月	富阳、定海、慈溪、象山、瑞安、萧山六县开垦地一百三十三顷五十亩
二十三年十一月	富阳、临海、宁海、兰溪、奉化、象山、乐清七县开垦地一百四十九顷十五亩
二十四年十一月	富阳、宁波、定海、宁海、象山、常山、瑞安开垦沙地荡田一百八十七顷四十三亩
二十五年五月	黄岩场开垦沙涨涂地六顷二十二亩

资料来源：据《清实录·仁宗实录》整理。

第五章　自由与干预：海洋渔业政策的现代转型

19 世纪以后，浙江沿海的人口压力使得海洋渔业生产环境逐渐恶化，政府海洋渔业政策多集中于对海洋秩序的控制与稳定。随着鸦片战争之后西方国家对中国海权的侵犯，清政府对沿海社会的控制力大大减弱。外有资本－帝国主义国家的大肆侵渔与海盗抢劫掠夺，内有渔业组织的肆意剥削、渔业生产技术的落后，再加上中国渔业教育的缺失，近代浙江海洋渔业发展陷入重重困境。与传统中国不同，这一时期影响浙江海洋渔业政策演进的因素不仅有地理环境变化产生的人口压力，沿海工业的现代化进程也加速了浙江海洋渔业政策的强制转型力度。海防空虚与外国侵渔、倾销使得中国海洋渔业的现代化不仅仅牵扯到自身产业的转型发展，还关系到中国现代海洋安全体系的建立。面对海洋渔业发展的不利现状，长期从事渔业工作的屈若搴就指出，为开发水产资源，就必须先调查海洋状况增辟渔场；为水产品销路的流畅，就必须先设立鱼市场管理分配；为水产经济的融通，就必须先举办渔业银行低利贷款；为渔获物的增加，就必须先渔船机械化，渔具科学化；为水产的合理开发，就必须先整理原有渔业团体，组织各项渔业合作社；为外海治安，必须先剿除海盗，举办渔民自卫团；为渔民智识的上进，就必须先举办渔民小学①。从民国时期政府的政策实践来看，基本是按照这一思路来推动海洋渔业的现代化发展。

在浙江海洋渔业现代化的过程中，中央及地方政府引进西方先进的公司理念，以股份制的形式探索新型的海洋渔业生产合作单位，这为中国轮机渔业及远洋渔业的发展提供了很好的模板。在海洋渔业生产领域，政府鼓励浙江沿海渔民逐步改进传统捕鱼方法及捕捞工具，同时加强对于渔轮经济的扶持力度；在海洋渔业销售领域，政府推广使用人工制冰及罐装食

① 屈若搴：《日本水产品倾销的检讨》，《申报》，1934 年 7 月 30 日，第 4 张第 16 版。

品的方式以提高水产品的运输效率与销售范围。为保证先进技术与管理经验引进效果，政府主动推动建立完整的海洋渔业教育体系，兴办浙江渔业学校和浙江水产试验场，在调查浙江海洋渔业数据，推广渔业生产技术的同时，培养能够从事现代渔业生产与管理的人才，以推动现代海洋渔业的持久革新。同时，在生产合作领域，为了保护渔民利益，降低各类渔业组织对渔民的剥削，政府创办渔会和渔业合作社，统一购买生产生活资料，减少渔民的生产成本和生活开支，减轻渔民负担，提高渔民整体作业与融资能力。在渔业销售领域，实业部以统制思想为基础，统筹以上海为龙头的江浙一带的渔业运销，力图改变过去渔业销售以鱼行为中心、无人管理的混乱局面。在渔业金融领域，政府推动传统渔业金融组织的现代变革及加强对渔业生产与救济的融资力度，并以实业部主导渔业银团的形式，逐渐取代传统鱼行作为渔业生产主要融资平台，以政府力量为后盾，直接向渔民提供贷款，保证渔业产销的顺利进行。就本章研究内容而言，由于浙江海洋渔业水产品相当一部分销往上海，因此在考察晚清民国浙江海洋渔业政策变革时，包括上海的江苏南部区域也纳入讨论范围。

就政策转型而言，与传统时期相比较，这一时期政府推行的政策改革除了顺应原有经济发展与海防建设需要外，在推动传统海洋渔业政策现代化转变的同时，还大力引进西方先进政策经验。如果说此前浙江海洋渔业政策的变革是内生性的演进路径，那么近代浙江海洋渔业政策的演进还存在外来海洋渔业政策的本土化过程，两者夹杂在一起，构成了近代浙江海洋渔业政策的发展方向。

第一节　外部海洋渔业政策的引进与吸收

鸦片战争后，资本－帝国主义势力渗透到中国政治、经济等各个领域，与此相对应的是中国人民以自救自强为时代主题的奋斗历程。20 世纪初，浙江海洋渔业发展首先面临的是帝国主义对中国海洋渔业资源的掠夺，其中以日本、俄国为最。除此之外，自乾隆末期蔓延的海盗问题直到民国时期仍旧威胁着海洋渔业正常的生产秩序，再加上海洋渔业人口的增加与社会经济转型，浙江海洋渔业发展日渐缓慢。面对这一形势，晚清时期，以张謇为首的一批有识之士上书朝廷要求成立江浙渔业公司，并以江浙渔业公司为载体，引进先进的海洋渔业技术，抵抗外国侵渔，维护中国海洋权益。浙江乃至整个中国海洋渔业现代化至此开始，并一直延续至今。除此之外，政府还大力鼓励社会团体及个人采用新式渔轮从事远洋捕捞活动，以增强中国海洋渔业生产效率与渔业市场竞争力。为了提高渔民整体素质，20 世纪以来，浙江成立了一些渔业学校和水产试验场，力图转变渔业人才匮乏的局面。所有这些先进的制度和理念在20 世纪相继传入中国，并实践于浙江海洋渔业，对传统海洋渔业而言是巨大的冲击，同时为其发展注入了生机和活力。

一、现代渔业公司的创立

19 世纪末俄国、日本的渔轮陆续来到中国沿海捕鱼，并在中国开办渔业公司，中国传统渔业面临外国渔船侵渔的威胁。而与之相对应的是当时中国尚无相应的政府机构来管理渔业及维护中国海洋权益①。在此背景下，近代实业家、时任商部头等顾问官的张謇在光绪二十五年（1899 年）就奏请商部提倡各省集股成立渔业公司，得到朝廷的重视②。但由于当时混乱的政治局势，该建议并未得到有效实施。光绪三十年（1904 年）三月，张謇与苏松太道袁树勋提出一个具有相当规模并具有可操作性的渔业现代化设想。该设想主要内容是计划在“全国分别设立南洋、北洋两大渔业公司，总公司下各省自立公司。南洋公司应包括江、浙、闽、粤四省，而江苏、浙江应并立一个公司，先行建立”③。该计划上奏后得到朝廷的大力支持，于是江浙渔业公司作为中国第一家渔业领域的公司遂得以创办。

1. 江浙渔业公司的创办与运转

中国近代渔业公司的创办得力于张謇。早在光绪二十九年（1903 年）7 月，张謇就曾经在吕泗创办过一个规模很小的试验性渔业公司，用来团结渔业界人士，改良渔业用具和捕捞方法。同年12 月，当得知德商准备集股创办“中国渔业公司”之后，张謇立即致函时任两江总督兼南洋大臣魏光焘，函中写到：“中国渔业公司关系领海主权，宜合南北洋大举图之；

① 李士豪，屈若搴：《中国渔业史》，上海：商务印书馆，1937 年版，第 14 页。

② 《清德宗实录》卷 528，光绪三十年甲辰三月壬午条，北京：中华书局，1986 年版，第 25 页。

③ 李士豪，屈若搴：《中国渔业史》，上海：商务印书馆，1937 年版，第 15 页。

不能，则江浙、直东；又不能，则以江浙为初步。”① 光绪三十年（1904年）1月，在得知以同乡友人王清穆、唐文治为骨干的商部大有振兴商务、发展实业的决心后，张謇决定再次将设置江浙渔业公司的问题提上日程，希望能够引起商部重视。张謇用大量篇幅陈述中国渔权被侵犯的现状以及创办渔业公司的迫切，提议奉天、直隶、山东、江苏、浙江、福建、广东7省，最好各设渔业公司，“由各省督抚就各省绅商中慎举声望、地位与此事相当之人，集股设法，拟章试办”。② 在张謇的大力推动及商部与地方政府的支持下，江浙渔业公司遂得以创办。光绪三十一年（1905年）4月，两江总督周馥将张謇创办渔业公司的情况向朝廷作了通报，得到积极认可。与此同时，朝廷还专门下文要求沿海关道及地方文武认真保护③。张謇认为，渔业公司的创办可以有效应对中国所面临的海洋主权问题。“在国得财政进步之方，在民得实业扩张之地，在国际则保有海权，在外交则稍伸公法”。④ 从渔业公司开办的动机而言，政府更多地是希望借助渔业公司的模式来有效应对渔业危机，这就决定了早期官商合办渔业公司的政治管理功能要远大于其经济功能。

光绪三十年（1904年）3月14日，商部批准张謇在江北一带招集商股，试办渔业公司，并咨行南洋大臣、江苏巡抚实力保护，其他沿海各省督抚则应“查照该修撰所陈办法劝谕绅商分别筹议”。6月20日，张謇确定南洋渔业公司办法，提出渔业公司“以内外界定新旧法为宗旨，以南北洋总公司为纲，以省局县会为目，以官经商纬为组织”⑤，建议以江浙两省集股4.5万两为先导，成立南洋渔业总公司，拨垫官款为公司购买德国渔轮“万格罗”号。7月12日，张謇改定江浙渔业公司集股启事及章程。8月22日至8月25日，江浙渔业公司验收“万格罗”号并改名为“福海”

① 曹从坡、杨桐：《张謇全集》第6卷《日记》，南京：江苏古籍出版社，1994年版，第865页。

② 曹从坡，杨桐：《张謇全集》第1卷《政治》，南京：江苏古籍出版社，1994年版，第22页。

③ 《清德宗实录》卷544，光绪三十一年乙巳夏四月丙午条，北京：中华书局，1986年版，第225页。

④ 曹从坡，杨桐：《张謇全集》第1卷《政治》，南京：江苏古籍出版社，1994年版，第22页。

⑤ 都樾，王卫平：《张謇与中国渔业近代化》，《中国农史》，2009年第4期，第12－14页。

号。10月9日，江浙渔业公司正式开办（见图5－1）。

图5－1　江浙渔业公司董事合影

来源：［清］沈同芳撰：《中国渔业历史》，《万物炊累室类稿：甲编二种乙编二种外编一种》（铅印本），上海：中国图书公司，1911年版，插图。

江浙渔业公司成立初期，张謇担任渔业公司总理，袁树勋担任监理，樊叶担任总董，恽毓昌担任经董，任雨田担任经理，刘崇檍担任司账①。作为官督商办的江浙渔业公司，其监理都是由政府派员担任，晚清时期江浙渔业公司的监理都是由苏松太道兼任②。江浙渔业公司的这种性质使得其在公司的职能更多地是偏重于对渔民和渔业的管理，而生产反倒退居次要地位。江浙渔业公司的日常事务有：引进新式渔轮捕鱼；定期海上护渔；代办水产品报关；推广渔业与维护主权。这些职能除捕鱼外，其余更多地是参与到江浙渔业区域的政府管理当中。这种形态在早期成立的渔业公司中都有所存在。如紧随江浙渔业公司成立的直隶渔业公司其主要的职能就是代替政府征收鱼税及海上护渔③。

---

① ［清］沈同芳撰：《中国渔业历史》，《万物炊累室类稿：甲编二种乙编二种外编一种》（铅印本），上海：中国图书公司，1911年版，插图；《江浙渔业公司来函》，《申报》，1908年9月10日，第3张第4版。

② 《农部奏准沪道兼充渔业监督》，《申报》，1908年8月17日，第3张第2版。

③ 《记事：渔业公司最近之办法》，《南洋商务报》，1909年第61期，第1页。

早期渔业公司在创办的过程当中得到政府的大力支持，并享受了相当多的政策优惠。政府的支持对刚刚采用公司制度的江浙渔业公司来说是非常重要的，特别是在当时普通商人对其认可度不高的情况下。江浙渔业公司在创办的过程中，曾在《大公报》、《东方杂志》等报刊上刊登江浙渔业公司简明章程与详细章程，试图完全按照西方的模式采用招股的方式完成资金筹集，但是效果并不如意①。江浙两省政府除垫付 5 万两白银用于购买“福海”轮船外，在商股认购寥寥无几的情形下，两省政府出资改江浙渔业公司为官垫官商公司，以维持公司正常运作。光绪三十二年（1906 年），江苏省划拨的购船及公司开办经费合计为 29 102 两②。政府的全额出资使得江浙渔业公司可以获得大量政府资源的支持，如其总公司所用土地即由地方政府无偿划拨③。在亏损年度，两省亦以财政拨款的形式对江浙渔业公司进行补助④。至此，江浙渔业公司已转变为类似现在的国有企业，由政府全额出资办理，以私人管理的模式进行运转，政府派出监理进行日常事务的监督。

江浙渔业公司购入的“福海”轮船总计耗资 45 000 两白银，船长 33.33 米，宽 6.67 米，219 马力，属于单拖渔轮⑤。“福海”轮船最初在海上捕鱼多有收获，但随后因捕捞技术人员过少而产生亏损，最终被划为“护洋”之用⑥。江浙渔业公司的护渔职责在其公司章程里均有所规定，其国有企业的性质使得其可以根据需要，要求政府增派“兵轮游弋，协助保卫”⑦。另外，江浙渔业公司经政府支持办理沿海渔会。凡是参加渔会的会员均可获得渔业公司护洋船的保护，并由公司代为办理上海报关手续。相比渔民自身报关所需 70 元而言，江浙渔业公司所属渔船所缴费用为大船

① 《江浙鱼业公司渔会章程》，《东方杂志》，1905 年第 2 卷第 3 期，第 39－41 页；《江浙渔业公司简明章程》，《东方杂志》，1904 年第 1 卷第 12 期，第 189 页；《查封江浙渔业公司之声诉》，《申报》，1923 年 3 月 13 日，第 4 张第 13 版。

② 《渔业公司开办经费解沪》，《申报》，1906 年 4 月 21 日，第 3 张第 17 版。

③ 《实业各省渔业汇志：江苏》，《东方杂志》，1905 年第 2 卷第 9 期，第 167－168 页。

④ 《查封江浙渔业公司之声诉》，1923 年 3 月 13 日，第 4 张第 13 版。

⑤ 吴淞江苏省立水产学校王荣：《中国之渔业（续）》，《申报》，1924 年 3 月 23 日，第 23 版。

⑥ 《渔船进口》，《申报》，1905 年 3 月 31 日，第 2 张第 10 版；张震东、杨金森：《中国海洋渔业简史》，北京：海洋出版社，1983 年版，第 174 页。

⑦ 《江浙渔业股份有限公司详细章程》，《东方杂志》，1906 年第 3 卷第 6 期，第 127 页。

56元，小船42元[①]。

作为政府企业，江浙渔业公司还肩负着宣传海洋渔业与宣誓渔业主权的职责。如光绪三十二年（1906年）3月，江浙渔业公司上禀渔业监督云："本年意国秘拉诺举办渔业赛会，叠奉宪台承准部照，令本公司代办赛品，先赴意国，经理会场造屋事物，查中国渔业见于古者，以尽沦没，存于今者大多涣散。此次赛会，自以渔海全图历史为要。"[②] 由此可知，江浙渔业公司出国参加意大利渔业赛会最重要的目的之一，就是要划清各国渔业界限，以维护中国海洋渔业主权。光绪三十四年（1908年），在美国渔业会的邀请下，江浙渔业公司推举中国驻美参赞颜惠庆为代表，公司训导郭凤鸣、教习张文廷、贡生陈巨纲为会员，参加9月22日在华盛顿召开的第四次渔业赛会，在宣传中国渔业的同时，重点考察西方先进的渔业加工技术[③]。

进入民国后，江浙渔业公司的相关职能仍在继续。农商部渔牧司及内政部水上警察厅的先后成立表明政府渔业管理上层建筑的逐步完善，政府对海洋渔业的现代管理形态逐渐成型。至此，作为官办企业的江浙渔业公司在政府管理中所起的作用已经大大降低，其裁撤成为必然。早在1921年10月5日的《申报》中就提及江浙渔业公司可能被停办，所属两艘渔轮分别被划拨江浙两省的风声[④]。1922年2月，江海关税务司公告中将江浙渔业公司所享有的经理冰鲜渔船在上海报关的特权及其他优惠政策取消，这可以看作是政府对江浙渔业公司态度的转变[⑤]。4月11日，江浙渔业公司垄断冰鲜渔船报关、收取高于正常报关5倍的费用并打压自行报关渔船的恶劣行为被《申报》报道出来，社会舆论对江浙渔业公司逐渐不利[⑥]。5月12日，又有谣传说江浙渔业公司将停止护洋活动[⑦]。政府政策及舆论的转向与当

---

① 《上海道详南洋大臣文（为江浙渔业公司事）》，《申报》，1905年2月24日，第2张第9－10版；《南洋大臣咨浙抚文（为江浙渔业公司事）》，《申报》，1905年2月24日，第2张第10版。另见李士豪，屈若搴著：《中国渔业史》，上海：商务印书馆，1937年版，第40－41页。

② 李士豪，屈若搴著：《中国渔业史》，上海：商务印书馆，1937年版，第67－68页。

③ 《渔业公司赴美赛会电文》，《申报》，1908年7月18日，第3张第2－3版；《研究渔业之预备》，《申报》，1908年7月23日，第3张第2版。

④ 静观：《旅京海人请收回渔轮》，《申报》，1921年10月5日，第3张第10版。

⑤ 《江海关监督陶税务司劳布告》，《申报》，1922年2月5日，第2张第8版。

⑥ 《饬查渔业保安会》，《申报》，1922年4月11日，第4张第14版。

⑦ 《上海县公署》，《申报》，1922年5月12日，第4张第16版。

时江浙渔业公司创办人张謇的核心产业“大生纱厂”在1922年的破产有着紧密的联系。在此背景下，1923年初，农商部以江浙渔业公司有官股之关系，提出对其账目进行核查，并咨请浙江省长饬令外海水警扣留渔船，查封房屋，拿办在事人员①。时任江浙渔业公司董事的盛竹书认为，公司并非官办机构，与农商部无隶属关系，拒绝查账。李士襄等随即向农商部通报此事，农商部饬令查封江浙渔业公司②。当时正值渔汛将至，渔商出于担心护洋问题，团结起来，反对查封江浙渔业公司，要求归还“福海”、“富海”两轮，确保渔民出海捕鱼的安全。在渔商的反对下，浙江省省长出于民生考虑，将“两渔轮交宁波总商会具结承领经管，并负保护渔业责任”，③ 查封江浙渔业公司一事终于告一段落。随着1926年江浙渔业事务局的成立，原江浙渔业公司的资产及职能全部移交，江浙渔业公司至此退出历史舞台④。紧随其后，江浙渔会也在同年8月8日自行解散⑤。

2. 渔业公司制度的扩散与影响

20世纪初，以江浙渔业公司为开端，全国沿海各省份掀起了开办渔业公司的浪潮。其中官营的有奉天渔业公司和直隶渔业公司，其职能和江浙渔业公司类似。如直隶渔业公司直接替政府向渔民征收渔业捐税并且承担渤海、黄海沿海的护渔任务⑥。与此同时，一大批商业性的渔业公司也逐

① 《查封江浙渔业公司之声诉》，《申报》，1923年3月13日，第4张第13版；《查封江浙渔业公司之再声诉》，《申报》，1923年3月14日，第4张第13版。

② 《查封渔业公司声中之两函》，《申报》，1923年3月16日，第4张第14版；《江浙渔业公司财产之清查》，《申报》，1923年5月2日，第4张第13版。

③ 《会务纪载：公牍（B）函件：致浙省长请将江浙渔业公司房屋人员启封释放缄》，《上海总商会月报》，1923年第3卷第4期，第11－12页；《请放被封渔轮之函电》，《申报》，1923年3月16日，第4张第14版；《江浙渔业公司两渔轮已释放》，《申报》，1923年3月23日，第4张第14版。

④ 《江浙渔业事务局组织章程》，《申报》，1926年6月30日，第3张第10版；《江浙渔业事务局之筹设》，《申报》，1926年7月23日，第4张第14版；《渔业局接收渔业公司》，《申报》，1926年8月22日，第4张第14版。

⑤ 《江浙渔会办理结束》，《申报》，1926年8月7日，第4张第15版；《上海敦和公所甯波永丰公所代表江浙两省数十万渔商民感谢前江浙渔会会长盛竹书先生启事》，《申报》，1926年9月5日，第1张第2版。

⑥ 《记事：渔业公司最近之办法》，《南洋商务报》，1909年第61期，第1页；《实业新闻：直隶渔业公司派轮保护海面》，《大同报（上海）》，1909年，第11卷第6期第34页；《直隶祁口渔业分局统计篇》，宣统元年（1909），第15－17页，载国家图书馆古籍馆编：《近代统计资料丛刊》（第23卷），北京：北京燕山出版社，2009年版，第452－457页。

渐兴办起来，其中比较有代表性的是几乎与江浙渔业公司同时创办的烟台渔业公司[①]。该公司由山东士绅王锡蕃筹办，完全商业股份。由于紧邻青岛德国势力范围，政府仅能在政策上进行扶持。但与江浙渔业公司相比，烟台渔业公司在推广渔业技术领域走得更远。该公司于光绪三十一年（1905 年）创办了中国第一所渔业小学[②]。光绪三十四年（1908 年）7 月奉天渔业公司改为商办，政府另外专设机构管理渔业[③]。此外，广东士绅缪凤群、区罗屋等人亦在光绪三十四年（1908 年）筹办广东渔业公司[④]。宣统元年（1909 年）绍兴商人朱寿同等人创办绍兴渔业公司[⑤]。宣统二年（1910 年）上海南汇地方首富张雏声倡议以股份制的形式创办渔业公司[⑥]。晚清时期，在政府大多数官员的眼里，开办渔业公司的目的主要是在外交不振的情况下，以这一方式维护中国的海洋权益。因此，当法国侵占中国岛屿时，广东地方主政官员就建议先"创办渔业公司，自立基础，而后再持公法条约，与之磋商"[⑦]。地方官员的这种认知，使得晚清无论是官办还是商办的渔业公司在创办和运转过程中都没有遇到多大的阻力。

进入民国后，政府对于渔业公司的创办和运转仍持支持态度。在中华全国工商联合会的规范下，公司开办及运作的条例日益完善，这对渔业公司本身的发展是非常有利的[⑧]。在此背景下，与晚清明显不同的是，这一时期渔业公司的发起人皆为民间商人。1912 年上海渔商陈文翔请求设立渔

---

① 刘锦藻撰：《皇朝续文献通考》卷 112《学校考十九・学堂》，《续修四库全书》（第 817 册），上海：上海古籍出版社，2002 年版，第 253－254 页。

② 《宣统政纪》卷 4，光绪三十四年戊申十二月戊午条，北京：中华书局，1986 年版，第 69－70 页；刘锦藻撰：《皇朝续文献通考》卷 112《学校考十九・学堂》，《续修四库全书》（第 817 册），上海：上海古籍出版社，2002 年版，第 253－254 页。

③ 《清德宗实录》卷 594，光绪三十四年戊申秋七月甲午条，北京：中华书局，1986 年版，第 851 页；刘锦藻撰：《皇朝续文献通考》卷 112《学校考十九・学堂》，《续修四库全书》（第 817 册），上海：上海古籍出版社，2002 年版，第 250 页。

④ 《报告：渔业公司可期开办》，《农工商报》，1908 年第 39 期，第 39 页。

⑤ 《海内外实业：浙江绍兴创办渔业公司之先声》，《华商联合报》，1909 年第 13 期，第 86 页。

⑥ 《纪事：外省：创办渔业公司》，《湖南地方自治白话报》，1910 年第 1 期，第 6 页。

⑦ 《本省大事记：拟办渔业公司维持廉琼海权》，《孔圣会星期报》，1910 年第 104 期，第 41 页。

⑧ 叶林华：《中华全国商会联合会第一次会议公司条例议案》，《民国档案》，1987 年第 1 期，第 57－60 页。

业公司的申请获得实业部批准①。1914 年 5 月，官商合办的浙海渔业公司在宁波镇海筹办。公司总理为陈子常，协理为张岳年②。从《浙海渔业公司暂行简章》可知，其股份分别由政府和民间商人认购，第一期集资八万元分八百股，其中政府认购五百股，占总股本的绝对多数。相比《江浙渔业公司章程》而言，浙海渔业公司对于股权的说明更加细致，特别是其与政府的隶属关系在章程第 12—16 条有明确规定。另外，值得注意的是章程第 18 条规定，商人如果可以集资回购官股，公司就可改为完全商办企业③。为推广渔业公司模式，农商部渔牧司司长陶昌善组织人力将渔业公司组织办法及预算信息印刷成小册子函送上海总商会，以希望在沪商人踊跃投资渔业公司④。在政府的积极推动下，到 1918 年 10 月，大量商人认购浙海渔业公司商股，并已回购政府所持官股部分。鉴于此，经浙江省议会核准，公司改为完全商办企业⑤。

1923 年江浙渔业公司被实业部查封后，渔业公司的创办经历了一个低潮期，但新创立渔业公司的数量仍有增加。值得注意的是，这一时期的很多公司开始采取股份有限公司这一有利于扩大公司规模的公司体制（见表 5－1）。以创办于 1931 年的青岛渔业公司为例，该公司章程里已经没有涉及政府职能如护渔、税收等的条款。全文六章 38 条主要涉及的是关于股份、股东大会及决算的问题，其内容已和当代公司条例没有太大差别⑥。这或许是投资渔业公司的商人从江浙渔业公司被查封事件中所吸取的教训吧。

表 5－1 1936 年上海拖网渔业公司状况统计表

公司名称	经理姓名	资本额（元）	创立年月	地址
联兴股份有限公司	张志胜	60 000	1931 年	南市盐码头街三十八号
永丰股份有限公司	乐苞东	60 000	1926 年	南市洽记里

① 《令示：实业部批渔商陈文翔请设立渔业公司准予立案专利呈》，《临时政府公报》，1912 年第 40 期，第 4 页。

② 《渔轮下水试车》，《申报》，1914 年 11 月 10 日，第 3 张第 10 版。

③ 《拟订官商合办浙海渔业公司暂行简章》，《申报》，1914 年 5 月 3 日，第 5 张第 17 版。

④ 《渔轮捕鱼之利益》，《申报》，1915 年 6 月 13 日，第 3 张第 10 版。

⑤ 《杭州快信》，《申报》，1918 年 10 月 31 日，第 2 张第 7 版。

⑥ 《青岛渔业公司章程》，《上海市水产经济月刊》，第 3 卷第 3 期，1934 年 4 月 25 日，第 13－14 页，载《早期上海经济文献汇编》（第 31 册），北京：全国图书馆文献微缩复制中心，2005 年版，第 117－118 页。

续表

公司名称	经理姓名	资本额（元）	创立年月	地址
兴华渔轮局	方国梁	50 000	1934 年 11 月	南市洞庭山衖
永顺渔轮局	朱嘉祥	44 000	1929 年	南市大码头
海利渔轮局	庄志震	100 000	1935 年 1 月	浦东春江码头
集美水产学校	陈希平	75 000	1925 年	南市恒心里七号
江苏省立渔业试验场	姚泳平	90 000	1933 年 12 月	南市大南门
茂丰股份有限公司	陆益璋	60 000	1932 年	南市大码头
永胜渔轮局	陆锦堂	80 000	1929 年	南市洞庭山衖
三兴渔轮局	周梅庭	50 000	1927 年	南市康家衖

资料来源：李士豪，屈若搴：《中国渔业史》，上海：商务印书馆，1937 年版，第 158 页。

总体而言，晚清民国时期浙江以上海为龙头，创办了一批现代化的渔业公司。虽然大部分渔业公司因经营不善而破产倒闭，但是公司制的引入还是给传统的浙江海洋渔业发展注入了生机和活力，主要表现在以下几个方面：第一，在中国海洋渔业管理上层建筑仍不完善的时候，渔业公司承担了相当一部分的政府管理职能，其中以江浙渔业公司最为典型。相比政府部门的改革，渔业公司的创办更加容易推动。在海上护渔及维护国家海洋主权方面，早期官商合办的渔业公司都发挥了非常重要的作用。第二，无论是早期的官商合办江浙渔业公司还是 20 世纪初成立的全商业化浙海渔业公司都积极引进先进设备，改良渔业生产技术。这些技术不仅包括采用现代机轮渔船捕鱼，还包括在水产品的流通方面大量使用人工制冰设备及罐头技术。第三，渔业公司在改善渔民生计方面也发挥着积极作用。公司的设立使得相当多的渔民从家庭手工业者向雇佣工人转变。特别是在渔汛期过后，在渔业公司的工作可以使得渔民家庭保证正常的生活水平，同时渔业公司的规模化作业对于提高渔民现代捕鱼技术无疑是显著的。第四，为培养现代捕鱼技术人员，政府控股的渔业公司都下设渔业学校对本公司员工及学校学生进行技术培训。这一教学与实践相结合的方式，在初期培养了大批现代渔业发展所需要的新型技术人才①。人才的培养对海洋渔业

① 《外国人之中国渔业观》，《水产》，江苏省立水产学校校友会，1917 年 12 月—1920 年 9 月，宝山江苏该会发行，上海图书馆近代文献资料室藏胶卷，编号 J－1833，帧号 0022－0023。

现代化的推动无疑是非常深远的。作为近代中国从外部引进的新型制度，渔业公司模式不仅有效地填补了早期政府管理的空白，更是作为一个平台，持续推动轮机渔业生产的推广和现代海洋渔业教育体系的完善。因此，笔者以为，江浙渔业公司的开办是中国海洋渔业现代化的开端，是中国海洋渔政史上的一个里程碑。

二、机轮渔业生产的推广

传统海洋渔业主要是依靠渔民日积月累、口耳相传形成的经验从事渔业生产，其所用渔业生产工具多为木质帆船。随着西方工业化成果在海洋渔业领域的实用化，机动渔船的出现极大扩展了渔民的捕捞范围，大量近海渔民在海洋技术的支持下纷纷前往远洋从事渔业作业。远洋渔业生产技术的成熟不仅可以吸纳更多的渔业劳动人口，还能扩大渔业资源捕捞范围，减轻浙江沿海人多地少的矛盾。为此，在民国成立初期，政府就出台相关法规鼓励渔民从事远洋渔业生产。1914 年 4 月 28 日，隶属于农商部的渔牧司就公布《公海渔业奖励条例》。该条例共 11 条，内容涉及对超过 50 吨以上汽帆船按吨数进行奖励，最高不超过 5 万元，以鼓励渔民购买大型渔船从事远洋作业①。在这一政策的鼓励下，浙江沿海渔商开始购买新式机轮渔船，从事海洋渔业生产。浙江海洋渔业生产技术的革新在这一背景下逐步展开。

1. 浙海机轮渔船的引进

直到 20 世纪初期，浙江沿海渔民所使用的渔船仍旧是只能在近海从事捕捞作业的木质小帆船。光绪三十一年（1905 年），江浙渔业公司首次从国外引入新式蒸汽机拖网渔船“福海”号，开启了东海乃至全国的渔业捕捞技术革新。

所谓渔业生产机械化，是指安装动力机器的机船渔业，即在航行上不再依靠风力，而是借助机械的传导。这一模式不仅节省了人力和时间，提高了捕鱼效率，而且在很大程度上保障了生产安全，使得渔业生产有条件向外海和更远的水域进军。世界渔业生产机械化是从单船拖网渔业开始

---

① 李士豪，屈若搴：《中国渔业史》，上海：商务印书馆，1937 年版，第 18－20 页。

的，这一生产技术首创于 1882 年的英国[①]，并于 20 世纪初传入中国。江浙渔业公司引入的“福海”轮就属于单船拖网渔轮。该类型船只主要利用轮船的动力拖引较大的网具于海底，捕捞游泳或蛰伏于海中的鱼类。另外进入民国后，浙江水产学校从日本引入双船拖网渔轮（又称手操网渔轮）。该类型渔轮是由日本于 1919 年发明，利用石油机传导作用，以扬网具，并在网具上添加天井网及漏斗网等而日趋完善，以资本小获利丰而闻名。

由浙商或在浙江海域从事捕鱼活动的比较有代表性的渔轮如下。

江浙渔业公司从德国购置的蒸汽机轮拖网船“福海”号是中国第一艘机动渔轮，船长 33.3 米，宽 6.7 米，功率 367 千瓦（500 马力）[②]。由于国内缺乏专业的技术人员，一遇到风浪，“福海”号就要退入港口避风。这样勉强维持了几年，“福海”号最终停止生产，作为“护洋”之用。“福海”号之后，一些中小民族资本家纷纷以上海为基地，成立渔业公司，添置渔轮，在舟山海域进行捕捞生产。

1914 年，浙海渔业公司在上海成立，从美国购入“府浙”渔轮一艘，该渔轮在与其他公司渔轮的竞争中，不断改进捕捞技术，渔业生产兴旺起来。但由于第一次世界大战爆发，煤炭价格上涨，浙海渔业公司日渐入不敷出，难以维持，遂将此船改为商船。1919 年浙海渔业公司恢复，新造“富浙”、“裕新”渔轮两艘。1921 年，浙海渔业公司又购买退役的军用轮船一艘，改装为“富海”号渔轮，多次出海捕鱼，收获颇丰。

1923 年，宁波商人在上海成立海利渔业公司，从英国购入渔轮一艘，名为“海利”，在舟山群岛附近海域捕捞作业。后因经营不善于 1926 年改名为“永丰”，归属于永丰渔业公司。

1929 年 4 月，浙江省立水产职业学校向上海大中华造船厂订造铁壳手操网渔轮二艘，定名“民生一号”、“民生二号”，基地设在上海。[③]

截至 1932 年，在浙江海域从事海洋渔业捕捞的上海、浙江、福建渔船总共有 35 艘，其中上海 21 艘，浙江 2 艘，福建 12 艘，详细数据见表 5-2。

---

① 李士豪，屈若搴：《中国渔业史》，上海：商务印书馆，1937 年版，第 153 页。

② 《上海渔业志》编纂委员会：《上海渔业志》，上海：上海社会科学院出版社，1998 年版，第 175 页。

③ 李士豪，屈若搴：《中国渔业史》，上海：商务印书馆，1937 年版，第 154－157 页。徐荣：《上海机轮渔业的起源与发展》，《古今农业》，1991 年第 1 期，第 77－79 页。

表5-2 1932年沪、浙、闽渔轮统计

渔业基地	船名	渔业种类	渔具种类	渔船			渔业档存根时期	执照字号	给照年月
				种类	载重（吨）	船员人数（人）			
上海	联丰渔轮	汽船拖网渔业	拖网	汽船	78	24	3年	渔字一号	1931年5月12日
上海	海顺渔轮	汽船拖网渔业	拖网	汽船	167	21	3年	渔字二号	1931年7月23日
上海	中华渔轮	发动机船拖网渔业	拖网	汽船	132	22	3年	渔字三号	1931年7月25日
上海	海兴渔轮	汽船拖网渔业	拖网	汽船	150	26	3年	渔字四号	1931年7月24日
上海	永丰渔轮	汽船拖网渔业	拖网	汽船	185	21	3年	渔字五号	
上海	永茂渔轮	汽船拖网渔业	拖网	汽船	161	21	3年	渔字六号	1931年7月27日
上海	集美第二拖网渔轮	汽船拖网渔业	拖网	汽船	189.90	26	3年	渔字八号	1931年8月17日
上海	安裕渔轮*	发动机船手操网渔业	手操网	发动机船	49	9	3年	渔字八十八号	1931年9月
上海	安康渔轮*	发动机船手操网渔业	手操网	发动机船	48	9	3年	渔字八十九号	1931年9月
上海	茂丰一号渔轮	汽船拖网渔业	拖网	汽船			3年	渔字一〇三号	1931年10月
上海	达富渔轮	发动机船手操网渔业	手操网	发动机船			3年	渔字一〇五号	1931年11月
上海	达贵渔轮	发动机船手操网渔业	手操网	发动机船			3年	渔字一〇六号	1931年11月
上海	第一福生号渔轮	发动机船手操网渔业	手操网	发动机船	20	8	3年	渔字一〇七号	1931年11月
上海	第二福生号渔轮	发动机船手操网渔业	手操网	发动机船	17	8	3年	渔字一〇八号	1931年11月
上海	中华渔轮	汽船拖网渔业	拖网	汽船			3年	渔字一四〇号	1931年11月

续表

渔业基地	船名	渔业种类	渔具种类	渔船			渔业档存根时期	执照字号	给照年月
				种类	载重（吨）	船员人数（人）			
上海	复源渔轮	柴油发动机手操网渔业	手操网	汽船			3 年	渔字一四一号	1931 年 11 月
上海	复利渔轮	柴油发动机手操网渔业	手操网	汽船			3 年	渔字一四二号	1931 年 11 月
上海	华东一号	柴油发动机手操网渔业	手操网	发动机船	22	12	3 年	渔字一四三号	1933 年 11 月
上海	华东二号	柴油发动机手操网渔业	手操网	发动机船	22	12	3 年	渔字一四四号	1933 年 11 月
上海	泰兴一号渔轮	发动机船拖网渔轮	拖网	发动机船			3 年	渔字一三二号	1933 年 5 月
上海	泰兴一号渔轮	发动机船拖网渔轮	拖网	发动机船			3 年	渔字一三三号	1933 年 5 月
浙江定海	民生一号渔轮	发动机船手操网渔业	手操网	发动机船	19		3 年	渔字八二号	1931 年 9 月
浙江定海	民生二号渔轮	发动机船手操网渔业	手操网	发动机船	19		3 年	渔字八三号	1931 年 9 月
福建晋江	第一闽南渔轮	发动机船手操网渔业	手操网	发动机船	19	10	3 年	渔字八四号	1931 年 9 月
福建晋江	第二闽南渔轮	发动机船手操网渔业	手操网	发动机船	19	10	3 年	渔字八五号	1931 年 9 月
福建晋江	第一闽山渔轮	发动机船手操网渔业	手操网	发动机船	32	11	3 年	渔字八六号	1931 年 9 月
福建晋江	第二闽山渔轮	发动机船手操网渔业	手操网	发动机船	32	11	3 年	渔字八七号	1931 年 9 月
福建晋江	第一泉州渔轮	发动机船手操网渔业	手操网	发动机船	24	13	3 年	渔字九〇号	1931 年 9 月
福建晋江	第二泉州渔轮	发动机船手操网渔业	手操网	发动机船	24	13	3 年	渔字九一号	1931 年 9 月
福建晋江	第一闽兴渔轮	发动机船手操网渔业	手操网	发动机船	40	10	3 年	渔字九二号	1931 年 9 月
福建晋江	第二闽兴渔轮	发动机船手操网渔业	手操网	发动机船	35	10	3 年	渔字九三号	1931 年 9 月

续表

渔业基地	船名	渔业种类	渔具种类	渔船			渔业档存根时期	执照字号	给照年月
				种类	载重（吨）	船员人数（人）			
福建晋江	第三闽发渔轮	发动机船手操网渔业	手操网	发动机船	30	10	3年	渔字九四号	1931年9月
福建晋江	第五闽兴渔轮	发动机船手操网渔业	手操网	发动机船	30	10	3年	渔字九五号	1931年9月
福建晋江	南中一号渔轮	发动机船手操网渔业	手操网	发动机船			3年	渔字一三四号	1933年6月
福建晋江	南中二号渔轮	发动机船手操网渔业	手操网	发动机船			3年	渔字一三五号	1933年6月

注：* 已停止捕鱼。

资料来源：《我国沿海各省市渔轮统计表（上海市）》，《上海市水产经济月刊》，第2卷第11期，1933年12月25日，第2-3页，载《早期上海经济文献汇编》（第30册），北京：全国图书馆文献微缩复制中心，2005年版，第420-421页；《我国沿海各省市渔轮统计表（续）》，《上海市水产经济月刊》，第2卷第12期，1934年1月25日，第9页，载《早期上海经济文献汇编》（第30册），北京：全国图书馆文献微缩复制中心，2005年版，第468页；《我国沿海各省市渔轮统计表（续）》，《上海市水产经济月刊》，第3卷第2期，1934年3月25日，第1页，载《早期上海经济文献汇编》（第31册），北京：全国图书馆文献微缩复制中心，2005年版，第63页；《我国沿海各省市渔轮统计表（续完）》，《上海市水产经济月刊》，第3卷第3期，1934年4月25日，第3页，载《早期上海经济文献汇编》（第31册），北京：全国图书馆文献微缩复制中心，2005年版，第107页。

从表5-2可以看出，民国初期，浙江本省的机轮渔船几乎为零，在浙海捕鱼的机轮渔船来自上海与福建，或者日本。之所以如此，一个很重要的原因是生产技术的低下导致机轮渔船大多需要从国外进口，购买一艘渔轮的价格远远超过一般渔户的承受力。近代上海作为国际大都市的崛起为海洋渔业的现代化提供了很好的技术、人才与消费市场，这也是浙江海域大量的现代化捕鱼技术均为上海渔轮所采用的原因。相比之下，浙江本省的渔船大多仍旧是传统木制帆船，对其技术改造的难度不仅仅是资金的问题，渔业技术人员的短缺与民众教育程度的低下极大地限制了渔业技术在浙江的推广。

2. 机轮渔业的发展与日本渔业倾销

浙江本省机轮渔业的空白使得我们只能以上海渔轮活动为代表来考察浙海机轮捕鱼发展的状况。截至1932年，上海共有注册渔轮16艘，其每年捕捞区域基本在舟山海域，所捕获的海产品大多在上海出售。1932年7月1日至1933年6月30日，各渔轮捕捞量及产值见表5-3。

表5-3　上海市渔轮经济统计（1932年7月1日至1933年6月30日）

月份	进口次数	数量（担）	价值（元）	渔轮名*	进口次数	数量（担）	价值（元）
7月	19	6 348.64	41 059.66	中华	31	9 981.35	74 495.76
8月	3	713.98	3 902.39	茂丰	30	9 689.04	87 529.93
9月	25	7 354.28	69 639.01	永茂	31	8 359.26	83 629.55
10月	34	8 471.76	88 830.81	海顺	33	7 438.07	79 519.10
11月	31	9 422.52	83 312.03	联丰	32	7 337.11	74 504.89
12月	31	7 307.21	71 220.23	集美	39	6 045.15	71 544.07
1月	28	3 960.20	59 136.94	海兴	29	6 017.53	58 810.07
2月	29	5 076.38	71 119.58	永丰	27	5 801.03	63 986.87
3月	27	4 080.07	67 021.87	达富、达贵	23	4 449.09	47 866.65
4月	33	7 196.25	84 177.41	民生一、二号	17	3 620.36	40 454.79
5月	30	6 851.40	54 453.60	泰兴一、二号	15	3 125.61	28 503.47
6月	32	8 079.57	47 330.99	福生一、二号	15	2 458.66	30 359.37
总计	322	74 322.22	741 204.52	总计	322	74 322.22	741 204.52

注：* 这里对渔轮数量的统计数据与徐荣及表5-2有所出入，其原因可能是渔业指导所只统计在上海市注册并在上海市出售海产品的渔轮数量，因此其总数比上海渔轮实际数量要小。

资料来源：《二十一年度本市各渔轮渔获数量价值总表》，《上海市水产经济月刊》，第2卷第9期，1933年10月25日，第16页，载《早期上海经济文献汇编》（第30册），北京：全国图书馆文献微缩复制中心，2005年版，第344页。

从表5-3可知，上海渔轮捕捞量及产值最高的时间在每年的10月和11月份，不过上海渔轮经济总量占整个上海水产市场中的份额是非常少的。以1933年为例，上海渔轮10月捕捞量为5 026担，价值50 610元，分别占捕捞总量及总价值的5.12%和2.87%①；11月捕捞量为7 653担，价值65 096

① 《二十二年十月份上海市各种水产品消耗统计表》，《上海市水产经济月刊》，第2卷第10期，1933年11月25日，第3页，载《早期上海经济文献汇编》（第30册），北京：全国图书馆文献微缩复制中心，2005年版，第355页。

元，分别占捕捞总量及总价值的 9.77% 和 4.78%①。但如果将渔轮捕捞与其他海洋渔业水产总类相比较，渔轮捕捞的优势就非常明显了（见表 5－4）。

表 5－4 1933 年度上海市各种水产品消耗统计

种 类	数 量 （担）	价 值 （元）	每担平均价值 （元）
本市渔轮	60 213.08	604 757.83	10.04
冰鲜渔船	499 046.24	4 505 075.87	9.03
冰鲜桶头	128 508.00	2 338 205.95	18.20
各种咸鱼	204 311.96	2 581 264.70	12.63
各种海味	21 373.71	1 939 913.01	90.76
淡水鱼类	195 794.00	4 600 358.25	23.50
冷藏鱼类	33 239.00	597 488.33	17.98
水产罐头	9 631.48	129 315.14	13.43
日本渔轮	14 471.00	291 620.63	20.15
总 计	1 171 638.47	17 588 000.71	15.01

资料来源：《水产品消耗统计总表》，《上海市水产经济月刊》，第 2 卷第 12 期，1934 年 1 月 25 日，第 7－8 页，载《早期上海经济文献汇编》（第 30 册），北京：全国图书馆文献微缩复制中心，2005 年版，第 483－484 页。

从表 5－4 可知，1933 年全年上海各种水产品的单位价格中上海本市渔轮水产品价格仅高于冰鲜渔船，这使得其在上海水产市场的销售中具有明显的竞争优势，这集中体现了机械化捕鱼的高效率与低成本。另外，从表 5－4 中数据看，日本渔轮似乎并不具备竞争优势，其单位价格远高于上海市场的平均值，仅次于海味与淡水鱼类的价格。但是，1933 年的统计表中，日本渔轮输往中国的水产品只有 1—5 月份的数据。如果我们将 1933 年 1—5 月份的数据单独统计（见表 5－5），可以看到这五个月日本渔轮输入水产品的平均价格略低于上海各水产品的平均价格。在这五个月中，日本渔轮输入海产品分别是 4 700.00 担、3 145.00 担、3 906.00 担、

① 《二十二年十一月份上海市各种水产品消耗统计表》，《上海市水产经济月刊》，第 2 卷第 11 期，1933 年 12 月 25 日，第 3 页，载《早期上海经济文献汇编》（第 30 册），北京：全国图书馆文献微缩复制中心，2005 年版，第 395 页。

1 520.00 担、1 200.00 担，其趋势随着单位水产品价格的下跌而减少①。如果将表 5 - 5 与表 5 - 3 做比较的话，这一时期上海本市渔轮产量在 1—3 月份与日本渔轮输入量基本持平，4、5 月份虽然上海本地渔轮产量上升，但是整体水产品价格呈下降趋势。因此，在水产品价格高位的 1—3 月里，上海包括本地渔轮在内的不同水产品市场都面临日本渔轮输入水产品的竞争。另外，以咸鱼为例，1933 年 4 月日本输入中国各种咸鱼 87.50 担，总值 700.00 元，每担平均 8 元②，远低于上海咸鱼市场的平均水平。日本渔轮水产品在上海的倾销除了占领水产品消费黄金时期的春节前后外，另一个重要原因就是传统海洋捕捞方式的低效拉高了整个上海市水产品的价格，使得日本渔轮水产品在上海销售能够获得较高利润（见表 5 - 5、表 5 - 6）。相比日本国内水产品市场的饱和，上海水产品较高价格所产生的利润推动大量日本渔轮在中国沿海捕捞并就近销售。

表 5 - 5　1933 年 1—5 月份上海市各种水产品单位价格（元）

种　类	1 月	2 月	3 月	4 月	5 月	平均值
本市渔轮	14.93	14.01	16.43	11.70	7.95	13.00
冰鲜渔船	22.21		23.28	6.78	8.23	15.13
冰鲜桶头	20.60	24.45	24.53	28.74	17.23	23.11
各种咸鱼	16.50	14.10	14.35	14.59	11.60	14.23
各种海味	55.42	120.59	87.96	81.86	227.20	114.60
淡水鱼类	21.64	30.70	20.18	17.98	40.19	26.14
冷藏鱼类	16.19	18.10	16.42			16.90
水产罐头	62.60	40.31	45.83	50.17	45.44	48.87
日本渔轮	21.26	20.78	21.31	17.98	13.15	18.90
平均值	23.25	27.89	25.13	21.41	35.95	

资料来源：《水产品消耗统计总表》，《上海市水产经济月刊》，第 2 卷第 12 期，1934 年 1 月 25 日，第 7 - 8 页，载《早期上海经济文献汇编》（第 30 册），北京：全国图书馆文献微缩复制中心，2005 年版，第 483 - 484 页。

---

① 《水产品消耗统计总表》，《上海市水产经济月刊》，第 2 卷第 12 期，1934 年 1 月 25 日，第 7 - 8 页，载《早期上海经济文献汇编》（第 30 册），北京：全国图书馆文献微缩复制中心，2005 年版，第 483 - 484 页。

② 《二十二年上海市各月份各种咸鱼重要输入地别输入数量价值表》，《上海市水产经济月刊》，第 2 卷第 12 期，1934 年 1 月 25 日，第 10 - 11 页，载《早期上海经济文献汇编》（第 30 册），北京：全国图书馆文献微缩复制中心，2005 年版，第 491 - 492 页。

表 5 – 6 日本渔轮上海倾销调查表（1932 年 7 月 1 日至 1933 年 6 月 30 日）

日本渔轮名	输入数量（担）	输入价值（元）	每担平均价值（元）
昭生丸	180.0	2 880.00	16.00
鹗丸	2 264.0	31 787.58	14.04
大成丸	1 520.0	36 268.00	23.86
平渔丸	4 079.0	83 134.91	20.38
日新洋行	830.0	16 336.70	19.68
芀藻丸	1 200.0	27 760.68	23.13
千岛丸	728.0	17 800.00	24.45
海洋丸	2 800.0	48 491.00	17.32
万荣丸	720.0	14 729.50	20.46
昭生丸	352.0	3 473.12	9.87
共同株式会社	720.0	15 151.76	21.04
总计*	15 393.0	297 813.25	19.35

注：* 原表总计输入数量为 12 153.0 担，输入价值为 297 012.63 元。这里根据各渔轮数据重新计算。

资料来源：《上年度日本渔轮侵入本市调查表》，《上海市水产经济月刊》，第 2 卷第 8 期，1933 年 9 月 25 日，第 3 页，载《早期上海经济文献汇编》（第 30 册），北京：全国图书馆文献微缩复制中心，2005 年版，第 299 页。

总体而言，在浙海从事渔业生产的新式渔轮数量在持续增加，机轮拖网渔业和手操网渔业在浙江海洋渔业生产中的比重也逐步上升，大大提高了捕鱼的效率。但是，现代化渔轮在提高渔业捕捞效率的同时，也存在着一些问题。如从表 5 – 2 中我们可以看到，有数据记载的渔船中，除少数外，基本都是总吨不到 50 吨的小型机轮渔船。究其原因，经营这些捕捞渔业的主体，无论是经营拖网渔业还是手操网渔业的公司，它们的资本从 2 万到 10 万不等，资本规模过小，无法购买大吨位的渔轮，再加上渔民缺乏相关技术经验，配套的技术设备不齐全，这使得政府希望通过渔业奖励以推动远洋渔业的预期并未达到。这一局面直接导致大量机轮渔船无法规模化远洋渔业作业，并且在与日本渔轮的竞争中处于下风。为此，1933 年，实业部提出一个很宏大的振兴渔轮捕捞计划。该计划拟由德国造船厂帮忙建造新式拖网渔轮3艘，手操网渔轮4艘，共计1 200余吨，总价数百万元①。可惜该计划在实业部内部引起纷争，最终搁浅②。相比之下，同年日本农林省对装载无线电设施的渔船进行奖励，并对本国远洋渔轮建造给予财政补助，以提高其远洋捕捞能力的政策得到了积极有效的执行③。不过，这一时期实业部对出海渔轮及木质渔船的管理较晚清时期大为宽松，渔业生产的自由度大为提高④。另外在1933年中日协定关税期满后，国民政府大幅度提高日本进口水产品关税，以保护国内海洋渔业产业发展⑤。但就新式海洋渔轮生产本身而言，并未如政府最初设想的那样，保护国内海洋渔业生产，大力开发远洋渔业资源。在浙江海域从事渔业生产的新式渔轮大多吨位偏小，无法进行远洋作业。这一状况使得机轮渔船作业不仅未能带动浙江海洋渔业生产技术的革新，反而由于其捕鱼区域与浙江传统渔业技术海上作业区域相重合，加剧了浙江沿海渔村的衰败⑥。

三、渔业技术人才的培养

任何事业的发展都离不开人才，渔业也一样，兴办水产教育的目的之一即培养渔业人才，为渔业发展奠定坚实的人才基础。传统中国的教育体系中没有海洋渔业培训的一席之地，大多渔业生产技术仅以口耳相传的形式在家族内部或师徒之间传承。鸦片战争后，一批受西方影响的封建官

---

① 《实业部拟造七渔轮，合同即将签字》，《上海市水产经济月刊》，第2卷第11期，1933年12月25日，第1页，载《早期上海经济文献汇编》（第30册），北京：全国图书馆文献微缩复制中心，2005年版，第419页。

② 李士豪，屈若搴：《中国渔业史》，上海：商务印书馆，1937年版，第157页。

③ 《日本农林省奖励渔船装置无线电》，《上海市水产经济月刊》，第2卷第7期，1933年8月25日，第3页，载《早期上海经济文献汇编》（第30册），北京：全国图书馆文献微缩复制中心，2005年版，第255页。《日政府补助远洋渔轮建造费》，《上海市水产经济月刊》，第2卷第10期，1933年11月25日，第6页，载《早期上海经济文献汇编》（第30册），北京：全国图书馆文献微缩复制中心，2005年版，第382页。

④ 银丕振：《浙江渔业管理的几个值得注意的问题及其对策》，《浙江建设厅月刊》，1936年9月，第10卷第3期，第25页，载民国浙江史研究中心、杭州师范大学选编：《民国浙江史料辑刊（第二辑）》第40册，北京：国家图书馆出版社，2009年版，第419页。

⑤ 《废除中日关税协定与振兴水产》，《上海市水产经济月刊》，第2卷第4期，1933年5月15日，第24页，载《早期上海经济文献汇编》（第30册），北京：全国图书馆文献微缩复制中心，2005年版，第130页。

⑥ 屈若搴：《渔村的贫困及其救济对策：渔村复兴运动的急需》，《水产月刊》，实业部上海鱼市场筹备委员会发行，1935年11月，第2卷第6期，第4页。

吏，提倡新学，掀起一场学习西方的热潮，他们向英、美、日、法等国派遣大批留学生，这些留学生归来，部分投入到水产事业，中国海洋渔业教育体系正是在这样背景下逐渐展开的。20 世纪初，我国已有一些专门的渔业小学，如光绪三十一年（1905 年），烟台渔业公司设立的渔民小学，招收渔民子弟学习五年。这是一次非正式的水产教育尝试，后因缺少教材和教员而停办。宣统元年（1910 年）12 月13 日，农工商部经朝廷认可后在沿海各渔业公司筹办水产学校①。第二年，中国第一所真正意义上的水产学校在天津创办，名为直隶省水产学校。就浙江而言，作为重要的渔业大省，其在 1916 年设立省立水产学校，后变为浙江省立水产试验场。1918 年，在农商部的支持下，浙江开办定海渔业讲习所，推广新式捕鱼技术。在政府的大力推动下，浙江海洋渔业教育从无到有，培养了一批渔业专业人才，这是浙江海洋渔业发展的一大进步。

1. 浙江水产教育体系的建立

“实业教育，富强之大本也，教育所以开民智。顾念今日，岂唯民智不开而已。”② 张謇一语道出实业与教育密不可分的关系。开办渔业教育是救济渔业的根本，然而我国沿海渔民，大多民智未开，目不识丁，更无所谓掌握先进的专业技术，平时不知变更其法，遭到外国侵略时毫无反抗之力，所以开办基础教育，解决渔民识文断字的问题是开展渔业教育的当务之急③。浙江海洋渔业的发展，最终是需要提高渔民自身素质以适应现代科学技术下的渔业生产要求。起始于民国初期的浙江水产教育体系包括渔业传习所、水产学校和水产试验场三部分组成。

1917 年，农商部制定并公布《渔业技术传习所章程》④，希望通过举办技术传习所来普及新式捕鱼方式，提高渔民的生产技术水平，增加渔民

① 《京外奏牍：农工商部奏筹设各省渔业公司水产学校折》，《学部官报》，1910 年第 120 期，第 3－4 页；《折奏：农工商部具奏筹设沿江沿海各省渔业公司水产学校折》，《福建农工商报》，1910 年第 3 期，第 28－29 页；《章奏：农工商部奏筹设各省渔业公司水产学校折》，《湖北农会报》，1910 年第 2 期，第 5－6 页。

② 曹从坡，杨桐：《张謇全集》卷 4《事业》，南京：江苏古籍出版社，1994 年版，第 22 页。

③ 《直隶祁口渔业分局统计篇》，宣统元年（1909），第 39－40 页，载国家图书馆古籍馆编：《近代统计资料丛刊》（第 23 卷），北京：北京燕山出版社，2009 年版，第 502－503 页。

④ 李士豪，屈若搴：《中国渔业史》，上海：商务印书馆，1937 年版，第 25 页。

收入。次年，农商部派技师李士襄前往定海筹设定海渔业技术传习所。传习所借用定海城北县议会地点作为该所传习之处，由县布告招收渔业子弟授以捕鱼良法，教制新式渔具，一面在所传习，一面实地验试，既不收取学费，又不耽误生计。传习所所需经费包括包括传习所临时经费 1 135 元，每月经常费用 430 元（1920 年 7 月增加到 730 元）悉由农商部支付。在传习所开办初期，最初租用民船进行宣传实验。1919 年 6 月，传习所自建 40 马力木壳机轮船“表海”号作为实习船之用。按照实业部最初的设想与计划，传习所技术推广办法包括所内传习、渔场传习和渔港传习三种方式宣传与推广新式渔业生产技术。每年 1—3 月由传习所召集渔民 20 人，在所内集中宣传；每年 4—7 月、11—12 月传习所技术员乘实习船赴渔船实地推广技术；每年 9—10 月份则由技术员前往渔民集中的渔港进行实地讲演①。作为全国首家渔业技术传习所，在其运转初期，实业部给予了相当的关注。1918 年 4 月 8 日首次开班授课，农商部渔牧司长汪扬宝亲往参加开学典礼，并期望定海渔业讲习所的设立不仅仅是为了推广技术，同时也要进行海洋渔业生产活动的详细调查，以便“仿外国组合法对于渔业信用购买等组合条例”进行渔业信用改革②。同时，当时影响力非常大的《申报》对定海渔业讲习所的日常活动进行了大量跟踪报道，从这些报道中我们可以了解到当时定海渔业讲习所运行的基本信息。

从大量新闻报道可知，尽管渔业传习所的宣传活动得到了浙江省政府及各地方政府的支持③，但定海渔业传习所在创办初期并不如意。就渔业传习所所内传习而言，由于渔民子弟本来就不识字，再加上定海渔民均散处沿海各村镇，往来县城学习修业诸多不便，因此其所招学生并不是很多④。其后由于传习所无人应招，遂改为实地传习⑤。而在实地传习中，定海渔民由于传统捕鱼习惯，对于新技术的推广多持不信任的态度，因此李士襄决定“自赁渔船一艘，雇同渔伙七八人先期开驶产鱼洋而出，共所学如法试验以为改良之渔具之先导，并以立异时招收渔民传习之观念”⑥。

---

① 李士豪，屈若搴：《中国渔业史》，上海：商务印书馆，1937 年版，第 101 – 102 页。
② 《渔业传习所开办之余闻》，《申报》，1918 年 4 月 26 日，第 2 张第 7 版。
③ 《传习渔业之讲演》，《申报》，1918 年 9 月 9 日，第 2 张第 7 版。
④ 《渔业传习所近况》，《申报》，1918 年 3 月 6 日，第 2 张第 7 版。
⑤ 《渔业传习所之虚设》，《申报》，1918 年 9 月 21 日，第 2 张第 7 版。
⑥ 《渔业传习所变通办法》，《申报》，1918 年 4 月 27 日，第 2 张第 7 版。

但在实地技术推广过程中，传习所所用的棉纱网还不如沿海渔户所沿用的传统渔具合用。渔业技术推广所面临的种种问题使得传习所的运行效果并不如意。

1915年，浙江省公署委派赵楣为筹备委员，在浙江筹备水产学校。赵楣以台州临海县芷镇前椒江书院为校址，从事筹备工作。第二年，浙江省公署任命赵楣为校长，成立浙江省立甲种水产学校，随后学校开始正式延聘教员，招收学生。1924年张苑林继任校长一职，任期一年。1925年夏，陈谋琅继任。1927年4月，陈谋琅以临海地址不合时宜，建议省政府迁往宁波定海。该建议在6月经省务委员会通过，并与浙江省立水产品制造厂合并办理。1927年9月，张柱尊接任校长并兼任水产制造厂厂长。同年11月，学校改名为浙江省立水产科职业学校。学校搬迁至定海后，由于校舍缺乏，经建设厅核准后，由定海长新营造厂和上海洽仁营造厂建造校舍、图书馆、冷藏库等设施。1929年，因学生外海实习需要，经省建设厅批准，学校与上海大中华造船厂订立合同，建造"民生一"号、"民生二"号手操网渔轮两艘。1931年，金照接任校长。1933年，学校改称为浙江省立高级水产学校。1934年7月金照辞去校长职务，建设厅暂令巫忠元代理校长一职。此后，学校因发生风潮被建设厅下令停办。事后，经学校校友和水产界同人的奔走呼吁，1935年2月1日学校改为浙江省立水产试验场，并于场内以水产训练班、渔业指导人员训练班的形式继续培养渔业人才①。除浙江省水产高级学校外，1935年镇海县执委会"电请实业部拨发专款，于嵊泗列岛筹设国立水产专门学校，一面明令恢复浙江省定海水产学校，并在沿海各省设立分校"。实业部回复"水产学校之设立在国内为数寥寥，该会所请筹设国立水产专科学校各节，不无相当理由，足供教部参考，事关教育行政，业经据情并附具本部意见，咨请教育部查核办理，仰即知照"②，但并无下文。另外，1947年浙江省在嘉兴乍浦建立了一所

① 张柱尊：《浙江省立水产科职业学校概况》，《浙江建设厅月刊》，1930年4月，第35号，第12－13页，载民国浙江史研究中心、杭州师范大学选编：《民国浙江史料辑刊（第二辑）》第12册，北京：国家图书馆出版社，2009年版，第374－375页。另参见李士豪、屈若搴：《中国渔业史》，上海：商务印书馆，1937年版，第135页。

② 《嵊泗列岛筹设水产专门学校，实部已据情咨请教部办理，并批复镇海执委会知照》，《宁波民国日报》，1935年12月29日，第2张第3版。

水产学校。1951年，该校被拆分分别并入上海水产专科学校和烟台水产学校①。

与水产学校不同，水产试验场的任务侧重于调查、试验、研究。调查一区的渔场、鱼苗、渔船，对渔业养殖进行改良试验以及研究本区鱼类的排卵、洄游等。

1934年10月，浙江省立水产学校因一场纠纷而告停办，浙省水产教育功败垂成。在当时“渔村破产达于极点，倘再不设法补救，渔民颇有铤而走险之危”的大背景与压力下，浙江省建设厅遂于1935年2月在浙江省立水产高级学校的基础上，以原有水产学校校舍为场址，创办浙江省水产试验场，以继续“改进全省渔业，复兴渔村”②。水产试验场首任场首任场长为陈同白，总技师为陈椿寿，技师王贻观、林书颜，另有技士、技术助理员、事务员、书记及实习生若干③。该场分为总务、技术、企业三课10组。常年经费预算为42 500元，临时费16 000元，并由省政府核准拨给开办费6 395元。但由于省库支绌，试验场实际领到的常年经费仅为37 000余元，临时费4 000余元。不过由于试验场本身有经营项目，其墨鱼干制、冷藏制冰及冷藏冰鲜年盈余5 300余元④。浙江省水产试验场创建以后，其主要工作为调查（全省沿海渔业、长江鱼苗、钱塘江渔业、浙江沿海藻类调查）、研究（本省鱼类及其分布、墨鱼发生、蛏子被害原因、带鱼大小黄鱼种族及洄游研究）和试验（渔网防腐剂、墨鱼繁殖、渔盐改良、墨鱼人工干制、紫菜制造、养鱼水质、养鱼饲料试验）⑤。比如：1935年4月，该场场长为指导改良咸鱼制法，还亲自前往香港、澳门，学习并调查咸鱼制法，“求其于短期不致败坏，以扩销路”⑥。在此基础上，试验场遂计划

---

① 张震东，杨金森：《中国海洋渔业简史》，北京：海洋出版社，1983年版，第278页。

② 《浙省许教育厅长拟具实施渔民训练推进渔民教育计划书，恢复高级水产学校造就专门人材，设立水族馆水产陈列所以资观摩》，《上海市水产经济月刊》，第5卷第6期，1936年7月25日，第9页，载《早期上海经济文献汇编》（第32册），北京：全国图书馆文献微缩复制中心，2005年版，第541页。

③ 张震东，杨金森：《中国海洋渔业简史》，北京：海洋出版社，1983年版，第284页。

④ 李士豪，屈若搴：《中国渔业史》，上海：商务印书馆，1937年版，第135页。

⑤ 李士豪，屈若搴：《中国渔业史》，上海：商务印书馆，1937年版，第119－120页。

⑥ 《水产试验场长，赴港调查制咸鱼法，为改良制法之借镜》，《时事公报》，1935年4月24日，第2张第1版。

开辟东钱湖为养殖场，购置渔轮四艘，并设立制罐厂与盐藏场[①]。1936 年，试验场“为增加捕获上之便利起见，拟建筑人工渔场”，具体方法如下：“以岩石、泥包、米糠等搭载于板旧之大船上，沉没海中，以引诱鱼类集中于一处，然后捕获。”这种人工渔场益处极多，“不独对于捕获增加便利，且能成为鱼类栖息之所，或产卵场”[②]。同年，浙江水产试验场还申请开办冷藏运输[③]。除了调查研究试验外，该场还出版了《水产汇报》十余册，具有一定的学术水平。1937 年抗战爆发，受日本海军骚扰侵略，试验场的工作难以为继，一度迁到绍兴，最终停办。

2. 渔业教育体系运转的成效

浙江省立水产高级学校自 1916 年开办以来，以校址搬迁为分界点，可分为前后两个时期。1916—1927 年 11 年间，浙江省立水产学校的办学水平属于中等职业教育，共培养学生 130 余人，平均每年 10 余人（见表 5 - 7）。其中补习科为春季开学，不分科目，一年毕业，共培养两届；本科为秋季开学，分渔捞、制造两科，三年毕业，共培养八届。张柱尊接任校长后，学校学制发生变化。自 1928 年起，学校开始招收五年制正科（分渔捞和制造）和三年制职工科（分渔捞和制造）。截至 1929 年，学校在校学生人数为 161 人（见表 5 - 8），相应的教师人数为 28 人（见表 5 -9）。1927 年，学校预算经费为 40 632 元，但实际财政拨款超过这一数字。以 1929 年为例，当年经常费用为 503 716 元，加上临时预算总计为 85 430 元。学校预算费用的超支除了学校基础建设外，最大的支出项目为新购买的渔轮款项[④]。

---

① 《浙水产场发展计划，开东钱湖为养殖场，筹借庚款置渔轮四艘，设立制罐厂与盐藏场，由建设厅积极进行》，《时事公报》，1935 年 3 月 31 日，第 2 张第 1 版。

② 《省水产试验场，拟建筑人工渔场，引诱鱼类集于一处，然捕鱼获以增收入》，《宁波民国日报》，1936 年 3 月 5 日，第 2 张第 3 版。

③ 《浙水产试验场请办水产冷藏运输》，《申报》，1936 年 6 月 16 日，第 3 张第 9 页。

④ 张柱尊：《浙江省立水产科职业学校概况》，《浙江建设厅月刊》，1930 年 4 月，第 35 号，第 16 页，载民国浙江史研究中心、杭州师范大学选编：《民国浙江史料辑刊（第二辑）》第 12 册，北京：国家图书馆出版社，2009 年版，第 378 页。

表5-7　1916—1927年度浙江省立甲种水产学校毕业学生统计

校　长	任职时间	任职时长	毕业班级与人数
赵　楣	1916—1924年	8年	补习科两班50余人；本科五班60余人
张苑林	1924—1925年	1年	本科一班10余人
陈谋琅	1925—1927年	2年	本科二班20余人

资料来源：张柱尊：《浙江省立水产科职业学校概况》，《浙江建设厅月刊》，1930年4月，第35号，第13页，载民国浙江史研究中心、杭州师范大学选编：《民国浙江史料辑刊（第二辑）》第12册，北京：国家图书馆出版社，2009年版，第375页。

表5-8　1927—1929年度浙江省立甲种水产学校学生状况

年度	科　别	上学期			下学期		
		录取数*	退学数**	实到数	录取数	退学数	实到数
1927年度	正科一年级	34	14	20	6	5	21
	渔捞职工科	14	4	10	3	3	10
	制造职工科	18	3	15	6	3	18
	合　计	66	21	45	15	11	49
1928年度	正科二年级	10	2	29	3	5	27
	正科三年级	46	2	44	3	5	42
	渔捞职工科	12	1	21	5	9	17
	制造职工科	14	1	31	2	4	29
	合　计	32	6	125	13	23	115
1929年度	正科三年级渔捞科	未招	—	19			
	正科三年级制造科	7	5	10			
	正科二年级	15	10	47			
	正科一年级	51	9	42			
	渔捞职工科	未招	2	15			
	制造职工科	未招	1	28			
	合　计	73	27	161			

注：* 录取学生数系新生及插班生人数总和；

** 退学学生数系未来、自行退学及命令退学人数总和。

资料来源：张柱尊：《浙江省立水产科职业学校概况》，《浙江建设厅月刊》，1930年4月，第35号，第18-19页，载民国浙江史研究中心、杭州师范大学选编：《民国浙江史料辑刊（第二辑）》第12册，北京：国家图书馆出版社，2009年版，第380-381页。

表 5－9　1927—1929 年度浙江省立甲种水产学校教师状况

职别＼年度	1927 年度		1928 年度		1929 年度	
	上学期*	下学期	上学期	下学期	上学期	下学期
职　员	3	5	8	8	10	
教　员	—	7	6	7	6	
职员兼教员	—	6	6	6	12	
总　计	3	18	20	21	28	

注：* 1927 年上学期并未开学，因此教员项下暂缺。

资料来源：张柱尊：《浙江省立水产科职业学校概况》，《浙江建设厅月刊》，1930 年 4 月，第 35 号，第 18－19 页，载民国浙江史研究中心、杭州师范大学选编：《民国浙江史料辑刊（第二辑）》第 12 册，北京：国家图书馆出版社，2009 年版，第 380－381 页。

1934 年，随着学校改名为“浙江省立高级水产职业学校”，其经常费用由 36 336 元增加到 39 948 元，科目增加养殖科，变为三科共九个班级①。职业教育的特性要求学生在毕业前需要大量的实习机会。学校搬迁到宁波定海后，与浙江省立水产品制造厂合并，从事制造学习的学生多去该厂实习，以积累工作经验②。而渔捞科学生多在学校所属或租借的渔轮上实习。如在民生渔轮出海时，除学校毕业生 7 人随船练习外，每次都有在校学生 5 人轮流来船实习③。浙江省立高级水产学校运行近 20 年，为浙江省乃至全国培养了不少海洋渔业人才。其中比较有名的校友如戴行悌、俞积楚、冯子康、胡德闻。其中戴行悌曾担任国立高级水产学校校长、浙江全省渔会联合会理事长、国民大会代表及浙江省渔业物资处理委员会委员④。

浙江水产试验场是在浙江水产学校的基础上创办的，除前文所列工作

① 第三科：《一年来之水产事业》，《浙江建设厅月刊》，1934 年 7 月，第 8 卷第 1 期，第 24 页，载民国浙江史研究中心、杭州师范大学选编：《民国浙江史料辑刊（第二辑）》第 32 册，北京：国家图书馆出版社，2009 年版，第 88 页。

② 姚诚平：《岱山制鲞实习记》，《浙江建设厅月刊》，1933 年 5 月，第 6 卷第 11 期，第 1－10 页，载民国浙江史研究中心、杭州师范大学选编：《民国浙江史料辑刊（第二辑）》第 26 册，北京：国家图书馆出版社，2009 年版，第 503－512 页。

③ 金炤：《一年来水产品制造厂之概况》，《浙江建设厅月刊》，1933 年 6 月，第 6 卷第 12 期，第 4 页，载民国浙江史研究中心、杭州师范大学选编：《民国浙江史料辑刊（第二辑）》第 26 册，北京：国家图书馆出版社，2009 年版，第 398 页。

④ 浙江区渔业物资处理委员会，浙江省档案馆藏，档案号：L033－002－0263。

外，水产试验场在推广海洋渔业生产技术方面的作用还是有成效的。如水产试验场于1935年12月间在沈家门举行演讲会，并播放渔业影片，参加渔民600余人。1936年2月1日该场成立周年纪念时，为灌输水产常识及唤起人民对于水产实业的关注，浙江水产试验场在2月1、2两日举办大型水产宣传会，设有设备展览室6间，并开放全场各工作部分，以供民众参观。据报道1日上午9点钟举行宣传会开幕仪式，到会的嘉宾除了当地各机关长官、团体代表及士绅外，并由浙江省建设厅第三科科长陆桂祥参加指导。开放展览时间为1、2日上午9点至12点，下午1点至4点。参观人数第一天有1 000余人，第二天有2 800余人，总计约4 000人。会场中分赠该场推广丛书约2 000册，并由该场职员分别负责讲解。其中展览物品分6室陈列，分别为水族馆、渔村建设、渔会设施、养殖及水产、渔捞及水产博物馆等。① 鉴于此次水产宣传会的效果，1937年4月8日，浙江水产试验场与宁波青年会在定海联合举办水产展览馆，展览设计有鱼苗、蛏子养殖、紫菜养殖、浙江四大渔业、大黄鱼生活史、渔盐等等。此外展览馆设有水产场制品出售部，出售紫菜、罐头食物及水产汇报等。在开馆当天，其参观人数达12 500余人②。除定期宣传外，水产试验场还编印《渔民用冰须知》、《暴风警报及其趋避办法》等丛书推广渔业科技常识③。

浙江近代水产教育自清末开始，到抗日战争爆发前，共培养了2 000余名水产科技人员。如果仅从技术教育的角度而言，其成效并不突出。

对于海洋渔业技术教育与推广，尽管从中央到地方的各级政府都重视渔业教育事业，并投入了一定的行政资源，但在实际操作的过程中特别是技术教育初期仍遇到大量的困难。如民国初期设立的渔业传习所，其初衷是非常好的，希望以免费教育的形式在渔民子弟中推广新式捕鱼技术，但响应寥寥无几，这使得传习所被迫从入所传习转为实地传习。究其原因，除渔民对于与其传统认知不相符合的技术恐惧外，更多的是不信任。因此传习所其后更多地是从事技术的实地推广，而渔业教育反而被忽略。其后

① 李士豪，屈若搴：《中国渔业史》，上海：商务印书馆，1937年版，第90－94页。

② 《举行水产展览会》，《申报》，1937年3月14日，第2张第8版。《水产展览会开幕》，《申报》，1937年4月12日，第2张第7版。

③ 陈同白：《浙江省水产试验场一年来之工作》，《浙江建设厅月刊》，1936年10月，第10卷第4期，第15页，载民国浙江史研究中心、杭州师范大学选编：《民国浙江史料辑刊（第二辑）》第41册，北京：国家图书馆出版社，2009年版，第167页。

水产学校吸纳的学员以城市青年为主，很少招收渔民子弟。这些城市学生只习惯于城市生活，不耐艰苦的水上劳动。根据姚焕洲的调查，浙江水产高级学校办学18年共毕业学生286人，仅有30人从事水产事业。与之相对应的是政府在这18年间投入经费85万元，其他如天津、江苏、厦门等地的水产学校皆如此①。究其原因，就学校教育而言，缺乏对本国水产调查与实验，教材多照抄外国书本材料，"既不能使学生明了本国水产实际情形，又未尝充分予以实用技术之训练"②。

从现代渔业教育建立的外部环境来看，20世纪前中期的政治动乱无疑是海洋渔业教育体系推广的致命伤。这一影响反映在渔业主管部门的频繁更迭以及外部侵渔及战争造成渔业教育的人为中断。当时中国的水产试验研究机构受政局动荡，特别是帝国主义侵略影响，存在的时间都很短，没有一个持续10年以上的，最短的只有1年多。而在其后的国内战争及反侵略战争中，海洋渔业教育学校不仅基本的硬件设施遭到毁坏，更重要的是，战争使人们无法安心从事教育和学习，导致渔业人才断层，这对水产教育而言损失是巨大的。再者，教育事业和实业发展是相辅相成的，实业是教育的基础，所谓"非先兴实业，教育无所资以措手"。③ 在当时中国实业满目疮痍的情况下，仅仅依靠政府的拨款是无法满足渔业教育发展的需要的。而渔业教育发展没有充足的资金支持和先进的技术指导，其落后也是可想而知的。

另外一个非常重要的原因就是，浙江沿海大多数从事渔业生产的渔民子弟几乎都是文盲，没有学习基础。根据朱海通的调查，即使在民国教育非常发达的宁波地区，"每渔村中，有普通初级小学一二所。渔民中识字者，仅百分之六七，盖渔民子弟至十余岁，即可至海边捕获蛤类，而从事

① 姚焕洲：《由浙江水产学校之解散讨论浙江水产教育之改善问题》，《水产月刊》，实业部上海鱼市场筹备委员会发行，1934年11月，第1卷第6期，第2页；陈同白：《浙江省水产建设及今后之动向》，《浙江建设厅月刊》，1935年9月，第9卷第3期，第24页。

② 姚焕洲：《由浙江水产学校之解散讨论浙江水产教育之改善问题》，《水产月刊》，实业部上海鱼市场筹备委员会发行，1934年11月，第1卷第6期，第2页。

③ 曹从坡，杨桐：《张謇全集》第3卷《实业》，南京：江苏古籍出版社，1994年版，第384页。

生产矣"①。渔民知识水平低下，使得一切现代化海洋渔业生产技术的推广都成为泡影。而落后的生产方式，使得捕鱼效率无法提高，渔民破产与渔业衰败成为必然。

从近代浙江海洋渔业教育体系的发展进程我们可以看到，对于现代海洋渔业教育及生产技术的推广，首先要将西方的教育技术及理念与中国的实际相结合，在展开通识教育的同时，要注重高级人才的培养，以充实渔业师资队伍，使得渔业教育实行良性循环。十年树木百年树人，教育是一个循序渐进的过程，不是一蹴而就的。政府要做到的就是在稳定政治局面的同时，重视渔业教育，尤其是基础教育。只有解决渔民基本的识文断字问题，降低文盲率，才能从根本上解决培养渔业人才的问题。

第二节　传统海洋渔业政策的继承与转型

20世纪20年代末，世界性经济危机爆发。面对持续低迷的经济形势，许多资本主义国家放弃了对经济领域一贯放任的自由主义经济政策，开始加强对国家经济发展的干预。在这样的背景下，统制经济思想开始广泛传播。统制思想的出现为救济渔业提供了一条可供选择的道路，渔业界人士纷纷参与讨论，认为中国海洋渔业急需政府加强管理，进行统制。当时著名的渔业专家李士豪就指出，"政府鉴于国际经济恐慌袭击中经济侵略的深刻化"，想集中力量，抵抗外来经济侵略，就必须调整原有的经济组织。经济统制"以事实的需要而成为吾国当前的经济政策。渔业统制的呼声亦应运而生"②。在统制思想的传播影响下，为了拯救岌岌可危的海洋渔业，政府首先以国家律法的形式，强制性推动海洋渔业基层组织——渔会和渔业合作社的建立，意图取代传统海洋渔业行帮与公所组织。同时，加强沿海鱼市场的建设，以减少海产品流通的中间环节，降低中间商对渔民的盘剥，以提高应对外商侵渔的竞争力。其次，政府强力介入海洋渔业金融领

① 朱通海：《镇海县渔业之调查》，《浙江建设厅月刊》，1936年10月，第10卷第4期，第7页，载民国浙江史研究中心、杭州师范大学选编：《民国浙江史料辑刊（第二辑）》第41册，北京：国家图书馆出版社，2009年版，第105页。

② 李士豪：《中国海洋渔业现状及其建设》，上海：商务印书馆，1936年版，第212页。

域，增强其对海洋渔业现代化的支持力度，缓解经济危机对渔业经济的冲击。传统中国海洋渔业政策的转型除自然演进外，更多地是在外部压力下，政府以统制思想为指导，对传统海洋渔业政策的主动调整，以期转变渔业社会日益凋敝的现实。

一、渔业合作组织的创办

浙江海洋渔民在传统的海上作业中形成了以地缘为纽带的渔帮和渔业公所组织以应对渔民纠纷与海上风险。到近代，随着江浙渔业公司的建立，在其与政府的推动下，新式渔会组织开始组建，只要是交纳一定会费的江浙沿海渔民均可享受到公司提供的海上保护与代为报关。不过这一时期成立的渔会和民国时期的渔会仍有很大不同。江浙渔会侧重的是渔业防护和捐税征收，而民国时期成立的渔会是根据渔会法组织的，其业务范围更加广泛①。其后，随着合作运动在中国的兴起，渔业合作社也逐渐在浙江沿海兴办起来。渔会与渔业合作社在组织和职能上虽多有重叠，但都为促进浙江海洋渔业发展和改善渔民生活作出了一定贡献。

1. 渔会与渔业合作社的创办

进入民国后，浙江旧有的民间渔业组织渔帮和渔业公所已不能适应并推动海洋渔业的现代化发展。与此同时，全国性海洋渔业管理机构的设置及大量政策的落实，都需要政府在基层推行建立新型的渔业民间组织。在这一背景下，1922 年，农商部公布《渔会暂行章程》，通令沿海各省推动渔民遵照章程组建各地区的渔会组织，这就在法理上确立了渔会在基层渔民中的法律地位，渔帮和渔业公所逐渐自行消亡②。1929 年 10 月 26 日，民国政府立法院第 56 次会议通过《渔会法》，同年 11 月明令公布。1930 年 6 月，农矿部公布《渔会法实施细则》，督促各省切实办理。《渔会实施细则》不仅规定了渔会产生方式，更详细规定了政府对渔会的领导地位。截至 1934 年，浙江沿海渔会统计数据见表 5－10。

---

① 李士豪，屈若搴：《中国渔业史》，上海：商务印书馆，1937 年版，第 94 页。

② 李士豪，屈若搴：《中国渔业史》，上海：商务印书馆，1937 年版，第 94 页。

表 5－10　1934 年浙江沿海渔会及会员人数统计

会名	地址	成立年月	会员人数
玉环县渔会	玉环坎门二条岭	1930 年 7 月	85
瑞安县渔会	瑞安南门外高垣头	1931 年 2 月	119
平阳县渔会	蒲门区大渔村	1932 年 2 月	58
绍兴县渔会	昌安门昌明小学	1931 年 12 月	106
南田县渔会	金漆门	1932 年 9 月	156
象山县渔会	石蒲东来镇	1932 年 9 月	109
鄞县渔会	本城濠河头都神殿	1932 年 10 月	

资料来源：浙江省玉环县编史修志委员会编：《玉环县志》，北京：汉语大词典出版社，1994 年版，第 411 页；《全国各省市渔会一览》，《上海市水产经济月刊》，第 2 卷第 12 期，1934 年 1 月 25 日，第 6 页，载《早期上海经济文献汇编》（第 30 册），北京：全国图书馆文献微缩复制中心，2005 年版，第 465 页。

根据黄晓岩的研究，浙江渔会成立后，大量的渔业分会在抗日战争前后集中成立。在其统计的 20 个渔业分会里，有 14 个成立于 1945 年之后①。由此可知，渔会组织的实际运作及对海洋渔业发展的影响力在战后更加明显，这从玉环渔会人数的变化上就可看出。自玉环县渔会成立到 1947 年，其会员人数从 85 人增加到 4 785 人，是战后浙江省人数最多的渔会组织②。

以玉环渔会为例，其成立初期一般通过定期召开会员大会、代表大会和临时大会等方式来解决渔业事宜。会员大会一年一次，代表大会三个月一次，而临时大会则视具体情况而定。另有理监事联席会议、会员座谈会讨论事关渔业发展全局的重要事项。每年渔会由会员代表大会选举产生理事 5 人，监事 3 人，并从中推举理、监事长各 1 人③。理事处理会内一切事务，对外代表渔会，而监事负责审核渔会账目、稽查事业进行状况，并监督各职员。

---

① 黄晓岩：《民国时期浙江沿海渔会组织研究——以玉环渔会为例》，浙江大学硕士学位论文，2009 年，第 34－35 页。

② 浙江省玉环县编史修志委员会编：《玉环县志》，北京：汉语大词典出版社，1994 年版，第 411 页；黄晓岩：《民国时期浙江沿海渔会组织研究——以玉环渔会为例》，浙江大学硕士学位论文，2009 年，第 34－35 页。

③ 浙江省玉环县编史修志委员会编：《玉环县志》，北京：汉语大词典出版社，1994 年版，第 410 页。

政府在推动组建渔会的同时，也积极支持另一个渔业组织——渔业合作社的创办。所谓合作社，是劳动者在自愿互利的基础上为谋求自身利益而联合起来，共同筹资、共同劳动、共享劳动成果的互助性集体经济组织。1927 年，国民政府定都南京后，将合作运动列为训政时期七项运动之一，合作事业始获政府倡导①。

相比其他沿海省份，浙江政府对渔业合作社的推动更加积极。1928 年初，浙江省政府委员兼民政厅长朱家骅就提交派沿海各县县长前往日本考察包括渔业合作社的提案，并获省政府委员会议审议通过②。同年 10 月，江浙渔业会议的讨论中亦涉及组建渔业消费合作社等议案。随后，浙江省政府将筹办渔业银行的提案提请委员会讨论，并认为在组建渔业银行之前，应先派员指导渔民组织信用合作社③。1929 年 7 月，浙江省负责推动合作事业的浙江省农民银行因资金不足未能成立，其职能转由建设厅合作事业室接手。1930 年 2 月，浙江省农矿处成立，合作事业划归该处专管。与此同时，浙江省建设厅拟定发展渔业计划，拟“设立渔业指导所，并指导渔业合作社之组织”④。次年 1 月，农矿处撤销，合作事业由建设厅接办，归第四科主持，设股专责办理。为更加全面地掌握沿海渔民现状，浙江省建设厅“派员先就渔业最盛之鄞县、镇海、定海三县，着手调查渔业状况，渔民生活情形”，随后订定《浙江省沿海各县指导渔民组织合作社应注意事项八条》，通饬沿海各县遵照办理⑤。1932 年 6 月，建设厅恢复合作事业室，仍隶属于第四科。次年 4 月，提升合作事业室职权，与各科室并列。1934 年，浙江省建设厅又拟定六项办法以督促渔民组织运销及其他各种合作社⑥。1935 年 2 月，建设厅将农业总场、第四科及合作事业室合组为农业管理委员会，设合作事业管理处。1936 年 1 月，该处奉令撤销，仍于建设厅内设合作事业室。同年 6 月，建设厅第二科改为农业管理处，

① 李士豪，屈若搴：《中国渔业史》，上海：商务印书馆，1937 年版，第 98 页。

② 《浙省拟派县长赴日考察提议》，《申报》，1928 年 2 月 2 日，第 3 张第 10 版。

③ 《江浙渔业会议昨日开幕》，《申报》，1928 年 10 月 2 日，第 4 张第 14 版；《江浙渔业会议之第三日》，《申报》，1928 年 10 月 5 日，第 4 张第 16 版；《浙省将办渔业银行》，《申报》，1928 年 10 月 14 日，第 3 张第 10 版。

④ 《建设厅发展本省渔业计划》，《时事公报》，1930 年 2 月 12 日，第 2 张第 2 版。

⑤ 中国合作学社：《合作月刊》，1931 年 11 月，第 3 卷第 9 期，第 24 页。

⑥ 《浙建厅发展水产事业拟定办法六项》，《申报》，1924 年 7 月 14 日，第 3 张第 11 版。

合作事业划归该处办理。同年又于建设厅内单独设科。从渔业合作社的筹办情况来看，即便浙江省政府对渔业合作事业早有提倡，但究其发展情形，仍非常迟缓。究其原因，主要是中央及地方对合作事业的推动是有所侧重的。浙江省的合作业务，初期以信用业务为主，1936 年以后，才开始推进特产业务①。因此，在 1936 年以前，浙江省的渔业合作事业总体进展缓慢，“办渔业合作社的极少”。其实，直至 1937 年，浙江省非但渔业合作社极少，渔会亦非常少，这一时期的渔业中介组织绝大部分仍旧是旧有的渔业公所等机构②（见表 5-11、表 5-12）。

表 5-11　1934 年浙江省建设厅关于渔业合作社调查

社别	负责人	社址
嘉善第一区大公乡桥港渔业运销兼营合作社	李念渔	设嘉善西门外
长兴林城镇叶佳蓄鱼合作社	何荣昌	设长兴林城镇叶佳
乐清临城乡渔业合作社		设乐清南草坪

资料来源：《浙江省建设厅关于渔业合作社暨渔业调查表》，上海档案馆藏，档案号：Q464-1-97-57。

表 5-12　1937 年浙江宁波渔业合作社统计

社名	成立时间	负责人	社址	人数
东钱湖外海渔业捕捞兼营合作社	1934 年 7 月 2 日		大堰头	25
象山县第五区石浦渔民水产品无限责任运销合作社	1933 年 9 月 15 日	蔡中正		17
定海县无限责任渔业生产兼营合作社	1935 年 9 月	陈满生	沈家门鱼栈公所	532
无限责任象山石浦海产品运销信供合作社	1936 年 11 月 7 日	黎绍焜	石浦镇新衙头街	

资料来源：丁龙华：《民国时期宁波地区渔业合作组织研究》，宁波大学硕士学位论文，2014 年，第 39-43 页。

2. 渔民组织与渔业发展

相比传统的渔业组织，渔会和渔业合作社都纳入到政府的直接管辖之

① 浙江省银行经济研究室编：《浙江经济年鉴》，杭州：浙江文化印刷股份有限公司，1938 年版，第 653 页。中央党部国民经济计划委员会编：《十年来之中国经济建设》，南京：南京扶轮日报社发行，1937 年版，第 10 页。

② 《浙省府派孔雪雄考察沪鱼市场》，《申报》，1937 年 2 月 18 日，第 4 张第 14 版。

下，由地方政府直接管理，其活动必须接受政府的指导（见图5－2）。依照《渔会法》，民国时期渔会的任务主要有14类：改良渔业事项；整理渔村、鱼市事项；筹借渔业资金及租赁渔船、渔具事项；筹办渔业共同贩卖、制造、运输事项；举办渔业教育事项；筹办水产陈列所及赛会事项；组织生产、消费、购买、信用、住宅等合作社事项；举办储蓄、保险、医疗所、托儿所事项；关于渔业保护及救恤事项；关于渔业调查及建设事项；关于官署咨询及委托事项；关于调处渔业间之争议事项；筹设水上标识事项；其他关于会员共同利益之事项①。除以上职能外，在实际运转过程中，渔会还参与地方政事。如在参与县参议会的选举上，渔会可以采取直接选举制，由会员直接选举产生②。

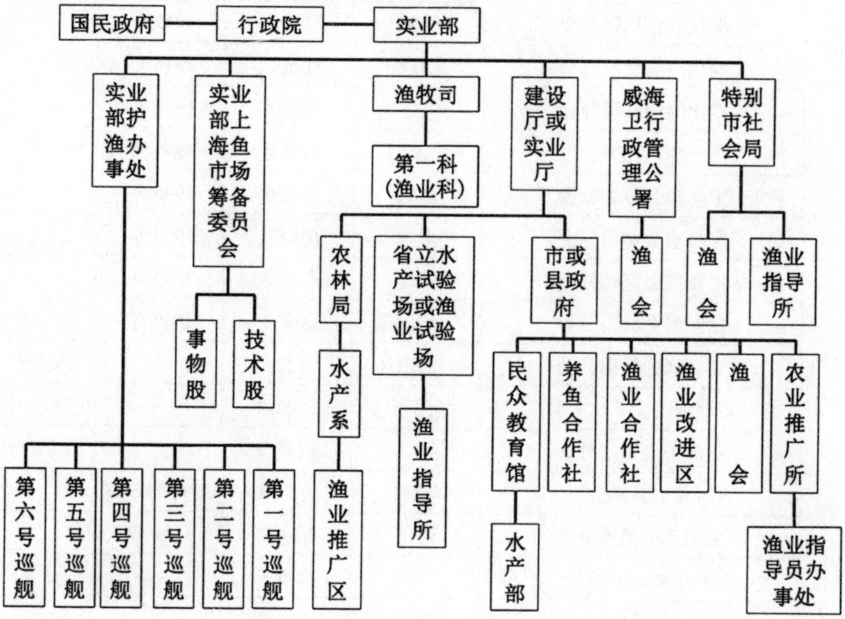

图5－2　民国时期水产行政系统图

资料来源：实业部中国经济年鉴编纂委员会编：《中国经济年鉴》，上海：商务印书馆，1935年版，第115页。

---

① 李士豪：《中国海洋渔业现状及其建设》，上海：商务印书馆，1936年版，第227－228页。

② 《县参议员选举条例》，玉环县档案馆藏，档案号：225－004－358。

作为新式渔业基层组织，渔会的发展速度是非常迅速的。尽管在抗日战争时期，浙江海洋渔业发展遭受重大损失，但战后渔会组织的数量较战前仍增加很多。以宁波地区为例，截至 1946 年 12 月，其已成立的渔会组织就有 15 个，另有 3 个在筹备中（见表 5 - 13）。

表 5 - 13　1946 年 12 月浙江宁波渔会概况统计

县别	团体名称	所在地	负责人	成立年月	备考
鄞县	鄞县县渔会	宁波江东	史锦纯	1945 年	
	鄞县鲜咸经纪商业同业公会	宁波	陈松祥	1945 年	
镇海	镇海县县渔会	镇海县城	王锡光	1945 年	
奉化	奉化县县渔会	奉化县城	林岫亭	1945 年	
	奉化渔会桐照分会	桐照	林尚远	1945 年	
	奉化渔会栖凤分会	栖凤	沈夫元	1945 年	
	奉化渔会虹溪分会	虹溪	胡嘉宾	1945 年	
定海	定海县渔会	沈家门	苗邦邕	1945 年	
	定海渔会金塘分会	金塘	朱葆懋	1945 年	
	定海渔会螺门分会	螺门	史财发	1945 年	
	定海渔会虾岐分会	虾岐	蒋宝全	1945 年	
	定海渔会岱山分会	岱山	赵冬生	1945 年	
	定海渔会衙山分会	衙山	宋湘云		筹组中
	定海渔会大羊山分会	大羊山	张明水		筹组中
	定海渔会钓门分会	钓门	何满登		筹组中
象山	象山县渔会	石浦	许焕文	1946 年 3 月	
	象山渔会爵溪分会	爵溪	郑坚良	1946 年	
	石浦盐鲜业同业公会	石浦	葛圣玉		
	爵溪盐鲜业同业公会	爵溪	周大烈		
宁海	宁海县渔会	宁海县城	薛国盛	1946 年	

资料来源：《渔业》，浙江省档案馆藏，档案号：L084 - 000 - 0406。

渔业合作社在战后也得到迅猛发展。根据李士豪的分类，民国时期政府推动成立的渔业合作社主要分为消费、生产、信用、贩卖四种合作社①，而

① 李士豪：《中国海洋渔业现状及其建设》，上海：商务印书馆，1936 年版，第 233 - 234 页。

在实际运行当中，特定的合作社往往兼有两个或两个以上的特征（见表5-14）。

表5-14　1947年6月宁波渔业合作社分类统计

县别	人数（人）	渔业合作社（个）					合计（个）
		生产合作社	产销合作社	产制销合作社	产制信合作社	综合性合作社	
定海	560	8		1			9
镇海	79				1		1
鄞县	467	2	1		2		5
象山	1 722	5				1	6
奉化	280	3				1	4
宁海	1 034	5	1				6

资料来源：毕定邦、周惠民主编：《浙江省水产志》，北京：中华书局，1999年版，第413-418页；周科勤、杨和福主编：《宁波水产志》，北京：海洋出版社，2006年版，第296-297页。

相比战前，这一时期的渔会和渔业合作社组织无论是数量还是参会人数都大大增加，可见渔民对新式渔业组织认可度越来越高。作为民国时期政府积极支持的两个渔业组织，其在推动渔业现代化中的职能和角色多有重合。就浙江而言，大多数沿海地区渔会的成立早于渔业合作社，相当一部分渔业合作社是由地方渔会发起成立的。如姜山渔业生产合作社的前身就是1933年成立的姜山渔会①。正因如此，再加上两者都是以发展渔业为宗旨，其在人员构成上多有重复。例如，鄞县渔会会长史锦纯，同时为沈家门渔业生产合作社主席；镇海县渔会会长王锡光，同时为镇海县渔业生产运销合作社主席；奉化县渔会会长林岫亭，同时为奉化县渔业生产合作社联合社主席等②。两者的区别在于一个为基层群体组织，而另一个为经济合作组织。

20世纪20、30年代，由于"外货倾销，海盗猖獗，而渔民捞捕技术

① 鄞县姜山渔业合作社案卷，宁波市档案馆藏，档案号：31-1-8。

② 丁龙华：《民国时期宁波地区渔业合作组织研究》，宁波大学硕士学位论文，2014年，第126页。

多守旧法”,[①] 加之苛捐杂税繁重、运输不便、鱼价下跌以致渔民穷困潦倒。正是这一背景，使得民国时期的渔会和渔业合作社明显有别于旧式渔业公所。除继承传统渔业组织调节渔民矛盾、协助政府管理渔民的职责外，渔会及渔业合作社在推动渔业生产、运输、销售、融资等方面也产生了积极影响。

作为团体性组织，渔会及渔业合作社在渔业生产过程中的组织化运作比个体运作更有效率。这集中体现在集体采购与运输方面。集体化采购生产、生活用品可以降低渔民开支，减轻个人承担的风险。如渔民日常需要的生活用品如米、盐、糖、炭火等以及所需要的生产工具如渔船、渔网、饵料等。经营这些货物的中间商人面对单个渔民和渔业合作社，其价格是不同的，渔业合作社一次性购入的数量多，因此价格更低。其次，从渔获物运输的角度而言，与其他农产品不同，渔获物易于腐化变质，所以及时运输就显得尤为重要。大型轮船和陆上工具只有集体采用，而集体租赁运输工具不仅可以节约交易时间与成本，还能最大化地发挥运输能力，减轻渔民的负担。另外，作为经济合作组织，渔会和渔业合作社在法律上具有法人地位，可以以集体名义为渔民申请银行渔业贷款提供担保。而站在政府的角度，渔会和渔业合作社的建立有利于政府加强渔村管理、统筹渔业资源和推进渔民教育。借助渔会和渔业合作组织，政府可以通过政策来引导渔民，制定规章进行管理，或者直接派员对渔民进行教育指导，增强渔民对现代科学技术的理解与运用能力。正因如此，政府对基层新型渔业组织的推动有着内在的动力。而对于渔业基层组织的发展而言，一方面可以利用政府的人力、资金方面的扶持来解决渔民自身发展过程中遇到的困难，推动渔业发展，改善渔民生产与生活条件；另一方面，政府主导的渔业组织发展模式使其无法自主地管理地方渔业事宜，很容易出现“人存则政存，人亡则政息”的局面[②]。

---

① 《江浙一带海岸，春汛鱼期产销均减，当局注意渔民痛苦，极力提倡合作事业》，《时事公报》，1935 年 4 月 21 日，第 2 张第 1 版。

② 方显廷：《中国之合作运动》，天津：南开大学经济学院，1934 年版，第 23 页；黄晓岩：《民国时期浙江沿海渔会组织研究——以玉环渔会为例》，浙江大学硕士学位论文，2009 年，第 61 页。

二、渔业流通组织的建立

在传统渔业流通领域，从事海产品运输的皆为沿海各埠的鲜咸鱼行。鱼行即贩卖鱼的店铺，它从渔民手里买来渔获物放在市场上贩卖，是连接渔民和消费者的纽带。江浙一带早在唐宋时期就有鱼行。清末民初，鱼行发展尤为迅速。20世纪30年代上半期，仅嵊泗列岛就有鱼行36家。逢渔汛出渔即需要工具及大量食物，渔民自身根本无力承担。为了生存，渔民的生活和生产资金大部分是向鱼行借贷。鱼行以渔民的金银首饰、房产、地产为抵押，利息一般“月三分至五分，每年一转，到期无利，照契管业”①，鱼行借此取得利息以及渔获物的专卖权，获得双重高额收益。在传统社会，鱼行对于加快海产品流通，降低渔业生产风险有一定的作用。到近代以后，鱼行在应对国与国之间的海产品竞争中越来越力不从心，其组织零散、鱼肉渔民的弊端日益凸显。鱼行不但妨害渔民经济，“即其自身的矛盾，及社会经济组织发展上，亦失其存在的理由。以市场的起而代之，为一种自然的趋势，是无可疑议的”②。所谓鱼市场，即水产品的销售机关。凡是渔民的捕捞的水产品，都集中于鱼市场，由主持“场政者依市民需要之鱼类，与及时之鱼价，规定相当的价值”③。通过鱼市场将所有销售海产品集中在一起的方式不仅可以防止恶意竞争，还能有效控制水产品的来源，防范外商侵渔。就浙江地区而言，1936年成立的上海鱼市场在推动浙江海产品流通体系，协调整个江浙海洋渔业运销中发挥着重要作用。

1. 水产品流通与沿海鱼市场的筹设

早在20世纪初期，欧美各国就有鱼市场的设置，并且有发达的运输系统与之相匹配，“在不列颠岛上，新鲜海产借助于铁路能到达远离海域的各地，它深入到最小的市镇，所有的英国城市，天天有鱼上市。伦敦有世界上最大的鱼市场，每天上市鲜鱼达700多吨”④。而在中国，鱼市场这一

---

① 《上海鱼市场关于视察嵊泗列岛报告书》，上海市档案馆档案，档案号Q464-1-150。

② 李士豪：《中国海洋渔业现状及其建设》，上海：商务印书馆，1936年版，第275-276页。

③ 李士豪：《中国海洋渔业现状及其建设》，上海：商务印书馆，1936年版，第217页。

④ ［法］阿·德芒戎著，葛以德译：《人文地理学问题》，北京：商务印书馆，1999年，第401页。

全新制度的引进要到民国以后。早在1918年，北洋渔业公司在其宣言书中就设想在天津设总公司及鱼市场，北京、保定设分公司，并招请当地鱼行加入公司①。1921年，海军部在上海设立鱼市场的企图被吴淞与江苏省立水产学校联合抵制后，江浙渔商、渔户及相关商人于11月24日在上海四川路10号成立江浙鱼市场股份有限公司，总资本200万元②。鱼市场最初的成立并非一帆风顺，江浙鱼市场成立不到4天，上海地方鱼行以其有碍鱼行营业，开始攻击鱼市场③。第二天，上海鲜鱼业敦和公所与咸鱼业腌腊公所登报声明，以鱼市场所拟统一规定海产品价格的办法未经实业部核准而拒绝参加④。同日，迫于鱼行骚扰压力，江浙鱼市场筹备处搬迁到英租界广西路332号继续办公⑤。紧随其后，上海鲜鱼公所也登报声明与江浙鱼市场毫无瓜葛，旗帜鲜明地指出上海无设置鱼市场的必要⑥。除此之外，张葆辰还代表鲜鱼公所以江浙鱼市场的成立未获得地方渔业团体支持，恐扰乱市场为由向上海县公署施加压力，以阻止江浙鱼市场的成立⑦。针对鲜鱼公所的攻击，江浙鱼市场在12月9日登报将加入江浙鱼市场的渔业团体详细列出，总计有包括人和公所、南平公所等在内的24个渔业公所团体，其中仅有1家为上海本地渔业公所，其余皆以浙江宁波定海渔业公所为主体⑧。从公告我们可以看到，江浙鱼市场背后的推动力是浙江渔商公会代表的浙江渔业公所团体。但即使这样，在上海地方鱼行的抵制下，江浙鱼市场最终仍旧没能成立，由此可见传统鱼行势力的庞大。

1927年国民政府定都南京后，实业部在四年计划中规定，仿照日本在上海、青岛、宁波、天津、福州、烟台、海州、汕头等处设置鱼市场⑨。1928年10月5日的江浙渔业建设会议上，上海市政府与浙江省立水产科

---

① 《外人之中国渔业观（续）》，《申报》，1918年11月29日，第2张第6版。

② 《反对海军部组织鱼市场电》，《申报》，1921年9月23日，第4张第14版；《江浙鱼市场股份有限公司通告第一号》，《申报》，1921年11月24日，第2张第6版。

③ 《鱼行攻击鱼市场》，《申报》，1921年11月28日，第4张第15版。

④ 《冰鲜咸鱼两业同行为市场特别声明》，《申报》，1921年11月29日，第1张第1版。

⑤ 《江浙鱼市场筹备处迁移通告》，《申报》，1921年11月29日，第1张第3版。

⑥ 《上海鲜鱼公所紧要声明》，《申报》，1921年11月30日，第1张第1版。

⑦ 《上海县公署》，《申报》，1921年12月8日，第4张第16版。

⑧ 《旅沪浙江渔商公会启事》，《申报》，1921年12月9日，第1版第3页。

⑨ 李士豪：《中国海洋渔业现状及其建设》，上海：商务印书馆，1936年版，第276页。

职业学校分别提交在上海设立鱼市场的提案，引起大会重视①。在地方实践中，江苏省农矿厅决定先举办模范鱼行，为鱼市场的设置做准备②。1929年11月9日立法院第19次会议上，《鱼市场法》草案纳入审议议程，但在立法院第101次会议上被推迟审议③。与此同时，1930年，在日军司令部的支持下，日本水产组合在中国青岛设立鱼市场及金融组合。该组合拥有各类捕鱼船只大小50余艘，年在华销售鱼价30多万元，严重侵害了中国的渔业主权④。在外部压力下，青岛市率先开始筹设本地的鱼市场及渔业基金银行，以振兴青岛渔业⑤。而随后江苏省党务整理委员会、上海市党部、江苏省农矿厅、上海市政府社会局与江苏省立渔业试验场联合在上海组织改进渔业的宣传中就包含对上海鱼市场的规划⑥。1931年5月1日，青岛渔业公司及下属鱼市场在政府的支持下正式成立，其最初资本为50万元⑦。从《青岛渔业股份有限公司鱼市场规则》中我们可以了解早期鱼市场的基本运作情况。鱼市场作为鱼产品的销售场所，可以为经销商垫付鱼款，而经销商不能在鱼市场以外出售水产品。买入价格确定后，再加价10%，作为经纪人（5%）和鱼市场扣贴（5%）的费用。另外鱼市场要收取鲜鱼买入价10%或水产制造品5%作为市场交易手续费。作为买卖双方的中介，鱼市场对经纪人的资格和行为做了严格的限定⑧。尽管有非常完备的规章及政府的大力支持，但青岛鱼市场1932年度运营情况显示，由于日本抢先一步设立鱼市场，导致青岛鱼市场的营业收入大部分被日本抢占⑨。因此，当实业部开始对沿海渔港及鱼市场的建设做预算规划，全

① 《江浙渔业会议第四日》，《申报》，1928年10月6日，第4张第16版。

② 《苏省水界富源之开拓》，《申报》，1929年7月8日，第3张第9版。

③ 《立法院五十九次会议》，《申报》，1929年11月10日，第3张第9版；《立法院一零一次会议》，《申报》，1930年7月20日，第3张第9版。

④ 《青岛收回日水产组合交涉》，《申报》，1930年11月14日，第2张第7版。

⑤ 《青市府谋振兴渔业》，《申报》，1931年1月25日，第2张第8版。

⑥ 《积极筹备中之改进渔业宣传会》，《申报》，1931年2月23日，第3张第11版。

⑦ 《青岛：渔业公司力谋发展》，《申报》，1931年5月12日，第2张第8版。

⑧ 《青岛渔业股份有限公司鱼市场规则》，《上海市水产经济月刊》，第3卷第3期，1934年4月25日，第11－13页，载《早期上海经济文献汇编》（第31册），北京：全国图书馆文献微缩复制中心，2005年版，第115－117页。

⑨ 《青岛之渔业公司与鱼市场》，《上海市水产经济月刊》，第3卷第3期，1934年4月25日，第11页，载《早期上海经济文献汇编》（第31册），北京：全国图书馆文献微缩复制中心，2005年版，第115页。

国性鱼市场建设逐步提上日程的情况下①，山东省实业厅于1933年4月在烟台开办鱼市场，以保护渔船，抵制日本侵渔②。同月，日本计划在上海十六铺开设鱼市场的消息公布后，激起民众公愤，各方予以抵制③。上海各界也开始向市政府施加压力，迫使政府将上海鱼市场的设置提上日程④。1933年9月4日，上海市社会局拟定的《鱼市场计划草案》对外公布并呈送市政府转咨实业部核示⑤。

上海鱼市场计划涉及上海鱼市场设备、地点、营业方法及经费四个方面。计划草案中描述的上海鱼市场设备非常完备，包括装卸渔获物的专用码头、冷藏制冰厂、包装厂、仓库、拍卖场、冷藏汽车、冷藏船、活水池、电信装置等必要的硬件设施。除此之外，上海鱼市场还计划设置娱乐部、办事处及宿舍，基础设施相当周全。此外，鱼市场还下设渔业银行，为水产交易提供渔民、渔商的交易提供短期融资服务。关于上海鱼市场的地点，为了远离旧势力所垄断的南市关桥地区，上海市社会局计划暂将鱼市场地址选为杨树浦以北，接近市中心区沿浦一带。关于上海鱼市场的资金，其前期费用共需100万元，主要投放于基础设施建设。上海鱼市场是对整个上海渔业乃至江浙两省渔业的一个总调度，渔获物运销的各个环节都有明确规定，还有现代化的通信、娱乐设施，无论设备上还是运作上都比传统的鱼行要先进得多。对比来看，上海鱼市场不管是在融资平台还是基础设施上都远超过青岛鱼市场的规模，这与上海国际大都市的经济地位有很大关系，同时上海鱼市场的设置得到从中央到地方政府的大力支持。1933年12月，实业部通过上海鱼市场计划草案⑥。1934年1月5日，行政院141次会议一致通过设立上海鱼市场⑦。2月8日，成立上海鱼市场筹备委员会，“派余恺湛、徐廷湖、梅哲之、侯朝海、周监殿、冯立民、吴桓

---

① 《实部计划整理渔业》，《申报》，1932年12月4日，第2张第7版。

② 《鲁实业厅拟在烟台设鱼市场》，《申报》，1933年4月14日，第2张第7版。

③ 《日本侵渔益急》，《申报》，1933年4月16日，第3张第10版。

④ 《市渔业指导所发表》，《申报》，1933年8月26日，第4张第15版；《江浙渔业之建设事业：设鱼市场》，《申报》，1933年9月3日，第5张第19版。

⑤ 《市社会局拟定鱼市场计划草案》，《申报》，1933年9月4日，第4张第13版。

⑥ 《实部筹款百万建鱼市场》，《申报》，1933年12月5日，增刊，第4张第13版。《国营鱼市场已由实部计划就绪》，《申报》，1933年12月14日，第2张第7版。

⑦ 《行政院决议案：通过筹设沪鱼市场计划》，《申报》，1934年1月6日，第1张第3版。

如为上海鱼市场筹备委员，并指定余恺湛、侯朝海、吴桓如为常务委员，还即组织筹备委员会并依照部颁筹备委员会事程设办事处于上海四川路二泽泾口三十三号大楼四楼，业于二月八日正式办公，理合具文呈报”。①

2. 上海鱼市场的开办与运转效果分析

上海鱼市场筹备委员会成立之后，即着手选择场址，上文提到原上海社会局制订的计划中，鱼市场设在杨树浦一带，经过实业部派员勘察，最终确定将场址设在杨树浦对岸东沟一带，并与当地主管部门于 1934 年 9 月 24 日达成协议。除此之外，上海鱼市场其他建筑的招标及工程进展按计划陆续展开。

1935 年 1 月 1 日 10 时，上海鱼市场筹备委员会举行了鱼市场奠基仪式，邀请实业部部长陈公博前来参加，动工之后主要建设竞卖场、码头、冷藏库、经纪人办事处、办公室。为了便于上海及其附近渔业生产销售的统制，上海鱼市场筹备委员会还对上海市渔业经济状况进行调查，内容包括：上海的渔轮、渔业种类；冰鲜船和冰鲜桶头的种类、数量、价格、价值；咸鱼、淡水鱼的种类、数量、价值；上海各鱼行的帮别、分布、资本、营业范围；菜市场的分布及贩卖水产物的种类、数量、价值；天然冰和机器制冰的制冰能力及销售数额等。除此之外，为了规范上海鱼市场运作，筹备委员会还向社会各界公开征求章则法规及专家建议②。1935 年 4 月 27 日，《申报》时评中就对鱼市场如何处理与旧式鱼行之间的关系表示了担忧，并指出在中国渔业危机日深的情况下，对渔业的改革当取渐进③。同时，陈钦孙提议将旧有鱼行转为鱼市场的经纪人，鱼放债券转归鱼市场，以促进双方的合作，减少改革的阻力④。从其后上海鱼市场的实际运作可以看到，这些建议都得到采纳。

1935 年 11 月 15 日，上海鱼市场筹备委员会宣告结束，筹备委员会在两年内做了大量工作，从鱼市场的选址建设到相关法规的制定，这些努力为上海鱼市场运营做了充足的准备。等监事会人员聘请完备后，上海鱼市

① 《实业部上海渔市场筹备委员会为成立事与实业部的来往文书》，上海档案馆藏，档案号：Q464－1－1－4。

② 《上海鱼市场关于征求章则法规意见案》，上海档案馆藏，档案号：Q464－1－6。

③ 《渔业复兴之途径安出》，《申报》，1935 年 4 月 27 日，第 2 张第 7 版。

④ 陈钦孙：《上海鱼市场与鱼行合作之建议》，《申报》，1935 年 4 月 29 日，第 4 张第 13 版。

场将正式开业①。12 月7 日，《实业部鱼市场组织法暂行章程》对外公布，共23 条②。12 月20 日，《实业部上海鱼市场营业规程》对外公布，共6 章47 条③。同月，《申报》公布了实业部在上海设置上海鱼市场监事会，聘请杜月笙、虞洽卿担任监事，其中杜月笙担任监事会主席。杜月笙以已担任上海市渔行业同业公会主席，“一官一商，于事务上不免有冲突之处”为由，坚决向实业部请辞④。作为上海地方鱼行势力的代表，杜月笙的不合作态度为鱼市场的开办蒙上了阴影。随后实业部与上海渔商就鱼市场的开办一事进行协商。作为让步，实业部将以官商合办的形式运行上海鱼市场，但上海渔商要求按照旧有营业方式的要求遭到实业部的拒绝。1936 年2 月，在与上海各渔商协商未果的情况下，实业部决定以国营形式来运行上海鱼市场⑤，但与上海渔商的谈判仍旧继续。实业部决定鱼市场官营的设想得到上海冰鲜渔商的支持⑥。而随着实业部向上海渔商的妥协，将鱼市场交易佣金上调到9%的消息传开后，江浙各帮渔商随奋起反对⑦。3 月26 日，实业部部长吴鼎昌前往上海，与鱼行协调鱼市场的准备事宜⑧。在吴鼎昌的亲自协调下，上海渔商参观鱼市场之后，与实业部达成协议，拟定双方共同出资120 万元，作为鱼市场开办经费。钱新之为官股代表，杜月笙为商股代表，官商各出资60 万元，并定于4 月19 日正式开办⑨。该协

---

① 《鱼市场筹备处昨结事束，俟理监事聘定即行开幕》，《申报》，1935 年11 月16 日，第4 张第14 版。

② 《实业部：大鱼市场明春开幕，鱼市场组织法已奉部令公布》，《申报》，1935 年12 月7 日，第3 张第11 版。

③ 《实业部：上海鱼市场营业规程》，《申报》，1935 年12 月20 日，第3 张第11 版。

④ 《实业部上海渔市场监理事已聘定，杜月笙辞监事会主席》，《申报》，1935 年12 月8 日，第3 张第11 版。

⑤ 《鱼市场拟官商合办》，《申报》，1936 年2 月9 日，第1 张第3 版；《上海鱼市场，实部决归国营》，《申报》，1936 年2 月16 日，第4 张第15 版。

⑥ 《冰鲜渔商呈实部，请维持渔市场国营，勿因鱼行反抗变更初旨，庶几渔业可有复苏希望》，《申报》，1936 年3 月6 日，第3 张第9 版。

⑦ 《江浙渔商不满鱼市场官商合办，特推代表张申之晋京向实部请愿》，《申报》，1936 年3 月12 日，第3 张第11 版。

⑧ 《吴鼎昌由京赴杭》，《申报》，1936 年3 月27 日，第2 张第7 版；《实长吴鼎昌由杭抵沪》，《申报》，1936 年3 月30 日，第3 张第10 版。

⑨ 《各鱼行经理昨午参观鱼市场》，《申报》，1936 年3 月31 日，第3 张第10 版；《实业部鱼市场定十九日开幕》，《申报》，1936 年4 月6 日，第3 张第9 版。

议经实业部提交，在行政院第257次例会上通过[①]。4月7日，实业部正式公布《鱼市场章程》，共9章49条，确立官商合办的原则[②]。而在政府与渔商代表杜月笙的压力下，上海冰鲜渔业公会原则上支持鱼市场的运作方式[③]。4月10日上海鱼市场股份有限公司（后简称“鱼市场公司”）在中汇大楼二楼召开创立会议宣告公司正式成立，杜月笙担任理事长[④]。其后，在鱼市场理监事联席会议上，渔商代表要求对佣金和经纪人等规定进行修订，会议内部产生分歧，导致鱼市场的营业规程未获理事会通过，而鱼市场开办时间被推迟[⑤]。在实业部部长吴鼎昌的亲自协调下，鱼市场公司于5月1日发布公告，确定鱼市场的开幕日期为5月11日上午10时，12日上午3时正式开业[⑥]。同时，鱼市场公司与政府协商，要求各埠来沪余火船舶必须在鱼市场进行交易，这一明显具有垄断性质的决定导致上海冰鲜鱼行业的态度发生分裂，一部分冰鲜鱼行业将在鱼市场公司开办后加入，而有相当一部分在原址小东门十六浦照常营业[⑦]。其后，实业部及上海市商会均向冰鲜鱼行业施加压力，但截至鱼市场开幕，仍有相当一部分游离在鱼市场之外[⑧]。

---

① 《行政院通过，全国学校设免费额，任命蒋志澄稽祖佑为川省府委，浙大校长郭任远辞职竺可桢继》，《申报》，1936年4月8日，第2张第5版。

② 《鱼市场章程，实部昨日公布》，《申报》，1936年4月8日，第3张第9版。

③ 《实业部鱼市场，今日创立会》，《申报》，1936年4月10日，第3张第12版。

④ 《鱼市场昨开创立会》，《申报》，1936年4月11日，第3张第9版；《上海鱼市场昨开首次理监会议》，《申报》，1936年4月13日，第3张第11版。

⑤ 《鱼市场理监会　讨论修正营业规程　五一开幕或将展期》，《申报》，1936年4月25日，第3张第12版；《鱼市场五月一日开幕，昨午继续开会讨论一切》，《申报》，1936年4月26日，第3张第12版；《吴鼎昌抵沪接洽鱼市场事宜，决展期至五月十日开幕》，《申报》，1936年4月28日，第3张第9版。

⑥ 《上海鱼市场股份有限公司公告（第壹号）》，《申报》，1936年5月1日，第3张第9版；《鱼市场定十一日开幕，决日上午三时营业，经纪人员开始登记》，《申报》，1936年5月1日，第4张第15版。

⑦ 《鱼市场定十一日开幕，决日上午三时营业，经纪人员开始登记》，《申报》，1936年5月1日，第4张第15版；《上海市鲜鱼业，冰鲜鱼行业同业公会会员》，《申报》，1936年5月5日，第1张第2版；《上海市冰鲜鱼行业同业公会会员通告》，《申报》，1936年5月5日，第1张第2版；《冰鲜鱼行业公会电孔财长，请求纠正鱼市场章程》，《申报》，1936年5月5日，第3张第12版。

⑧ 《市商会剀切劝道冰鲜鱼业加入市场》，《申报》，1936年5月9日，第3张第12版；《市商会昨劝冰鲜业加入鱼市场，该业代表允考虑后明日再答复鱼场理事会昨审查经纪人资格》，《申报》，1936年5月10日，第3张第12版；《上海市水鲜鱼行业同业公会会员通告》，《申报》，1936年5月11日，第1张第2版。

1936年5月11日上午10时，上海鱼市场举行开幕式，邀请各界人士五六百人参加，5月12日凌晨3点开始正式开业[①]。第一天，进入鱼市场交易的鱼贩就多达4 000余人。此后，上海鱼市场每天入场人数达6 000~7 000人之多，其中混入不少游手好闲、不务正业的分子，他们大多是对上海鱼市场不满的鱼行势力。他们冒充鱼贩，进行偷窃，寻衅闹事，打架斗殴，导致各区贩户罢市[②]。经过这次波折，游离在鱼市场之外的13家鱼行提出免缴鱼市场保证金并在十六铺设分市场的要求[③]。6月3日，浙江各县渔会推选代表到上海与鱼市场商讨合作事宜，13家鱼行的压力越来越大[④]。最终在杜月笙及宁波同乡会的调解下与鱼市场终于达成协议，于6月5日正式加入鱼市场[⑤]。随着冰鲜鱼行的全部加入鱼市场，实业部上海鱼市场经理监事第9次联席会议通过要求上海咸干鱼类也必须在上海鱼市场交易的通告[⑥]。此后，在实业部的支持下，上海所有水产品交易都必须在鱼市场中进行，而所有来沪海产品进口报单上必须有鱼市场盖章才能进入上海销售[⑦]。至此，实业部通过建立上海鱼市场以统制渔业销售的意图得以实现。上海鱼市场营业以后，在推动海产品流通，规范渔业销售行为方面取得了一定成绩。但随着抗日战争全面爆发，鱼市场被侵华日军占领，设施尽毁。1937年8月18日鱼市场宣布暂时解散，9月15日鱼市场宣布全部结束，渔业活动的重心仍返回十六浦一带[⑧]。

纵观上海鱼市场建立的过程，其与鱼行的纠纷，看似是金钱问题，实质上是渔业经济主导权的归属问题，上海鱼市场希望将鱼行纳入自己的管

---

① 《昨晨举行开幕后鱼市场今晨开始营业，杜王等澈夜办公今晨亲自主持，分派小轮领导各渔船来场交易，昨晚鱼货数十船集中该场买卖》，《申报》，1936年5月12日，第3张第9版。

② 《鱼贩纠纷完全解决，今晨全部复业》，《申报》，1936年5月28日，第3张第11版。

③ 《十三家鱼行复业后决提合作条件》，《申报》，1936年6月1日，第4张第16版。

④ 《浙各县渔会推派代表来沪与鱼市场接洽合作》，《申报》，1936年6月3日，第3张第12版。

⑤ 《甬乡会昨劝道鱼行加入鱼市场，同样待遇原则下同意加入，合作办法另由调人再详商》，《申报》，1936年6月3日，第3张第12版；《十三家渔行今日加入鱼市场》，《申报》，1936年6月5日，第3张第10版。

⑥ 《今日起咸干鱼类须在鱼市场交易，五十六家咸鱼行表示反对，鱼市场已向各行劝告合作》，《申报》，1936年8月1日，第4张第15版。

⑦ 《咸鱼进口报单由鱼市场验印》，《申报》，1936年8月18日，第4张第13版。

⑧ 《官商合办上海鱼市场股份有限公司理事会紧要启事》，《申报》，1937年9月21日，第1张第3版。

理范围，而鱼行不愿意自己独立发展的道路被打断。对上海鱼市场而言，如果没有鱼行的加入只能是一具空壳，而鱼行因自身资金周转困难又期望求助于鱼市场，这是双方最终达成一致的前提。上海鱼市场的开业打破了旧的渔业运销体系，在江浙渔业近代化道路上迈出重要的一步。站在政府的角度，以官商合营鱼市场的形式，将上海各渔业经销组织整合在一起，是有效管理海洋渔业，推动渔业现代化的重要方式，而这恰恰是实业部在背后不遗余力地支持上海鱼市场的原因所在。

三、渔业金融组织的重组

传统海洋渔业生产过程中，无论是捕捞、加工还是销售都需要在渔汛期进行融资。根据伍员的研究，渔业融资的来源有鱼行、民间自由借贷、典当和钱庄[①]。钱庄只对有信用的鱼行融资，民间自由借贷的利息远高于鱼行，而典当只是偶尔为之，因此，鱼行成为海洋渔业生产最主要的融资来源。一直以来，鱼行把持着渔业经济活动的命脉，它为渔民出海提供贷款和实物，为冰鲜渔船出借旗帜以便其收到渔获物。很难想象如果没有鱼行在中间调和，整个渔业销售网络会变得多么杂乱无章。但是20世纪30年代以来，随着农村经济凋敝，渔业经济衰颓，渔民生活潦倒，入不敷出，渔业贷款收回越来越困难，大量鱼行破产，以鱼行为中心的资本体系陷入前所未有的困境。对此，渔民只好纷纷转向传统钱庄和银行贷款。但是受金融风潮的影响，钱庄的运转也陷入危机，而以利润为目的的银行为了保存自身实力，也不得不缩减对渔民的贷款数额，渔业发展面临无资可贷的困境。面对这种形势，1936年国民政府实业部着手设立渔业银团，以渔业合作组织和鱼市场为贷款对象，向渔民提供资金，扭转渔业经济颓废的局面。

1. 鱼行运作与资本体系危机

传统交易过程是渔民将所捕之鱼交给渔商，渔商将渔获物交给鱼行，鱼行出售给零售商贩，再到菜市场，最终才能到达消费者手中，所以在传统渔业购销网络中，鱼行占有绝对中心的地位。下面我们就以上海冰鲜鱼行为例来了解这一传统渔业购销网络。上海冰鲜鱼行，因其主要代售冰鲜

---

① 伍员：《解放前浙江海洋渔业金融（续上期）》，《浙江金融》，1984年第7期，第30页。

鱼而得名，资本一般为二三万元，也有少数冰鲜鱼行资本较多，能达到四万至六万，这些资本并非经理一人全部承担，“均为合伙性质，每行一般有股份十二至十四股，每股在1 200元至1 400元之间”。① 鱼行中以经理权力最高，总管一切，除经理外，鱼行职员中最重要的为总账房，所有买卖流经的款项，先由汇总清理后，再由总账房整理。除此之外，比较重要的鱼行职员还有：“落河”，即至冰鲜船执秤者；“高櫈”，即在行门口之执秤者；“开价先生”，专门从事开价工作。每天凌晨两三点，鱼行开市，各鱼行的门口设置临时账桌，将从渔民渔商那里所收的渔获物放在自家门口，鱼贩则背负着箩筐团团围观，进行物色，选定后放下箩筐装鱼，过秤付款，然后呼喊扛手前来搬运，渔获物被搬运到各菜场零售给消费者。

以上是鱼行自身的运作情况，将其放在整个传统渔业销售网络中看，以嵊泗鱼行为例，嵊泗鱼行贷款给渔民，为其提供入海捕鱼的资金和设备，同时对于冰鲜船出借号牌旗帜并派秤手带小票随冰鲜船下海；接受贷款的渔民要将所捕之鱼出售给挂有嵊泗鱼行旗帜的冰鲜船并从冰鲜船手中获得一张小票；紧接着渔民便可以凭这张小票向鱼行收款并偿还所借贷的款项；随后冰鲜船将渔获物售与鱼贩或销售到地方如上海等地，将渔获物出售换回现金后便可以偿还鱼行垫款并归还鱼行的旗帜，这就是传统的以鱼行为中心的销售网络。这样的销售方式避开了直接的现金交易，以免遭到海盗抢劫。鱼行本来是代客买卖渔获物的中介，但从上面的叙述中不难看出，鱼行俨然成为渔业经济活动的中心环节，鱼行的放款成为整个渔业资源销售网络至关重要的资金来源。同时，鱼行通过这种贷款形式控制了海产品的货源，进而可以干预水产品销售市场和价格②。截至1936年，仅宁波镇海就有鱼行20家，总资本为18.5万，年营业额122.5万（见表5－15）。不过这一规模和宁波鄞县相比起来，就如同小巫见大巫。鄞县宏源、公茂、正大、慎生、顺康、万成、丰泰、东升8家鱼行资本额多在10万元以上，年营业额仅百万元，这还不算鄞县另外的近30家鱼行。以宏源为例，其雇佣人数在70余

① 《上海冰鲜鱼行之现状》，《水产月刊》，第1卷第1期，第10页。

② 王宗培：《中国沿海渔民经济状况之一瞥》，《浙江建设厅月刊》，1931年6月，第4卷第12期，第21页，载民国浙江史研究中心、杭州师范大学选编：《民国浙江史料辑刊（第二辑）》第17册，北京：国家图书馆出版社，2009年版，第305页。

人，年开支就达2万多元，其佣金多在6% ~9%之间①。

表5－15 1936年宁波镇海鱼行统计

行名	地址	各行人数（人）	资本（元）	佣金	营业额（元）
公顺	镇海	15	15 000	9%	150 000
通茂	镇海	9	10 000	9%	130 000
恒源	蟹浦	20	20 000	5%	140 000
鼎兴	蟹浦	16	15 000	10%	100 000
新公泰	蟹浦	14	15 000	10%	90 000
源茂	蟹浦	10	10 000	10%	50 000
永升	蟹浦	8	8 000	5%	40 000
合盛	蟹浦	6	5 000	5%	20 000
椿记	蟹浦	4	2 000	5%	10 000
永泰	穿山	22	20 000	10%	100 000
公顺	穿山	16	10 000	10%	60 000
祥兴祥记	穿山	23	15 000	10%	90 000
隆记	新碶	18	15 000	10%	120 000
瑶记	柴桥	12	2 000	10%	20 000
顺记	柴桥	10	2 000	10%	30 000
长丰	柴桥	8	1 500	10%	20 000
新丰	柴桥	6	1 000	10%	10 000
万利	柴桥	7	15 000	10%	15 000
全记	柴桥	8	2 500	10%	20 000
丰昌	柴桥	6	1 000	10%	10 000
总计		238	185 000		1 225 000

资料来源：朱通海：《镇海县渔业之调查》，《浙江建设厅月刊》，1936年10月，第10卷第4期，第7－8页，载民国浙江史研究中心、杭州师范大学选编：《民国浙江史料辑刊（第二辑）》第41册，北京：国家图书馆出版社，2009年版，第105－106页。

20世纪20、30年代，渔业经济逐渐衰退，维持渔业经济循环的资金体系也出现断裂。究其原因，这一时期渔民受渔业经济衰落影响，生产陷入困境，更加需要鱼行的贷款，但是受当时经济危机影响，鱼价降低，渔

① 林茂春，吴玉麒：《鄞县渔业之调查》，《浙江建设厅月刊》，1936年10月，第10卷第4期，第43－44页，载民国浙江史研究中心、杭州师范大学选编：《民国浙江史料辑刊（第二辑）》第41册，北京：国家图书馆出版社，2009年版，第141－142页。

民无法偿还所贷之款，致使鱼行无法收回鱼放而破产，鱼行放贷的减少进一步加剧了渔业经济破产的速度。当时的情况非常严峻，据江苏省常熟、盐城、南通、崇明、东台、如皋、赣榆、灌云、阜宁、涟水、南汇、松江、海门等沿江海14县渔会电称："窃渔村破产，鱼市消沉，我江苏滨海各县，近年产量远非昔比。揆其致败之因，实由于渔业经济陷于停顿状态所促成，往岁商业、金融表面未破，尚赖鱼行以高利的信用贷款，辗转维持，虽属杯水之济，要亦聊胜于无。今春鱼行无力贷放，致渔船因缺乏资本而停业者，十居三四，货弃于还，良可痛惜。"[①] 又有温州、台州、宁波三地的沿海居民"大都以渔为业，每鱼汛时期，而冰鲜业之借款，时间甚短，利息反重，渔民终以现在之农村，以观经济崩溃，到处皆然，资本家亦大受其影响，所以放冰鲜业之款，范围缩小，一以力量关系，放弃其权利者有之"。[②] 基于以上情形，江浙两省渔业界人士请求政府对渔业进行经济援助，江苏常熟、盐城、南通、崇明、东台、如皋、赣榆、灌云、阜宁、涟水、南汇、松江、海门等沿江海14县渔会"聊呈实部，请发渔业公债六十万元，以资救济，实部将派员与财部会商办理云"。[③] 又有上海渔业行商请求银行进行放款"呈请政府当局，划定一部分款项，举行渔业贷款。放款数额，并不过巨。如能实行后，渔业市场均可稍呈活泼现象云"。[④] 渔业生产濒临崩溃，而传统的鱼行却无能为力，因此，"谋渔业之发展，自非设法流通渔业金融不可"。[⑤]

资金运转的畅通是救济渔业的基础，而在当时的条件下，资金的来源无非两种，一种是向传统银钱业借款，但是受金融风潮的影响，银钱业大

---

① 《本市新闻：财实两部筹商救济江消失渔业》，《申报》，1936年2月28日，第3张第10版。

② 《沿海冰鲜业，衰落之情形，一因海盗横行为海外越界争夺者甚多，一因农村崩溃给借资本营业范围缩小》，《宁波民国日报》，1934年6月17日，第2张第4版。

③ 《沿海冰鲜业，衰落之情形，一因海盗横行为海外越界争夺者甚多，一因农村崩溃给借资本营业范围缩小》，《宁波民国日报》，1934年6月17日，第2张第4版。

④ 《渔业行商请银行放款救济》，《上海市水产经济月刊》，第4卷第4期，1935年5月25日，第4页，载《早期上海经济文献汇编》（第31册），北京：全国图书馆文献微缩复制中心，2005年，第201页。

⑤ 《水产讲坛：渔业银团之批判与设计》，《上海市水产经济月刊》，第5卷第5期，1936年6月25日，第12页，载《早期上海经济文献汇编》（第31册），北京：全国图书馆文献微缩复制中心，2005年，第417页。

部分倒闭，没有实力再向渔民提供贷款，例如“鄞县东钱湖渔民，受甬埠钱庄倒闭影响，借贷无门，秋泛在即，放洋无望”。① 可见传统银钱业的倒闭，使得渔民贷款渠道更加狭窄。另一种方法是向银行借款，与传统金融机构钱庄不同，银行与国家关系密切，国家能够借助行政权力促使银行提供贷款救济渔业。如“苏浙渔民，渔村崩溃，渔业日衰，渔汛将届，而无现金周转为本，故迭请政府拨款救济，请予贷款而维渔业。嗣经财实二部会商，决定酌量办理，财部刻已令农民银行，投放渔民款矣。”② 随后“该行奉令议易行办法，提拔现款若干，作此项贷济之用，一俟办法决定，即行在沿海各渔区实行贷款渔民”。③ 可见，有政府做后盾，银行的执行力大大提高。银行放款是一条可行之路。但值得注意的是，在渔业经济衰退之际，为了减少坏账，降低回收贷款的风险，即使具有国家性质的银行也会缩减放贷数额甚至停止借贷。中国银行沈家门分行“于渔汛时，对于渔民向有五万元贷款，全年以市面关系已停止放款”④。可见，银行放贷也并不是绝对可以保障的。

综上所述，银行作为以利润为目的的商业机构，缺乏社会保障性质，不可能不计得失为渔民提供源源不断的资金。因此，要想保障渔业资金充足，必须要有以政府为后盾，重新设立以政策为保障的金融机构才行。

2. 渔业银团的设立与运转

鱼行资金运作日益陷入困境，而只靠银行单方面力量也不能有效地为渔业发展提供充足的资金。早在1932年，中国银行沈家门支行就开始从事渔业贷款业务。但是该银行对贷款的担保和融资额度都有严格限定，对渔民的帮助并不明显⑤。1936年，为了保证渔业资金的顺利发放，实业部部

---

① 《宁波旅沪同乡请放渔民贷款》，《上海市水产经济月刊》，第4卷第7期，1935年8月25日，第3页，载《早期上海经济文献汇编》（第31册），北京：全国图书馆文献微缩复制中心，2005年，第304页。

② 《财部准予贷款渔民》，《上海市水产经济月刊》，第5卷第1期，1936年2月25日，第10页，载《早期上海经济文献汇编》（第31册），北京：全国图书馆文献微缩复制中心，2005年，第434页。

③ 《中国农民银行奉令办理渔业贷款》，《上海市水产经济月刊》，第5卷第3期，1936年4月25日，第10页，载《早期上海经济文献汇编》（第31册），北京：全国图书馆文献微缩复制中心，2005年，第476页。

④ 《陈部长代浙渔民请命》，《申报》，1935年10月18日，第3张第9版。

⑤ 李士豪，屈若搴著：《中国渔业史》，上海：商务印书馆，1937年版，第98页。

长吴鼎昌与上海三十四家银行积极筹备渔业放款银团。5 月 12 日，行政院第 262 次例会通过实业部《渔业银团办法草案》①，确定自 1936 年开始，实业部每年投入 20 万元固定资金，各参加银行投入 80 万流动资金作为渔业银团资本，其中固定资金周息六厘，流动资金周息八厘②。渔业银团是以政府为后盾，以银行为资金保障的渔业金融组织，其事务所设在上海鱼市场。筹备工作一开始便取得了初步的成效，例如，上海银行界，“亦已接实部通知，对沪三十四家银行担任资金八十万元，现已征得中国、交通、四行、四明、金城、盐业、中汇等十二家银行参加，即行筹集缴付，正式成立银团，举办渔业贷款，现银行界将召集各银行代表会议，讨论进行办法，定期成立云”。③值得注意的是银团救助的对象“暂以渔业合作社及上海鱼市场卸卖人为对象，并暂以上海鱼市场有关系者为限”④。凡借款者必须有担保人并承担连带责任。渔业银团的主要任务是救济渔业，向渔民提供贷款，为渔业经济发展提供资金支持，并尽量减少各参与银团的损失。以政府信用为后盾，无论渔业银团盈亏，银行都可以从政府得到利息，这样一来便获取了银行界的支持，同时也保证了政府对渔业银团资金使用情况的监督和管理。

由于实业部上海鱼市场筹办过程中出现的纠纷以及部内筹备农本局等事宜，渔业银团的成立时间一再被推迟。为此，在上海市渔会的催促下，鉴于秋季渔汛期即将来临，实业部与四行储蓄会、中汇、新华三家银行协商，先筹资 12 万元办理渔业贷款，其中 5 万元经宁波渔业合作社转贷给各渔民，其余款项由鱼市场卸卖人代理渔民申请。相比之下，渔业合作社的

① 《行政院通过实部渔业银团办法》，《申报》，1936 年 5 月 13 日，第 2 张第 6 版。

② 《实部与银行合作设立渔业银团，办理渔民贷款建造新式渔轮已得中交各行赞同决定原则》，《申报》，1936 年 5 月 14 日，第 3 张第 12 版。

③ 《渔业银团即将成立》，《上海市水产经济月刊》，第 5 卷第 9 期，1936 年 10 月 25 日，第 10 页，载《早期上海经济文献汇编》（第 31 册），北京：全国图书馆文献微缩复制中心，2005 年，第 614 页。

④ 《渔业银团即将成立》，《上海市水产经济月刊》，第 5 卷第 9 期，1936 年 10 月 25 日，第 10 页，载《早期上海经济文献汇编》（第 31 册），北京：全国图书馆文献微缩复制中心，2005 年，第 614 页。

借贷利息明显低于鱼市场[1]。11 月 7 日，渔业银团筹备处成立，参加银行包括中国、交通、上海、金城、大陆、盐业、中南、四明、中汇、新华、浙江兴业、四明储蓄会等 12 家银行[2]。11 月 28 日，开办渔业银团所需要的官商资本已全部到位[3]。1937 年 3 月 1 日，渔业银团正式成立，银团设立理事会，共选理事 19 人，包括官方 7 人及各行理事 12 人[4]。新华银行作为银团代表银行，负责处理渔业银团的相关手续工作，同时向社会公布渔业银团组织规程。《渔业银团组织规程》共 19 条，另附《贷款章程》9 条，其内容规定了渔业银团设立的宗旨和放款模式[5]。渔业银团的设立是为了提倡渔民合作、整合渔业资金、调整渔产运销、促进渔村建设。而其放款模式包括合作社放款、各种抵押放款、鱼行联合放款及其他放款四种方式，借款年限均不超过 1 年。其中，除合作社放款为月息 9 厘外，其余放款均在月息 1 分。从渔业银团的组织规则中，可以看出其与以往的商业银行相比最大的不同在于政府参与的分量加重，实业部对其有控制权，行政色彩更浓。另外，除以上海为中心的江浙地区设立渔业银团外，其他重要渔区也酌情设立，其经理由实业部派充，各区经理的选换须向实业部备案，加强了政府的监管力度。

综上所述，渔业银团的成立意在为江浙渔业发展提供充足的资金支持，与鱼行及银行相比更具有保障性。但从实际运行的效果来看，渔业银团救济渔业的作用并不大。原因有以下几点。

首先，渔业银团贷款制度设计虽然合理，但与之配套的组织建设却未能跟上。例如渔业银团颁布的组织规程中，明确规定“其放款对象主要为渔业合作社和与上海鱼市场相关的各地殷实鱼行”。[6] 实业部之所以规定这项内容，是因为渔业银团设立的最重要的目的是救济渔业，改善民生，而

---

① 《市渔会电催实部成立渔业银团》，《申报》，1936 年 9 月 24 日，第 3 张第 11 版；《秋季渔汛已届　三行集款贷放渔民共计十二万元，贷款办法八条》，《申报》，1936 年 10 月 22 日，第 4 张第 13 版。

② 《渔业银团昨日成立筹备处，资本百万银行界认定八十万，余二十万由实部请财部拨付》，《申报》，1936 年 11 月 8 日，第 3 张第 10 版。

③ 《渔业银团资本已缴》，《申报》，1936 年 11 月 28 日，第 1 张第 4 版。

④ 《渔业银团今日成立召集首次理事会》，《申报》，1937 年 3 月 1 日，第 4 张第 13 版。

⑤ 《救济渔业衰落渔业银团昨日成立，钱新之报告，周次长致训，推出常务理事及经理等》，《申报》，1937 年 3 月 2 日，第 4 张第 13 版。

⑥ 《救济渔业衰落渔业银团昨日成立》，《申报》，1937 年 3 月 2 日，第 4 张第 13 版。

渔业合作社正符合了这一点。当时，江浙一带渔业合作社虽有一定的发展，但与数量庞大需要救济的贫苦渔民相比“渔民组织有合作社者，尚属少数”①。因此大部分渔民、渔商因“未能与贷款章程相符合，而未予照准”②。在随后渔业银团的运作过程中，实业部也渐渐意识到这一问题，开始帮助渔民组织合作社，以便更好地发挥渔业银团的作用③。

其次，贷款周期长，手续复杂。渔业银团贷款有严格的审批手续，而且审批非常严格④。如渔业银团成立近2个月以来有大量鱼行申请贷款，但仅“平安”渔轮申请的1.8万元贷款获得通过⑤。严格的审批流程是为了保证将贷款贷给所需要的渔民，但是渔业银团审批时间过长，手续过于复杂，以至于渔民在渔汛之时未能及时取得贷款而遭受损失⑥。而随着抗日战争的爆发，渔业银团的贷款事宜被迫取消。

最后，受传播途径不发达的影响，渔业银团的开设未在渔民中普及，以至“渔民渔商对渔业银团之设立，大都均未能明了其贷款内容及手续如何，还有部分渔民根本不知渔业银团之设立，故虽已届春季渔汛，而请求贷款者，未见踊跃”⑦。

上述情况表明，渔业银团以渔业合作社和上海鱼市场为担保，虽然从救济渔业和防范借贷风险意义上来看是合理的，但是当时渔业合作社建设尚未完善，大部分地区未设立合作社组织，渔业银团的作用难以发挥，再加上审核流程的复杂性和渔业银团宣传不力等因素，前去贷款的渔民屈指可数。不过，渔业银团的成立确实有其重要的意义，它为渔业发展提供了另一种可供选择的资金来源，保证了渔业生产的顺利运转。此外，渔业银团为有一定规模的现代化渔业提供了有利的融资条件，一些渔业公司及渔业加工工厂成为受益者⑧，为传统江浙海洋渔业向现代化转型注入了生机和活力。

---

① 《渔业银团调查温台渔况》，《申报》，1937年4月7日，第3张第9版。

② 《渔业银团推进渔业贷款》，《申报》，1937年4月6日，第3张第10版。

③ 《实部令渔民组织合作社》，《上海市水产经济月刊》，第6卷第1期，1937年2月25日，第10页，载《早期上海经济文献汇编》（第31册），北京：全国图书馆文献微缩复制中心，2005年。

④ 《救济渔业衰落渔业银团昨日成立》，《申报》，1937年3月2日，第4张第13版。

⑤ 《渔业银团开始借款平安轮借一万八千元》，《申报》，1937年4月24日，第3张第9版。

⑥ 《上海鱼市场关于嵊泗列岛报告书》，上海档案馆藏，档案号：Q464-1-150-2。

⑦ 《渔业银团调查温台渔况》，《申报》，1937年4月7日，第3张第9版。

⑧ 《渔业银团开始贷款派员赴温州调查》，《申报》，1937年3月16日，第4张第13版。

第六章　政策、组织与海洋秩序

从中国传统社会及其近代海洋渔业及政策转型的发展历程我们可以看到，海洋经济自身的发展，特别是海洋渔业经济腹地社会经济的变动对海洋渔业政策的演进是决定性的，而海防压力及海洋秩序的稳定对海洋渔业政策演进路径的影响是非常重要的。海洋政策对与海洋经济发展本身及海洋秩序的作用，或者说三者之间的内在联系究竟如何？这就是本章所要着重解决的问题。

渔业政策变革对海洋经济发展的影响，我们很难从量化的经济数据中寻找其内在的关联性，不过我们可以从政策变革对于海洋渔业组织变革的推动中找到一些线索，而渔业组织本身也是执行海洋渔业政策，组织海洋渔业生产的基本单位。以浙江海洋渔业组织为纽带，可以把海洋渔业政策、组织及海洋秩序连接在一起。由于早期海洋渔业组织的行帮性质及其人员组成的底层化，在相当长一段时间内，没有留下任何文献记载。直到晚清，随着中国沿海经济的发展及开放，一些有识之士逐渐认识到海洋渔业对海洋权益的重要性。沈同芳在张謇的资助下出版的《中国渔业历史》一书可算是目前第一本涉及海洋渔业组织的著作，其后陈训正等、李士豪等、张震东等、韩兴勇等、王文洪对此问题都有所涉及①。但总体而言，关于中国海洋渔业组织的起源与发展的研究仍处于起始阶段。笔者自2009年开始研究海洋渔业问题，先后撰写了《清代浙江海洋渔业行帮组织研究》和《Marine Security and Fishery Production: Transition of Marine Fishery Protection Institution（MFPI）of Zhejiang Province

① 沈同芳：《中国渔业历史》，载《万物炊累室类稿：甲编二种乙编二种外编一种》（铅印本），上海：中国图书公司，1911年版；陈训正，马瀛：《定海县志》，台北：成文出版社有限公司，1970年版；李士豪，屈若搴：《中国渔业史》，上海：商务印书馆，1937年版；张震东，杨金森：《中国海洋渔业简史》，北京：海洋出版社，1983年版；韩兴勇，于洋：《张謇与近代海洋渔业》，《太平洋学报》，2008年第7期，第84－88页；王文洪：《东沙历史上的渔业公所》，《中国海洋报》，2008年1月15日，第4版。

in Modern Era》[①]。这两篇分别就晚清浙江海洋渔业组织的演变、近代浙江海洋渔业组织在海洋安全中的作用做了研究。在此基础上，这里我们着重讨论渔业政策、组织与海洋秩序的关系。

本章讨论的海洋渔业组织既包括中央及地方政府相关组织，也包括行帮、公司、渔会等非政府组织。对于海洋秩序，胡启生认为其是“人类历史上不同利益集团，15 世纪以后主要是各民族国家为争夺海权或维护自身的海洋权益而形成的相互间的政治、经济和法律关系。海洋秩序的基础建基于规范和利益制衡机制之上，从利益制衡机制出发肯定民族国家个体的价值和权利，从而构造出相应的政治、法律制度；……”[②] 张鼎则在此基础上认为海洋秩序是“一种动态的、相对而言较为稳定的调整机制，在一定时期内调整相关国家或行为体在海洋领域的权利义务，自然或者人为形成的一整套的调整体系，并能被相关国家或者行为体接受的一种机制”[③]。这一机制不仅包括各国海洋行为主体之间的权利义务，也涵盖了国与国之间的海洋权益范围。

第一节　政策变迁与渔业组织

在现代国家体系诞生之前，中国海洋渔业政府组织长期处于缺失状态，其职能基本被中央传统六部所分割。就地方而言，浙江各级政府组织均有对海洋渔业处分的权利，并以法令的形式影响地方海洋渔业经济的发展。这里我们着重介绍浙江海洋渔业民间组织：渔业行帮与渔业公所组织。海洋渔业的生产特点，决定其在海上需要团体作业，再加上政府在海洋渔业领域推行渔船保甲政策，这使渔民之间的生产协作关系更加紧密。在渔业环境和渔业竞争的双重因素作用下，浙江沿海出现了渔民组织的最

---

① 白斌：《清代浙江海洋渔业行帮组织研究》，《宁波大学学报》（社科版），2011 年第 6 期，第 78 - 82 页；Bai Bin，“Maritime Security and Fishery Production：Transition of Marine Fishery Protection Institution（MFPI）of Zhejiang Province in Modern Era”，International Conference on the History of Waters Exchange in Macao，Guangdong and the Asia - Pacific Region，Macao，China，2012 - 12 - 3.

② 胡启生：《海洋秩序与民族国家：海洋政治地理视角中的民族国家构建分析》，哈尔滨：黑龙江人民出版社，2003 年版，第 26 - 27 页。

③ 张鼎：《战后中国参与和构建全球海洋秩序研究》，华中师范大学硕士学位论文，2012 年，第 5 页。

初形态——渔帮。当单个渔帮在渔业生产中的作用下降及渔帮突破地域限定后，产生了更为高级的渔业自治组织——渔业公所。在浙江海洋渔业组织历次嬗变中，政府的规范和引导起到了很重要的作用，浙江渔业行帮组织是浙江海洋渔业宽松政策引导下的产物，随着浙江海洋渔业政策的变迁，行帮组织形态也随之发生变化，与此同时其团体作业的生产方式也有相应的改变。

一、浙江海洋渔业行帮组织

同内地其他行业一样，浙江海上运输业、海盐业和海洋渔业都有自己的组织团体——帮会。船有船帮，盐有盐帮，渔有渔帮。浙江渔帮产生的具体时间已无法考证，不过从清初浙江存在大量渔帮的事实，再结合浙江海洋渔业经济的发展状况，浙江渔帮的产生应该大致在明嘉靖朝后期（1552—1566 年）至崇祯朝（1610—1644 年）之间。按照渔业生产的特点，尤其嘉靖年间不安全的海上形势来看，渔船一般很少单独出海捕鱼，尤其是在远离大陆的海域，面对汪洋大海的种种险境（比如狂风暴雨和海盗），单个渔船发生灾难时，其结果往往是船毁人亡。而且，浙江沿海的渔船船制较小。一艘渔船，其载员不超过 20 人，总吨位在 15 ~ 30 吨之间,① 这就预示其无法装载多种渔业生产设备。“当渔汛充足的时候，就需要专门的船只来进行海上加工，渔业内部的分工就此出现，而这一分工则需要大量船只之间的合作”②。因此，渔业行帮组织的出现成为必然。

渔帮最早的形态是按照血缘关系结成的。藤川美代子通过对中国福建九龙江口渔村的调查，指出所谓的“渔船帮”就是共享同一个根据港的几个同姓集团形成，其成员有时会组织船队一起出海捕鱼。③ 而当渔船结对出海捕鱼时，其共同的行业管理组织——渔帮的出现就成为必然。在总结嘉靖年间海防教训与经验后，万历二年（1574 年）正月乙酉，巡抚浙江都

① 张震东，杨金森：《中国海洋渔业简史》，北京：海洋出版社，1983 年版，第 112 页。[清] 昆冈等修、刘启端等纂：《钦定大清会典事例》卷 120《吏部·处分例·海防》，《续修四库全书》（第 800 册），上海：上海古籍出版社，2002 年版，第 125 页。

② 白斌：《清代浙江海洋渔业行帮组织研究》，《宁波大学学报》（人文科学版），2011 年第 6 期，第 81 页。

③ ［日］藤川美代子：《闽南地区水上居民的生活和祖先观念》，第二届海洋文化与社会发展研讨会论文集，上海海洋大学，2011 年 12 月，第 179 页。

御使方弘静在“条陈海防六事”中向朝廷申请将浙江沿海渔民按船只编立甲首，以加强政府对海洋渔业的管理，该方案经兵部审议通过后在浙江实施。此后，在国家保甲政策规范下，浙江渔民出海结队捕鱼方式获得政府认可。

1. 渔帮的组织形态

在渔帮组织内部，每一队船中有类似于陆地保甲制度的甲长（另有称牌长）。《万历志》载：“沿海居民以渔为生，艅长管束”，“每年三月黄鱼生发之时，许其结艅出洋捕鱼，五月回港”①。而在单独的一艘船中，渔业分工也开始产生。明代王士性在谈到浙江海洋渔业生产时就指出“惟渔师、柁师与长年同坐食，余则颐使之，犯则棰之，至死不以烦有司，谓之五十日草头天子也。”②从中可知，当时渔民之间已有上下等级之分，渔帮出现后，等级制度将更加分明，渔帮的头目称为“总柱”。清代宁波渔帮的总柱，往往是豪富绅衿，有的还捐得虚衔官职，如维丰南公所下属渔帮的总柱陈巨纲就是拥有五品衔的生员。③ 总柱下面还有各散柱。④ 如果算上政府在沿海实行的渔船保甲法令，那么渔帮最少拥有三级组织。在渔帮内部，总柱和散柱不用参与渔业生产，而且还有薪水和夫马开销，其费用由帮中渔民按期缴纳。如有盈余，“即由该帮存储”⑤。随着渔帮规模的扩大，除了在海上捕鱼的渔民外，渔帮内部还有专门从事渔产品加工和渔产品销售的分工，这点在宁波沈家门渔帮中表现最为明显⑥。

浙江沿海渔帮基本以地域来命名，其成员为该区域的渔船，从中也可以看出其具有“帮”的特性。从地域区划可以看出，浙江沿海渔帮带有一定的区域性，其早期渔帮的行业特征并不是很明显（见表6-1）。

---

① 乾隆《温州府志》卷15《物产》，载俞光编：《温州古代经济史料汇编》，温州文献丛书，上海：上海社会科学院出版社，2004年版，第244-245页。

② ［明］王士性：《广志绎》卷四《江南诸省》，北京：中华书局，1981年版，第75-76页。

③ 《勒石永遵》碑，2009年在宁波市镇海区澥浦镇岚山村海沙路碶闸桥发现。

④ ［清］沈同芳撰：《中国渔业历史》，载《万物炊累室类稿：甲编二种乙编二种外编一种》（铅印本），上海：中国图书公司，1911年版，第39页。

⑤ 李士豪，屈若搴：《中国渔业史》，上海：商务印书馆，1984年版，第35页。

⑥ 陈训正，马瀛等：《定海县志》册三《鱼盐志第五·渔业》，台北：成文出版社有限公司，1970年版，第269-274页。

表 6－1 清代浙江沿海各府县渔帮

府	县	渔帮
		宁波帮、台州帮、温州帮
宁波	定海	定海帮、岱山帮、长涂帮、秀山帮、梁横帮、螺门帮、钓门帮、高亭帮、沈家门帮、蚂蚁帮、朐山帮、梁衡帮、沥港帮、大平山帮、南峰山帮、东剑帮、西剑帮、六横帮、佛肚帮、湖泥帮、高亭帮、钓山帮、庙子湖帮、鱼山帮、尽山帮、衢山帮、四礁帮
	鄞县	湖帮、大嵩盐场帮、姜山帮、姜山饮飞庙帮、青滨帮
	镇海	镇海帮、北乡帮、江南江北帮、新碶头帮、沙河头帮、蟹浦帮
	奉化	奉化帮、栖凤帮、洞礁帮、大碶堰帮
	象山	象山帮、东门帮、爵溪帮
	南田	南田帮
	属县不详：定桥帮、茅洋帮、陈埠头帮、洞照帮、黄龙帮、横溪帮、南洋帮	
台州	宁海	宁海帮、东乡帮、合山帮
	温岭*	松门帮、石塘帮
	临海	临海帮、北岸帮、东乡帮
	黄岩	黄岩帮
温州	永嘉	永嘉帮
	乐清	乐清帮
	瑞安	瑞安帮
	平阳	平阳帮
	玉环	坎门帮、江南帮、江北帮
绍兴		绍属各帮
嘉兴	平湖	白沙湾滩墟各帮

注：* 温岭即台州府太平县。

资料来源：陈训正，马瀛等：《定海县志》册三《鱼盐志第五 · 渔业》，台北：成文出版社有限公司，1970 年版，第 269－274 页；［清］沈同芳撰：《中国渔业历史》，载《万物炊累室类稿：甲编二种乙编二种外编一种》（铅印本），上海：中国图书公司，1911 年，第 37－39 页。

2. 渔帮的分布区域与渔业生产

从渔业生产中我们可知，渔帮虽是按照地域来区分，但是其活动的界限往往超过地域的限定，如台州各帮渔船不仅到宁波镇海、舟山等地捕鱼，有时还远赴崇明。[①] 同时，江苏与福建各帮渔船也会在渔汛期来浙江沿海捕鱼（见表6－2）。

表6－2　清代浙江沿海苏、闽渔帮

省府	县	渔帮
江苏苏州府	松江帮、金山帮、奉贤帮、川沙帮	
	崇明	黄龙帮、四礁帮
	南汇	白龙港帮
福建泉州府	惠安	崇武帮
	泉州帮、淡水帮、白界帮、建帮	

资料来源：陈训正，马瀛等：《定海县志》册三《鱼盐志第五·渔业》，台北：成文出版社有限公司，1970年版，第269－274页。

随着渔业分工的细化，渔帮除了按区域划分外，由于所用捕鱼方法的不同，各渔帮在渔业生产中逐渐有了行业的分工。这种分工可能是不同渔帮之间，也有可能是在同一帮会内部，其区别主要是看渔帮所拥有的渔船种类（见表6－3、表6－4）。

表6－3　清代浙江宁波府属各县拥有两种及以上渔船渔帮

县	渔帮	渔船种类
定海	岱山帮	咸鲜船、大箭船、溜网船
	长涂帮	咸鲜船、溜网船、冰鲜船
	秀山帮	咸鲜船、溜网船
	沈家门帮	冰鲜船、大对船、大箭船
	高亭帮	溜网船、张网船
鄞县	湖帮	大对船、墨鱼船、冰鲜船
镇海	新碶头帮	冰鲜船、元蟹船

资料来源：陈训正，马瀛等：《定海县志》册三《鱼盐志第五·渔业》，台北：成文出版社有限公司，1970年版，第269－274页。

① 喻长霖等纂修：《台州府志》卷61《风俗志下》，台北：成文出版社有限公司，1970年版，第901页。

表 6-4 清代浙江宁波按渔船划分本地渔帮类别

渔 船	渔 帮
咸鲜船	梁横帮
大箭船	螺门帮、钓门帮、六横帮、佛肚帮、湖泥帮、大嵩盐场帮、栖凤帮、洞礁帮、象山帮
溜网船	高亭帮、朐山帮、梁衡帮、沥港帮、大平山帮、东剑帮、西剑帮、钓山帮、鱼山帮、沙河头帮、蟹浦帮
张网船	蚂蚁帮、南峰山帮、南田帮
墨鱼船	庙子湖帮、姜山帮、姜山饮飞庙帮
冰鲜船	江南江北帮
高钓船	大碶堰帮

资料来源：陈训正，马瀛等：《定海县志》册三《鱼盐志第五·渔业》，台北：成文出版社有限公司，1970 年版，第 269－274 页。

在浙江宁波沿海渔帮渔业作业的专业化和多元化的过程中，定海渔帮在水产品的保鲜和加工方面走在了最前面。在 7 个多元化生产的渔帮中，定海占了 5 个，除高亭帮外，其余六帮都拥有冰鲜船和咸鲜船。这意味着，其他渔帮捕鱼的海上加工要受制于多元化的渔帮。尤其岱山帮和沈家门帮拥有自己的陆上加工场地和渔栈，这使其在渔业产业中拥有领头羊的地位。① 也正因如此，苏、闽外省渔船所捕海鲜基本上都是在沈家门出售，② 沈家门港的渔业中心地位与沈家门渔帮的生产特点是紧密相连的。与沈家门渔帮侧重水产品加工业不同，有些船帮则侧重于水产品的捕捞，实力雄厚。鄞县湖帮拥有 548 艘墨鱼船，而鄞县姜山饮飞庙帮的数量更高达 1 200 艘。宁波沿海，仅墨鱼船就有 4 000 艘，每年四月出海捕鱼，规模壮观。③ 墨鱼船帮庞大的数量，使得政府推动编订的渔团章程需要专门辟出一条来规范④。各船帮在捕捞、加工方面的侧重，反映了渔帮之间出现了专业化

① 陈训正，马瀛等：《定海县志》册三《鱼盐志第五·渔业》，台北：成文出版社有限公司，1970 年版，第 269－274 页。

② ［清］沈同芳撰：《中国渔业历史》，载《万物炊累室类稿：甲编二种乙编二种外编一种》（铅印本），上海：中国图书公司，1911 年，第 39 页。

③ 《望海观渔》，《申报》，同治十一年（1872）壬申八月二十二日，第 2 版。

④ 李士豪，屈若搴：《中国渔业史》，上海：商务印书馆，1984 年版，第 35 页。

分工的趋势。

3. 渔帮的作用

浙江沿海渔民建立渔帮的共同目的是“抵御海匪，互帮互救，共同寻找渔场和了解鱼情，共同承担并缴纳税金”①。渔帮在产生之后，对海洋渔业经济发展和渔船出海作业的安全曾起到积极作用，而渔帮集体化作业使渔业在后期的行业分工愈发明显。在出海捕鱼前，渔帮柱首负责将本帮渔船“自行书烙编号，开册报官，过口查验”②。除了负责管理帮内事务之外，柱首还负责出面调解本帮内部渔民与其他渔帮渔民之间的矛盾。对于重大案件渔帮柱首需要主动自首，协助官府的调查。光绪十年（1885 年）十一月二十八日的《申报》就报道了一件宁波奉化和象山渔帮渔民之间的纠纷，我们可以很清楚地了解渔帮柱首在其中所起到的作用。面对渔户之间的纠纷，“象帮董事蒋某与奉帮董事沈某带同各渔户到府自首”③。

作为渔业基础的组织形态，渔帮在渔业公所和渔团建设中起到的作用是不言而喻的，没有各地渔帮的配合，政府仅靠官兵力量来有效管理在汪洋大海上漂泊的零散渔船几乎是不可能的。随着浙江海洋渔业的销售中心由沈家门转移到上海，渔产品的销售市场逐渐被上海渔帮所控制。到 20 世纪 20、30 年代，由杜月笙等人控制的上海渔帮不仅从帮会内部征收规费，还对其他省份进入上海鱼市场的产品征收保护费。随着渔业捕捞、加工、销售的发展和渔帮竞争的日益激烈，各地渔帮纷纷以地缘为纽带，成立更加高级的渔业组织——渔业公所。

二、浙江海洋渔业公所

经过康熙年间的恢复和发展，政府已经无法通过对渔民生产的限制来控制渔民活动。这一时期，政府主要是细化对渔船进出口搭载物品、渔船制造的管理政策，而这些对于海洋渔业管理而言还是不够的。政府除了加强对渔业的管理，同时也鼓励渔民组织对渔民的管理。与明清鼎革之际不同的是，随着海洋渔业经济的发展，渔船大队出海捕鱼已逐渐突破血缘的

① 吴敏：《民国时期江苏沿海地区海洋渔业研究》，南京农业大学硕士学位论文，2008 年，第 31 页。

② 《绥靖海盗告示》，《申报》，光绪六年（1880）庚辰三月十四日，第 2 版。

③ 《渔人斗案》，《申报》，光绪十年（1885）甲申十一月二十八日，第 3 版。

限制，某个区域不同的渔帮往往会在渔汛期相互合作。对于渔业生产方式，渔帮内部自发将地域接近的各个渔帮联合起来，以协调渔业生产活动。就政府而言，与其亲身管理每个渔帮，还不如通过对渔帮联合组织的影响来控制渔帮。在这种情况下，渔业行帮的高级形态——渔业公所的出现就成为必然。

1. 渔业公所的成立与分布

就现有文献来看，浙江乃至中国最早的渔业公所诞生于清雍正二年（1724年），正处于清政府放开海洋渔业生产的背景下①。当时宁波镇海、定海各帮在鄞县双街成立了南箭公所。同年，镇海北乡帮也在鄞县双街成立了北箭公所。由于其建立年代的久远，两个公所逐渐成为其后所成立张网公所的总机关。渔业公所是渔帮在激烈的渔业竞争中加强联合的结果。浙江宁波沿海渔业公所中，有7个是渔帮的联合体，其中2个为外省渔帮在宁波组建的公所。大部分渔业公所成立的年代都是在清朝晚期，说明这一时期的渔业竞争比清初要激烈得多，要想在这个行业生存发展，就需要联合，这点对外地在甬捕鱼船只更加重要（见表6－5）。

表6－5 清代浙江宁波多个渔帮组建的渔业公所

名称	组织渔帮	创立年份	驻在地	渔船类别
南箭公所	镇海定海各帮	雍正二年	鄞县双街	为各张网公所之总机关
人和公所	定海各岛	光绪三年	沈家门	大对船冬四百余对，春二百余对
品亨公所	定海各岛	光绪二十六年	舟山	张网船约一百二十余只
越州公所	绍属各帮	宣统三年	吴淞	卤弹船
北平公所	平湖白沙湾滩墟各帮	光绪二十二年	滩墟	张网船约四十余只
升平公所	江苏崇明南汇各帮	光绪二十三年	崇明枸杞南汇	张网船
八闽渔业公所	闽属各帮	同治初年	沈家门	钓冬船四百八十余只

资料来源：陈训正，马瀛等：《定海县志》册三《鱼盐志第五·渔业》，台北：成文出版社有限公司，1970年版，第269－274页。

直至清朝灭亡（1912年），浙江成立的有年代记载的渔业公所共有43家（见表6－6），其中光绪十八年（1892年）到光绪三十二年（1906年）

① 陈训正，马瀛等：《定海县志》册三《鱼盐志第五·渔业》，台北：成文出版社有限公司，1970年版，第269－274页。

15 年间成立的渔业公所就有 21 家，占整个清代渔业公所数量的一半。

表 6-6 清代浙江海洋渔业公所成立年代分类

朝 代	渔业公所
雍正（1722—1735 年）	南箭公所、北箭公所
乾隆（1735—1795 年）	太和公所、栖凤公所
嘉庆（1796—1820 年）	永靖公所、老渔商公所、义和公所、义安公所
道光（1821—1850 年）	
咸丰（1850—1861 年）	南安公所、临海渔业公所
同治（1861—1875 年）	协和公所、庆安公所、礼安公所、八闽渔业公所*
光绪（1875—1908 年）	爵溪公所、人和公所、新渔商公所、维丰南公所、维丰北公所、箭钓公所、镇定公所、北平公所、安澜公所、信远公所、升平公所*、仁和公所、兴安公所、保和公所、品亨公所、南平公所、定岱渔商公所、南汇渔业公所*、永安公所、南定公所、靖安公所、永泰公所、永庆公所、靖海公所
宣统（1908—1912 年）	元一公所、永丰公所、沥港渔业公所、宁海渔业公所、越州公所

注：带*号的为苏、闽两省在浙创建的渔业公所。

资料来源：陈训正，马瀛等：《定海县志》册三《鱼盐志第五 · 渔业》，台北：成文出版社有限公司，1970 年版，第 269-274 页。

从雍正元年（1722 年）到民国元年（1912 年）的 190 年，如果我们以十年为一个时段，那么我们可以发现浙江海洋渔业公所在清代有三个发展时期，分别是 1723—1752 年、1793—1882 年、1843—1912 年。其中第三个发展期，浙江渔业公所成立的数量明显超过前两个时期，尤其是从 1893 年开始直至民国时期的 4 个 10 年，平均每年都有新的渔业公所设立（见图 6-1）。

从区域分布来看，清代浙江宁波地区的渔业公所主要分布在定海，其次是鄞县、镇海和象山（见表 6-7）。设在定海岱山的渔业公所多达 11 家。这 11 家中有专门捕鱼的协和、庆安等公所，也有负责加工的新老渔商公所和定岱渔商公所。如果说沈家门是渔业销售中心，那么岱山就是渔产品最主要的陆上加工点，因为晚清宁波三个渔业加工厂家公所全部都在岱山。渔业捕捞、生产、销售的区域分布可见一斑。围绕着这两个区域中心的是朐山、珠山、尽山、高亭、象山等渔业销售集散地。

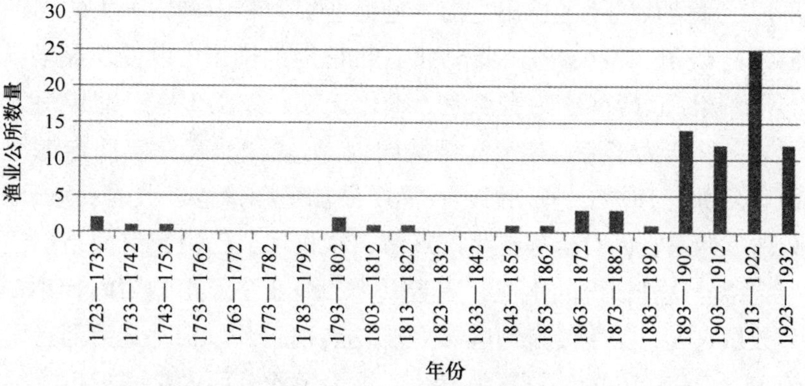

图 6-1　浙江海洋渔业公所成立年代时间分布（1723—1932 年）

表 6-7　浙江宁波渔业公所所在地区域分布

县	镇、港	渔业公所
定　海	沈家门	永安公所、人和公所、八闽渔业公所
	岱　山	协和公所、老渔商公所、庆安公所、靖安公所、定岱渔商公所、新渔商公所、义和公所、义安公所、太和公所、礼安公所、临海渔业公所
	舟　山	南平公所、品亨公所
	梁　衡	永丰公所
	沥　港	兴安公所
	青　浜	永泰公所
	尽　山	永庆公所、箭钓公所
	高　亭	南定公所、镇定公所
	朐　山	仁和公所、保和公所、栖凤公所、安澜公所、南汇渔业公所
	钓　山	信远公所
	庙子湖	靖海公所
	鱼　山	元一公所
鄞　县	沥港渔业公所、爵溪公所	
	双　街	南箭公所、北箭公所
镇　海	大衙头	永靖公所
	沙河头	维丰南公所
	蟹　浦	维丰北公所
象　山	石　浦	南安公所、宁海渔业公所

资料来源：陈训正，马瀛等：《定海县志》册三《鱼盐志第五・渔业》，台北：成文出版社有限公司，1970 年版，第 269－274 页。

不过，就此我们不能得出定海本地渔业实力和影响力强大的结论。如果我们将表6－6、表6－7和表6－8仔细比对的话，可以发现最早成立的8个公所，镇海渔帮创建的有4家、奉化3家、象山1家，而定海只能算半家（南箭公所为镇海、定海渔帮共同创建）。虽然光绪年间定海渔帮创建的渔业公所有18家之多，但是在渔产品加工和销售环节的6家公所中，定海只占了两家，而且全部在生产环节，销售环节仍由镇海渔帮组建的爵溪公所把持。这种情况的出现，笔者以为，渔业公所影响力的大小，不仅仅与其数量有关，更主要是与区域经济发展相联系。相比定海而言，清代宁波镇海、奉化等县的经济更为发达，这为渔业公所的扩张提供了很好的经济平台，当定海渔业公所在晚清如雨后春笋般涌现时，镇、奉等县渔业公所则朝向利润更高的生产和流通行业转移。

表6－8　浙江宁波渔业公所归属地区域分布

县	渔业公所
定海	人和公所、庆安公所、靖安公所、定岱渔商公所、新渔商公所、南平公所、品亨公所、永丰公所、兴安公所、南定公所、镇定公所、仁和公所、保和公所、信远公所、靖海公所、元一公所、沥港渔业公所、南箭公所
鄞县	永安公所、协和公所、永泰公所、永庆公所
镇海	南箭公所、北箭公所、永靖公所、维丰南公所、维丰北公所、老渔商公所
奉化	栖凤公所、义和公所、义安公所、箭钓公所
象山	太和公所、爵溪公所、安澜公所
南田	南安公所
宁海	礼安公所、宁海渔业公所
其他	八闽渔业公所、临海渔业公所、南汇渔业公所

注：南箭公所为镇海、定海渔帮共同创建。

资料来源：陈训正，马瀛等：《定海县志》册三《鱼盐志第五·渔业》，台北：成文出版社有限公司，1970年版，第269－274页。

清代浙江渔业公所的名称仍有以地域来命名的，如宁海渔业公所、临海渔业公所、定岱渔商公所，不过这一区域已经突破了渔帮名称的区域。更多的公所名称已经突破了狭隘的地缘限定，开始向更加符合商业文化和行业特征方向转变。在清代创建的渔业公所，其名称大部分都带有礼、义、仁、信、安、和、泰、丰等商业吉祥用语，给消费者突出的是一个文化品牌。值得注意的是，还有些渔业公所是按照行业分工来命名的，如新、老渔商公所就属于厂家，而箭钓公所是专门从事钓船捕捞的（见表6－9）。

表6－9 浙江渔业公所名称分类

划分		渔业公所名称
地域	宁波	栖凤公所、爵溪公所、定岱渔商公所、南定公所、沥港渔业公所、镇定公所
	其他	宁海渔业公所、临海渔业公所、八闽渔业公所、越州公所、南汇渔业公所
文化		义和公所、义安公所、人和公所、安澜公所、信远公所、永安公所、协和公所、永泰公所、永庆公所、太和公所、南安公所、庆安公所、礼安公所、北平公所、升平公所、仁和公所、兴安公所、保和公所、品亨公所、南平公所、靖安公所、靖海公所、元一公所、永丰公所、维丰南公所、维丰北公所、永靖公所
行业	机关	南箭公所、北箭公所
	厂家	老渔商公所、定岱渔商公所、新渔商公所
	渔商	爵溪公所
	冰鲜	永靖公所、南汇渔业公所
	钓船	箭钓公所

注：行业划分与地域、文化划分略有重复。

资料来源：陈训正，马瀛等：《定海县志》册三《鱼盐志第五·渔业》，台北：成文出版社有限公司，1970年版，第269－274页。

2. 渔业公所的职能与运转

关于渔业公所的职能，我们从奉化渔汛公所的成立过程可大致窥探一二。奉化渔业公所是由地方渔民为防备海盗自发成立的①，其董事皆为地方有名望的乡绅，这非常有利于政府对公所的管理。对渔民而言，渔业公所的董事由文化人担任可以有效保证他们的利益，将他们的请求转达给政府。如光绪三十四年（1908年）三月十九日，定海岱山渔民要求公所董事出面，请求政府将渔盐课由提标中营改为公所办理。②

渔业公所的职能主要有两方面：一是代表渔民与政府交涉，二是维护

① 《渔业公所举定董事（宁波）》，《申报》，光绪三十三年（1907）丁未四月初七日，第12版。

② 《渔盐又须改章（宁波）》，《申报》，光绪三十四年（1908）戊申三月十九日，第2张第4版。

公所内部的生产秩序。清代浙江沿海经常有海盗出没，为了保证渔业生产安全，除了政府加强对海盗的围剿外，渔业组织自身也雇用武装来保护出海捕鱼的渔船。就宁波地区而言，每年渔汛期，渔业公所就会自行“自雇船保护，名曰护洋船”[①]。同时，渔业公所还要积极协助政府抓捕本公所内部违反国家法令，危害海洋社会安全的渔民。“内地外海设立公所，设有渔船被盗以及斗殴各事，只须就近报明公所即为缉捕”[②]。在配合政府维护渔业秩序，解决渔业纠纷方面，渔业公所无疑起到了重要作用。[③] 在维护内部生产秩序方面，渔业公所最重要的职能就是救济在捕鱼中伤残的渔民及其家属。如甬江渔业柱首于式荣等拟设渔业公所，就要求“凡渔人所售之鱼抽钱汇存所中，作为渔船遭风失足等情抚恤之费，具词禀请宁绍台道立案”。道宪批示云：“据禀拟设渔业合顺公所，抽钱汇存，以作渔船遭风失足等抚恤之费，事为善举起见，似尚可行。惟称售鱼每口抽钱二十八文，有无一定斤数，该处渔船约有若干，是否众情允治，必须确查定议，以杜流弊”[④]。

《镇海县渔业志》收录了两个碑文，分别是道光二十九年（1849 年）镇海知县郭淳章立于镇海县城东门路龙王宫旧址的《县城采捕钓对渔商公立渔船章程碑》和光绪二十二年（1896 年）镇海知县毕诏策立于镇海县湾塘乡殿跟张老相公殿的《前绪维丰南公所勒石永遵碑》[⑤]。这两个碑文的内容都涉及对于出海死亡渔民渔业公所应当承担的补偿问题。在道光二十九年（1849 年），公所对出海死亡的渔民一次性补偿九千文，到光绪二十二年（1896 年），这一数字减少到五千文左右。不过值得关注的是，光绪二十二年（1896 年）的补偿中还包含对渔民家属的额外补偿。对于出海死亡渔民的家属可以按月领取为期五年的月钱五百文，这一方案相比于道光年间的补偿金是一个明显的进步。更重要的是，晚清时期的海洋渔业发展使得渔业公所有足够的财力去执行这一法规。从《县城采捕钓对渔商公立

① 《捕鱼防盗》，《申报》，光绪四年（1878）戊寅四月初六日，第 2 版。

② 《东湖月波居士来书》，《申报》，光绪十年（1884）甲申正月初九日，第 2 版。

③ 《诬控巡丁之理由（宁波）》，《申报》，宣统元年（1909）己酉三月十三日，第 2 张第 4 版；《渔民因税滋闹详情（宁波）》，《申报》，宣统元年（1909）己酉五月初九日，第 2 张第 4 版。

④ 《月湖打鱼歌》，《申报》，光绪二十三年（1897）丁酉三月十九日，第 2 版。

⑤ 宁波市镇海区水产局、宁波市北仑区水产局编：《镇海县渔业志》，内部发行，1992 年版，第 103 – 104 页。

渔船章程碑》中我们可以知道，海洋生产的风险远远大于陆地，而在海洋生产活动中，渔民的风险比水手要高很多，因为在海洋上，相比渔船，船型庞大的商船抗灾性更强。古代时期，渔民出海因自然灾害死亡后，按照当时的律例规定，船主不需要承担法律责任。但家庭主要劳动力的丧失，使得渔民家庭陷入困境的局面，迫使渔民亲属必须向渔民所在的生产组织——渔业公所去索取补偿。面对渔民亲属的骚扰和压力，渔业公所在增加补偿的同时，与官府沟通，将行会决议作为县府法令的形式颁布执行。

从两个碑文中可知，渔业公所在对渔民遇难后的救济中分担了政府的责任（尽管有时是被迫的），更重要的是这种救济制度，与现代执行的工伤制度非常接近：船主对出海渔民要先向渔业公所缴纳一笔费用作为保险，如渔民出海遇难，则这笔钱加上渔业公所的补贴作为对遇难渔民家属的救济款项。就告示的出台过程看，是公所先拟定章程，经县府认可后颁布施行的。作为渔民生产的组织者，渔业公所对生产中的一些意外事件，承担一定的连带责任，并提出解决办法，以免影响正常的渔业生产。另外，渔业公所与其他行业公所一样，都承担了地方“公益事业管理职能”①。不过从《前绪维丰南公所勒石永遵碑》碑文的最后一条我们可以看到，渔业公所的规章并没有硬性的约束力，如果船主有意违反规定，公所并未提出一个切实可行的监督方案，碑文的规定只是一个行业性的指导意见。此时的渔业公所，还仅仅是维系政府和渔民关系的一个中间组织，对渔业生产管理和渔业秩序维护更多的是靠个人的威信，而不是行会规定。一旦董事的威望下降，公所内部渔民便不会听其命令。② 同时，地方官员为了自己的私利，也会做出损害公所形象的事情来。如宁关道书吏黄甲，私立护渔公所，“惯放渔户之债。其弟黄乙倚仗兄势，平日欺诈渔户，无所不至”③。光绪三十年（1904 年）六月，政府就发现浙江台州协标候补守备张鸿飞“捏造府示，私设公所巡船，诈扰商民、渔户”④。因此，在政

① 周执前：《清代前中期的行会、行会法与城市管理》，《湖南文理学院学报》（社会科学版），2009 年第 3 期，第 78 页。

② 《渔民聚众之强横（宁波）》，《申报》，宣统元年（1909）己酉五月十四日，第 2 张第 4 版。

③ 《革办书吏》，《申报》，光绪五年（1879）己卯十月二十六日，第 2 版。

④ 《清实录·德宗实录》卷 532，光绪三十年甲辰六月丁巳条，北京：中华书局，1986 年版，第 82 页。

府强化对渔业管理时，仅仅依靠渔业公所是不行的。

第二节　渔业组织与海洋秩序

在相当长的时间里，维护海洋秩序都是政府的职责。通过定期的水师巡航，政府在构筑海防安全体系的同时，也承担保护正常海洋渔业生产的任务。而道光二十年（1840 年）中英鸦片战争的爆发使得中国国家海防体系出现真空，其后在相当长一段时间内，保护浙江海洋渔业及维护海洋秩序的任务主要由民间渔业组织所承担。传统的海洋渔业部门在现代化浪潮下主动或被迫做相当大的转变。面对外部侵渔与内部海盗问题的双面夹击，海军、政府与民间组织构筑了三位一体的护渔体系，以求更好地维护海洋秩序。对于海洋渔业组织与海洋秩序的关系，我们以护渔体系的主体变动为依据，将其分为晚清与民国两个时期。

一、晚清海洋渔业组织与护渔体系

在当代中国周边渔业冲突不断的时候，我们经常能看到渔政船的身影，其最重要的功能就是维护正常的渔业生产秩序，保护海洋渔船安全。其实，渔政船只早在清代就已经出现，只不过是由水师船只充当这一角色罢了。对于传统渔政管理，学术界多认为其主要功能是对渔民的管制和征收渔税，而忽视了渔政管理的另外一个非常重要的功能——护渔[①]。在当代学科分类体系中，护渔体系属于海洋与渔业社会安全事件应急管理的研究范畴，而后者与渔业自然灾害应急管理、渔业事故灾难应急管理、渔业

---

① 与海洋护渔直接相关的论文目前只有韩兴勇，于洋：《张謇与近代海洋渔业》，《太平洋学报》，2008 年第 7 期，第 84 - 88 页。该文详细论述了维护海洋渔业权益与海洋主权之间的关系及近代时期张謇为维护海洋渔业主权所做的努力。其他诸如李志民的《近代青岛海洋渔业的变迁》（中国海洋大学硕士学位论文，2011 年）、苏雪玲的《清末民国时期山东沿海渔政研究》（中国海洋大学硕士学位论文，2011 年）、吴敏的《民国时期江苏沿海地区海洋渔业研究》（南京农业大学硕士学位论文，2008 年）、李文睿的《试论中国古代海洋管理》（厦门大学博士学位论文，2007 年）、李勇的《近代苏南渔业发展与渔民生活》（苏州大学博士学位论文，2007 年）、余汉桂的《民国时期中央和两广渔业管理法规述评》（《古今农业》，1994 年第 1 期，第 70 - 81 页）、余汉桂的《清代渔政与钦廉沿海的海洋渔业》（《古今农业》，1992 年第 1 期，第 67 - 71 页）等都是在论述海洋渔业管理问题时，涉及护渔问题。

公共卫生事件应急管理共同构成渔业应急管理的研究体系①。在这里，“护渔”有两层含义，一是保护正常渔业生产秩序；二是维护国家海洋渔业主权。前者是中国海洋护渔体系建立的初衷，而后者是中国海洋主权受到侵犯后逐渐产生的功能。就当代而言，我们关注的护渔活动更多地是针对后者。另外，“护渔”的区域不仅仅限于海上防止外国侵渔，还包括抵制外来水产品大规模倾销，维护正常渔业流通秩序等内容。而对于护渔的手段除了派出护渔船、军舰等之外，还有其他经济、政治及法律的手段。

1. 制度崩溃与民间海洋渔业组织自发护渔体系的建立

咸丰五年（1855年），丁韪良从宁波回到普陀岛时，看见有15艘海盗的平底船从眼前经过，并向停泊在港口里的一些清军兵船开了几枪，以示藐视。后者装模作样地起锚前去追赶，但很快就回到了停泊处。② 当时浙江亦有人记载，“洋面多盗，省中行文饬水师护商船出洋。水师畏之，提军叶绍春亦赴镇海催之，仍不出口。”③这一时期海盗集团的组织者和资助者大多数都是沿海富户。如道光二十三年（1843年）浙江提督在给朝廷所上奏章中就指出：“闽洋盗匪近来伎俩，愈出愈奇，竟有滨海殷实之户合伙出资整理船只，私制枪炮药铅，招集滨海穷民，结为伙党，令其出洋行劫，得赃均分。此风沿海多有，近来即浙省台州府属海滨亦然，而泉州府属各厅县之马巷厅，同安、惠安两县之滨海乡村为尤甚。”④ 其次，很多海盗就是平时靠打鱼为生的沿海渔民。这些渔民在出海捕鱼的时候，如果遇到较其弱的船只就会变成海盗。当时的浙海关报告就指出，在浙江沿海“墨鱼的捕捞业状况和沿海的不安全有很大关系，许多称之为海盗的人，平常是渔民”⑤。

这一时期，海盗问题的严重与鸦片战争中国沿海水师受到重创有直接

---

① 李珠江，朱坚真：《海洋与渔业应急管理》，北京：海洋出版社，2007年版。

② ［美］丁韪良著，沈弘，恽文捷，郝田虎译：《花甲记忆——一位美国传教士眼中的晚清帝国》，桂林：广西师范大学出版社，2004年版，第82页。

③ ［清］段光清撰：《镜湖自撰年谱》，清代史料笔记，北京：中华书局，1960年版，第100页。

④ 中国第一历史档案馆编：《鸦片战争档案史料》（第7册），天津：天津古籍出版社，1992年版，第374页。

⑤ 杭州海关：《近代浙江通商口岸经济社会概况——浙海关、瓯海关、杭州关贸易报告集成》，杭州：浙江人民出版社，2002年版，第56页。

关系。战争导致国家海上防卫力量极度虚弱，而海军力量的重新建设又需要一个很长的周期。因此在渔汛期，对出海作业渔船提供保护的重任由国家转向民间。作为浙江海洋渔业生产组织者的公所在这一时期自发募集资金，雇佣护洋船，保护渔船海上作业。据现有数据，浙江海洋渔业公所组织最早成立于清雍正二年（1724 年），其主要是作为政府与渔民之间的一个联系管道，并组织渔业生产与海难救助①。关于民间组织护渔，2007 年奉化市档案馆从莼湖镇桐照村一个渔民家里征集的一批清代档案资料中，发现了同治三年（1864 年）奉化、象山渔商自筹经费，雇佣船只防护南洋的缴费凭证②。可见，在沿海水师无法保证海洋渔业安全的情况下，海洋渔业公所组织填补了政府管理的空白点。反之，当国家海洋力量增强能够保证渔业区域安全时，公所自发护渔行为也会自动终止。19 世纪 70 年代，浙江沿海渔业公所纷纷裁撤护洋船就缘于中国海上军事力量的恢复与发展③。而国家也在这一时期重新承担了对海洋渔业作业的保护职责。光绪十八年（1892 年）六月初八日，宁绍台道吴福茨因近日各渔民相率出洋捕鱼，恐其被海盗抢劫，特意乘坐超武兵轮，"巡缉洋面，缉盗卫民"④。

中日甲午战争，中国海军再次受到重创。为进一步加强对沿海渔民的管理，在清政府督促下，时任浙江巡抚的廖寿丰于光绪二十二年（1896 年）下令宁、台、温三府所辖厅县于同年三月一律开办渔团，其章程中就允许各帮渔船自雇护船组织护渔。⑤ 不过在实际操作中，一般是由各帮所在公所出面与渔团、地方政府协调，共同完成渔汛期护渔任务。在渔汛期，府县札委地方名望重者出面配合渔团局收取保护费，以雇佣护洋船护渔⑥。同时渔民也会"自备资斧，置办号衣，雇勇巡护"⑦。渔业公所董事（通常由地方名望重者担任）则出面协调，以免滋事，并与地方政府沟通，共同维护渔

---

① 白斌：《清代浙江海洋渔业行帮组织研究》，《宁波大学学报》（人文社会科学版），2011 年第 6 期。

② 《同治三年（1864）渔民捕鱼交费凭证》，奉化县档案馆藏。

③ 《捕鱼防盗》，《申报》，光绪四年（1878）戊寅四月初六日，第 2 版。

④ 《关道巡洋》，《申报》，光绪十八年（1892）壬辰五月十一日，第 2 版。

⑤ 李士豪，屈若搴：《中国渔业史》，上海：商务印书馆，1984 年版，第 34－36 页。

⑥ [清] 黄沅：《黄沅日记》，桑兵主编：《清代稿钞本（第一辑）》（第 21 册），广州：广东人民出版社，2009 年版，第 227 页。

⑦ 《渔业公所举定董事（宁波）》，《申报》，光绪三十三年（1907）丁未四月初七日，第 12 版。

业作业秩序。从宁波渔团局的支出看，除了正常办公之外，相当部分经费用在雇佣营船护渔上了。其护渔力量包括海军兵轮一艘、渔团局自有船只一艘及另雇佣小轮船一艘[①]。在这里值得注意的是，作为具有官方背景的渔团局在渔汛期可以雇佣现役海军兵轮执行海洋护渔任务。

民间海洋渔业组织的自发护渔行为，对于维护海上渔业安全，填补国家海上力量真空，稳定海洋秩序有着非常重要的意义。在海洋渔业公所组织雇佣的护渔船保护下，海洋渔业捕捞得以继续。不过也有不少人借机捞取好处。如宁关道书吏黄甲，私立护渔公所，“惯放渔户之债，其弟黄乙倚仗兄势，平日欺诈渔户，无所不至”[②]。时任宁绍台道观察的吴福茨就指出“各商筹费自雇，以补舟师之不足，立意本无不是。惟办理不得其人，而章程未尽周密，以致无益有损，不能不格外慎重，以期妥善”[③]。

2. 渔业危机与现代护渔体系的建立

进入20世纪，中国海疆危机进一步加深，法国、英国、日本、俄国分别入侵中国沿海，掠夺海洋渔业资源。由于海关的低税率，大量国外海产品纷纷涌入中国，占领了相当一部分市场。同时，中国频繁的内战与经济转型导致传统渔业的衰落，而大量渔民由于生活贫困加入到海盗行列，使海洋渔业生产环境进一步恶化。

20世纪初期中国的海洋渔业危机，始于德国、日本侵犯中国主权，掠夺山东海洋渔业资源。光绪三十年（1904年）三月壬午，江苏在籍翰林院修撰张謇上书朝廷，希望筹办新式渔业公司，“由各督抚就各省绅商集股试办”[④]，以新法抵制外人拖船捕鱼，“保卫海权渔界”。同时，在国外水产品还没大举入侵之时，先做全局布置，保障渔民收益。[⑤] 由于当时国内政治经济改革的大背景，张謇的建议迅速被朝廷批准。光绪三十一年（1905年）四月丙午，张謇在商部支持下于上海筹办江浙渔业公司总局，另设江

---

① ［清］沈同芳撰：《中国渔业历史》，《万物炊累室类稿：甲编二种乙编二种外编一种》（铅印本），上海：中国图书公司，1911年版，第39-40页。

② 《革办书吏》，《申报》，光绪五年（1879）己卯十月二十六日，第2版。

③ 《停撤护船》，《申报》，光绪二十年（1894）甲午四月初十日，第2版。

④ 《清实录·德宗实录》卷528，光绪三十年甲辰三月壬午条，北京：中华书局，1986年版，第25页。

⑤ 《商部头等顾问官张殿撰謇咨呈两江总督魏议创南洋鱼业公司文》，《东方杂志》第1卷，1904年第9期，第147-150页。

苏、浙江分局各五处，订购德国轮船，用西方新式方法捕鱼①。作为政府支持下的渔业公司，从其组建之初，江浙渔业公司的轮船就担负巡海护渔的重任。从《江浙渔业公司简明章程》中我们就发现其第1—6条皆是涉及海洋渔业安全的条款②。为有效护渔，“福海”轮船装载了重武器，并制定了日常训练与奖励制度以及海难求救信号。至此，在参考西方经验基础上，中国一整套完备的海上救援制度建立起来。同时，章程充分考虑到现代渔业与传统渔业作业海域的划分，尽量减少发展新式海洋渔业的阻力。光绪三十二年（1906年）出台的《江浙海洋渔业股份有限公司详细章程》除了肯定渔业公司的护渔职能外，还细化了其经济活动的规定。其中值得我们注意的是按照该章程的规定，江浙渔业公司总局可以根据“洋面安静与否，随时另调兵轮游弋，协助保卫”③。换句话说，就是渔业公司具有要求海军配合护渔的权利。由于海军重建工作的缓慢与清政府不久后被推翻，使得我们无法得知其规定是否得到有效执行。不过进入民国后，海军介入汛期护渔已成为海军部职能的一部分。

除此之外，在张謇的建议下，清政府对于海洋渔业主权的认知得到加强。渔界海权的确立发端于海防，明代嘉靖年间，政府在商渔船只泊碇出入之地及传统的珠池设汛立墩，“因之有各自独立的海道与内外洋面的概念”④。在晚清海防及海洋渔业危机加深的形势下，政府确定渔业作业区域以作为护渔依据的做法，不仅仅关系到海洋渔业自身发展，也与国家领海主权紧密相连。因此，当时学者对此也做了详细考察与记载，成书于光绪二十五年（1899年）的《江浙闽沿海图说》对于中国江苏、浙江、福建沿海岛屿、海域及渔业区域做了详细说明⑤。其后《中国渔业历史》一书在此基础上对全国海洋渔业区域进行细致划分⑥。光绪三十一年（1905年）意大利政府邀请清政府参加1906年举办的农业赛会，张謇即提出

---

① 《清实录·德宗实录》卷544，光绪三十一年乙巳夏四月丙午条，北京：中华书局，1986年版，第225页。

② 《江浙渔业公司简明章程》，《东方杂志》第1卷，1904年第12期，第189页。

③ 《江浙渔业股份有限公司详细章程》，《东方杂志》第3卷，1906年第6期，第127页。

④ 余汉桂：《清代渔政与钦廉沿海的海洋渔业》，《古今农业》，1992年第1期，第68页。

⑤ ［清］朱正元：《江浙闽沿海图说》，上海聚珍板印，光绪己亥年（1899）版。

⑥ ［清］沈同芳撰：《中国渔业历史》，《万物炊累室类稿：甲编二种乙编二种外编一种》（铅印本），上海：中国图书公司，1911年版。

“渔业与国家领海主权关系至密，建议政府按英国总兵伯特利所成海图官局第三次原本中国方向书核定经纬线”①。就官方而言，中国海洋渔业区域的划分则要到民国时期。

晚清政府采用公司这种民间经济组织形式，一面引进先进海洋渔业生产技术，提升远洋捕捞能力；一面以此为载体，试图替代传统渔业公所及渔团在渔汛期组织护渔的角色。相比半官方的渔团组织，渔业公司的经济职能得到大大加强，在政府支持下，其拥有先进的护渔船只，并且可以得到国家海上力量的支持。就制度建设而言，已经具有了现代护渔体系的雏形。即以官方支持下的民间经济组织为海洋护渔的组织与实施者，而国家海上力量则充当后备力量。在护渔形势严峻的情况下，渔业公司可以以民间行为雇佣军舰从事海上护渔。这不仅有利于提升海洋渔业护渔力量，同时也降低了在外国侵渔情况下产生军事冲突的可能性。

二、民国海洋渔业组织与海洋秩序

晚清时期影响中国海洋秩序的因素到民国时期发生了巨大变化，除海盗活动更加猖獗外，外国侵渔成为这一时期新的特点，再加上世界范围内海洋秩序的重组，中国海洋渔业组织的变革在此大环境下展开。海军的转型、海洋渔业政府组织的设立及新型海洋渔业民间组织的组建皆围绕着如何更好地保障海洋渔业秩序这一核心。以 1927 年南京国民政府的建立为分界点，之前为海洋渔业民间组织蓬勃发展时期，之后则是海洋渔业政府组织强势与完善时期，而海军在地方海洋渔业组织的联合抵制下沦为海洋护渔体系中的配角。

1. 民国时期浙江海洋秩序

世界范围的海洋秩序起始于 1919 年第一次世界大战后的凡尔赛－华盛顿体系。而就国家个体而言，其海洋秩序的形成与发展则与各个国家海洋群体的扩张紧密相连。中国作为沿海大陆国家，内部海洋群体的涉海活动可以追溯到上古时期。但国家层面对于海洋秩序的重视则始于明代中期的“倭寇”侵扰。1840 年后，随着西方殖民者从海上打开古老中国的大门，中国传统的海洋秩序在此冲击下开始缓慢地转型，并努力参与全球海洋秩

① 余汉桂：《清代渔政与钦廉沿海的海洋渔业》，《古今农业》，1992 年第 1 期，第 68 页。

序的建立。在这里就浙江沿海的海洋秩序而言，我们不打算（事实上也无法）对其做宏观的描述，而是侧重对影响海洋秩序的内外部因素进行重点的讨论。这些因素包括海洋灾害、海上船难、海盗侵扰与渔业纠纷。

自人类向海洋扩张起，就需要应对变幻莫测的海洋气候。海洋气候变化对人类海洋活动的影响随着人类活动区域向远洋的扩展而逐渐愈加剧烈。传统海上活动都是在近海，偶遇风暴及海啸，船只人员自救与获救的可能性远远超过后来远洋的海上活动。随着西方近代科学体系的建立，人类对海洋的认知也逐渐加深，海洋科学日渐繁荣，各种针对海洋灾害的技术和装备被开发与运用，对海洋灾害的预报成为其中一项重要内容。浙江沿海的海洋预报体系起始于定海测候所的建立。在民国政府的支持下，当时的中央研究院于1935年3月前往浙江定海勘察，打算与定海地方政府合办测候所及无线电机构，其管理属于地方政府，仪器则由中央负担，中研院进行技术支持，经费预算为300元（中央承担100元，地方政府承担200元）①。其后，定海县政府认识到测候所对于应对舟山海洋气候突变、减少海洋灾害经济损失的重要价值，将地方预算增加到4 000元，并由当地渔业界承担每年的运营费用。② 而浙江沿海的船难除了部分是由于自然灾害与触礁造成之外，相当大一部分归因于海上船只的碰撞事故。在传统海洋活动中，船只的动力为人力或风力，其船只的尺寸及船速都不大。但随着上海、宁波的开埠，往来船只的种类发生变化，在甬沪航线上不仅有很多中国传统的商渔船只，还有大量机械动力船只，而这些船只相当一部分属于不同国家。不同的航行规则与船只速度，使船只在迎面行驶过程中很容易发生船只碰撞。在《申报》创刊后的1872—1875年所报道的9次海难事故中，有6次为船只碰撞造成，而这6次皆为机帆船与传统帆船的海难事故。为此《申报》还专门登载了中西各国船只在海上相逢的各种规定，以便来往船只参考。③

另外，值得我们关注的还有浙江沿海的海盗问题。海盗活动一直伴随

---

① 《中央研究院将在定海设测候所，函请建设厅会同组织由水利局与定县府会商办理》，《时事公报》，1935年3月1日，第2张第1版。

② 《定海设立测候所为航轮渔船预报海面安危，定海县政府呈建厅报告办理情形，将来办有成效可由渔业资助扩充》，《时事公报》，1935年3月25日，第2张第1版。

③ 《中西泛海各项船只海中相逢各规条》，《申报》，同治十二年（1873）癸酉闰六月初五日，第1版。

着人类在海洋的扩张。对于中国而言，在没有面对近代海洋国家入侵之前，海盗问题是影响海洋秩序的首要因素。清代海盗经过康熙末年的一段沉寂之后，自清乾隆末期再次大规模爆发，并借助鸦片战争之后中国政府对海洋控制力的减弱而呈愈演愈烈的趋势。在大多数时期，海盗都是威胁国家政权与地方海洋社会稳定的重要因素。民国时期，由于中央政府权威的下降及地方割据，为海盗的扩张提供了极为有利的外部环境，此时的海盗不仅包括破产的农民、渔民以及部分知识分子，我们还能看到各地方政府与外部势力的影子。相比清代而言，由于海防的崩溃，民国时期浙江海盗劫掠的成本大大降低，许多护渔组织的武器装备还不如海盗。如1918年10月25日的《申报》报道的《军帽山（青浜）捕盗之剧战》就说："渔船内水警之枪械，不如盗械之利，几为所窘。"[①] 在这种情况下，相当部分的渔民选择了花钱买平安。如1926年7月19日的《申报》载："近闻该盗等在定属六横山，征收渔船照费，每秋渔船收照费六元，每秋冰鲜船收照费五元，以六个月为限，如不纳照费，即将其船掳去。各处渔民无奈，闻多向该盗领照。"[②] 海盗频繁活动的结果就是浙江海洋经济发展的缓慢，其突出表现在，没有海警的保护，一般渔船都不敢出海捕鱼[③]。与此同时，民国时期的海盗不仅抢劫沿海过往船只，还经常上岸掠夺人口，充实自身实力。我们在当时的报纸中经常能看到海盗上岸血洗沿海村落而政府却没有有效防范的大量报道[④]，而这在清代是极为少见的。1933年的《定海舟报》上就有这样一段评论："吾邑海盗陆匪之披猖，可谓至矣极矣，无以复加矣，仅就本报问世以后之所载，加以概括之统计，已达五十余起之多，而自认晦气隐匿不报者不与焉。"[⑤] 海盗的猖獗导致沿海社会经济的衰败与动荡，这就促使更多的沿海居民迫于生计加入到海盗的行列[⑥]。

---

① 《宁波：军帽山捕盗之剧战》，《申报》，1918年10月25日，第2张第7版。

② 《宁波：海盗征收照费骇闻》，《申报》，1926年7月19日，第3张第10版。

③ 《岱山渔场危机四伏，水无兵舰，陆无军警》，《宁波民国日报》，1927年6月1日。

④ 《宁波：沥港全镇被匪洗劫》，《申报》，1930年11月5日，第3张第10版；《宁波：沥港被劫再志》，《申报》，1930年11月6日，第3张第10版；《宁波：海盗二次临沥港》，《申报》，1930年11月10日，第2张第8版。

⑤ 《筹设稽查队》，《定海舟报》，1933年3月8日。

⑥ 《水警队长柯云，注意象山港防务，本年鄞奉帮渔泛不佳，渔民难免被匪诱入伙》，《宁波民国日报》，1935年8月6日，第2张第4版。

影响海洋秩序的除了海盗问题之外，民国时期又出现了新的因素，即外国渔船的侵渔。20 世纪初，中国海疆危机进一步加深，法国、英国、日本、俄国分别入侵中国沿海，掠夺海洋渔业资源。由于海关的低税率，大量国外海产品纷纷涌入中国，占领了相当一部分市场。进入民国后，中国海洋安全局势不仅未加改善，反有恶化趋势。就国际形势而言，1911 年日本国内规定禁渔区，不准渔轮曳网捕鱼后，日本沿海渔船不得不向远洋探索渔场。1914 年日本又扩大禁渔区，渔船不得在“东经 130°以东朝鲜沿岸禁止区域以内”捕鱼①，这就将日本大量渔船的捕鱼区域推向中国沿海。其后，日本渔船在中国海域的捕捞由零星行为上升为群体侵渔。如 1913 年 11 月，渔民在浙江定海洋面就发现“外国捕鱼舰六七艘，船身蓝色，烟囱黑色，并不张挂旗帜，船上渔人皆系日本国人”②。到 1930 年代，日本渔轮的侵渔行为更是得到日本政府的支持。为保护日本渔轮的作业安全，日本政府往往派出军舰随行保护。日本政府的保护、中国海关的低税率及渔业资源的易腐性，成为日本渔轮渔获物在中国市场大量倾销的主要原因。据 1932 年 7 月《民国日报》初步统计：“兹以日本手操网渔轮一项，至上海侵渔情形而论，则以民国十七年至二十年七月最为猖獗，计有渔轮三十八艘。……以最少数计每年每艘鱼值三万元计，则每年被侵损失八十四万元”③。而到 1934 年 9 月，来华侵渔船只上升到 260 余艘，其渔船品的倾销点有上海、青岛和天津④。日本在中国的侵渔与倾销，不仅导致中国大量渔民破产，渔商也“多半耗折”，遭到沉重打击⑤。抗日战争期间，日本更是直接占领中国沿海大量渔业基地，建立侵渔机构，如华北地区的山东渔业株式会社，华中地区的华中水产公司以及在华南地区的大西洋渔业株式会社等。而且，日本人每侵略一个地区，就毁坏渔船渔具，据不完全统计，整个抗日战争期间，我国沿海共损失渔船近 5 万艘。

---

① 欧阳宗书：《海上人家：海洋渔业经济与渔民社会》，南昌：江西高校出版社，1998 年版，第 198 页。

② 《外人侵越领海渔业》，《申报》，1913 年 11 月 9 日，第 2 张第 7 版。

③ 转引自李士豪，屈若搴：《中国渔业史》，上海：商务印书馆，1937 年，第 201－202 页。

④ 《日人积极侵夺我渔业》，《宁波民国日报》，1934 年 9 月 1 日，第 1 张第 3 版；《秋季渔汛已届，日渔轮二百余艘来华，日内即抵我国沿海各地捕鱼，渔业岌岌可危亟应设法救济》，《宁波民国日报》，1934 年 9 月 10 日，第 2 张第 3 版。

⑤ 《宁台渔商之呼吁声》，《申报》，1930 年 2 月 28 日，第 4 张第 14 版。

2. 浙江海洋渔业组织的变革

面对影响海洋秩序的自然与人为因素，政府涉海管理部门及海洋组织也随之建立与发展起来。传统中国在维护海洋秩序的进程中，一直没有专门的涉海管理部门出现。在清代前期，国家对于海洋秩序的管理主要是由沿海水师与近海府县政府维护（特殊时期则增加陆军、地方团练），前者主要保障的是海洋秩序，而后者则侧重于对近海陆地居民的管制。与此同时，海洋经济组织与海洋行帮组织也随之建立并发展起来，成为政府与海洋居民沟通的一个重要纽带及维护海洋秩序的重要组成部分。在此，我们以海洋渔业组织为例来看中国海洋组织的萌芽及发展状况。就海洋组织的功能，我们侧重其应对影响海洋秩序的人为因素（即抵御海盗侵扰及应对渔业纠纷），就其种类而言则由海洋正式组织与海洋非正式组织组成，前者包含中央及地方政府相应的管理与军事组织，后者则主要是民间的海洋经济与行帮组织。

清朝在近代政府机构改革之前，并没有专门的管理海洋的组织，其具体职责被中央六部所分割。而最接近的政府组织则是当时中央政府控制的海洋军事力量，清代我们称之为水师，而随着中国的近代官制改革，则逐渐演变为近代海军，其领导机构也由兵部转为海军部。中国的水师（海军）不仅承担着保障海洋安全的职责，还有另一项非常重要的职责，就是保障正常的海洋生产秩序，剿灭沿海海盗。如清乾隆年间，每到渔汛期，政府都要派出水师“弹压商渔等船，遇抢夺情事，严拏解究”。等到渔汛结束，“渔船进口，官兵一并彻［撤］回”。[①] 而到民国时期，海军派出军舰保证正常的海上秩序以及围剿沿海海盗成为惯例。1921 年，为了加强对浙省海盗的清剿力度，海军部在浙江定海沈家门成立清海局[②]。不过由于海军与地方的矛盾，在地方各渔业团体的抵制下，海清局于 1922 年停办[③]。1925 年 4 月 25 日，海军部成立“保卫沿海各省渔业宁波分区”，刘征瑞、陈在种任正副区长。随着 1927 年南京国民政府的成立，该机构被撤销。其后，虽然在浙江没有海军部的护渔机构，但由于象山港为海军重要港口，每到渔汛期，在地方政府的要求下，海军部仍然派出军舰参与护

① 《清实录·高宗实录》卷 247，乾隆十年乙丑八月己巳条，北京：中华书局，1986 年版，第 189－190 页。

② 《海局存撤之问题》，《时事公报》，1922 年 6 月 4 日。

③ 《恢复海军办事处之反对声》，《时事公报》，1922 年 11 月 9 日。

渔。如1935年2月，海军部就派出“江宁”舰与“咸宁”舰从上海出发，分别前往定海沈家门洋面、嵊山洋面护渔[①]。而在1936年，我们还能看到有关海军部派舰护渔的报道。[②]

与海盗相比，海军可谓是兵强马壮，但民国时期的海军在围剿地方海盗时是需要地方政府支付费用的，而这些费用又是由沿海各渔商团体所承担。因此，在权衡利益得失之后，相当长一段时间内，地方政府在当地渔商团体的压力下是不愿海军长期驻扎在当地的，这就导致海盗势力的周期性反弹。那么在没有海军驻扎的时候，地方政府又是如何维护海洋秩序的呢？这就要从晚清成立的另一支准军事力量——渔团说起。晚清中法战争时期，为加强国家对沿海社会的控制力，同时也是为了防止沿海居民勾结国家敌对势力，清政府在沿海各省都设立了渔团组织。就浙江而言，其渔团组织的最终设立实在中日甲午战争之后，因此我们无法去考虑渔团在海上军事防御中的作用。但从晚清官员的日记中[③]，我们还是能看到其在维护地方海洋渔业安全中的积极作用。其后，浙江渔团局维护海洋秩序的责任被1904年成立的江浙渔业公司所分担[④]。辛亥革命后，渔政归农商部渔牧局管理。为维护海洋秩序，渔牧局于1914年4月28日公布《渔轮护洋缉盗奖励条例十二条》，江浙渔业公司、辽宁渔业商船保护局等，均据此向渔民收取各种护洋捐费，并承担海上护渔的责任[⑤]。同时，民国政府于1915年在内务部下设水上警察厅（局），由地方巡按使指挥监督，以维护海洋秩序。[⑥] 第二年，浙江渔团局的职能被浙江水上警察厅取代。1926年7月，在五省联军司令孙传芳的支持下，江浙渔业事务局在上海成立，开始负责江浙渔民的保护事宜。[⑦] 1929年，国民政府公布《渔业法》与《渔会法》，将对海洋渔业的管理以法律的形式明确到实业部，其后，财政部

---

① 《海部派舰驶浙护渔，江宁赴定海，咸宁赴嵊山》，《宁波民国日报》，1935年2月9日，第2张第4版。

② 《财部令农行尽量投放渔民贷款，并会同实部分咨苏浙当局，暨海军部请协助保护渔民》，《宁波民国日报》，1936年3月9日，第2张第3版。

③ ［清］黄沅：《黄沅日记》，载桑兵主编：《清代稿钞本》（第21册），广州：广东人民出版社，2009年，第39－40页。

④ 在这里要指出的是，江浙渔业公司带有官督商办的色彩，其拥有一部分政府职能。

⑤ 李士豪，屈若搴：《中国渔业史》，上海：商务印书馆，1937年版，第26页。

⑥ 《水上警察厅官制》，《东方杂志》，1915年第12卷第5期，第7－8页。

⑦ 《江浙渔业局开办有期，八月一日先成立总局》，《时事公报》，1926年7月17日。

下设的江浙渔业事务局撤销。1931年6月16日，实业部在上海成立江浙渔业管理局，全权承担海洋渔业的管理与护渔职责。6月25日，实业部公布渔业警察规程，组建渔业警察保护外海捕鱼船只。1932年6月11日，江浙渔业管理局改组为江浙区海洋渔业管理局。1933年，时任实业部长的陈公博为加快渔业改进力度，在上海又成立了江浙区渔业改进委员会，但因种种原因，其成立不到一年就停办，江浙区海洋渔业管理局也受到波及改组为护渔办事处，负责海洋护渔任务。1936年5月，随着上海鱼市场的成立，护渔办事处及其他地方渔业管理部门也随之撤销①。在此背景下，1936年6月4日，浙江省政府成立渔业管理委员会，以“增进渔民福利，充实护渔力量”。同时时任浙江民政厅长的徐青甫将浙江“沿海护渔事宜，全部归于水警第二二大队，以统一指挥”②。民国时期的军阀割据与政局动荡导致政府护渔体系的建设时断时续，地方渔业行政机构“除征收渔捐之外，几无别种工作”③。

在海盗丛生的民国，仅靠地方渔政机构已经不能有效维护海洋秩序，在这种情况下，浙江海洋渔业民间组织蓬勃发展起来。浙江最早的海洋渔业民间组织是渔帮与渔业公所。渔团局成立后，渔业公所则是出面协调各渔帮，配合渔团局的工作。20世纪初期中国的海洋渔业危机加快了渔业组织的变革。光绪三十一年（1905年）四月丙午，张謇在商部支持下在上海筹办江浙渔业公司总局，另设江苏、浙江分局各五处，订购德国轮船，用西方新式方法捕鱼④。江浙渔业公司成立后即发起组建渔会，以共同保障海洋渔业安全⑤。进入民国后，为了保障海洋渔业生产与运输安全，浙江渔商成立了多种护渔组织。1918年5月，渔商丁兆彭等联合宁波、台州、温州渔民组织浙海渔业团，令各渔船备置警号及自卫武器⑥。1922年财政部税务处取消了江浙渔业公司代收关税的权利，导致公司“因经费无着，

---

① 李士豪，屈若搴：《中国渔业史》，上海：商务印书馆，1937年版，第29页。

② 《浙沿海护渔事宜，将全部划归水警队，护渔收费另定办法以免重叠，省府公布渔业管理委会组织》，《宁波民国日报》，1936年6月5日，第2张第3版。

③ 李士豪，屈若搴：《中国渔业史》，上海：商务印书馆，1937年版，第30页。

④ 《清实录·德宗实录》卷544，光绪三十一年乙巳夏四月丙午条，北京：中华书局，1986年版，第225页。

⑤ 《江浙鱼业公司渔会章程》，《东方杂志》，1905年第2卷第3期，第39－41页。

⑥ 《宁波：渔民请组渔业团》，《申报》，1918年5月9日，第2张第7版。

决议停止护洋”[①]。因此，宁、台、温渔商于6月1日在宁波成立渔商保安联合会，推举盛炳纪为会长，统一收取护洋费，雇佣轮船护渔[②]。同年，农工商部公布《渔会暂行章程》，其后新式渔会在沿海各省县建立起来。1929年，国民政府公布《渔会法》后，浙江沿海各地的新式渔会愈加繁多，但旧式的渔业公所并未撤销[③]。与各海洋渔业民间团体相平行的是，为保障沿海居民安全，民国时期浙江沿海的保甲与团练制度不断强化与完善。如1924年5月，宁波下属镇海柴桥就组建临时保卫团，以防止海盗侵扰[④]。1935年4月，第五特区行政督察专员赵次胜，参照海防保甲法令，拟定海洋各区渔民自卫团组织办法，使渔民能够自己保护自己。[⑤] 1935年4月，第五特区行政督察专员赵次胜，“以查定海县沈家门岱山衡山等处，均为渔民集合之地，现渔汛将届，各方人民麇集，难免不良分子，夹杂其中，乘机滋事，兹为根本防护计，昨特训令定海县长，严密编组保甲，团结渔民，迅饬各该地渔会渔公所之董事，编组保甲，遵照省颁整理保甲计划大纲之规定，予以编组”。[⑥]

除了团体性的护渔组织之外，稍有家资的个体渔民也会集资购买大型船只，并加以改装，充当护渔船只使用。如鄞县咸祥大嵩峡山渔民代表尤顺安、朱贵岳、孙阿水等，以该地渔民众多，“为谋安全起见，拟集资买帆船一艘，常川保护”。在经过宁波渔业警察局审核后获得许可。[⑦]

3. 影响浙江海洋渔业组织变革的因素分析

在前文已经论述了影响浙江海洋秩序有两个非常重要的因素：日本侵渔与中国海盗。为应对两者，当然最重要的是后者，民国时期的浙江海洋渔业组织做了非常大的调整。就其在维护海洋秩序过程中的作用而言，我们不仅要关注其内部组织的变化，还要注意当时的历史环境及各渔业组织之间的矛盾。这样我们才能更加细致地去审视当时海洋渔业组织的作用。

就外部环境而言，最能影响海洋渔业组织变革的不是侵渔和海盗，而

---

① 《渔商保安联合会之内幕》，《时事公报》，1922年8月7日。

② 《江浙渔商请设渔商保安联合会》，《时事公报》，1922年8月1日。

③ 李士豪，屈若搴：《中国渔业史》，上海：商务印书馆，1937年版，第97页。

④ 《宁波：柴桥穿山添设团防》，《申报》，1924年5月19日，第3张第11版。

⑤ 《渔民自卫团组织办法》，《时事公报》，1935年4月4日，第2张第1版。

⑥ 《专员办事处督饬渔区编组保甲》，《时事公报》，1935年4月26日，第2张第1版。

⑦ 《鄞东咸祥等处渔民拟集资购船护洋》，《宁波民国日报》，1936年5月6日，第2张第3版。

是民国时期的政局变化与经济现代化建设。自晚清成立渔团局与江浙渔业公司后，中国海洋渔业组织的现代化建设也拉开了帷幕。经过晚清中央官制的改革及其后1911年辛亥革命的胜利，管理海洋渔业的中央部门终于得以确定。此后，农工商部、实业部先后成为中国海洋渔业的主管部门，全局性的海洋渔业建设也得以展开。中国的统一为成立全国性的海洋安全组织——水上警察厅提供了非常好的政治环境。不过此后，中国持续的政局混乱，使得全国性的海洋渔业政府组织建设直到1927年南京国民政府成立后才得以继续推动。在这一段时间内，区域性的海洋渔业非正式组织得以发展，以江浙渔业公司退出护渔体系为契机，江浙渔商纷纷成立民间护渔组织，大量的渔业公所及渔业团体得以建立起来。而在实际上不属于任何政治团体的海军部也投入更多的精力参与到围剿海盗，保护沿海安全的事业中。1927年到1937年这黄金十年，在“统制经济”思想的影响下，时任实业部长的陈公博提出了规模庞大的渔业现代化建设方案[①]。其后中央及地方的政府组织及民间组织都在其影响下做了相应的调整。不过陈公博的建设方案在实施当中不仅没有考虑到渔民的承担能力，更是触犯了当时上海的既得利益者，结果导致方案的流产。随着陈公博的去职，实业部护渔的责任，由中央下放到地方省政府。

中国这种政治环境的变化，对于应对日本侵渔与中国海盗是非常不利的。北京政府时期内阁的频繁更换使中国在应对日本侵渔的过程中没有一个稳定的外交政策，除了海军部派出军舰参与护渔外，更多的则是地方民间渔业组织雇佣更多的护渔船只加强对渔民的保护，这就使民间渔业组织在这一时期得到快速发展，大量护渔组织在政府的允许之下得以建立。但由于当时涉海部门制定的领海基线仅为3英里（约2.6海里），这在法理上就意味着大批日本渔船在中国沿海的侵渔皆在公海，从法律角度而言不构成侵渔，其结果就是中国的护渔行为没有法理依据。1926年4月26日，江浙渔会会长邬振声就商榷领海界限一事，致信上海总商会，希望能共同推动将中国的领海区域按照当时的国际惯例外延至30海里，30海里以内除传统渔场作业外，中外渔轮皆禁止捕鱼，这不仅为防止日本侵渔提供了

① 关于“统制经济”与中国海洋渔业现代化的论述，可参见丁留宝：《统制·民生·现代化：上海鱼市场研究（1927—1937）》，上海师范大学博士学位论文，2010年。

法理依据，同时还保护了依靠传统渔业生产技术维持生计的大批渔民①。其后随着南京国民政府的建立与日本侵渔行为的进一步扩大，实业部在应对日本侵渔过程中也逐渐认识到领海基线的重要性。如1930年11月29日农矿厅转呈外交部的关于浙江省立渔业试验场报告日本大批渔轮在江苏花鸟岛附近侵渔的汇报，经外交部向日本驻华大使抗议，日本“借口公海”导致事件无法解决。无奈之下，外交部将此转呈行政院②。为此，1932年3月行政院第21次国务会议规定：“领海范围为三海里，江海关缉私界限，则定为十二海里，以示限制”。③ 1933年中日关税协议期满后，中国更是大幅度提高水产品进口关税以抑制日本水产品倾销，保护国内海洋渔业市场④。在其后的实践当中，随着日本侵华步伐的加快，这些措施在实际实施当中的效果很有限。

就内部而言，分析民国时期浙江海洋渔业组织变革，我们要关注三个方面：一个是海军部，一个是实业部下属的海洋渔业局，还有就是各海洋渔业民间组织。这三股力量随着中国政局的变化及浙江海盗与侵渔问题的严重程度，而在浙江海洋护渔体系中发挥不同的作用。在应对海上侵扰的过程中，海洋渔业局和地方海洋渔业民间组织是主体，而海军部则是重要补充。在整个护渔体系当中海洋渔业局与地方海洋渔业民间组织是呈此消彼长的态势。当全国统一，海洋渔业局的工作有效开展时，海洋渔业民间组织的发展则相应得到抑制，反之，其发展则得到政府的默许。随着海盗问题日益严重，海洋渔业局与海洋渔业民间组织的护渔船只已无法有效保证海洋渔业安全的时候，海军部的力量则成为维护海洋渔业安全的重要补充。民国时期的中国海军力量虽然无法有效抵御外敌入侵，但在围剿海盗的过程中，其航速、火力、续航力皆比护洋船只要好得多。但是海军部在浙江直接征收护洋费用也严重影响了地方利益，因此海军部在浙江建立地方渔业保卫组织的设想屡次搁浅。海军部、海洋渔业局地方海洋渔业民间组织的矛盾集中体现在1922年、1925年和1926年。此时，由于中央政府

① 《邬振声商榷领海界线书》，《时事公报》，1926年4月27日。

② 《日轮侵渔案已咨农矿部核办》，《江苏省政府公报》，1930年第611期，第8页。

③ 李士豪，屈若搴：《中国渔业史》，上海：商务印书馆，1937年版，第28页。

④ 《废止中日关税协议与振兴水产》，《上海市水产经济月刊》，第二卷第四期，1933年5月15日，第24页，载《早期上海经济文献汇编》（第30册），北京：全国图书馆文献缩微复制中心，2005年版，第130页。

对地方控制力的下降，地方海洋渔业民间组织与海洋渔业局之间、地方海洋渔业局和海洋渔业民间组织与海军部之间存在着错综复杂的利益博弈。总体而言，其博弈的核心皆是围绕海洋护洋费用的征收。

以1922年为例，浙江渔商保安联合会成立之后，即对大船每次进口征收护洋费56元，小船42元，同时邀请上海十六铺加入该会，并“订立章程使冰鲜船户不得不入该会，否则即令各鱼行拒绝其货”，该行为遭到部分渔商的抵制并被报纸曝光①。同年9月，财政部即下达通知允许进出上海口岸的渔船自由报关。其后浙省财政厅将外海渔船的牌照费与护洋费统一交由水上警察厅征收，所以当时慈溪商民王永彬组设宁台温渔团，以征收牌照费的申请便被驳回②。同年，由于海军部在定海沈家门设立的清海办事处“苛扰商渔各民船，由地方士绅及各长官电请撤销”。海军部解释征收护洋费是为了保证“清海处经常费用之支出，军舰增加煤料之款项”③。但是当地的渔商并不买账，义和公所董事孙振麒、义安公所董事吴峤维、丰南公所董事陈巨纲、维丰北公所董事蔡汝蘅等八人召集渔柱渔户等详细询问，据渔民反映，去年清海局军舰“勒取护费，痛苦不堪，毫无成效。若本年仍如是办法，则保护为名，勒索是真，非徒无益，反多扰害”④。据此，在地方士绅的强烈反对下，海军部清海局不得不停办。

以上仅仅是民国时期海洋渔业组织变革的一个案例。如果翻阅民国时期关于渔业组织发展的文献资料，我们看到大多数的组织变革皆围绕渔业费用的征收权利展开，即使1931年3月28日国民政府颁布《豁免渔税令》⑤，从实业部到地方渔业公所征收的各种护洋费用使渔民的负担并未减少。而这一情况一直到1949年都没有改变。

回过头来看浙江海洋渔业组织的发展历程，以宁波为中心的浙江渔业行帮，其出现的年代之早，数量之多，是其他任何一个沿海渔业区域难以望其项背的。浙江渔业行帮在海洋渔业经济发展的过程中，通过内部规范严格的组织形态，将分散的渔民凝结成一批有效的经济联合体。渔业行帮

① 《渔商拒收护洋费之部批》，《时事公报》，1922年9月13日。
② 《组设宁台温渔团未准》，《时事公报》，1922年11月10日。
③ 《关于清海办事处之部文》，《时事公报》，1922年4月20日。
④ 《否认续办清海办事处之一致》，《时事公报》，1922年11月12日。
⑤ 李士豪，屈若搴：《中国渔业史》，上海：商务印书馆，1937年版，第53页。

在专业化分工不断发展的同时，也经历了内部结构的调整。从渔帮到公所，不仅是行帮组织区域扩张的表现，也是其努力适应渔业自身发展的结果。在这一演变过程中，区域地理位置的因素是其行帮组织产生的主要原因，而政府的规范则为行帮的良性发展起到了积极的推动作用。当大量的渔船集中在近海捕鱼的时候，政府除了加强对渔业的管制外，扶植与政府关系密切的渔业行帮组织，则成为历届浙江地方政府规范沿海渔民的必要措施。因此，在渔业行帮组织演进的过程中，我们都能看到国家海洋渔业政策的影响。浙江渔业行帮组织的发展源于国家海洋渔业政策的宽松和规范，而渔业行帮的内部约定，经过柱首董事与官府的沟通，就转变为正式的渔业法令。从浙江海洋渔业行帮组织的演进过程中，我们不仅能够看到国家海洋渔业政策变化对浙江渔业生产的影响，同时也能发现行帮组织行业规范转变为国家政策的路径。

国家扶植海洋渔业组织是为了更好地加强对海洋渔业的管理，而渔业组织对于国家维护海洋秩序的重要性是不言而喻的。晚清民国时期是中国海洋渔业组织变革的一个重要阶段，传统海洋渔业组织的转型与现代海洋渔业组织体系的形成皆在这一时期完成。传统水师向近代海军的转型、中央海洋渔业管理机构的设立，新式渔会与护渔组织的组建，这一切不仅是为了应对近代中国沿海的海洋渔业经济发展与维护海洋渔业秩序，更是世界范围内海洋秩序重组的一个有机组成部分。特别是1904年后中国海洋渔业组织建设由于大量留学生的参与，其建设思路紧跟世界发展潮流。只是在实际的实行当中，这些建设方案受到政治、经济、外交等各种因素的制约，再加上中国海洋渔业组织自身发展过程中的缺陷及海洋渔业秩序的严峻形势，导致其最终未能有效引领中国海洋渔业技术的革新与渔业经济的现代化发展。但这一时期的海洋渔业组织建设为后来者留下了宝贵的政策遗产与经验借鉴。从中央到地方的海洋渔业正式组织一直到当代还基本延续这一框架，只是其管理部门由实业部转为当代的农业部，而海军在向蓝海迈进的同时依然承担着保护中国海洋渔业生产安全的责任。与此同时，海洋渔业非正式组织的发展又应对了历史的经验。当渔业政府组织大力发展的时候，其渔业民间组织则相对弱小。究其原因，维护海洋秩序的复杂性与海洋范围的广度，是海洋渔业民间组织无法承担的，所以海洋渔业政府组织的扩张则成为历史的必然。

第七章　结　论

地球的自然形态使得大陆之间的连接必须要借助海洋与天空。对任何一个濒海大陆国家而言，其在向海洋拓展的同时都面临来自海洋的挑战。海洋渔业与商贸拓展了国民活动空间与海洋国土的控制范围，而海盗与海上纠纷促使国家海洋政策的出台与演进。中国漫长的海岸线横跨地球的寒、温、热带，而寒热交界的舟山群岛海域形成了中国最大的渔场，每当渔汛来临，北至齐鲁、南至闽粤的大小渔船皆乘风而来，沿海渔商亦聚集浙江沿海港口，形成了明清时期一幅繁荣的鱼市景象。浙江，自北宋南迁之后，就成为中国最繁华富饶的省份之一。在中国海洋渔业发展历程中，浙江沿海居民紧靠中国最大的舟山渔场，是中国最早开发海洋的群体之一。在这一系列因素的作用下，浙江的海洋渔业经济不仅非常发达，还在漫长的经济发展中形成独特的海洋渔业行帮组织。就国家在浙江的海洋渔业政策建设而言，由于浙江的地理位置及经济地位，明清历届政府对其管制往往呈现出折中的现象。在国家海洋渔业政策收缩时，浙江比闽粤较松；在国家海洋渔业政策放松时，浙江比闽粤较紧。总体而言，其政策变化幅度相对较小。因此，在从事中国海洋渔业史研究的过程中，对浙江海洋渔业的考察无疑是具有代表性的。浙江海洋渔业的发展，在各个领域都显示出其独具特色的一面，而本书则以渔业政策的演变为切入点来展现浙江海洋渔业独特的发展进程及其与地理环境、海洋经济和国家海防之间的关系。作为本书研究的核心，浙江海洋渔业政策的诞生与演进是建立在独特地理环境与海洋经济模式的基础之上。浙江海洋渔业生产所处的地理环境在近500年的历史变化中，无论是气候环境还是人文地理都有着非常显著的波动，而这些波动恰恰与政策的变化轨迹逐渐趋同。通过对明代到民国时期浙江海洋政策的内容及影响案例分析，我们可以发现，除地理因素外，浙江海洋渔业经济腹地的繁荣与稳定对于政策走向与演进路径的影响往往起决定性的作用，而每次政策变革几乎都是由海防压力的起伏所决定，这与政府在非正常时期的政策关注点相吻合，其政策出台对社会稳定的追求多于经济发展。政府海洋政策的变动对海洋渔业经济发展、海洋秩序稳定的正面作用也是不可忽视的，特别是中国近代工业化的展开，中国政府运用政府的力量来强力推动传统海洋渔业政策的变革，并大力引进国外海洋技术与管理政策经验。这种以政府为主导并以政策为形式的现代化发展模式直到今天仍旧被中国的地方政府所推崇。以浙江海洋政策的演变为切入点来分析，我们可以得出很多有价值的结论。

就本书所讨论的内容而言，浙江海洋渔业政策在明代前期经历附属于海禁政策之后，在嘉靖年间逐步独立演进，其早期内容多涉及对渔民和渔船的相关法令。经历明清鼎革动乱之后，浙江海洋渔业政策在国家整体宽松海洋政策下逐步放宽对海洋渔业生产的限制，更多地是对渔民、渔船及渔业区域活动的政策性规范。晚清时期，在西方的影响下，浙江海洋渔业政策的现代化开始逐步启动，并随着民国时期上层建筑的变化而深入。就渔业政策本身而言，其对渔民、渔船、渔业区域三个不同方面的政策规范一直延续至今，如当代渔民户籍政策、渔船船照政策及海上渔政管理均为传统渔业政策的继承。在浙江海洋渔业政策变革的过程中，海洋渔业经济本身的发展状况无疑是最根本的因素，明初浙江海洋渔业经济总量的弱小使得国家全面禁止渔民下海捕鱼的法令很容易被执行。而当海洋渔业经济发展与地方社会稳定的联系日益密切，大量缘海为生的人群日益依赖海洋渔业发展维持生计时，国家对于海洋渔业的政策松绑便在情理之中，明清中期国家及浙江地方海洋渔业政策变化的根源就在于此。相比其他海洋经济产业，海洋渔业的现代化起步明显较晚，这与海洋渔业经济发展的特殊性相关。直到20世纪初，浙江海洋渔业发展受到外部的侵扰后，海洋渔业经济的革新推动上层建筑与政策的变化。在这里我们无法忽视的就是，海洋渔业经济作为农业经济的一部分，政府对其政策规范都是非常宽松的。在长达500多年的政策实践中，上到帝王朝廷，下到府县知事，都认同沿海渔民以海为生的现状，这也是国家对海洋渔业与海洋贸易在政策规范上进行区分对待的根本因素，都是海洋渔业经济模式影响的结果。除了渔业经济发展这一内部因素外，对于浙江海洋渔业政策的生成与演进，我们无法忽视气候环境变化、腹地经济波动及海洋冲突压力等外部因素的作用。

1. 气候环境变化与浙江海洋渔业政策

前文讲过，在长时段的发展过程中，气候变化对海洋渔业资源的影响是显而易见的，特别是位于中国寒暖锋线交汇处的浙江舟山渔场。气候环境的变化对海洋渔业生产的影响在各个海域是不一样的，如气候变暖对南海的负面影响远高于东海和黄海，海洋渔业资源减产可达到10%以上①。同样，气候变冷，对中国北部海域的影响会远远超过南部，持久的结冰期，会影响北部海域正常的渔船作业，导致海产品捕捞的减产。从这个角度来看，浙江舟山群岛的地理位置使其不管在任何气候变化中所受到的负面影响都是最小的。气候的寒冷意味着渔汛的提前和渔业资源的减少，更重要的是这会导致渔业资源的南移及浙江海域渔业品种的减少，这时候渔民的捕获量虽然没有太大变化，但是捕鱼区域会南移，捕鱼工具会向专业化发展，同时也意味着渔民需要向远洋发展，这样才能捕捞到足够的海鲜。因此，在气候寒冷期，渔场会向南及深海区转移，渔民也随之需要到深海捕鱼。而在气候温暖期，随着海洋渔场的向北转移，浙江、福建渔民需要跨界到江苏海面才能捕捞到海产品。以韩昭庆②的研究成果为依据，我们来推测浙江沿海渔民所受影响，其结果见表7－1。

表7－1　气候变化与渔民生产之间的关系

时　间	气　候	渔场变化	浙江渔民捕鱼区域	福建渔民来浙几率
1440—1489年	暖时段	北移	北移	高
1490—1519年	冷时段	南移	南移	低
1520—1619年	暖时段	北移	北移	高
1620—1719年	冷时段	南移	南移	低
1720—1789年	暖时段	北移	北移	高
1790—1899年	冷时段	南移	南移	低

气候变化对浙江海洋渔业所造成的影响不仅仅体现于此，气温的升高

① 刘允芬：《气候变化对我国沿海渔业生产影响的评价》，《中国农业气象》，20002年第4期，第1－5页。

② 韩昭庆：《明清时期（1440—1899年）长江中下游地区冬季异常冷暖气候研究》，《中国历史地理论丛》，2003年第2辑。

会导致浙江冬季存储天然冰的不足，进而会影响水产品的远距离输送。而气温的降低会使得冬季浙江北部出现冰冻天气，不利于正常的渔业生产。这些集中体现在，在渔民未掌握现代捕鱼技术之前需要靠经验和运气才能捕捞到足够海产品的年代，其出海捕鱼的风险会大大提高。一方面，气候的变化会导致浙江周边省份渔民北上或南下浙江海域捕鱼；另一方面，气候变化导致浙江渔区的偏移而降低浙江海域渔民找到鱼汛区的概率。其最终结果就是即使在渔业资源充足的情况下，但由于捕捞渔船的增加与鱼汛区域的转移，使得个体渔船成功捕捞海产品的可能性降低。当渔民出海无法捕捞到足够海产品以弥补生产成本损耗的时候，其出路只有两个：其一，以合法手段利用其他海上经济活动来弥补海洋渔业的损失；其二，以暴力手段在海上从事掠夺活动，抢劫其他船只。不管何种行为，对海洋渔业政策变迁的影响都是非常深远的。

由于气候变化所造成海洋渔业资源的变动，使得古代中国出海渔民经常从事贸易活动以降低海洋渔业捕捞的风险。不过，明代政策明令禁止海洋渔船从事贸易活动。在正常气候时期，当渔民的海洋捕捞活动达到预期的情况下，渔民不会触碰法律的高压线，但一旦其生计受到影响，合法从事其他海上经济活动的可能性被阻断之后，渔民违禁事件的出现就顺理成章了。而当渔民尝试到暴力方式可以加快积累财富的时候，海上安全局势就极速逆转。渔民海上的暴力活动，一方面促使政府加强出台控制渔民、围剿海盗政策的实施，另一方面被迫放开渔船从事其他海上经济活动的限制。明朝中后期国家开始将海洋渔业政策从海洋政策中剥离出来，不仅仅是对当时海防局势的回应，更是渔业自身发展诉求的体现。明朝末期，政府已基本默认渔船从事跨省际贸易的合法性。即使清代前期对渔船的商业活动有诸多限制，但最终也被迫开放。气候变化所导致渔业生产的不稳定性，进而对渔民生活产生的影响，是任何执政者都无法忽视的。除此之外，海防政策中禁止渔船跨区域捕捞的措施，也在渔民生存压力下被迫取消，取而代之的是国家自清代开始派遣水师维护海上渔业生产秩序。清代护渔体系经历了清代中后期的海盗与民国日本侵渔而日渐完善，并在一定程度上推动了渔业团体的出现与变革。

综上所述，气候变化对于海洋渔业政策的影响通过渔民的具体海上行为得以体现。当然，要解决气候变化对海洋渔业生产所造成的影响，最有效和最根本的办法，就是提高渔业生产技术，推动海洋渔业捕捞由近海向远洋的拓展。在近代中国海洋渔业现代化过程中，政府即出台各种可以提高渔民生产技术、鼓励远洋捕捞的法令，以降低气候变化对海洋渔业生产的影响，进而提高渔民的收入水平。

2. 腹地经济波动与浙江海洋渔业政策

沿海腹地经济是一个很大概念，在讨论其与海洋渔业政策变化关系的过程中，主要指的是与渔民关系密切的原料（木材、大米供应）、销售及消费市场变化对海洋渔业政策的影响。浙江沿海区域不仅是渔民捕鱼的出发地和原料购买场所，也是其产品的销售终点（在大规模冰鲜运输业未发展起来之前），所以沿海区域经济的波动对海洋渔业发展有非常大的影响。

在中国古代，浙江沿海的杭州、宁波、温州、乍浦是非常有名的造船基地。明初随着郑和下西洋建造"宝船"需要大量木材，浙江林区木材供应逐渐紧张。因此，自明末开始，浙江的木材大部分从江西和福建输入，尤其是造船所需的杉木，主要是从福建海运浙江沿海。晚明时期，大批福建船只装载木材前往浙江销售①。清雍正四年（1726 年），浙江巡抚李卫以造船木料多从福建进口为由，提议将浙江战船划归福建修造②。而在民间，以浙江造船业最集中的宁波、乍浦而言，其造船所需杉木，均产自福州③。浙江木材需从福建进口这一趋势，使得本地造船的成本大幅上升。就一般商船而言，浙江的造价比福建和广东高出很多，渔船的情况应该也相差不远④。因此，浙江渔民一般是不会制造大型远洋渔船的。就小船而言，普通家庭都能负担得起⑤。所以，清代绝大多数时期，在浙江沿海游弋的大型渔船主要来自福建。也正是如此，当清初朝廷对海洋渔船的大小

---

① ［清］计六奇撰，魏得良点校：《明季北略》卷 5，崇祯二年己巳，"张延登请申海禁"条，北京：中华书局，1984 年版，第 103－104 页。

② 中国第一历史档案馆编：《雍正朝汉文朱批奏折汇编》（第 7 册），《署闽浙总督宜兆熊奏报浙船就闽制造日期折》（雍正四年四月初一日），南京：江苏古籍出版社，1989 年版，第 57 页。

③ ［清］缪燧：《沿海弭盗末议》，［清］史致驯、陈重威等撰：《定海厅志》卷 20《志五下·军政》，光绪十一年刻本，第 38－39 页。

④ 李伯重：《明清江南地区造船业的发展》，《中国社会经济史研究》，1989 年第 1 期，第 29 页。

⑤ ［清］缪燧：《沿海弭盗末议》，［清］史致驯、陈重威等撰：《定海厅志》卷 20《志五下·军政》，光绪十一年刻本，第 40 页。

进行限定后，浙江省府在推动相关政策实施的过程中，来自沿海渔民的阻力并不是很大。而在清代中期，即使浙江放开对渔船形制的限制政策后，其所造船只的大小仍未发生太大变化。这种现象，使得浙江海洋渔船形制的规范政策相比福建、广东而言，政府更加容易执行。但是，大量渔船在近海捕鱼的后果就是，其面临气候变化导致渔船捕捞无法收回生产成本的概率进一步提高，因为船只的大小对船只在海上航行的时间和距离是有限制的。即使政府最后放开对船只搭载生活用品的限制，浙江船只的大小还是直接影响其进入深海捕捞的可能性。高昂的造船成本则限制了浙江船只大型化的可能性。公共资源捕捞竞争的加剧，推动了渔业团体的出现与不断强化。作为渔民之间、渔民与政府之间的缓冲器，渔业组织在其间扮演了非常重要的角色。自此以后，原本政府对渔民政策的直接实施，转为由渔业组织代为推动。同时，渔业组织在实施政府政策的过程中也影响其政策的走向，很多政府政策是由渔业组织提出，由政府以法规的形式加以确认后实施。另一方面，船制的限制，使得浙江渔民通过专业化的分工提高已捕捞海产品附加值的方式来增加利润，同时将渔民从生产领域向加工与流通领域转移，从内部减轻渔业资源竞争的压力。

另外，大米价格的上扬对浙江沿海渔民生计的影响也是非常显著的。浙江沿海渔民一般需要通过出售海鲜以换取日常生活所需要的粮食，而在每次出海捕鱼之前都需要携带一定的粮食。但是，随着清代江南商品经济的发展以及人口的日益增加，浙江大米价格的波动对当地渔民的生活已经产生非常严重的影响。每次渔船出海捕鱼前，地方米行大米就顺势上涨，这不仅增加了浙江渔民出海捕鱼的成本，同时也增加了福建来浙渔船的捕鱼成本，因为对船只所载大米的限定，使得其来浙渔船需要在浙江口岸购买大米才能保证其在海上的航行时间。粮食价格的上扬会造成渔民捕鱼成本的提高，这些不仅会影响渔民的生计，也会影响国家渔业政策的变化，清代多次出台禁止米出洋及对渔船搭载粮食的限定政策即源于此。

同时，当沿海区域经济发展时，对海产品的消费也会增加，这对于提高渔民生产积极性是非常有利的。沿海地区经济发展程度直接决定了海产品的潜在消费能力。明清时期，浙江的海产品基本都在宁波出售，其中不仅包括浙江本地渔民，福建在浙捕鱼的渔民也是直接在宁波将海产品出售。随着上海地区经济的发展，浙江渔产品的销售地开始逐渐由宁波向上海转移。消费市场的扩张，除吸引更多的人从事渔业生产销售之外，也会刺激渔民搭载其他产品销售。尤其是福建渔民经常在浙江采购与销售其他商品，这一状况随后也扩展到浙江渔民，这对增加渔民的财富是非常有帮助的，尤其在气候环境发生变化而渔民又不能去远洋捕捞的时候，这种行为能保证渔民的生计不会受到太大的影响。消费区域中心的转移，使得民国政府把渔业干预政策的重点放在了上海。

还有，浙江沿海区域金融行业的发展，对于晚清浙江渔业专业化分工的融资是非常有利的。特别是大量钱庄透过鱼行对渔业捕捞所进行的贷款，使得渔民有了扩大产能的可能性，更重要的是当沿海捕鱼成本上升之后，渔业贷款可以解决渔民无钱置办出海捕鱼工具的问题。金融业对海洋渔业的影响不仅仅局限在生产领域，在近代化过程中，浙江及上海发达的金融业对浙江新式渔业公司的开办起到积极的推动作用。因此，在1936年中国金融业出现萧条的时候，政府出台专门的政策以保证海洋渔业金融贷款的继续。

总体而言，明清以来浙江沿海木材和大米价格呈上升趋势，绝大部分时期浙江沿海海产品消费市场也随之扩展。大米价格上涨所带来捕鱼成本的增加使得国家出台很多对船只搭载大米数量的限制及禁令。同时，木材供应价格的上扬始终制约着浙江沿海渔船的大型化，迫使浙江海洋渔业的发展逐渐趋于专业化分工，而发达的金融业使这一分工成为可能。渔业团体的出现不仅有利于渔业生产内部竞争的协调，更有利于政府海洋渔业政策在基层的有效实施。消费市场变化与海产品商品化使得民国政府相应的现代化政策不再局限于生产领域，还增加了对渔业金融及海产品销售行为的干预。

3. 海洋冲突压力与浙江海洋渔业政策

中国自古以来就是以农业为本的大陆社会，直到元朝，政府的眼光才关注海洋利益，开始向海洋扩张。明清两朝在海洋问题上一直存在着政策上的反复，这与国家整体的安全战略有着重要关系。但就海洋政策而言，其始终处于严禁与开放的摇摆当中。海洋冲突压力的升级会导致政府海洋政策的严厉，反之海洋政策就会相对开放。作为海洋政策重要组成部分的海洋渔业政策也会随之受到影响，直到明中后期才正式分割出来，并在清代逐渐成为单独的政策体系。

作为海洋上的“农民”，对于安分守己的出海捕鱼船只，政府都持允许的态度。但问题在于渔民出海捕鱼的随机性，使一部分渔民在劳无所获的情况下往往走上打家劫舍的道路，更有甚者成为职业海盗，冲击海洋秩序，威胁国家海洋安全①。这一情况在国家海防力量薄弱的时候更容易发生，因为其被抓住的可能性很小。明朝中后期，为加强对出海渔船的管理，同时也为防备海盗，政府要求渔民出海需要结对而行。就长时段而言，明清以来国家海洋渔业政策始终是沿着由保守到开放的方向转变，其政策管制的内容随之日渐增多。浙江海洋渔业政策生成与变迁所受海洋冲突压力的影响主要来自两个方面：一是海上敌对势力的出现，二是日益恶化的海盗问题。

明清时期，与大陆政权相对抗的先后有明初浙江沿海的日本倭寇、明末清初的郑成功集团以及鸦片战争之后西方海上力量的入侵。元末朱元璋收降方国珍集团后将浙江沿海地区纳入自己的势力范围，其后就开始直面日本倭寇的海上侵扰②。还有一部分人甚至打起方、张及前元的旗号，起兵与新政权为敌③。鉴于此，这一时期的海洋政策全面收缩，所有船只都不得违禁下海，包括渔船。明末清初，满族在中国大陆建立了非汉族主导的政权，再加上其严酷的民族政策，导致闽浙沿海地区对南明政权的支持，这些是其后台湾郑成功集团能够对抗清廷的基础。郑成功集团以海上贸易来支持反清复明事业。对清政府而言，要消灭南明政权，在无把握攻占台湾的情况下，只能采取禁止沿海居民出海贸易的办法。自顺治十八年开始，政府将浙江、福建、广东等沿海地区居民内迁，其海禁的严厉程度远远超过明代，庆幸的是其时间相比明初而言要短得多。当海上敌对政权消失后，后任政府便会选择开放海禁的措施，其中最先开放的就是渔民下海捕鱼。不过其后，政府开始从渔船管理政策入手，加强对海洋渔业活动的监管。晚清外敌入侵，在政府无法抵御海上威胁的情况下，政府的海洋渔业政策也被迫改弦更张，从动员沿海渔民加入海防体系的渔团政策，到

---

① 浙江巡抚方观承：《奏报海疆渔汛旺发渔民安靖事》（乾隆十四年五月初八日），档号：04－01－35－1147－019，缩微号：04－01－35－056－1833（图125－127）。

② 范中义，仝晰纲：《明代倭寇史略》，北京：中华书局，2004年版，第18页。

③ 《明太祖实录》卷23，吴元年四月丙午条，钱鹤皋据松江反明事，台北：“中央研究院”历史语言研究所，1961年版，第325页；《明太祖实录》卷8四，洪武六年八月戊戌条，台北：“中央研究院”历史语言研究所，1961年版，第1505页。

20 世纪初面对西方侵渔而引进的渔业公司制度，再到民国时期对海洋渔业现代化的全面干预。而民国初期日本的侵渔不仅推动了国人渔业现代化的努力，更促使中国从法律上确定中国的领海范围。海洋冲突压力对海洋渔业政策的触发是显而易见的。

而自明中期开始一直延续到民国时期的海盗问题，直接触发国家海防体系的革新与护渔政策的出台与变化。明中叶，江南某些部门和地区已经出现资本主义生产关系的萌芽，再加上土地兼并的高度化，使大量农村人口转而从商。缘海为生的居民，在自身生活的窘困和走私贸易高额利润的驱动下，自然会谋求到海外发展。随着贸易活动的扩大，私人会更多地依赖于寻租和暴力活动①。再加上此时走私贸易的畸形发展，给朝廷海防带来了极大的不安全因素。在明政府对私人海上贸易的逐渐打压下，沿海私商增加武装力量，改进贸易方式，从独自经营发展为合伙经营，形成一个个由强有力的船头为核心的海上贸易集团②。他们与日本海寇联合，占据沿海岛屿，并以此为根据地，开始有组织地侵扰沿海城市③。而政府对于海洋渔民的重视也从此时开始。在平定沿海倭寇的军事行动中，大量海洋渔船作为后备力量被编入海防体系中。此后，政府对海洋渔业的干预政策开始出现。到清代中期，江南区域地少人多的矛盾再次出现，东南沿海海盗问题再次凸现出来。嘉庆年间，清政府因为要平定台湾叛乱，将周边兵力调入福建，使浙江海防形同虚设。这种情况下，福建沿海居民在天灾人祸面前，纷纷下海，靠在浙江沿海劫掠维持生计。对于再次出现的海上危机，政府一方面动员沿海渔民抗击海盗，另一方面细化对渔民出海船只的管理，防止其向海盗转化。而这些政策中的绝大部分在平定完海盗之后，由临时性的措施转为常态化的政策，如允许船只加装武器的政策一直延续到民国时期。鸦片战争以后，浙江的海盗问题再次困扰海洋渔业的发展，渔业组织出面组织船只护渔成为常态。

明清以来中国海洋渔业政策的发展所受海洋冲突的压力是不容忽视

---

① 郭艳茹：《明代海外贸易管制中的寻租、暴力冲突与国家权力流失：一个产权经济学的视角》，《世界经济》，2008 年第 2 期，第 90 - 91 页。

② ［明］傅维鳞：《明书》卷 162《乱贼传二 · 王直》，丛书集成初编（第 3957 册），北京：中华书局，1985，第 3214 页。

③ ［明］胡宗宪：《筹海图编》卷八《寇踪分合始末图谱》，《影印文渊阁四库全书》（第 584 册），台北：台湾商务印书馆，1983 年版，第 225 页。

的，可以说海洋渔业政策的每次重大变革都与海洋冲突有直接的联系。海上敌对势力的侵扰，迫使国家逐步重视海洋渔民在国家海防体系中的重要性。各个时期的海盗问题，使得海军相当一部分职能是围剿周围区域的海盗，而渔业团体在维系渔民共同护渔的过程中影响力不断扩大。综上所述，无论是政府对海洋渔民的管制、渔船形制的限制以及渔业经济的统制都是国家应对海防压力的体现。最终，中国海洋渔业现代化的政策努力被日本的全面侵华所打破，中国政府对海洋渔业的干预政策也被迫中断，直到战后才得以恢复。

浙江海洋渔业政策是在诸多内外部因素合力作用下生成、演变的。在这一过程中，浙江海洋渔业政策对于浙江海洋渔业发展的反作用也是非常明显的。政府海洋渔业政策的每一次松弛，既是经济发展的结果，同时也推动海洋渔业经济更大规模的扩张。这种交互影响，最终构成了浙江海洋渔业发展的历史。

附　录

明清以来浙江海洋渔业政策大事记（1368—1937 年）

洪武四年（1371 年）

十二月丙戌，明太祖朱元璋命令吴王左相靖海侯吴祯将方国珍在浙江沿海的部属及沿海无田地居民共十一万一千七百三十人纳入军籍，同时禁止沿海居民私自出海。

洪武十五年（1382 年）

闰二月癸亥，朱元璋派遣南雄侯赵庸招抚沿海渔民、岛民、盐户、蜑户以为水军，分为十个千户所。

洪武十七年（1384 年）

正月壬戌，朱元璋命令信国公汤和巡视浙江、福建沿海城池，禁止沿海渔民入海捕鱼。

永乐六年（1408 年）

十二月戊戌，明成祖朱棣派遣丰城侯李彬等人在沿海抓捕倭寇，同时再次招募岛民、蜑户、贾竖、渔民为兵。

宣德十年（1435 年）

七月己丑，朝廷在浙江严令禁止私自下海捕鱼。

正统五年（1440 年）

三月壬戌，浙江温州府永嘉县县丞方珍上奏朝廷，沙园所军假借捕拿倭寇，出海捕鱼。朝廷遂下令禁止军士出海。

正统十一年（1446 年）

九月辛卯，总督浙江备倭都指挥使李信等上奏朝廷，巡海都指挥同知王瑛收受贿赂，放纵部下出海捕鱼，要求御史追查。朝廷认可其办法。

景泰二年（1451 年）

九月甲寅，镇守浙江兵部左侍郎孙原贞上奏朝廷，总督备倭都指挥佥事王谦等人收受滨海军民贿赂，纵容部下出海捕鱼，要求追究其责任。朝廷要求王谦申辩。

景泰三年（1452 年）

夏四月癸未，浙江总督备倭都指挥佥事王谦承认纵容部下出海捕鱼，但未受处分。

天顺二年（1458 年）

秋七月甲寅，皇帝下旨申斥备倭中军都督府都督佥事翁绍宗，并罚俸一年。因其不许渔船越境出海捕鱼，导致嘉兴乍浦河泊所上贡黄鱼不能按期完成。

弘治十一年（1498 年）

政府取消渔民驾驶单桅渔船在近海捕鱼、打柴的禁令。

弘治十六年（1503 年）

宁波府知府伍符因辖境内灾害，放纵沿海居民出海捕鱼一事遭巡视海道按察司副使张鸾弹劾。朝廷未加以追究，仅罚俸一月。

嘉靖四年（1525 年）

八月甲辰，嘉靖皇帝下旨不能将沿海居民的捕鱼船全部销毁。

嘉靖三十二年（1553 年）

八月壬寅，南直隶给事中王国桢上疏“御倭方略”，建议朝廷宽法禁，将出海捕鱼、砍柴船只进行编号，准其出入。该建议获得朝廷许可实施。

嘉靖三十四年（1555 年）

八月壬辰，督察军情侍郎赵文华上奏朝廷，建议将浙江沿海捕鱼船纳入政府管控，协助沿海防卫。该建议获得朝廷首肯。

嘉靖四十四年（1565 年）

福建兵备副使宋仪望上疏“海防善后事宜疏”，建议朝廷将浙江渔船列入海防的辅助力量。对浙江温州、台州、宁波等地的渔船，他认为捕黄鱼的沙船梁头可高达一丈四尺，装载三十五人。该建议获得朝廷准许实施。

万历元年（1573 年）

朝廷议开台州玉环山，委派同知王一麟勘测丈量田地，召集居民耕作以补充军饷，但随后即被禁止。

万历二年（1574 年）

正月乙酉，巡抚浙江都御使方弘静上疏“条陈海防六事”，向朝廷申请将浙江沿海渔民按船只编立甲首。该方案经兵部审议通过后在浙江实施。

万历二十二年（1594 年）

推官刘文卿盘查台州提议在玉环山实行军屯以供兵防一事，随后奉朝廷命令予以查禁。

天启七年（1627 年）

三月丁丑，浙江巡抚潘汝祯上奏朝廷，请求严厉海禁。该请求获朝廷准许实施。

崇祯二年（1629 年）

四月十八日，浙江巡抚张延登上奏朝廷，建议禁止浙闽船只跨区域贸易，并且只许经过政府编号的“两划”小船出海。该建议获得朝廷准许实施。

顺治八年（1651年）

清廷平定浙江后，下令将宁波、温州、台州三府沿海居民内迁。

顺治十一年（1654年）

浙江巡抚秦世祯上疏，建议将沿海渔船按照保甲法，以二十五艘为一对进行编号。该建议获得朝廷批准实施。

顺治十二年（1655年）

兵部规定：单桅小船可给予执照，可在近海捕鱼、砍柴；私自搭载焰硝、硫磺、军器、樟板等违禁物品出海者将按律治罪。

六月壬申，浙闽总督屯泰上疏，建议沿海省份实行海禁，不许片帆入海。该建议经兵部审议后获准在沿海实施。

顺治十三年（1656年）

清军再次攻占舟山后强制岛民内迁。

六月癸巳，朝廷下令沿海文武官员，严禁商民船只私自出海，不许片帆入口。

顺治十八年（1661年）

刑部规定：福建、浙江、江南三省沿海所禁区域不许官民活动，违者立斩。

十二月十三日，清政府颁布敕谕，内迁沿海居民，厉行海禁。

康熙四年（1665年）

刑部规定：允许山东登州、莱州沿海等处居民出海捕鱼，但若有贸易行为仍旧依律严惩。

康熙六年（1667年）

刑部规定：沿海文武官员如能抓获出海违禁士兵、居民则免除责罚。

康熙八年（1669 年）

政府允许宁波百姓于近海捕鱼、砍柴。

康熙九年（1670 年）

浙江沿海展界开禁。

康熙十一年（1672 年）

吏部规定：严格海岛迁徙，对违禁出海人员按律惩处，地方管辖官员有连带责任。

兵部规定：沿海岛屿居民须迁往内地，对仍滞留岛屿居民及管辖官员按律惩处。

康熙十六年（1677 年）

六月二十八日，都察院左都御史宋德宜上疏，请求允许沿海渔民下海捕鱼，商人出海贸易。朝廷下令相关部门审议。该提议遭到镇守广东的平南亲王尚之信等人反对，结果仍维持原界，严行禁止出海活动。

康熙二十二年（1683 年）

十月丙辰、十月乙丑，康熙皇帝下令，江南、浙江、福建、广东沿海田地，可给居民耕种。随后，朝廷派遣副都御史雅思哈前往浙江开禁。

康熙二十三年（1684 年）

刑部规定：停止海禁处分条例，允许沿海百姓驾驶五百石以下船只出海捕鱼、贸易。渔民在管辖地方官府登记名姓、办理担保、船头编号后，可自由出入，但私自制造五百石以上双桅违式船只出海人员则按律处分。私自搭载硫磺、焰硝、军器等违禁品出海者仍按律治罪。

兵部规定：私自搭载焰硝、硫磺、军器、樟板等违禁物品出海者按律治罪。商民出海贸易必须先在其被管辖地方官府登记名姓、办理担保、船头编号。

四月辛亥，工部侍郎金世鉴上疏朝廷，请求浙江沿海按照山东条例，允许沿海百姓驾驶五百石以下船只，出海捕鱼、贸易。渔民在管辖地方官府登记名姓、办理担保、船头编号后，可自由出入。该建议经朝廷九卿议准后执行。

康熙二十四年（1685年）

户部议准：江苏、浙江二省允许出海贸易。

康熙二十八年（1689年）

皇帝下旨：沿海采捕鱼虾的渔船及涉及民生的贸易船只免其收税。

康熙二十九年（1690年）

刑部规定：领有执照，驾驶单桅渔船在近海捕鱼打柴渔民，巡捕官不许扰害。

康熙四十一年（1702年）

福建浙江总督金世荣上奏朝廷，建议渔船不得用双桅，商船悉令改造，梁头不得过一丈八尺。该建议经朝廷认可后执行。

康熙四十二年（1703年）

吏部规定：出海船只只许用单桅，梁头不得过一丈，载员不得过二十名，捕鱼不得越出本省境界。造船前须上报州县，经核查确实后，由地方保甲担保方可制造。船只造好后，经官府审查，然后发给执照。内港捕鱼五六人之小船，不在此例。

兵部规定：渔船梁头不得过一丈，载员不得过二十名，捕鱼不得越出本省境界。造船前须上报州县，经核查确实后，由地方保甲担保方可制造。船只造好后，经官府审查，然后发给执照。

康熙四十六年（1707年）

兵部规定：福建省渔船可用双桅，其余各省渔船只许用单桅。出海渔船必须进行保甲。

三月戊寅，福建浙江总督梁鼐上奏朝廷，请求请将出洋渔船，照商船式样，改造双桅。经过大学士马齐等人遵旨询问后，该建议获准执行。

康熙四十七年（1708 年）

兵部规定：出海船只所带食米，不得过五十石。

康熙五十年（1711 年）

兵部规定：地方官员擅发商船、渔船执照，降二级调用。

康熙五十一年（1712 年）

二月丁巳，福建浙江总督范时崇上奏朝廷，请求允许沿海捕鱼船只使用双桅，但不许越省捕鱼。当时吏部等衙门认可了这一建议，但被康熙帝否决。

康熙五十三年（1714 年）

吏部规定：渔船出海，不许装载米酒，进口也不允许装载货物。

朝廷规定：各省海洋商、渔船只，分别书写字样；柁士、水手各给腰牌，刊明姓名、年貌、籍贯。

康熙五十六年（1717 年）

兵部规定：出海船只每人一日准带食米一升，并带余米一升。

浙江巡抚觉罗吉庆，因为当时闽海渔船赴浙洋剽掠，于是禁浙江沿海食米出口。

康熙五十七年（1718 年）

二月甲申，福建浙江总督觉罗满保上疏朝廷，请求加强渔船保甲，并严禁渔船装载货物、人口。经兵部等衙门审议后，该建议获得朝廷许可执行。

雍正元年（1723 年）

兵部规定：出海商渔船，自船头起到鹿耳梁头，大桅上截一半，各照省分油饰，江南用青油漆饰，白色钩字；浙江用白油漆饰，绿色钩字；福建用绿油漆饰，红色钩字；广东用红油漆饰，青色钩字。船头两边，刊刻某省某州县某字某号字样。

雍正二年（1724 年）

浙江宁波镇海、定海各渔帮在鄞县双街成立了南箐公所。

雍正五年（1727 年）

刑部规定：出海商渔船只，不分单桅双桅。船只出海，十船编为一甲，连环保结，一船为非，余船连坐。渔船出海不许装载米酒，进口不许装载货物。

兵部规定：出海渔船，十船编为一甲，一船为非，余船连坐。渔船停泊之处，推行保甲法令。

雍正六年（1728 年）

兵部规定：商船渔船，不许携带枪炮器械。

三月甲戌，浙江总督李卫上疏“经理玉环山事宜”，建议开发玉环岛，推行保甲。该建议获得朝廷准许执行。

雍正七年（1729 年）

吏部规定：商渔船只夹带违禁物品，属情罪重大，应加以严惩。

雍正八年（1730 年）

户部规定：禁止出海渔船夹带米谷。

雍正九年（1731 年）

兵部规定：商渔船篷上大书州县船户姓名，不许模糊缩小；商渔船桅披，照省份漆饰。

雍正十一年（1733 年）

兵部规定：近海商船及渔船不许用头巾插花桅尖。

乾隆元年（1736 年）

兵部规定：渔船出口入口，守口官员盘查不实及借此勒索者，降二级调用，受贿者革职。

户部规定：近海采捕鱼虾单桅船只，概免纳税。

乾隆二年（1737 年）

七月丙申，为防止沿海船只夹带违禁货物及暗通接济盗粮，浙江温州总兵施世泽上疏朝廷，建议出海船只，每人每日食米一升外，准带余米一升。该建议获得朝廷准许实施。

乾隆四年（1739 年）

兵部规定：近海商船及渔船不许用头巾插花桅尖。

乾隆八年（1743 年）

乾隆皇帝下令取消沿海渔民涂税。

乾隆九年（1744 年）

二月戊寅，浙江巡抚常安在查勘宁波府定海沿海地方后上奏朝廷，建议封禁外海岛屿，严禁开垦、采捕等活动。该建议获得朝准许实施。

乾隆十年（1745 年）

八月己巳，署两江总督协办河务尹继善上奏朝廷，建议巡逻船只随同鱼汛船只出海维持渔业生产秩序，待渔船回港时一同返航。该建议获得朝准许实施。

乾隆十二年（1747 年）

户部规定：浙江玉环岛渔民和农民分别推行保甲，不得混编。

乾隆十三年（1748 年）

九月癸丑，浙江巡抚方观承上奏朝廷，建议严禁米谷对外贸易。该建议获得朝准许实施。

乾隆十四年（1749 年）

四月辛卯，浙江巡抚方观承上奏朝廷有关浙海关出洋红黄铜货事情，户部、吏部等议覆严禁铜器、铜觔对外贸易。

乾隆二十二年（1757 年）

朝廷更定保甲法，渔船保甲条文单列。

乾隆二十五年（1760 年）

兵部规定：允许渔船搭载货物，并允许商船更换渔照。

刑部规定：出海船只船照内须填写船只用途及出海目的。

五月辛酉，浙江按察使李治运上奏朝廷，建议在渔照内增加船只用途及货物清单，以便打击走私与海盗。刑部议覆后认可了该建议，并在沿海各省推行。

乾隆二十九年（1764 年）

兵部规定：沿海各省居民，允许海上贸易、捕鱼。

乾隆三十二年（1767 年）

闰七月丙午，闽浙总督苏昌、浙江巡抚熊学鹏上奏朝廷，建议对浙江沿海渔船进行清查，发给渔业执照。该建议经兵部审议后实施。

乾隆三十三年（1768 年）

十月丙寅，闽浙总督崔应阶与大学士陈宏谋上疏“巡查海口船只各事宜”，建议渔船执照一年更换一次，并定期查验。该建议经军机大臣等讨论上报皇帝后获准执行。

乾隆三十七年（1772 年）

吏部规定：沿海渔船聚集港口推行保甲并严加查验。

乾隆四十一年（1776 年）

三月二十日，福建晋江县上疏“商渔船只请设循环填注送核”，建议浙江、福建沿海禁止私自租借渔船，并将外地移民编入保甲。该建议经闽浙总督部堂审核后获准执行。

乾隆五十年（1785 年）

户部规定：近海允许居住岛屿推行保甲政策，封禁岛屿除渔民出海捕鱼时可暂时停留外，不准其他人占住。

乾隆五十二年（1787 年）

户部规定：浙江象山县大小南田、樊屿、鹁鸽头、大佛头、大月屿、箬鱼头等外海岛屿永远封禁，禁止开垦。

乾隆五十四年（1789 年）

由于海盗日趋严重，浙江渔船只许早出晚归，不准多带食米。

乾隆五十五年（1790 年）

九月甲辰，乾隆帝颁发上谕，允许沿海各省有限地开发海岛。

乾隆五十五年（1790 年）

十一月乙巳，浙江巡抚福崧、提督陈杰上奏朝廷，建议招募温州渔民协助围剿海盗，同时严查沿海居民走私米粮活动。该建议获得乾隆皇帝准许实施。

乾隆五十九年（1794 年）

正月戊午，浙江巡抚觉罗吉庆上奏朝廷，建议在沿海岛屿编排保甲，严禁粮食、火药、硝磺等走私。该建议获得乾隆皇帝准许实施。

嘉庆四年（1799 年）

正月戊子，浙江省制订《缉盗章程》，严禁走私米石、铁斤、铁器，严格保甲。

嘉庆五年（1800 年）

五月，浙江巡抚阮元在浙江沿海村岸编行保甲。

嘉庆六年（1801 年）

兵部规定：严格稽查出海渔民暂停海岛从事水产品加工的活动，以防其与海盗勾结。

七月甲辰，两江总督费淳覆奏疏“御史黄照条奏防御海盗”，建议暂时封禁小羊山附近海域，以防渔船接济海盗。该建议经朝廷认可后执行。

嘉庆十一年（1806 年）

九月，浙江巡抚清安泰上奏朝廷，建议加强对沿海村庄的保甲，并严查近海捕鱼船只，以防海盗。该建议获得嘉庆皇帝准许实施。

嘉庆十二年（1807 年）

兵部规定：禁止渔船将米谷、麦豆等生活物资接济盗匪，违者严惩。

嘉庆十四年（1809 年）

兵部规定：商渔船只，各按海路远近与人数多少，每人每日带食米一升外，并带余米一升。若有船只多带米谷以及麦豆杂粮，即认定为走私。

道光二年（1822 年）

五月己丑，闽浙总督庆保上奏朝廷，建议朝廷派遣官员对浙江南田岛的开发事宜进行详细考查。该建议经朝廷认可后执行。

十二月辛酉，浙江巡抚帅承瀛上疏“委员覆查南田封禁地方”，建议由宁波府派员协助勘察开垦南田岛事宜。该建议经朝廷认可后执行。

道光五年（1825 年）

户部公布《巡防章程》，规定沿海各岛渔船的制造过程及保甲政策的推行。

道光七年（1827 年）

吏部规定：出海船只携带炮械的数量由船只大小决定；稽查船厂，严禁私造船只；禁止渔船出口装载牲口和酒类货物。

道光二十一年（1841 年）

十一月丁丑，浙江巡抚刘韵珂上奏朝廷，请求开放因战争暂时关闭的港口，以利民生。该请求获得道光皇帝准许实施。

光绪六年（1880 年）

三月十四日，浙江宁波府公布《绥靖海盗告示》：严格船只保甲，加强进出船只盘查。

光绪八年（1882 年）

两江总督左宗棠上疏朝廷，建议在江苏沿海州县渔民中创办渔团。该建议经朝廷认可后执行。

光绪十年（1884 年）

七月甲子、八月丙子，朝廷命令浙江巡抚刘秉璋，清查乍浦渔船情形，并将渔船编查约束。

光绪十一年（1885 年）

正月十九日，浙江宁波镇海县因海防吃紧，公布沿海团练及渔民参与海防的奖励条例。

光绪十三年（1887 年）

九月二十八日，鄞县县令朱友笙公布《查办保甲》6 条，其中有加强对出海渔民武器管制的内容。

光绪十九年（1893 年）

王炳钧在浙江台州创办渔团局。

光绪二十一年（1895 年）

二月癸丑，朝廷再次命令沿海府厅州县编立渔团。

光绪二十二年（1896 年）

浙江渔团开办，由丰南公所董事刘孝思拟订《渔团章程》12 条，经省府批准后立案施行。

光绪二十五年（1899 年）

三月壬午，商部头等顾问官张謇上疏朝廷，建议各省集股成立渔业公司。该建议得到朝廷重视。

光绪三十年（1904 年）

三月庚辰，江苏在籍翰林院修撰张謇上疏朝廷，建议商部在沿海地方设立渔业公司。该建议获得朝廷准许执行。

七月，上海第一艘机动拖网渔轮“福海”号抵沪。

光绪三十一年（1905 年）

正月，《江浙渔业公司颁布渔会章程》12 条公布。

四月丙午，张謇筹办江浙渔业公司，订购先进轮船，用西方新式方法捕鱼。

光绪三十二年（1906 年）

江浙渔业公司公布《江浙海洋渔业股份有限公司详细章程》70 条。

1914 年

4 月 28 日，农商部渔牧司公布《公海渔业奖励条例》11 条，《渔轮护洋缉盗奖励条例》12 条。

5 月，官商合办浙海渔业公司在宁波镇海筹办，公司总理为陈子常，协理为张岳年。

1915 年

内务部下属水上警察厅（局）成立。次年，浙江渔团局职能被浙江水上警察厅取代。

1916 年

浙江省甲种水产学校在台州成立，赵楣担任校长。

1917 年

农商部制定并公布《渔业技术传习所章程》。

1918 年

4 月，定海渔业技术传习所成立。

5 月，渔商丁兆彭等组织浙海渔业团。

1921 年

海军部浙江定海沈家门清海局成立，次年停办。

11 月，江浙鱼市场股份有限公司在上海四川路成立。

1922 年

农商部公布《渔会暂行章程》。

6 月 1 日，渔商保安联合会在宁波成立，盛炳纪任会长。

1923 年

3 月，江浙渔业公司被农商部查封。

1925 年

4 月，海军部成立“保卫沿海各省渔业宁波分区”。

1926 年

6 月，江浙渔业事务局成立，原江浙渔业公司职能与资产均转由江浙渔业事务局办理。

8 月，江浙渔会解散。

1927 年

海军部保卫沿海各省渔业宁波分区被撤销。

6 月，浙江省甲种水产学校搬迁至宁波定海。

9 月，浙江省甲种水产学校更名为浙江省立水产科职业学校。

1929 年

10 月 26 日，国民政府立法院第 56 次会议通过《渔会法》，次月公布执行。

1930 年

6 月，农矿部公布《渔会法实施细则》。

1931 年

浙江省建设厅公布《浙江省沿海各县指导渔民组织合作社应注意事项八条》。

3 月 28 日，国民政府公布《豁免渔税令》。

6 月 16 日，实业部江浙渔业管理局在上海成立。

6 月 25 日，实业部公布《渔业警察规程》，组建渔业警察保护外海捕鱼船只。

1932 年

中国银行沈家门支行开始从事渔业贷款。

6 月 11 日，江浙渔业管理局改组为江浙区海洋渔业管理局。

1933 年

江浙区渔业改进委员会在上海成立。

浙江省立水产科职业学校更名为浙江省立高级水产学校。

1934 年

江浙区渔业改进委员会停办，江浙区海洋渔业管理局改组为护渔办事处。

1 月 5 日，行政院第 141 次会议通过设立上海鱼市场。

2 月，上海鱼市场筹备委员会成立。

7 月，浙江省立高级水产学校发生风潮被省建设厅下令停办。

1935 年

2 月，浙江省立高级水产学校改为浙江省立水产试验场。

3 月，定海测候所建立。

12 月，实业部公布《实业部鱼市场组织法暂行章程》23 条、《实业部上海鱼市场市场营业规程》。

1936 年

4 月，实业部公布《鱼市场章程》9 章 49 条；上海鱼市场股份有限公司在中汇大楼宣告成立，杜月笙担任理事长。

5 月 11 日，上海鱼市场举行开幕式。护渔办事处及其他地方渔业管理部门被撤销。

5 月 12 日，行政院第 262 次会议通过实业部《渔业银团办法草案》。

6 月，浙江省政府成立渔业管理委员会，浙江民政厅长徐青甫将浙江沿海护渔事宜交由水警第 22 大队统一指挥。

1937 年

3 月 1 日，渔业银团成立，同时公布《渔业银团组织规程》19 条。

8 月 18 日，上海鱼市场宣布解散。

注：《大事记》按时间排序，同一年不能确定具体月份的条目放在该年最前面，但并不代表其发生时间比该年度其他事件早。

资料来源：据明清文献、地方志及近代报刊档案整理。

参考文献

一、文献古籍

［唐］房玄龄等撰：《晋书》，北京：中华书局，1974年版。

［元］脱脱等撰：《宋史》，北京：中华书局，1977年版。

［明］宋濂撰：《元史》，北京：中华书局，1976年版。

《明实录·太祖实录》，台北："中央研究院"历史语言研究所，1961年版。

《明实录·太宗实录》，台北："中央研究院"历史语言研究所，1961年版。

《明实录·宣宗实录》，台北："中央研究院"历史语言研究所，1961年版。

《明实录·英宗实录》，台北："中央研究院"历史语言研究所，1961年版。

《明实录·世宗实录》，台北："中央研究院"历史语言研究所，1961年版。

《明实录·神宗实录》，台北："中央研究院"历史语言研究所，1961年版。

《明实录·熹宗实录》，台北："中央研究院"历史语言研究所，1961年版。

［明］刘惟谦等撰：《大明律》，《续修四库全书》（第862册），上海：上海古籍出版社，2002年版。

［明］陈子龙：《明经世文编》，北京：中华书局，1985年版。

［明］丘浚：《大学衍义补》，《文渊阁四库全书》（第712册），台北：台湾商务印书馆，1983年版。

［明］戴鱀：《戴中丞遗集》，《四库全书存目丛书·集部》（第74册），济南：齐鲁书社，1997年版。

［明］朱纨：《甓余杂记》，《四库全书存目丛书·集部》（第78册），济南：齐鲁书社，1997年版。

［明］胡宗宪：《筹海图编》，《文渊阁四库全书》（第584册），台北：台湾商务印书馆，1983年版。

［明］陈仁锡编：《皇明世法录》，台北：台湾学生书局，1986年版。

［明］董应举撰：《崇相集选录》，周宪文主编：《台湾文献史料丛刊》（第八辑），北京：人民日报出版社，2009年版。

［明］王士性：《广志绎》，北京：中华书局，1981年版。

［明］郑晓撰：《今言》，《续修四库全书》（第425册），上海：上海古籍出版社，2002年版。

［清］朱正元辑：《浙江沿海图说》，上海：上海聚珍版印，光绪己亥年（1899 年）版。
［清］张廷玉等撰：《明史》，北京：中华书局，1974 年版。
《清实录·世祖实录》，北京：中华书局，1986 年版。
《清实录·圣祖实录》，北京：中华书局，1986 年版。
《清实录·世宗实录》，北京：中华书局，1986 年版。
《清实录·高宗实录》，北京：中华书局，1986 年版。
《清实录·仁宗实录》，北京：中华书局，1986 年版。
《清实录·宣宗实录》，北京：中华书局，1986 年版。
《清实录·德宗实录》，北京：中华书局，1986 年版。
［清］计六奇撰、魏得良点校：《明季北略》，北京：中华书局，1984 年版。
［清］昆冈等修，刘启端等纂：《钦定大清会典事例》，《续修四库全书》（第 807 册），上海：上海古籍出版社，2002 年版。
［清］徐栋辑：《保甲书》，《续修四库全书》（第 859 册），上海：上海古籍出版社，2002 年版。
［清］清高宗敕撰：《皇朝文献通考》，上海：商务印书馆，1936 年版。
刘锦藻撰：《皇朝续文献通考》，《续修四库全书》（第 815－821 册），上海：上海古籍出版社，2002 年版。
［清］蒋良骐撰：《东华录》，《续修四库全书》（第 368 册），上海：上海古籍出版社，2002 年版。
［清］顾炎武撰：《天下郡国利病书》，《续修四库全书》（第 595－597 册），上海：上海古籍出版社，2002 年版。
中国第一历史档案馆：《雍正朝汉文朱批奏折汇编》，南京：江苏古籍出版社，1989 年版。
赵尔巽等撰：《清史稿》，北京：中华书局，1976 年版。
《福建省例》，周宪文主编：《台湾文献史料丛刊》（第七辑），北京：人民日报出版社，2009 年版。
［清］胡建伟纂辑：《澎湖纪略》，周宪文主编：《台湾文献史料丛刊》（第一辑），北京：人民日报出版社，2009 年版。
［清］翁洲老民：《海东逸史》，《续修四库全书》（第 444 册），上海：上海古籍出版社，2002 年版。
［清］屈大均撰：《广东新语》，《续修四库全书》（第 734 册），上海：上海古籍出版社，2002 年版。
［清］梁章巨撰：《浪迹丛谈》，《续修四库全书》（第 1179 册），上海：上海古籍出版社，2002 年版。

[清] 谈迁:《枣林杂俎》,《续修四库全书》(第 1134 – 1135 册),上海:上海古籍出版社,2002 年版。

[清] 贺长龄撰:《皇朝经世文编》,载沈云龙主编:《近代中国史料丛刊》第七十四辑,台北:文海出版社,1966 年版。

葛士浚辑:《皇朝经世文续编》,载沈云龙主编:《近代中国史料丛刊》第七十五辑,台北:文海出版社,1966 年版。

陈良倚辑:《皇朝经世文三编》,载沈云龙主编:《近代中国史料丛刊》第七十六辑,台北:文海出版社,1966 年版。

何良栋辑:《皇朝经世文四编》,载沈云龙主编:《近代中国史料丛刊》第七十七辑,台北:文海出版社,1966 年版。

麦仲华辑:《皇朝经世文新编》,载沈云龙主编:《近代中国史料丛刊》第七十八辑,台北:文海出版社,1966 年版。

邵之棠辑:《皇朝经世文统编》,载沈云龙主编:《近代中国史料丛刊续编》第七十二辑,台北:文海出版社,1980 年版。

中国科学院编:《明清史料·丁编》,北京:北京图书馆出版社,2008 年版。

二、地方志书

[宋] 胡榘、罗浚纂修:《[宝庆] 四明志》,《续修四库全书》(第 705 册),上海:上海古籍出版社,2002 年版。

[宋] 梅应发,刘锡纂修:《[开庆] 四明续志》,《续修四库全书》(第 705 册),上海:上海古籍出版社,2002 年版。

[元] 王元恭纂修:《[至正] 四明续志》,《续修四库全书》(第 705 册),上海:上海古籍出版社,2002 年版。

[明] 陈善等修:《杭州府志》,台北:成文出版社有限公司,1970 年版。

[明] 萧良干等修、张元忭等纂:《绍兴府志》,台北:成文出版社有限公司,1983 年版。

[清] 应宝时等纂:《[同治] 上海县志》,台北:成文出版社有限公司,1975 年版。

[清] 吴馨等纂:《上海县续志》,台北:成文出版社有限公司,1970 年版。

[清] 嵇曾筠等纂修:《浙江通志》,上海:商务印书馆,1934 年版。

[清] 曹秉仁纂:《宁波府志》,台北:成文出版社有限公司,1974 年版。

[清] 宗源瀚等修,周学浚等纂:《湖州府志》,台北:成文出版社有限公司,1970 年版。

[清] 许瑶光等修,吴仰贤等纂:《嘉兴府志》,台北:成文出版社有限公司,1970 年版。

［清］王瑞成，张浚等纂：《宁海县志》，台北：成文出版社有限公司，1975 年版。
［清］严辰等纂修：《桐乡县志》，台北：成文出版社有限公司，1970 年版。
［清］李琬修，齐召南等纂：《温州府志》，台北：成文出版社有限公司，1983 年版。
［清］于万川修，俞樾纂：《［光绪］镇海县志》，《续修四库全书》（第 707 册），上海：上海古籍出版社，2002 年版。
陈训正，马瀛等纂修：《［民国］定海县志》，台北：成文出版社有限公司，1970 年版。
李洣修，陈汉章纂：《［民国］象山县志》，台北：成文出版社有限公司，1974 年版。
喻长霖等纂修：《台州府志》，台北：成文出版社有限公司，1970 年版。
幼甫修，陆志鸿等纂：《嘉兴新志》，台北：成文出版社有限公司，1970 年版。
建德县志编纂办公室编：《建德县志》，杭州：浙江人民出版社，1986 年版。
仙居县志编纂委员会编：《仙居县志》，杭州：浙江人民出版社，1987 年版。
象山县志编纂委员会编：《象山县志》，杭州：浙江人民出版社，1988 年版。
临海市志编纂委员会编：《临海县志》，杭州：浙江人民出版社，1989 年版。
嵊泗县志编纂委员会编：《嵊泗县志》，杭州：浙江人民出版社，1989 年版。
临海市志编纂委员会编：《临海县志》，杭州：浙江人民出版社，1989 年版。
三门县志编纂委员会编：《三门县志》，杭州：浙江人民出版社，1992 年版。
温岭县志编纂委员会编：《温岭县志》，杭州：浙江人民出版社，1992 年版。
慈溪市地方志编纂委员会编：《慈溪县志》，杭州：浙江人民出版社，1992 年版。
定海县志编纂委员会编：《定海县志》，杭州：浙江人民出版社，1994 年版。
天台县志编纂委员会编：《天台县志》，上海：汉语大词典出版社，1995 年版。
郭振民：《我踏金鳌海上来——张謇与海洋的故事》，嵊泗县文史资料第十辑，北京：中国文联出版社，2002 年版。
上海渔业志编纂委员会编：《上海渔业志》，上海：上海社会科学院出版社，1998 年版。

三、报刊档案

上海市档案馆馆藏档案、浙江省档案馆馆藏档案、宁波市档案馆藏档案、奉化县档案馆藏档案。
《直隶祁口渔业分局统计篇》，《近代统计资料丛刊》，国家图书馆藏，北京燕山出版社。
《申报》，1873—1937 年。
《东方杂志》，1904—1916 年。
《时事公报》，1923—1936 年。
《宁波民国日报》，1927—1936 年。

《农矿公报》，1928 年。
《浙江建设厅月刊》，1928—1937 年。
《江苏省政府公报》，1929—1930 年。
《海事》，1930 年。
《宁波同乡会月报》，1931—1935 年。
《海事月刊》，1932 年。
《四海半月刊》，1932 年。
《上海市水产经济月刊》，1933—1937 年，《早期上海经济文献汇编》，第 30 - 32 册。
《水产月刊》，1934—1937 年。

四、中文论著

[清] 沈同芳撰：《中国渔业历史》，载《万物炊累室类稿：甲编二种乙编二种外编一种》(铅印本)，上海：中国图书公司，1911 年版。
李士豪：《中国海洋渔业现状及其建设》，上海：商务印书馆，1936 年版。
李士豪，屈若搴：《中国渔业史》，上海：商务印书馆，1937 年版。
张宝树：《中国渔业》，台北：中华文化出版事业委员会，1954 年版。
王崧兴：《龟山岛——汉人渔村社会之研究》，台北：中研院民族所，1967 年版。
张震东，杨金森：《中国海洋渔业简史》，北京：海洋出版社，1983 年版。
宋正海，郭永芳，陈瑞平：《中国古代海洋学史》，北京：海洋出版社，1989 年版。
丛子明，李挺：《中国渔业史》，北京：中国科学技术出版社，1993 年版。
蒋铁民：《中国海洋区域经济研究》，北京：海洋出版社，1990 年版。
郭振民：《嵊泗渔业史话》，北京：海洋出版社，1995 年版。
杨瑞堂：《福建海洋渔业简史》，北京：海洋出版社，1996 年版。
胡兴华：《拓渔台湾》，台湾：台湾省渔业局，1996 年版。
郑光南：《中国海盗史》，上海：华东理工大学出版社，1998 年版。
汪子春、范楚玉：《农学与生物学志》，上海：上海人民出版社，1998 年版。
欧阳宗书：《海上人家——海洋渔业经济与渔民社会》，南昌：江西高校出版社，1998 年版。
范中义，仝晰纲：《明代倭寇史略》，北京：中华书局，2004 年版。
尹玲玲：《明清长江中下游渔业经济研究》，济南：齐鲁书社，2004 年版。
徐鸿儒主编：《中国海洋学史》，济南：山东教育出版社，2005 年版。
金普森主编：《浙江通史》，杭州：浙江人民出版社，2005 年版。
傅璇琮主编：《宁波通史》，宁波：宁波出版社，2009 年版。
[日] 木宫泰彦著，胡锡年译：《日中文化交流史》，北京：商务印书馆，1980 年版。

罗伯特·波默罗伊等撰，白斌等译：《渔业纠纷：东南亚地区渔业管理的冲突与合作》，《浙江海洋文化与经济》（第五辑），北京：海洋出版社，2011。

［日］藤川美代子：《闽南地区水上居民的生活和祖先观念》，第二届海洋文化与社会发展研讨会论文集，上海海洋大学，2011年12月。

李文睿：《试论中国古代海洋管理》，厦门大学博士学位论文，2007年。

何锋：《中国的海洋——明朝海上力量建设考察》，厦门大学博士学位论文，2007年。

侯俊云：《雍正朝东南海疆治理研究》，暨南大学博士学位论文，2007年。

李勇：《近代苏南渔业发展与渔民生活》，苏州大学博士学位论文，2007年。

丁留宝：《统制·民生·现代化：上海鱼市场研究（1927－1937）》，上海师范大学博士学位论文（未刊稿），2010年。

白斌：《明清江浙海洋渔业与制度变迁》，上海师范大学博士学位论文，2012年。

赵莞丽：《明清时期广东的水上居民》，广东省社会科学院硕士学位论文，2007年。

朱晓芳：《明清以来福建沿海渔民研究》，福建师范大学硕士学位论文，2007年。

林榕：《明清时期福建海岛经济初探》，福建师范大学硕士学位论文，2007年。

吴敏：《民国时期江苏沿海地区海洋渔业研究》，南京农业大学硕士学位论文，2008年。

黄晓岩：《民国时期浙江沿海渔会组织研究——以玉环渔会为例》，浙江大学硕士学位论文，2009年。

柳亚平：《清中叶浙江海盗问题研究》，山东大学硕士学位论文，2010年。

李志民：《近代青岛海洋渔业的变迁》，中国海洋大学硕士学位论文，2011年。

李园园：《近代江浙海洋渔业转型研究》，上海师范大学硕士学位论文，2014年。

丁龙华：《民国时期宁波地区渔业合作组织研究》，宁波大学硕士学位论文，2014年。

顾诚：《清初的迁海》，《北京师范大学学报》（社会科学版），1983年第3期。

赵以忠：《舟山渔业发展史初探》，《中国社会经济史研究》，1984年第2期。

李星颉：《我国海洋渔业资源的区系》，《浙江水产学院学报》，1984年第1期。

朱德坤，郑平胜：《浙江近海水温的层化现象及与渔业生产的关系》，《海洋科学》，1984年第3期。

伍员：《解放前浙江海洋渔业金融》，《浙江金融》，1984年第6期。

伍员：《解放前浙江海洋渔业金融（续上期）》，《浙江金融》，1984年第7期。

欧阳宗书：《明清海洋渔业及其重要地位》，《古今农业》，1988年第4期。

魏天安：《宋代渔业概况》，《中州学刊》，1988年第6期。

李伯重：《明清江南地区造船业的发展》，《中国社会经济史研究》，1989年第1期。

邢湘臣：《渔业用冰小史》，《农业考古》，1989年第1期。

杨瑞堂：《我国古代捕鱼技术的研究》，《古今农业》，1989年第2期。

李仲均，李卫：《中国古代的渔业》，《文史知识》，1989 年第 4 期。
李少明：《古代东南越人的造船业》，《中国社会经济史研究》，1990 年第 2 期。
王铭农，李士斌：《张謇与近代江苏渔业》，《中国农史》，1990 年第 2 期。
张守广：《明清时期宁波商人集团的产生和发展》，《南京师范大学学报》（社会科学版），1991 年第 3 期。
张宪文：《略论清初浙江沿海的迁界》，《浙江学刊》，1992 年第 1 期。
余汉桂：《清代渔政与钦廉沿海的海洋渔业》，《古今农业》，1992 年第 1 期。
徐荣：《我国历史上沿海地区的传统渔业》，《古今农业》，1992 年第 1 期。
吴万夫：《我国近现代的海洋渔业》，《古今农业》，1992 年第 4 期。
徐建青：《清代前期的民间造船业》，《中国经济史研究》，1992 年第 4 期。
余汉桂：《民国时期中央和两广渔业管理法规述评》，《古今农业》，1994 年第 1 期。
欧阳宗书：《明代渔禁对沿海渔村社会的影响》，《中国社会经济史研究》，1995 年第 3 期。
吴树敬：《温州古代海洋捕捞史略》，《农业考古》，1997 年第 1 期。
闫富东：《清初广东渔政述评》，《中国农史》，1998 年第 1 期。
欧阳宗书：《明清海洋渔业及其重要地位》，《古今农业》，1998 年第 4 期。
张可银：《绍兴渔赋的历史沿革——兼评绍兴外荡养鱼的兴起》，《中国农史》，1999 年第 3 期。
杨国桢：《论海洋人文社会科学的概念磨合》，《厦门大学学报》（哲社版），2000 年第 1 期。
聂善明：《如何解决海洋渔业过度捕捞问题的探讨》，《中国渔业经济》，2000 年第 6 期。
王双怀：《明代华南的渔业生产》，《中国历史地理论丛》，2001 年第 3 辑。
王日根，李娜：《试论明清东南沿海海洋经济模式的演迁》，《社会科学辑刊》，2001 年第 6 期。
闵宗殿：《明清时期的海洋渔业》，《学术研究》，2001 年第 9 期。
尹玲玲：《明代的渔政制度及其变迁——以机构设置沿革为例》，《上海师范大学学报》，2003 年第 1 期。
韩昭庆：《明清时期（1440—1899 年）长江中下游地区冬季异常冷暖气候研究》，《中国历史地理论丛》，2003 年第 2 辑。
陆杰华，王广州，李建新等：《人口、消费、技术模式变化对我国海洋渔业生产影响的实证研究——以浙江舟山渔场为例》，《人口与经济》，2003 年第 3 期。
尹玲玲：《浅论明代的渔业税制》，《中国农史》，2004 年第 2 期。
陆杰华，王广州，李建新等：《人口增长和消费模式对海洋渔业资源影响的实证分析

——以舟山为例》，《人口学刊》，2004 年第 5 期。

陈添林：《海洋渔业风险的原因分析及防范对策》，《现代渔业信息》，2004 年第 9 期。

余丰：《陆地与海洋经济的选择——作为历史人类学个案的刘五店》，《中国社会经济史研究》，2006 年第 1 期。

蔡勤禹，庞玉珍：《社会转型中的民间组织——以战后青岛渔会为例》，《东方论坛：青岛大学学报》，2006 年第 3 期。

蔡勤禹：《小农经济形态下的渔民组织及其职能——以青岛渔会为例》，《中国社会经济史研究》，2006 年第 3 期。

杨培娜：《“违式”与“定例”——清代前期广东渔船规制的变化与沿海社会》，《清史研究》，2008 年第 2 期。

韩兴勇，于洋：《张謇与近代海洋渔业》，《太平洋学报》，2008 年第 7 期。

纪丽真：《方志所见明清时期山东海洋渔业资源研究》，《中国海洋大学学报》（社会科学版），2009 年第 6 期。

刘勤：《从习俗到制度：海洋渔业资源均衡方式的变迁》，《广东海洋大学学报》，2010 年第 2 期。

李勇：《近代苏南渔民贫困原因探究》，《安徽史学》，2010 年第 6 期。

白斌：《清代江浙海洋渔业行帮组织研究》，《宁波大学学报》（人文科学版），2011 年第 6 期。

五、外文论著

［日］中村治兵卫：《中國漁船の歴史の研究》，日本刀水书房，1995 年版。

［日］本田治：《明代宁波沿海部における开発と移往》，立命馆大学人文学会编：《立命館文学》，京都：京都印书馆，2008 年，第 169－205 页。

Aoki，M. 2001. Towards a Comparative Institutional Analysis，MIT Press.

Bowles，S. 2004. Microeconomics：Behavior，Institutions and Evolution，Princeton University Press.

Douglass C. North. 1981. Structure and Change in Economic History. New York：W. W. Norton.

Douglass C. North. 1990. Institutions，Institutional Change and Economic Performance，U. K.：Cambridge University Press.

Gianluca，Ferraro. 2010. Domestic Implementation of International Regimes in Developing Countries：The Case of Marine Fisheries in China，Belgium，Catholic University of Leuven.

Greif，A. 2006. Institutions and the Path to the Modern Economy：Lessons from Medieval Trade，U. K.：Cambridge University Press.

Hanna Hagmark - Cooper. 2012. 'Maritime Parenthood - Raising a Family in a Seafaring Home', in Richard Gorski and Britta Soderqvist (ed.) The Parallel Worlds of the Seafarer: Ashore, Afloat and Abroad, Gothenburg: Maritime Museum & Aquarium Gothenburg, 141 - 160.

Hiroyuki Matsuda, Mitsutaku Makino and Minoru Tomiyama. 2010. 'Fishery management in Japan', The Ecological Society of Japan, 25, 899 - 907.

John Guthrie. 1971. A History of Marine Engineering, London: Anchor Press.

John Rogers and Lars - Göran Tedebrand. 1993. 'Living by the Sea: Farming and Fishing in Sweden from the Late Eighteenth to the Early Twentieth Century', Journal of Family History, 18 (4), 369 - 393.

Lennart Schön. 2012. An Economic History of Modern Sweden, New York: Routledge.

Löfgren, Orvar. 1977. Maritime Hunters in Industrial Society: The Transformation of a Swedish Fishing community 1800 - 1970, Lund: Skrifter utgivna av Etnologiska Sällskapet i Lund.

Martin Fritz. 1980. 'Shipping in Sweden, 1850 - 1913', Scandinavian Economic History Review, 28 (2), 147 - 160.

Micah S. Muscolino. 2006. Fishing for Profits: Environment and Society off the China Coast, 1840 - 1958, Cambridge, Massachusetts: Harvard University.

Micah S. Muscolino. 2009. Fishing Wars and Environmental Change in Late Imperial and Modern China, Cambridge, MA: Harvard University Asia Center.

Neil Kent. 2008. A Concise History of Sweden, U. K.: Cambridge University Press.

Olof Hasslöf. 1966. 'Sources of Maritime History and Methods of Research', The Mariner's Mirror, 52 (2), 127 - 144.

Per Hallén. 2012. 'Majorna - A Seafaring Society: Seasonal Economy and its impact on Life', in Richard Gorski and Britta Soderqvist (ed.) The Parallel Worlds of the Seafarer: Ashore, Afloat and Abroad, Gothenburg: Maritime Museum & Aquarium Gothenburg, 13 - 27.

Robert Gardiner. 1996. The Earliest Ships: The Evolution of Boats into Ships, London: Conway Maritime Press.

Rodney Edvinsson, Tor Jacobson and Daniel Waldenström. 2010. Exchange rates, Prices, and wages, 1277 - 2008, Stockholm: Sveriges Riksbank.

Schotter, A. 1981. The Economic Theory of Social Institutions, New York: Cambridge University Press.

Siri Ingvaldsen, Thomas Larsson, Erik Overgaard Pedersen. 2009. Democracy and the Welfare State - the Nordic Nations Since 1800, Stockholm: Nordisk Kulturfond.

后 记

从小对写书的人都是充满敬仰，没想到多年之后竟有以自己署名的专著问世。对于自己的学术道路，可以说误打误撞，朋友的鼓励和大学时代的经历成就了我对学术生涯的追求，也成就了我今天的人生道路。对一个从小在北方长大的人来说，海洋在童年的记忆里都是十分模糊的，但同时又是那么的神秘，或许这就是我对海洋充满好奇的原因所在。

东海之滨的求学与生活中，在王慕民教授和周育民教授的先后指导下，我将自己的兴趣融入到学术研究中，从明代的海禁到明清海洋渔业，皆是对海洋与人类社会互动的思考。靠山吃山，靠海吃海，海洋对于沿海居民的重要性是不言而喻的。也正因为如此，任何禁止海民依托海洋为生的政策都无法长久地执行下去，即使作为以农耕社会为基础的政权国家也无法忽视海洋对于沿海社会稳定的重要性。濒海大陆国家对海洋活动的认知，一般都经历了漠视、恐惧再到矛盾的心态，同时国家海洋政策包含放任、严禁和规范三个阶段。中国明清以来的海洋政策基本遵循这一路径演进，作为重要组成部分的海洋渔业政策则表现得最为明显。海洋渔业同时具备了海洋经济与农业经济双重特征，其政策规范远比同属海洋经济范畴的海洋贸易宽松很多。明清以来对于海洋贸易的管制政策多有争议，但少有人提及禁止海洋渔业活动的建议，其原因就是历史时期的政策制定与执行者们都清醒地认识到海洋渔业对于海洋社会的重要性不亚于种植业对农耕社会的重要性，而这点也是我们在推动海洋经济发展，繁荣海洋社会稳定所要注意到的历史经验。从政策演进角度来看，海洋渔业资源的公共性使得任何试图运用政策来限制渔民生产活动的构想都是无法长久执行的，推动渔业社会发展最根本的路径就是通过普及教育给渔民提供向其他行业流动的机会，以减少渔业从业群体数量，提高渔业生产效率的方式去实现海洋渔业的可持续发展。

作为一本在硕博论文基础上修订而成的专著，从动笔到完成最终的书稿，前后经历八年。与之相伴，我也从一个毛头小子步入而立之年。期间，有对未来的疑惑和茫然，也有对学术的执着与追求，更有对生活的激情与向往。一本成熟的学术成果往往是作者对现实生活的感悟，如同政策演进而言，一个人的成长也经历了诸多内外因素的影响。授业恩师、同窗好友及父母亲人的鼓励和体谅使我能按照自己的意愿与规划把握自己的人生。此外，感谢宁波大学人文与传媒学院领导与同事的关心和支持；感谢浙江省社会科学规划办公室及浙江省海洋文化与经济研究中心对本书的立项与出版资助；感谢浙江省教育厅科研项目“地方治理视域中的近代东海海疆安全机制研究”（Z 201327767）的经费资助；感谢 Ingemar Ottosson 教授提供去瑞典隆德大学（Lund University）访学，开阔学术视野的机会；感谢海洋出版社钱晓彬辛勤而又细致的工作；感谢我的学生柏芳芳在文字校对方面所付出的辛劳。

谨以此书献给我的两位导师王慕民教授与周育民教授！

白　斌

2014 年 11 月 11 日

于甬城文翠新村寓所